KB048277

Contents

유틸리티

정중동(靜中動)

유틸리티/철강
Analyst 문경원, CFA

Part I   유틸리티 산업의 이해
Part II 에너지 산업의 이해
Part III 신재생에너지 산업의 이해
Part IV 신재생에너지 밸류체인

기초
유틸리티

Part I

유틸리티 산업의 이해

유틸리티 산업이란?

유틸리티를 정의하는 요소는
'공공성'

- 유틸리티 산업은 상하수도, 전기, 가스, 교통 인프라 등 필수재를 공급하는 산업
- 개인의 효율성보다는 사회 전체의 효율성을 고려하는 산업
- '유틸리티'는 Public Utility의 줄임말. 제화/서비스의 종류보다는 공공성을 띠고 있느냐가 중요

- 유틸리티 산업은 왜 필요한가?
→ 대동강 물을 팔았던 '봉이 김선달'

'봉이 김선달' 이 물을 판다면, 시장 원리가 작동할 때까지 기다릴 수 있을까?

자료: Avopix

유틸리티 ≒ 에너지?

유틸리티와 에너지 산업은 공통분모가 존재

- 유틸리티 산업은 크게 보면 상하수도, 도로 산업도 포함할 수 있으나, 상장사로 범위를 좁혀보면 유틸리티 산업 ≒ 에너지 산업

- 전기, 가스 등 에너지는 대표적으로 유틸리티 업자의 개입이 필요한 필수재

- 한국가스공사의 경우에는 직접적으로 에너지 개발 사업까지 영위(해외 원유/가스 광구 개발 사업)

투자 관점에서 유틸리티와 에너지 산업은 공통 분모 多

자료: 메리츠증권 리서치센터

복잡하고 낯선 유틸리티 산업 … 왜 알아야 하는가?

유틸리티를 공부함으로써 에너지 산업에 대한 이해도 확대

- 유틸리티 산업을 이해하기 어려운 반면 주가 변동성은 ↓ … 우리는 왜 유틸리티를 알아야 하는가?

- ① 유틸리티 자체의 매력: 타 산업과 실적/주가 모멘텀 차별화. 포트폴리오 분산 효과 ↑

- ② 유틸리티 업체는 투자의 주체
  : 석탄, 원자력, 태양광, 풍력 등 에너지 산업 및 수처리/폐기물, 전력 기기 등 다양한 산업에 대한 이해를 확대
  : 정부의 정책 방향을 이해

한국전력의 부가 가치 창출

자료: 메리츠증권 리서치센터

국내 유틸리티 밸류체인

국내 유틸리티 성장 주식은 전력 및 에너지로 요약

- 협의적 개념에서 유틸리티 산업은 한국전력, 한국가스공사, 지역난방공사, 삼천리, 서울가스 등 유틸리티 재화를 유통 및 판매하는 사업자를 포함

- 광의적 개념에서 유틸리티 산업은 원자재 도입, 생산, 유통, 판매는 물론 관련 기자재/EPC/유지보수 업체도 포함

- 시가총액 상 한국전력과 한국가스공사 비중이 지배적

국내 에너지 유틸리티 밸류체인 (성장 기업을 중심으로)

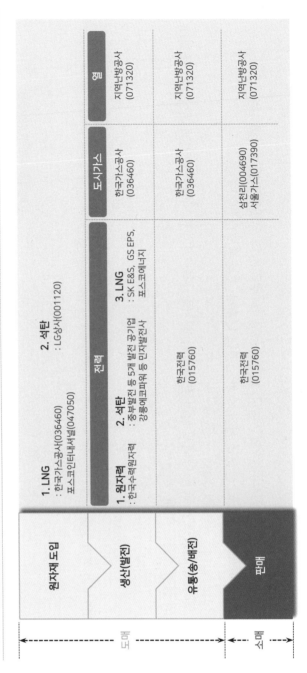

자료: 메리츠증권 리서치센터

유틸리티 산업: 시장 논리에서 잠시 벗어나다

유틸리티 산업의 정의 및 특징

- 자본주의의 핵심인 '효율성'보다는 '안정성'과 '공평성'이 중요한 세계
  → 정부가 독과점적 위치 보장

- 독과점적 위치에 대한 대가: 초과 수익 제한

일반적인 산업(완전경쟁시장)에서의 이익 결정 메커니즘

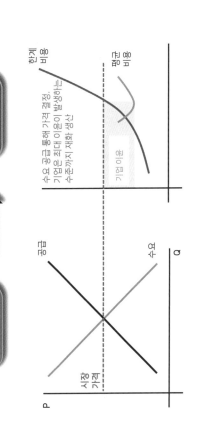

P

공급

시장
가격

수요

Q

산업 → 가격결정 → 개별기업

한계
비용

평균
비용

수요 공급 통해 가격 결정.
기업은 최대 이윤이 발생하는
수준까지 재화 생산

기업 이윤

자료: 메리츠종권 리서치센터

유틸리티 산업에서의 이익 결정 메커니즘

P

규제
가격

수요

Q

산업 → 가격결정 → 개별기업

한계
비용

평균
비용

기업의 적정 이윤을
보장해주는 선에서
정부가 가격 설정
적정 이윤 ≠ 최대 이윤

기업 이윤

자료: 메리츠종권 리서치센터

총괄원가제의 정의

총괄원가제는 사업자의 경제적 이익을 0으로 만들기 위한 제도

- 총괄원가제는 재화 및 서비스의 공급에 소요된 회계적인 취득원가에 기반하여 유틸리티 요금을 산정하는 방식. 회계적 이익은 허용하나, 경제적 이익은 허용하지 않음

- 요금은 적정원가(인건비 등), 세후적정투자보수로 구성. 세후적정투자보수는 투입한 자본(요금기저)에 WACC를 곱하여 계산

  - *일반 제조업:* $P * Q - C = 이익$
    유틸리티: $(C + 이익) / Q = P$

- 총괄원가제 하에서 유틸리티 기업이 성장하기 위해선 '요금기저'의 성장 필요

총괄원가제의 이해

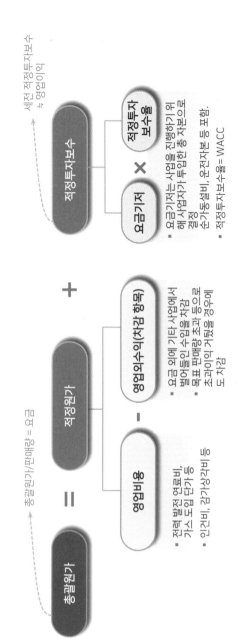

자료: 메리츠증권 리서치센터

총괄원가제 적용 사례) 한국가스공사

한국가스공사의 총괄원가 계산 상세내역 (세부내역은 추정)

			2017	2018	2019	2020
총괄원가						
조정후 총괄원가	총괄원가	십억원	2,560	2,273	2,111	2,523
	적정투자보수(세후)	십억원	782	898	983	866
	적정원가	십억원	1,777	1,375	1,128	1,657
요금기저						
요금기저 (차감 전)		십억원	22,398	23,178	24,341	23,709
	평균 순가동설비	십억원	14,000~15,000	14,000~15,000	14,000~15,000	14,000~15,000
	평균 투자자산	십억원	3,000	3,000	3,000	3,000
	평균 무형고정자산	십억원	300	300	300	300
	운전자금	십억원	3,000~5,000	3,000~5,000	3,000~5,000	3,000~5,000
	원료비	십억원	3,000~5,000	3,000~5,000	3,000~5,000	3,000~5,000
	순영업비	십억원	200	200	200	200
	저장품	십억원	10~50	10~50	10~50	10~50
적정투자보수율						
WACC		%	3.84	4.22	4.37	3.94
자본 구조						
	자기자본비율	%	30~40	30~40	30~40	30~40
	타인자본비율	%	60~70	60~70	60~70	60~70
투자보수율						
	COE	%	5.5~7.0	5.5~7.0	5.5~7.0	5.5~7.0
	Rf	%	1.5~2.0	1.5~2.0	1.5~2.0	1.5~2.0
	β	%	0.7~0.9	0.7~0.9	0.7~0.9	0.7~0.9
	Market Risk Premium	%	6.0	6.0	6.0	6.0
	COD(After Tax)	%	2.5~3.0	2.5~3.0	2.5~3.0	2.5~3.0

재료비, 인건비, 판관비 등

토지, 건물, 기계장치 등

가스도매사업 이외 투자한 프로젝트 중 규제 사업에 포함된 사업

매출채권, 재고자산 등

주: 요금기저 및 적정투자보수율의 세부 내역은 당사 추정
자료: 한국가스공사, 메리츠증권 리서치센터

강의자료(기초) 9

총괄원가제의 이해

Q1 .... 인건비와 연료비가 상승했으므로 유틸리티 기업의 이익은 약화되는가?

Q2 .... 판매량이 예상보다 더 나오면 유틸리티 기업의 이익은 증가하는가?

Q3 .... CAPEX 증가는 유틸리티 이익 증가로 이어지는가?

Q4 .... 전력망, 가스망 등 규제 설비를 이용하여 요금 외 기타 수익(임대 수익 등)을 올렸다.
이익이 증가하는가?

총괄원가제의 이해

Q1 … 인건비와 연료비가 상승했으므로 유틸리티 기업의 이익은 악화되는가?

→ X

: 비용 상승으로 인한 적정원가 증가는 총괄원가에 반영

Q2 … 판매량이 예상보다 더 나오면 유틸리티 기업의 이익은 증가하는가?

→ O & X

: 구조적 판매량 증가는 운전자본의 증가로 연결. 내년 총괄원가 산정 시 운전자본을 증가시키기 때문.
그러나 당 분기의 판매량 증가가 이번 분기의 이익 증가로 연결되지는 않음. 총괄원가는 1년 단위로 이미
결정되어 있기 때문. 초과 이익은 총괄원가에서 제외

Q3 … CAPEX 증가는 유틸리티 이익 증가로 이어지는가?

→ O

: CAPEX 투자는 요금기저 성장으로 연결. 그러나 투자 시점 성장으로 연결. 그러나 투자 시점보다는 실제 가동 시점에 총괄원가에 반영되는
경우가 대다수

Q4 … 전력망, 가스망 등 규제 설비를 이용하여 요금 외 기타 수익(임대 수익 등)을 올렸다. 이익이 증가하는가?

→ X

: 영업 외 수익은 총괄원가에서 차감

왜 유틸리티 주식에 투자하는가? ① 배당 & 경기방어

일반적으로 유틸리티의 투자
매력은 안정적 배당

- 유틸리티에 투자하는 이유는 '배당'. 총괄원가제 기반 안정적 이익 기반 보유. 배당성향도 높음
  → 국내 공기업 배당 가이드라인은 별도 순이익 기준 40%의 배당성향

- 미국 유틸리티의 경우 채권의 대한 투자적 성격도 지님. 리츠와 비슷한 주가 움직임

- 그러나 요금기저가 구조적으로 증가하거나, 비규제 사업이 성장하면 성장주로 변모하는 경우도 존재
  → Nextera Energy의 사례

- 이외의 투자 키워드는 '경기방어': 다만 2008년 금융위기, COVID-19 등의 시기에는 수익률 받아 실패

리츠와 비슷한 움직임을 보이는 미국 유틸리티

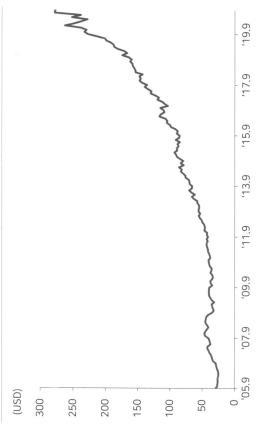

자료 : Bloomberg, 메리츠증권 리서치센터

언제나 성공적인 투자였던 Nextera Energy

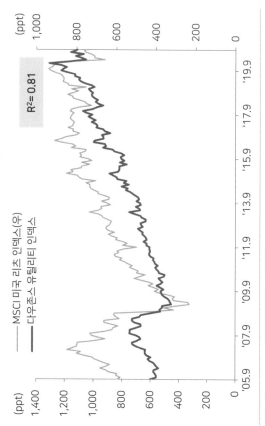

자료 : Bloomberg, 메리츠증권 리서치센터

한국에 유틸리티 주식은 없다?

**유틸리티의 본질인
안정적 배당을 찾을 수 없는
국내 유틸리티 섹터**

- 아쉽게도 한국 내 상장 유틸리티 주식은 안정적인 배당 기반이 부재 → 저평가의 근본적 원인

- 한국전력: 총괄원가제보다는 정부 정책 방향이 중요

- 한국가스공사: 비규제사업인 해외 광구 개발 프로젝트로부터의 손상차손이 영업외손익에 부정적으로 작용

- 소매 가스 업체의 경우 배당 성향 자체가 낮은 경우가 많음

- 낮은 배당 매력으로 인해 하락장에 방어주로서의 역할을 하지 못하는 경우가 많음

유틸리티 선업 당기순이익 추이

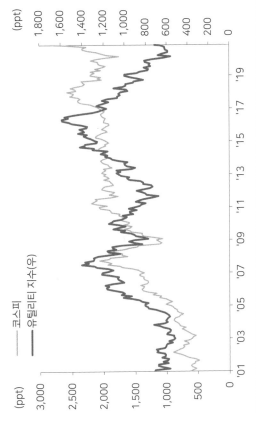

자료: Quantiwise, 메리츠증권 리서치센터

유틸리티 지수 추이

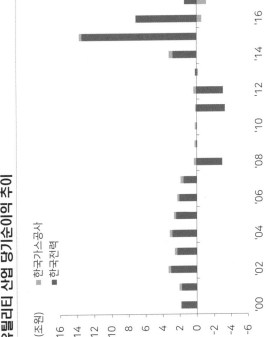

자료: Quantiwise, 메리츠증권 리서치센터

왜 유틸리티 주식에 투자하는가? ② 비정상의 정상화

국내 유틸리티 투자는 정상화 기대감에 따라 좌우

- 국내 유틸리티 주식은 해외 유틸리티 주식 대비 저평가

- 원인은 비정상적인 이익의 변동성 및 환경비용 부담

- 대부분의 투자는 비정상적인 이익 구조가 정상화될 것이라는 기대감에 따라 이루어짐
  → 결국은 정책 기대감

- 2020년 한국전력이 요금 개편안을 내놓으며 일부 정상화 기대감 부각

글로벌 전력 유틸리티 주식 PBR-ROE

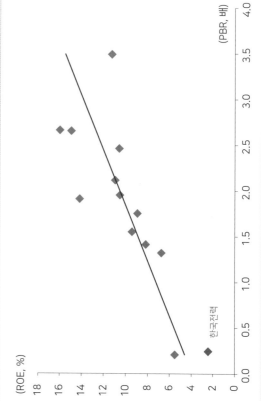

주: 2020년 기준. Nextera Energy, Enel, Dominion Energy, Duke Energy, Southern Company, Iberdrola, China Yangtze Power, TC Energy, American Electric, RWE, 한국전력, Tokyo Electric, National Grid 포함.
자료: Eikon, 메리츠증권 리서치센터

한국전력의 연료비 연동제 시행 계획

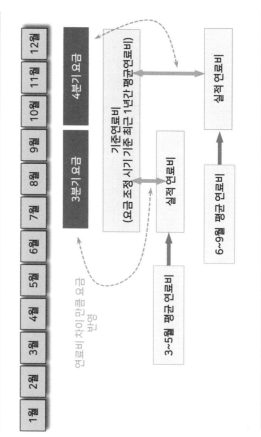

자료: 메리츠증권 리서치센터

왜 유틸리티 주식에 투자하는가? ③ 비규제 사업

비규제 사업에서는 유틸리티 업체도 초과 이윤 달성 가능

- 유틸리티 기업의 모든 사업이 규제 대상은 아님. 기업의 효율성 향상을 위해 과거 정부는 민영화를 추진한 바 있으며, 이러한 노력의 연장선에서 한국전력과 한국가스공사와 같은 '시장형 공기업'은 비규제 사업을 적극적으로 추진

- 비규제 사업 현황: 한국전력 – 발전 자회사를 통한 발전 사업/ 한국가스공사 – 해외 광구 개발 사업

- 특히 최근 친환경 정책이 '큰 정부' 시대의 핵심으로 자리잡으며, 유틸리티 공기업의 역할이 부각
  → 한국전력은 해상 풍력 사업 추진, 한국가스공사는 수소 공급 사업을 준비 중

한국전력 12개월 선행 PBR 밴드

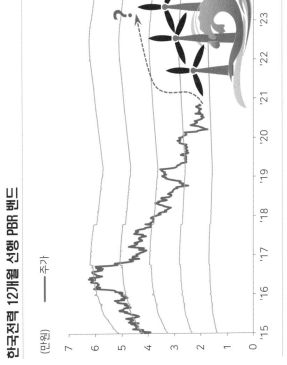

자료: Quantiwise, 메리츠증권 리서치센터

한국가스공사 12개월 선행 PBR 밴드

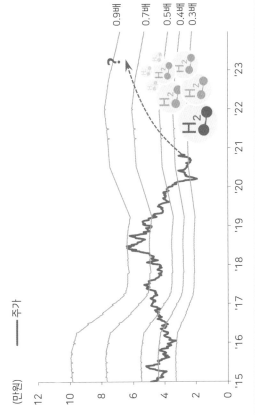

자료: Quantiwise, 메리츠증권 리서치센터

한국 유틸리티 주식의 밸류에이션

국내 유틸리티에는 장부가치 기반의 밸류에이션 적용

- 높은 이익 변동성으로 인해 한국 유틸리티 업체에는 이익 기반의 밸류에이션(PER, EV/EBITDA) 적용 불가

- 마치 시클리컬 업종처럼, 장부가치 기반의 밸류에이션(PBR)을 적용하는 경우가 대부분

- ROE와 PBR 간의 상관관계를 고려 ①과거 상관관계, ②Peer와의 비교, ③PBR=(ROE-g)/(COE-g)

- 이익 변동성 정상화될 경우 이익 및 배당 기반 밸류에이션으로의 전환 가능

한국전력 PBR-ROE 추이

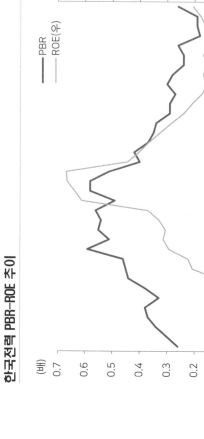

자료: Quantiwise, 메리츠증권 리서치센터

한국가스공사 PBR-ROE 추이

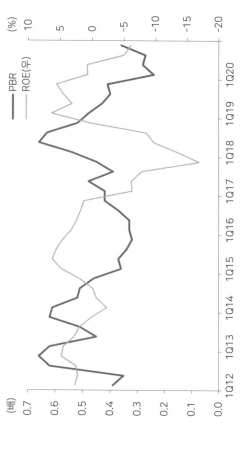

자료: Quantiwise, 메리츠증권 리서치센터

기초
유틸리티

Part II

에너지 산업의 이해

에너지는 어디서, 어떻게 쓰이나?

에너지의 사용처별, 원천별 분류

- 에너지의 사전적 정의는 '일을 할 수 있는 능력'
- 2019년 기준 국내 에너지 소비 중 61.7%는 산업용, 18.4%는 수송용, 19.9%는 건물용으로 사용
- 이 중 50.3%는 석유, 19.4%는 전기, 13.8%는 석탄, 11.3%는 가스에서 공급
  → 석유 소비 중 50% 이상은 납사, LPG로 변환되는 '원료용 소비'
  → 실제 '연료용 소비' 비중은 석유 35%, 전기 30%, 석탄 20%, 가스 20%에 가까움
- 경제 성장에 비례하여 에너지 수요는 연간 1~2% 수준히 성장

국내 수요처별 에너지 수요 전망

자료: 에너지경제연구원 '중기 에너지수요전망', 메리츠증권 리서치센터

국내 에너지원별 수요 전망

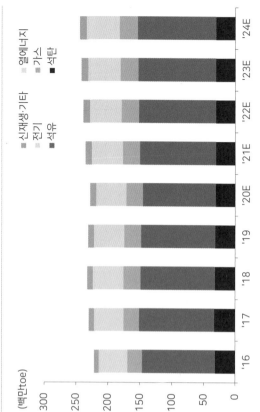

자료: 에너지경제연구원 '중기 에너지수요전망', 메리츠증권 리서치센터

에너지 소비 구조

용도별로 주요 에너지원이 다름

- 석유는 산업용(원료 제조), 수송용에 주로 사용 / 석탄은 산업용, 혹은 발전에 주로 사용 / 가스는 산업용, 건물용, 발전용에 골고루 사용 / 2차 에너지인 전기는 산업용, 혹은 건물용에 사용
- 전기차의 발달, 수소경제로 인한 섹터 커플링(Sector Coupling)으로 인해 전기의 비중 상승 중
- 유틸리티 투자 관점에서는 전기 및 가스에 집중

사용처별 주요 에너지원 (원료 제조용 포함)

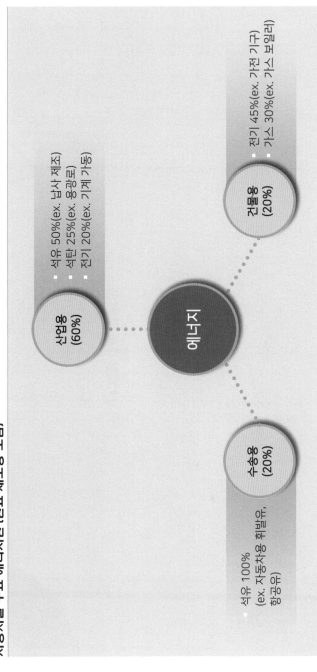

- 석유 50%(ex. 납사 제조)
- 석탄 25%(ex. 용광로)
- 전기 20%(ex. 기계 가동)

산업용 (60%)

에너지

건물용 (20%)
- 전기 45%(ex. 가전 기구)
- 가스 30%(ex. 가스 보일러)

수송용 (20%)
- 석유 100% (ex. 자동차용 휘발유, 항공유)

자료: 에너지경제연구원 '중기 에너지수요전망', 메리츠증권 리서치센터

전력은 어디에 쓰이나?

전기는 산업용에 주로 사용

- 전력 소비는 절반 이상이 공장 등 산업용. 일반용(상업 건물) 및 주택용이 각각 20%, 15% 가량

- 꾸준한 경제 성장 및 데이터센터 등 전기 집약적 산업 시설의 발달로 기존 수요처는 꾸준히 성장

- 전기차 판매량 증가 등 신규 수요처도 발달. 다만 전체 수요에 미치는 영향은 미미
  (2030년 기준 1% 미만 예상)

- 수소경제로의 전환은 전기 사용량을 늘리는 요인

판매종별 전력 판매량

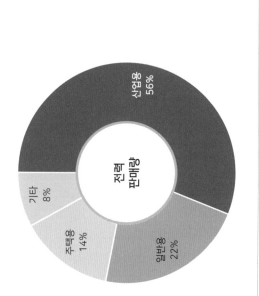

자료: 각 사, 메리츠증권 리서치센터

전력소비량 추이 및 전망

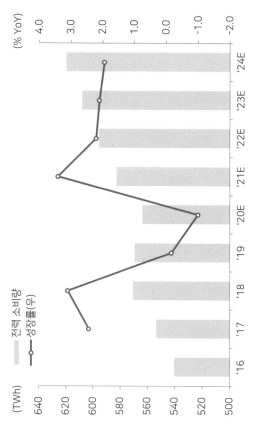

자료: 에너지경제연구원 '중기 에너지수요전망', 메리츠증권 리서치센터

국내 전력 판매 시장의 구조 (≒ 한국전력의 비즈니스 모델)

국내 전력 판매는 한국전력이 독점

- 국내 모든 전력 판매는 한국전력이 독점. 한국전력은 전력거래소를 통해 발전사에게서 전력을 구입, 이후 전국 각지의 송변전, 배전 시설을 통해 소비자에게 공급

- 전력 소매요금은 산업통상자원부가 기획재정부와의 협의를 통해 결정 (총괄원가제 적용 X).
  → 연료비 연동제, 구입전력비 연동제 등 다양한 요금 개편 진행

- 반면 전력구입단가(도매요금)는 CBP(Cost Based Pool) 시스템에 따라 결정

전력 구매 요금(도매) 판매 가격 결정 구조

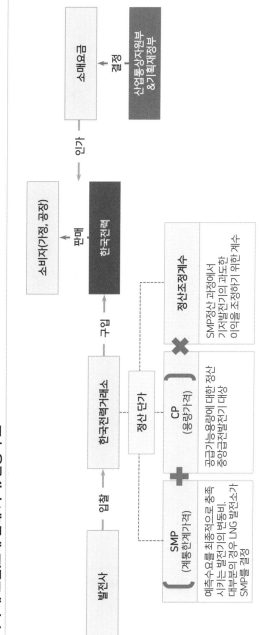

자료: 한국전력, 메리츠증권 리서치센터

전력거래소는 왜 필요한가?

전력 공급의 안정성을 위해서는 전력거래소의 개입이 필요

- 국내 모든 전력 거래는 의무적으로 전력거래소를 통해 발생

  - ① 전력 거래에는 지연이 있어서는 안된다
    : 10~20분만의 정전만으로도 막대한 사회경제적 손실이 발생. 제조업식의 공급 계약은 불안정

  - ② 전력 거래에는 '재고'라는 개념이 없다
    : 전력은 저장이 어려운 재화. 필요한 만큼만 생산해서 사용하는 게 최선의 방법.
    전력 수요를 예측하고, 발전소에게 생산을 지시(급전 지시)해줄 수 있는 주체가 필요

에너지 저장 장치별 방전률

배터리 시스템	자가 방전률
Primary Lithium-Metal	5년 내 10% 방전
Alkaline	연 2~3% 방전
Lead-Acid	월 5%
니켈 기반	24시간 내 10~15%, 이후 월 10~15% 방전
리튬이온	24시간 내 5%, 이후 월 1~2% 방전
(보호 회로가 추가적으로 월 3% 방전)

자료: Battery University, 메리츠증권 리서치센터

CBP(Cost Based Pool), 경제급전이란?

변동비를 반영하는 CBP

- 전력거래소는 거래일 하루 전에 시간대별 전력수요를 예측하여 변동비가 낮은 발전기 순서대로 급전 지시.
  발전단가가 낮은 원자력과 석탄은 대부분 급전 지시를 받고(기저 발전), LNG는 수요에 따라 가동률이 급격히 변화(첨두 발전)

- 마지막으로 가동한 발전기의 변동비(가동 발전기 중 가장 비싼 발전기)=SMP(System Marginal Price).
  여기에 고정비를 보상해주기 위한 CP(Capacity Payment)를 더하면 최종 정산단가가 결정.
  한전발전자회사의 원자력/화력 발전에는 추가적으로 정산조정계수를 곱함

전력거래소의 CBP(Cost Based Pool) 운영 방식

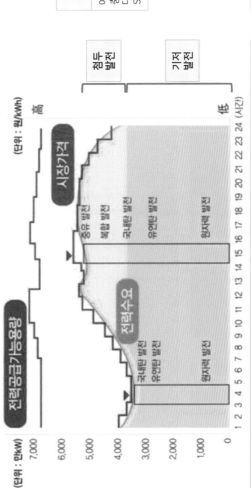

자료: 한국전력거래소 '정산규칙해설서', 메리츠증권 리서치센터

전력 정산단가 결정 구조

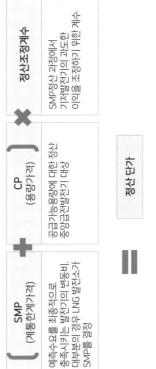

자료: 한국전력, 메리츠증권 리서치센터

한국전력 별도 실적

유가에 민감한 한국전력의 별도 실적

- SMP는 발전기들의 변동비에 따라 결정. 그런데 대부분의 변동비는 연료비이므로, SMP 역시 유가 등 원자재 가격과 환율에 민감

- 한국전력의 P는 정부에 의해 고정되다시피 한 상황이고(산업부&기재부에 따라 결정) Q(판매량) 역시 큰 변동이 없기 때문에, C(전력구입비)에 따라 한국전력의 실적이 결정

- 전력구입비의 대부분은 SMP이고, SMP는 유가와 환율에 민감
  → 유가 하락 시 한국전력 이익 증가, 원화 강세 시 한국전력 이익 증가
  → 연료비연동제 시행 시 유가, 환율과의 상관관계 감소할 전망

SMP와 유가 추이

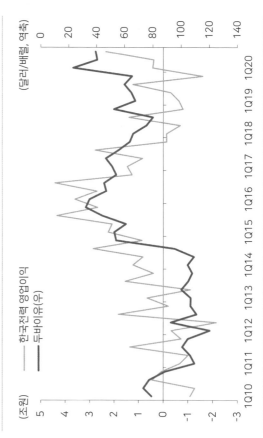

자료: Quantiwise, 한국전력, 메리츠증권 리서치센터

한국전력 실적과 유가 간 상관 관계

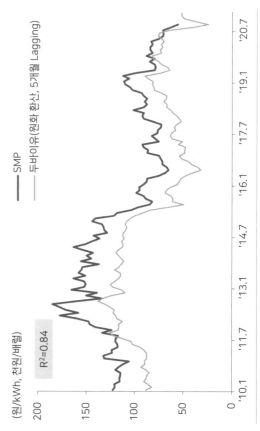

자료: Quantiwise, 메리츠증권 리서치센터

요금제 개편 현황

최근 진행되고 있는 요금제 개편

- 그간 전력 요금은 총괄원가제와 상관없이 결정되었으나, 최근 일부 정상화가 진행 중
- 2020년 12월 산업통상자원부와 한국전력은 연료비 연동제 시행을 결정
- 원자재 가격, 환율에 따른 실적 변동성 완화될 전망

한국전력의 연료비 연동제 시행 계획

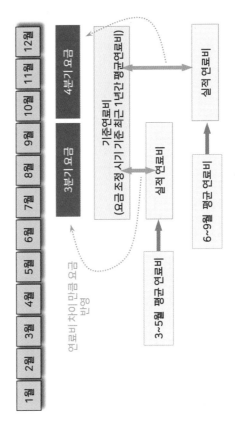

자료 : 한국전력, 메리츠증권 리서치센터

유가 및 전력요금 조정 추이

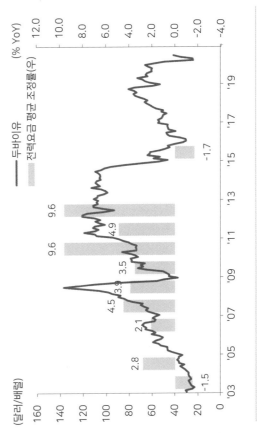

자료 : 한국전력, 메리츠증권 리서치센터

전기는 무엇으로 만드나?

현재 국내 전력은 대부분
원자력과 석탄에서 발생

- 2019년 기준 국내 발전량 중 40%는 석탄, 25%는 원자력, 25%는 LNG로 생산
  신재생에너지는 약 7%에 불과
- 2030년까지 신재생 비중은 20%로 증가, 석탄 비중은 30%로 감소할 전망
- 현 발전비용은 신재생>LNG>석탄>원자력 순이므로 전반적인 발전비용의 증가 예상
  → 신재생에너지 발전 기술의 발전이 필요

2019년 국내 발전 믹스

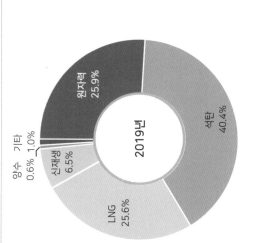

2030년 국내 발전 믹스(9차 계획 전망)

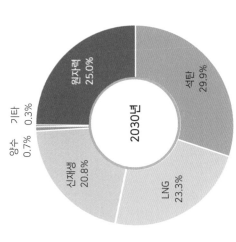

자료: 산업통상자원부 '9차 전력수급기본계획', 메리츠증권 리서치센터

자료: 산업통상자원부 '9차 전력수급기본계획', 메리츠증권 리서치센터

국내 발전 시장의 구조

한전 자회사는 원자력 및 석탄 위주, 민간 발전사는 LNG 위주

- 2001년 김대중 정부 시절 전력산업 구조개편 이후 발전부문은 한국전력으로부터 분할

- 한국전력은 전국의 송배전망을 소유. 계통운영기능은 전력거래소로 이관. 발전 사업은 민간 개방. 그러나 70% 이상의 전력은 여전히 한국전력 자회사가 생산 중. 민간 발전사는 LNG 위주로 발전

- 민간발전사들은 대부분 비상장사. 그러나 지역난방공사 및 삼천리 등을 통해 간접적으로 LNG 발전 사업에 투자 가능

발전사별 발전 비중 현황 (2019)

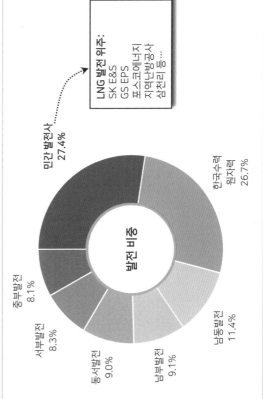

자료: 각 사, 메리츠증권 리서치센터

한국전력 주요 연결자회사

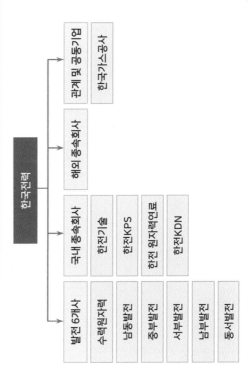

자료: 금융투자감독원 전자공시시스템, 메리츠증권 리서치센터

감소하는 원전, 석탄 이용률

원전 및 석탄 이용률이
주요 변수

- CBP 원리에 따르면 기저 발전 역할을 하는 석탄, 원자력의 가동률은 8~90% 이상을 유지하고, 이에 따라 한전 발전 자회사들은 안정적인 실적을 기록해야 정상

- 그러나 한전 발전자회사들의 실적 변동성은 높고, 적자를 보는 경우도 잦음
  각종 정치적, 사회적 요인으로 인해 인위적으로 조정되는 원전, 석탄 이용률이 원인

- 값싼 원전, 석탄 발전량 감소는 한국전력 발전자회사들에게 실적 부담 요인으로 작용

- 원전, 석탄 이용률 감소 시 상대적으로 LNG 발전량은 증가

발전원별 이용률 추이

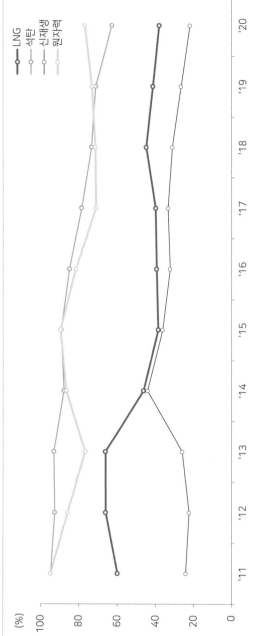

자료: 각 사, 메리츠증권 리서치센터

자식이 아프면 부모도 아프다

유기에 민감한
한국전력의 별도 실적

- 공기업의 배당은 별도순이익을 기준으로 산정
  : 자회사들이 실적 악화는 배당에 영향이 없는 것일까?

- 원전, 석탄 이용률 하락으로 인해 약화된 한국전력 자회사들의 실적은 별도 실적에도 영향

- ① 별도법인은 정산조정계수를 통해 자회사들이 실적을 보전해주기 때문
  (역으로, 자회사 실적 개선 시 정산조정계수 조정을 통해 별도법인에게 이익 공유)

- ② 자회사 실적 악화 시 별도 법인의 차기년도 배당금 수익도 감소하기 때문

별도 및 자회사 영업이익 추이

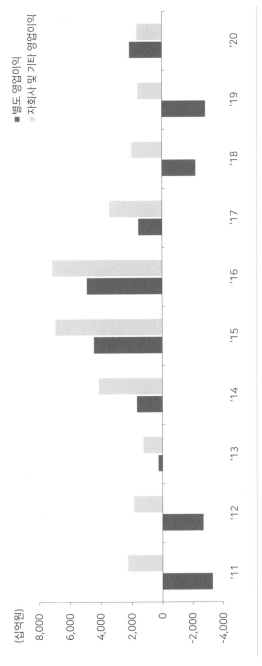

(십억원)

■ 별도 영업이익
■ 자회사 및 기타 영업이익

자료: 각 사, 메리츠증권 리서치센터

전력 시장 요약

1 ⋯ 전력 시장은 한국전력이 판매를 독점. 한전 자회사가 생산을 과점 중

2 ⋯ 한국전력(별도)의 판매 가격은 경직적이고,
원가(전력구입비)는 유가, 환율에 민감하기 때문에 실적 변동성 ↑
다만 최근 연료비 연동제 실시에 대한 기대감 상승

3 ⋯ 한전 발전 자회사들의 실적은 석탄, 원자력 이용률 하락에 영향.
최근 신재생위주의 발전 믹스 변화 진행 중

4 ⋯ 자회사들의 실적이 악화되면 정산조정계수 증가가 증가하고, 배당금 수익이 감소하는 등
별도 법인 실적에도 영향

가스는 어디에 쓰이나?

발전용 수요에 따라 전체 가스 소비량이 변동

- 가스 소비는 발전용과 도시가스용에서 각각 절반씩 발생

- 도시가스 안에서는 주택용과 산업 및 기타 용도가 각각 절반을 차지

- 도시가스용 가스수요는 꾸준히 유지되는 가운데, 발전용 수요 변동이 가스 소비량 전망을 결정
  → 중기적으로 신규 기저발전 설비 도입과 함께 성장이 미미하지만
  장기적으로 LNG 발전량과 가스 소비량은 증가

- 수소 제조용 가스 소비량 증가 예상

용도별 가스 판매량

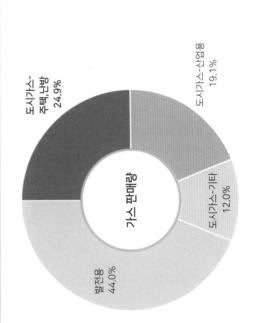

주: 2019년 기준
자료: 각 사, 메리츠증권 리서치센터

국내 가스 소비량 추이 및 전망

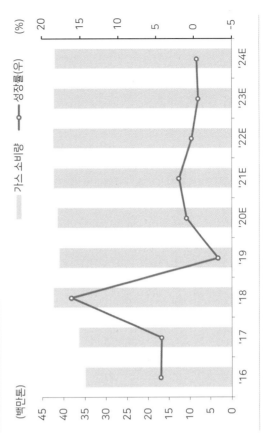

자료: 에너지경제연구원 '중기 에너지수요전망', 메리츠증권 리서치센터

가스 시장의 판매 구조

한국가스공사가 독파점하고 있는 천연가스 시장

- 천연가스는 대부분 한국가스공사가 선박을 통해 LNG 형태로 해외에서 도입. 도시가스사, 발전사에게 공급
- 도입 가격은 가스공사가 해외 E&P 업체들과의 장기 계약을 통해 결정. 유가 연동 계약이 대부분(정확히는 JCC 연동)이며, LNG 현물 가격이 곧바로 반영되지는 않음
- 최근 발전사 등이 직접 천연가스를 도입하는 직도입 사례가 증가 중
- 도시가스사는 지자체의 인가를 받고 가정 등에 도시가스 공급 권역별로 도시가스 소매사업자가 결정되어 있는 상황

가스 시장 판매 구조

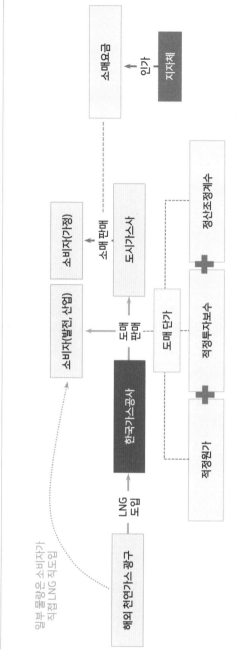

일부 물량은 소비자가 직접 LNG 직도입

해외 천연가스 광구 → LNG 도입 → 한국가스공사

한국가스공사 → 도매 판매 → 소비자(발전, 산업)

한국가스공사 → 도매 판매 → 도시가스사 → 소매 판매 → 소비자(가정)

도시가스사 → 소매요금 ← 인가 ← 지자체

도매 단가 = 적정원가 + 적정투자보수 + 정산조정계수

자료: 메리츠증권 리서치센터

가스 요금 결정 구조

총괄원가 방식을 따르는 천연가스 도매요금

- 국내 천연가스 도매요금의 산정은 원료비와 공급비용을 합산하여 결정하는 총괄원가 방식
- 공급비용은 다시 적정원가(인건비 등)와 적정투자보수로 이루어져있으며, 적정투자보수는 요금기저(투하자본)*적정투자보수율(WACC)의 산식으로 계산
- 원료비와 적정원가 항목을 통해 회계적 비용을 보상하고, 적정투자보수율을 통해 WACC만큼의 경제적 비용을 보상하는 구조. 만약 목표 판매량을 초과하거나, 예상보다 비용을 적게 지출하여 초과 이익이 발생하는 경우에는 적정투자보수에서 차감

천연가스 도매요금 결정 체계

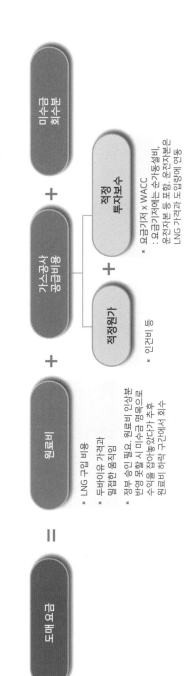

자료: 한국가스공사, 메리츠종금 리서치센터

총괄원가제 적용 사례) 한국가스공사

한국가스공사의 총괄원가 개선 상세내역 (세부내역은 추정)

		2017	2018	2019	2020
총괄원가					
조정후 총괄원가	십억원	2,560	2,273	2,111	2,523
적정투자보수(세후)	십억원	782	898	983	866
적정원가	십억원	1,777	1,375	1,128	1,657
요금기저					
요금기저(차감 전)	십억원	22,398	23,178	24,341	23,709
평균 순가동설비	십억원	14,000~15,000	14,000~15,000	14,000~15,000	14,000~15,000
평균투자자산	십억원	3,000	3,000	3,000	3,000
평균 무형고정자산	십억원	300	300	300	300
운전자금	십억원	3,000~5,000	3,000~5,000	3,000~5,000	3,000~5,000
원료비	십억원	3,000~5,000	3,000~5,000	3,000~5,000	3,000~5,000
순영업비	십억원	200	200	200	200
저장품	십억원	10~50	10~50	10~50	10~50
적정투자보수율					
WACC	%	3.84	4.22	4.37	3.94
자본 구조					
자기자본비율	%	30~40	30~40	30~40	30~40
타인자본비율	%	60~70	60~70	60~70	60~70
투자보수율					
COE	%	5.5~7.0	5.5~7.0	5.5~7.0	5.5~7.0
Rf	%	1.5~2.0	1.5~2.0	1.5~2.0	1.5~2.0
β	%	0.7~0.9	0.7~0.9	0.7~0.9	0.7~0.9
Market Risk Premium	%	6.0	6.0	6.0	6.0
COD(After Tax)	%	2.5~3.0	2.5~3.0	2.5~3.0	2.5~3.0

재료비, 인건비, 판관비 등

토지, 건물, 기계장치 등

가스도매사업 이외 투자한 프로젝트 중 규제 사업에 포함된 사업

매출채권, 재고자산 등

주: 요금기저 및 적정투자보수율의 세부 내역은 당사 추정
자료: 한국가스공사, 메리츠증권 리서치센터

총괄원가제가 손익에 미치는 영향

총괄원가제에 의해 안정적인 별도 영업이익을 보장받는 가스공사

- 총괄원가제에 의해 한국가스공사는 적정투자보수 만큼의 이익을 보장 받는 구조
  별도 영업이익 = 세전적정투자보수
- 영업이익이 먼저 결정되고, 해당 이익을 보장해줄 수 있는 가격을 결정
- 가동성비규모, 판매량, 매크로 변수 등에 따라 적정투자보수는 일부 달라지지만, 전반적으로 안정적인 흐름

한국가스공사 세후적정투자보수 및 별도 영업이익 추이

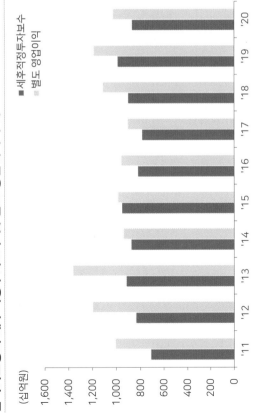

자료: Company Data, 메리츠증권 리서치센터

각 변수와 한국가스공사 적정투자보수 간의 상관관계

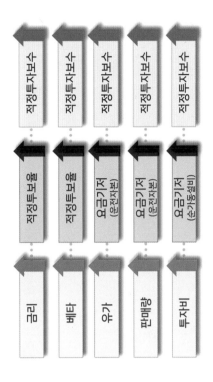

자료: 메리츠증권 리서치센터

가스사업은 안정적이기만 할까

해외 프로젝트 손익은 유가에 민감

- 연결 실체의 관점에서 이익의 변동폭은 더 큰 편. 해외 사업의 이익 변동폭이 심하기 때문
- 한국가스공사의 본업은 가스 도입과 판매이지만, 해외 광구를 직접 개발하는 E&P의 영역까지 사업 확대
- 해외 E&P 사업의 매출 비중은 5% 미만, 이익 비중은 20% 미만이지만, 변동폭은 큰 편
  → E&P 프로젝트마다 수익 구조는 다르지만, 전반적으로 유가에 이익이 연동되기 때문

한국가스공사 호주 GLNG 사업장

자료: 시사위크, 2015.10.12, '한국가스공사, 호주 GLNG사업 성공적으로 이륙시켜'

한국가스공사 매출 및 영업이익 구성

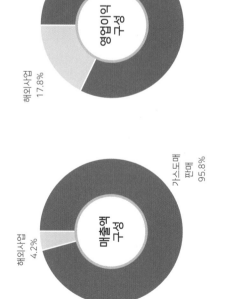

매출액 구성: 가스도매판매 95.8%, 해외사업 4.2%

영업이익 구성: 가스도매판매 82.2%, 해외사업 17.8%

주: 2019년 기준
자료: Company Data, 메리츠증권 리서치센터

가스 시장은 안정적이기만 할까

가장 큰 문제인 자산손상차손

- 순이익 측면에서 바라보면 변동성은 더욱 확대. 해외 E&P 프로젝트의 자산손상차손 때문

- 장기유가가정 변동, 판매량 전망 변동 등에 따라 2013년 이후 가스공사는 대규모 손상차손 인식

- 이에 따라 안정적 영업이익에도 불구하고 배당주로서의 역할 수행 X

한국가스공사 별도 영업이익 및 자산손상차손 추이

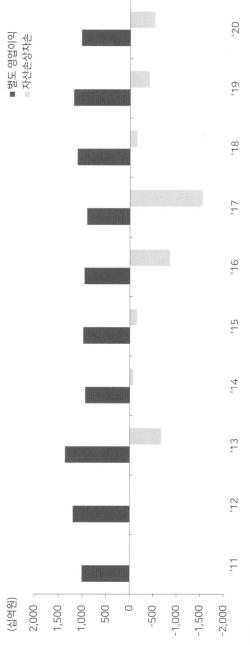

자료 : Company Data, 메리츠증권 리서치센터

가스 시장 요약: 한국가스공사 – 유가 간 상관관계

유가와 밀접한 상관관계가 있는 한국가스공사 주가

- 한국가스공사 주가는 여러가지 측면에서 유가와 밀접한 상관관계 보유
  ① 유가 상승 시 운전자본 상승 → 요금기저 상승 → 적정투자보수 및 영업이익 상승
  ② 유가 상승 시 해외 E&P 프로젝트 수익성 개선
  ③ 유가 상승 시 해외 E&P 프로젝트 자산손상차손 가능성 감소

한국가스공사 시가총액과 유가 간 상관관계

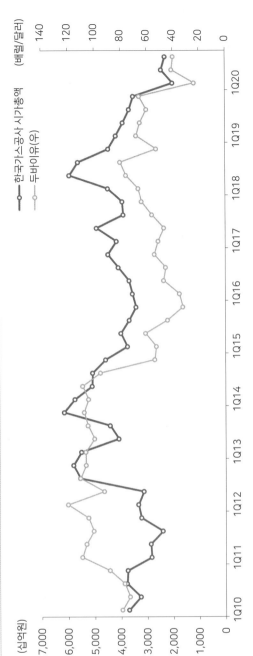

자료: Quantiwise, 메리츠증권 리서치센터

기초
유틸리티

Part III

신재생에너지 산업의 이해

What? 신재생에너지의 정의

신재생에너지는 '신에너지'와 '재생에너지'의 합성어

- 신재생에너지는 '신에너지'와 '재생에너지'의 합성어, 국내에서만 사용되는 정의
  - 신에너지: 기존의 화석연료를 수소 등으로 변환시켜 이용
  - 재생에너지: 햇빛, 물, 지열, 바람 등 재생 가능한 에너지를 변환시켜 이용
- 2019년 세계 신재생에너지 설치량: 총 2,532GW
  (수력 1,187GW, 육상풍력 594GW, 해상풍력 28GW, 태양광 584GW, 바이오 124GW)

발전 믹스 비교

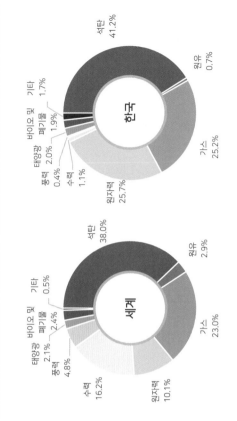

자료: IEA, 한국전력, 메리츠증권 리서치센터

신재생에너지 종류

구분	이름	정의
신 에너지	수소에너지	수소 연소 시 발생하는 폭발력을 이용하여 기계적 운동에너지로 변환하여 활용하거나, 수소를 다시 분해하여 에너지원으로 활용
	연료전지	수소, 메탄 및 메탄올 등의 연료를 산화(酸化)시켜 생기는 화학에너지를 직접 전기에너지로 변환시키는 기술
	석탄액화, 가스화	석탄, 중질잔사유(重質殘渣油) 등의 저급원료를 가스화 반응시켜 가스터빈 및 증기터빈을 구동하여 전기를 생산하는 발전 기술
재생 에너지	태양에너지	태양의 빛에너지를 변환하여 전기를 생산하는 기술 또는 태양으로부터 오는 복사광선을 흡수하여 열에너지로 변환하는 기술
	풍력	풍력발전시스템을 이용하여 바람의 힘을 회전력으로 전환시켜 열생하는 유도전기를 전력계통이나 수요처에 공급하는 기술
	수력	강이나 호수의 물이 흐름으로 얻은 운동에너지를 전기에너지로 변환
	해양에너지	해양의 조수 · 파도 · 해류 · 해류 · 온도차 등을 변환시켜 전기 또는 열을 생산
	지열에너지	땅(토양, 지하수, 지표수)이 지구 내부 마그마의 열에 의해 보유하고 있는 에너지를 활용, 냉난방에 이용하는 기술
	바이오에너지	바이오매스를 직접 또는 생 · 화학적, 물리적 변환과정을 통해 기체, 액체, 고체연료나 전기 · 열에너지 형태로 이용
	폐기물에너지	가연성 폐기물 중 에너지 함량이 높은 폐기물을 이용. 다양한 가공 방법을 통해 고체 기체, 액체, 고체 연료, 폐열 등을 생산하는 기술

자료: 한국에너지공단, 메리츠증권 리서치센터

Why? 친환경 산업은 환경을 위한 산업일까?

친환경 산업은
환경보호 그 이상의 의미

- 2021년부터 파리협정 발표. 산업화 이전 대비 평균 1도 오른 지구 온도의 상승분을 1.5도 이하로 제한하기 위한 각국 정부와 산업계의 노력이 본격화

- 그러나 정부 입장에서 친환경 정책은 환경 보호 그 이상의 의미
  1) 고용 창출, 2) 신규 경쟁력 강화, 3) 국제 사회의 요구, 4)에너지 안보 등 다양한 유인 존재

- '큰 정부'의 도래와 함께 친환경 정책 역시 강화될 전망

지구 평균 온도: 2063년까지 2도 증가?

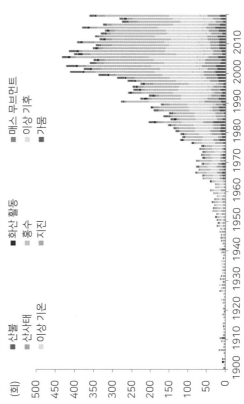

지구온만 늘어나는 재해, 우연일까

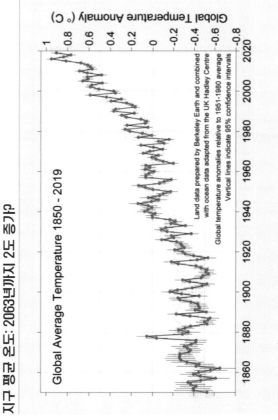

자료: Berkeley Earth, 2020.1.15, 'Global Temperature Report for 2019'

자료: International disaster Database, ourworldindata.org, 메리츠증권 리서치센터

강의자료(기초) 41

Why? 친환경 정책 투자 유인 1) 고용 창출

**화석 연료 대비
고용 창출 우월**

- 신재생에너지는 기존 화석 연료 대비 고용 창출력 우월
  → 설비용량 당 고용창출: 태양광 6.5명, 육상풍력 6.5명, 해상풍력 7.7명, 연료전지 6.3명
  vs 석탄화력 2.5명, 원자력 3.0명, 가스 2.5명(2017, 고용영향평가센터)

- 향후 성장 방향인 디지털 산업은 고용 창출력이 과제(i.e 아마존 효과).
- 정부 입장에서는 친환경 정책이 성장과 고용 창출을 모두 잡을 수 있는 유일한 선택지일 수도

화석 연료 일자리 감소해도 전체 일자리 순증 가능

주: 파리기후협약에 따라 21세기 글로벌 평균 기온 상승을 2도 이하로 제한했을 때(TES), 현 계획
(PES) 대비 2050년 각 지역별 일자리 개수 순증
자료: IRENA, 메리츠증권 리서치센터

풍력타워 건설 현장: 노동 집약적인 신재생에너지 산업

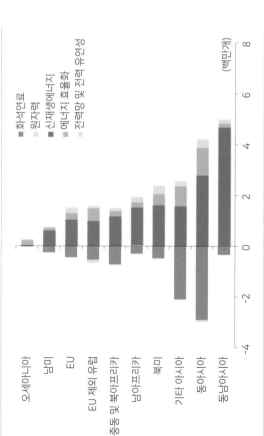

주: 풍력타워 건설 중 용접 과정
자료: 씨에스윈드

Why? 친환경 정책 투자 유인 2) 산업 경쟁력 강화: 절박한 유럽

유럽에는 신규 성장 동력 필요

- 유럽 좌파의 대표였던 사회민주주의 정당들이 쇠퇴. '녹색당'이 그 자리를 대체. 독일은 1위 기민련에 이어 2등 정당이 녹색당. 프랑스 지방선거에서 녹색당 선전. 아일랜드, 오스트리아에서는 우파 정당과 녹색당 연정 구성
  → 녹색당들은 '성장'이라는 키워드를 가져오면서 지지율 상승

- 자동차 등 기존 제조업들이 쇠퇴하며 미국과 중국에 비해 성장 동력을 잃어버린 유럽. 신규 성장 동력이 필요

유럽 내 녹색 정당 의석수 변화

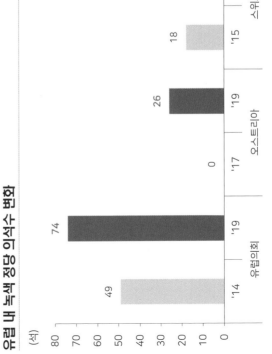

(석)

자료 : 각 언론 자료 취합, 메리츠증권 리서치센터

세계 경제 내 EU의 비중 축소

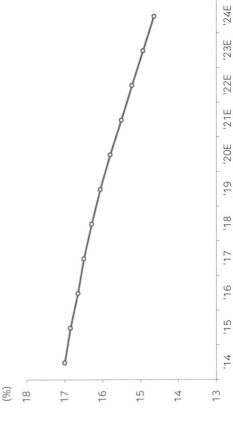

(%)

자료 : IMF, 메리츠증권 리서치센터

Why? 친환경 정책 투자 유인 3) 강화되는 국제 사회의 요구

국제 사회 요구에 발맞춰 국내에도 투자 필요

- 파리협정에 따라 2023년 UN 차원에서 각국에 대한 이행 점검 실시
- 유럽은 수입재에 대한 환경 규제 있어서도 강경한 입장
  → '탄소국경세'를 통해 탄소집약적 수입재에 대해 추가적인 관세 부과
- RE100: 애플, 구글, BMW 등 200개 이상의 RE100 참여 기업들은 협력업체에게 재생에너지를 통해 제품을 생산할 것을 요구

RE100 가입 기업들의 신재생 전력 확보 방법

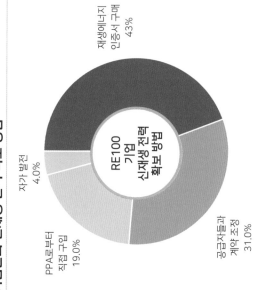

주: 2018년 기준
자료: RE100, 메리츠증권 리서치센터

한국 제조업 對EU 탄소 연간 순수출량 1,270만톤

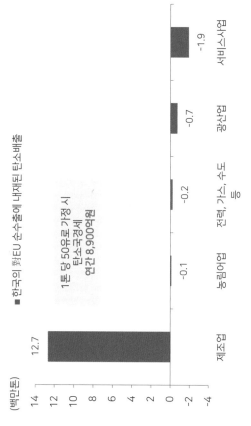

주: 최근 조사인 2015년 기준
자료: OECD, 메리츠증권 리서치센터

Why? 친환경 정책 투자 유인 4) 에너지 안보

신재생에너지 비중 확대는
에너지 안보에도 긍정적

- 보호무역주의는 원자재 패권주의에 대한 우려를 확산
  → 안정적 에너지원 확보에 대한 필요성 증가. 신재생에너지는 에너지자원을 각국에서 수급 가능
- 한국의 에너지 자립도는 주요 국가 중 최하위 수준

수입처별 국내 유연탄 수입 실적

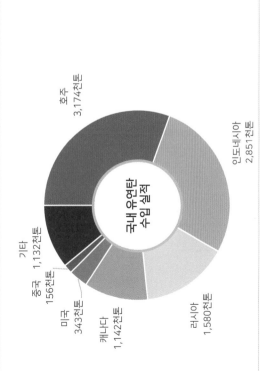

호주
3,174천톤

인도네시아
2,851천톤

러시아
1,580천톤

기타 1,132천톤

중국
156천톤

미국
343천톤

캐나다
1,142천톤

국내 유연탄
수입 실적

주: 2018년 기준
자료: 한국석탄협회, 메리츠증권 리서치센터

주요 국가 에너지 자립도

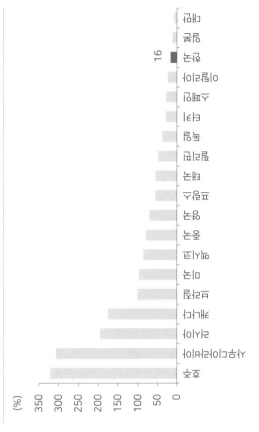

(%)

주: 2019년 기준. 에너지 소비량 대비 생산량으로 계산
자료: IEA, 메리츠증권 리서치센터

국내외 신재생에너지 투자 현황: 그린 뉴딜

국내외에서 발표되는 공격적인 신재생에너지 투자 계획

- '그린 뉴딜'은 태양광+풍력 합산 설비용량을 '19년 12.7G에서 2025년 42.7GW로 늘릴 것으로 계획

- 이전 목표치(8차 전력수급기본계획) 대비 +50% 상향된 목표치. 3년 정도 앞당겨진 계획

- 그린뉴딜 목표치(42.7GW)는 2025년 국내 전체 발전량 대비 16~19%에 해당하는 수준. 2019년 미국의 재생에너지 발전 비중 17%, 독일은 50% 상회

- IRENA는 세계 재생에너지 발전 비중이 2030년 38%에 달할 것으로 예상. 정책 강화를 통해 이를 57%까지 늘려야한다고 제언

국내 재생에너지 발전 용량 목표치 지속 상향 추세

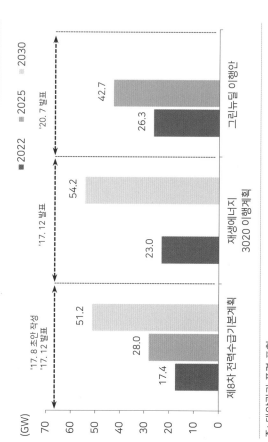

주: 태양광과 풍력 포함
자료: 산업통상자원부, 메리츠증권 리서치센터

글로벌 재생에너지 발전 비중 전망

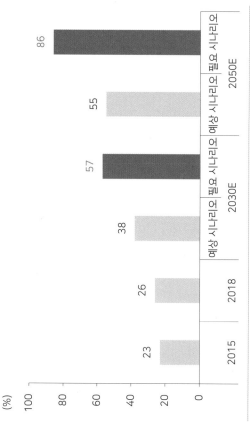

자료: IRENA, 메리츠증권 리서치센터

재생에너지원별 투자 전망

신재생에너지 내에서 성장이
가파른 순서는
풍력>연료전지>태양광

■ 9차 전력수급 기본계획 내 신재생에너지 내에서의 발전용량 계획을 살펴보면, 2020~2034년 간의 장기 CAGR은 태양광 +9.5%, 풍력 +23.2%, 연료전지 +14.2%로 풍력의 성장세가 가장 가파른 상황

■ 연료전지 발전용량은 2034년 기준 3.2GW이 계획되어있으나, 추후 크게 상향될 가능성 (수소경제 활성화 로드맵 상 계획은 2040년 8.0GW).

9차 전력수급기본계획: 신재생에너지 발전량 전망

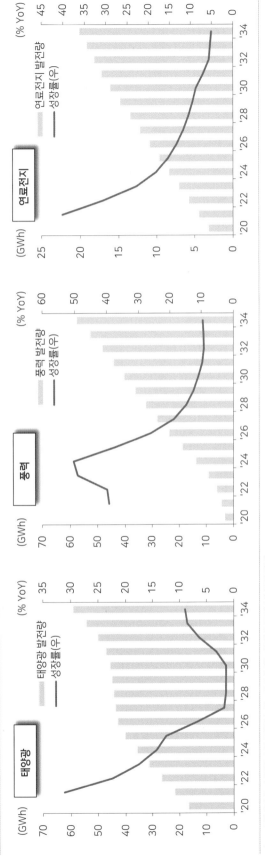

자료: 산업통상자원부 '9차 전력수급 기본계획', 메리츠증권 리서치센터

재생에너지 특징 ① 지역적 편중, ② 소규모

재생에너지는 지역적으로 편중

■ 신재생에너지는 화석연료와 달리 대부분의 국가에서 생산 가능. 그러나 지역별 태양광 조도, 풍속에 따라 지역별로 편중된 경향. 미국은 서부, 중국은 내륙, 독일은 북부, 한국은 전라도
→ 송배전, 변전 시설의 확충 필요

■ 신재생에너지 발전 시설은 소규모. GW 단위가 보편화된 석탄, 원자력 발전과 달리, 태양광 및 풍력 발전 시설은 최대 100MW 단위(국내 기준)

■ 3~7kw 사이의 가정용 발전 설비도 보편화됨

미국의 지역별 태양 복사 조도

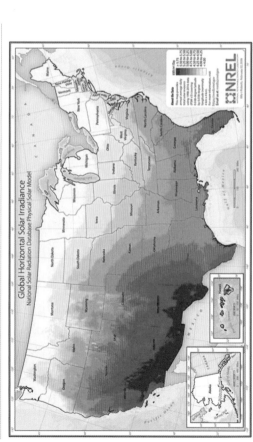

자료: NREL, 2018.2.22, U.S. Annual Solar GHI

독일의 신재생에너지 분포

Wind energy plants   Biomass energy plants   Solar farms

자료: Energy, Sustainability and Society(Jens Ponitka & Sarah Boettner) , 2020.3.18
'Challenges of future energy landscapes in Germany — a nature conservation perspective'

재생에너지 특징 ③ 높은 출력 변동

재생에너지 최대 단점은 높은 출력 변동

- 신재생에너지의 최대 단점은 날씨와 시간에 따라 출력이 불안정하다는 점
  -> 캘리포니아의 Duck Curve 현상: 전력 생산이 낮은 시간대에 전력 계통에 과부하
  -> 제주도 내 풍력 발전기 '발전 중지 명령'

- 같은 발전량을 생산하더라도 화석 연료 대비 재생에너지가 전력 계통에 가하는 부담이 높음

- 출력 불안 문제는 신재생에너지 비중이 낮을 땐 눈에 띄지 않으나, 높아질 수록 중요 이슈로 부각
  -> ESS 등의 저장 장치 필요

캘리포니아의 Duck Curve 현상

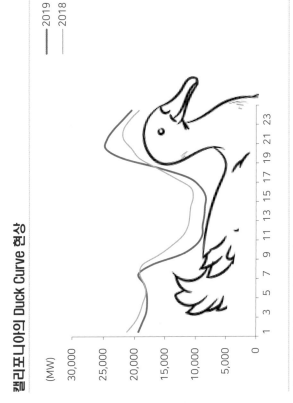

제주도 발전단지 출력제한 명령 횟수

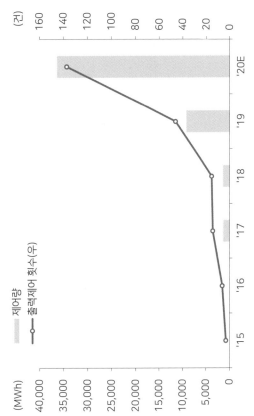

자료: 캘리포니아 ISO, 메리츠증권 리서치센터

자료: 조선비즈, 2020.9.10, '제주도에 태양광·풍력 너무 많이 지었나? 전기 남아돌아 멈청한 발전기 멈춘다', 메리츠증권 리서치센터

재생에너지 특징 ④ 낮은 이용률 ⑤ 0에 가까운 한계비용

재생에너지는 지역적으로 편중

- 시간과 날씨에 제약을 받는 신재생에너지의 평균 이용률은 20~30%.
  90% 이상 가동 가능한 화석연료와 두렷한 차이점

- 재생에너지의 한계비용은 0에 가까움. 연간유지보수 비용은 설치비용에 2% 가량에 불과

- 따라서 재생에너지는 가동할 수 있는 한 무조건 가동하는 것이 이득(전력 저장 및 송배전 문제가 해결된다는 전제 하에)

국내 발전원별 평균 이용률

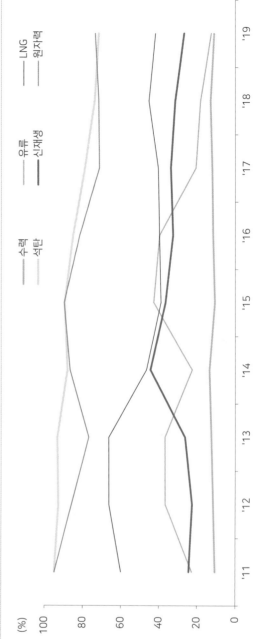

(%)

범례: 수력 / 유류 / LNG / 석탄 / 신재생 / 원자력

주 : 발전량을 발전용량으로 나눠 단순 계산
자료 : 각 사, 메리츠증권 리서치센터

분산형 전원의 대두

신재생에너지와 함께 분산형 전원이 대두

- 신재생에너지 비중 상승 시 전력 시장의 구조는 중앙집중형에서 분산형 전원으로 변화

- 분산형 전원은 수요지 근처에서 발전하여 바로 사용. 송배전 필요성↓

- GW 단위의 대규모 석탄/화력 발전소 대비 재생에너지는 소규모 설비이기 때문에 가능한 변화

- **필요성: 1)** 송배전망 투자 회피: 재생에너지의 지역적 편중으로 인한 송배전 투자 규모를 줄이고, 송배전 설치로 인한 환경 문제 및 지역 수용성 문제를 해결

  2) 높은 출력 변동을 수요가 자체적으로 해결. 전체 전력망의 안정성 증가

중앙집중형 전원에서 분산형 전원으로의 변화

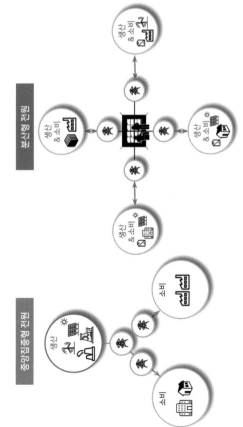

자료: 메리츠증권 리서치센터

분산형 전원 응용처별 투자비 추이 및 전망

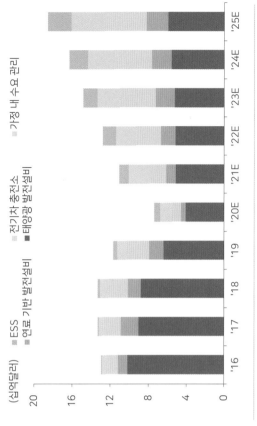

자료: Wood Mackenzie, 메리츠증권 리서치센터

미래 전력 시장의 모습

재생에너지는 지역적으로 편중

- 친환경, 분산형 전원을 실현시키기 위해 가장 이상적인 형태 2가지는 '주택용 태양광+ESS' 혹은 '해상풍력+연료전지'
- 수소의 중요성: 발전원이 아닌 Energy Carrier로서 기능. 신재생에너지로 생산한 전력을 저장해두었다 연료전지를 통해 다시 발전함으로써, 지역적 편중 및 높은 출력변동성 문제를 해결

주택용 태양광 + ESS

자료: Futuresolarpv

해상풍력 + 수소생산

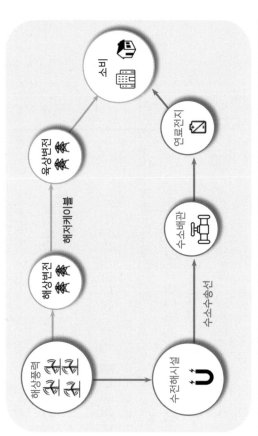

자료: 메리츠증권 리서치센터

신재생에너지 단점: 경제성

신재생에너지의 최대 단점은 경제성

- 신재생에너지 발전의 최대 단점은 떨어지는 경제성
- 글로벌 기준으로는 석탄과 태양광/풍력의 발전 단가가 비슷해지는 Grid Parity가 이뤄진 지역이 일부 있으나, 국내는 화석 연료 대비 신재생에너지의 발전비용이 아직 비싼 상황
- 발전사업자의 투자 유인율을 높이기 위해 추가적인 정부의 지원책 필요

발전원별 LCOE 비교

(원/kWh)

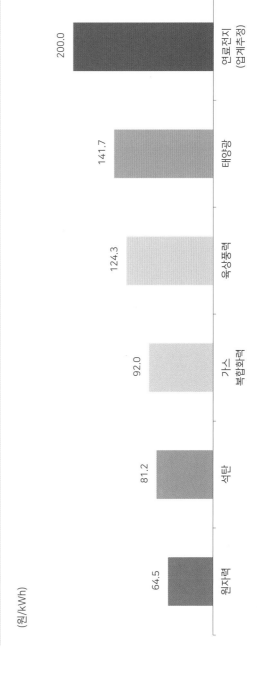

주: 2017년 에너지경제연 추정 국내 기준 원가
자료: 메리츠증권 리서치센터

신재생에너지 지원책

대표적인 신재생에너지
지원책: RPS와 FIT

- 대표적인 신재생에너지 지원책에는 RPS(Renewable Portfolio Standard)와 FIT(Feed-in Tariffs)가 존재
- RPS는 판매사업자에게 일정 비율 이상을 신재생에너지에서 구입할 것을 의무화(물량을 보장)
  FIT는 신재생에너지로 발전한 전력 가격이 기준가격보다 낮을 시 차액을 지급(가격을 보장)
- 미국의 경우 기본적으로 RPS를 채택하고 있으나 ITC(투자세액공제), PTC(생산세액공제) 등 감세제도 위주로 지원
- 해외에서 지원금은 전력 요금에 반영되는 경우가 대부분 -> 소비자에게 투자 비용 전가

독일 전기요금 구성

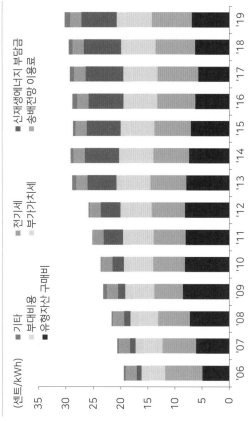

(센트/kWh)

범례: 기타, 부대비용, 유형자산 구매비, 전기세, 부가가치세, 신재생에너지 부담금, 송배전망 이용료

'06 '07 '08 '09 '10 '11 '12 '13 '14 '15 '16 '17 '18 '19

자료: BDEW, 메리츠증권 리서치센터

국가별 신재생에너지 지원책

국가	내용
독일	■ 2000년 FIT 전국단위 실시 (kWh 당 8.5유로) ■ 최근 재생에너지 보급이 목표를 대폭 상회함에 따라 '환경성'에서 '경제성' 위주로 정책 변화
미국	■ 1983년 아이오와주에서 최초로 RPS 제도를 도입한 이후 여러 주에서 각각의 환경을 고려한 RPS 제도 수립 중 ■ 투자세액공제(ITC)는 재생에너지 설비투자 금액에 대해 연방상제 30%를 공제해 주는 제도 ■ 생산세액공제(PTC)는 발전사업자의 전력생산량 당 원가에 공제 해주는 제도(풍력 kWh당 2.3센트)
일본	■ 2003년 RPS 제도 시행했으나 경제성 낮은 신재생 보호 어려움. 발전원간 경쟁 저하 등 부작용으로 인해 2012년 FIT 시행
한국	■ 2002년 FIT 제도 시행 후 재정 문제로 2012년 RPS 제도로 전환 ■ 소규모 태양광 발전사업자들의 수익성 보장을 위해 2018년 제한적인 FIT제도 도입

자료: KEMRI, 메리츠증권 리서치센터

RPS 제도 상세설명

RPS
: Renewable Portfolio Standard

REC
: Renewable Energy Certificate

- 발전사업자는 RPS 비율 만큼 신재생에너지를 통해 발전하는 것이 의무. 이를 채우지 못했을 시, 신재생에너지를 통해 발전했다는 증서(REC)를 외부에서 구매하여 의무 이행
- 산업통상자원부는 REC를 발전사업자에게 부여. 1MWh 당 REC 가중치는 발전원마다 다름
  : 임야태양광 0.7, 지붕 태양광 1.5, 육상풍력 1.0, 해상풍력 2~3.5, 연료전지 2.0, 석탄혼소 0.5
- 신재생발전사업자들의 매출 구조는 SMP(전력 판매 가격)+REC로 구성
- 발전 사업자들의 REC 구입 비용 중 기준가격 만큼은 한국전력에서 부담
  → 결과적으로 한국전력이 에너지 전환 비용을 부담하게 되는 구조

RPS 의무비율 추이 및 전망

■ RPS 의무비율

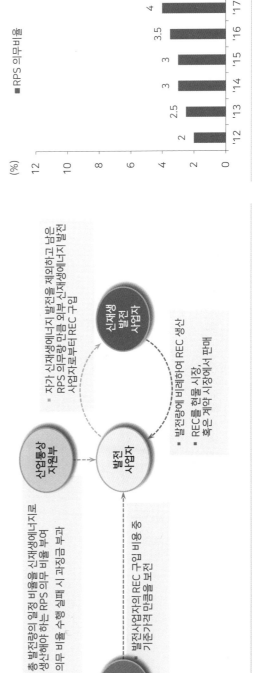

자료: 산업통상자원부, 메리츠증권 리서치센터

국내 RPS 제도 구조

- 총 발전량의 일정 비율을 신재생에너지로 생산해야 하는 RPS 의무 비율 부여
- 의무 비율 수행 실패 시 과징금 부과

발전사업자의 REC 구입 비용 중 기준가격 만큼을 보전

한국전력

산업통상자원부

발전 사업자

신재생 발전 사업자

자가 신재생에너지 발전을 제외하고 남은 RPS 의무량 만큼 외부 신재생에너지 발전 사업자로부터 REC 구입

- 발전량에 비례하여 REC 생산
- REC를 현물 시장, 혹은 계약 시장에서 판매

자료: 메리츠증권 리서치센터

재생에너지별 REC 가중치

REC 가중치는
재생에너지원별로 상이

- REC 가중치는 재생에너지원별로 상이. 해상풍력 및 연료전지가 가장 높으며, 석탄혼소 발전 및 태양광이 낮은 편

- 3년 마다 REC를 조정하며, 가장 가까운 조정 시기는 2021년 6월

- 수소경제위원회는 HPS(Hydrogen Portfolio Standard) 제도 2022년부터 도입 예정
  → 재생에너지 중에서도 수소연료전지 의무 발전 비중을 따로 규정. 연료전지에 힘을 실어주는 변화

재생에너지별 REC 가중치

(ppt)

목재펠릿	태양광(임야)	수력	육상풍력	태양광(지붕형)	연료전지	해상풍력
0.5	0.7	1.0	1.0	1.5	2.0	2~3.5

자료: 에너지공단, 메리츠증권 리서치센터

HPS 제도의 도입

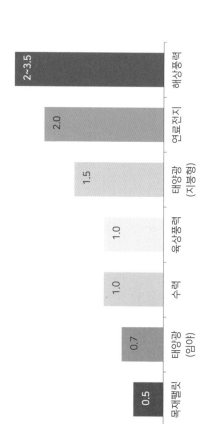

기존 RPS 제도 RPS HPS

자료: 메리츠증권 리서치센터

참고) 신재생에너지 사업자들의 수익성 분석

신재생에너지 사업자들은 REC, SMP 가격이 중요

- 신재생에너지 사업자들의 주 수익원은 REC와 SMP. 2017년 이후 REC 가격 급락으로 수익성 악화 경험
- 태양광, 풍력 사업자들의 이용률은 날씨에 따라 결정. 연료전지는 90% 이상을 유지하는 경향
- 운영 비용은 미미, 초기 설치비용이 비용의 대부분을 차지
- 결국, 장기적으로는 기술 발전율을 통한 설치비용 하락, 이용률 상승이 주요 요소이지만 단기적으로는 REC, SMP 가격이 수익성 변동의 주요 요인

신재생에너지 발전 사업자들의 P, Q, C

자료: 메리츠증권 리서치센터

탄소배출권 거래제 상세설명

탄소배출권 거래제는 또 다른 신재생에너지 투자 유인

- 탄소배출권 거래제(ETS, Emission Trading System)는 발전 사업자들의 또 다른 신재생에너지 투자 유인
- 각 기업에게 탄소 배출 할당량을 부여하고, 초과 배출분에 대해서는 과징금을 피하기 위해서는 추가적인 배출권을 구입해야 함
- 발전 산업은 국내 탄소배출량의 50% 이상을 차지. 신재생에너지 투자가 없다면 탄소배출권 구입이 불가피
- 탄소배출권 거래제는 점차 대상과 기준이 강화 중
- 발전사들의 탄소배출권 구입 비용은 최종적으로 한국전력이 보전

탄소배출권 거래제의 기본 개념

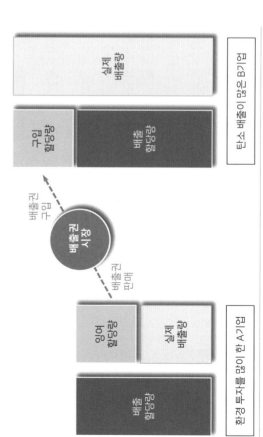

환경 투자를 많이 한 A기업

- 배출 할당량
- 잉여 할당량
- 실제 배출량

배출권 시장
배출권 구입
배출권 판매

탄소 배출이 많은 B기업

- 구입 할당량
- 배출 할당량
- 실제 배출량

자료: 메리츠증권 리서치센터

탄소배출권 거래제: 2차 vs 3차

	제 1차	제 2차	제 3차
기간	2015~2017년	2018~2020년	2021~2023년(1단계) 2024~2025년(2단계)
할당	전량 무상할당	무상할당 97%, 유상할당 3%	무상할당 90%, 유상할당 10%
연평균 할당량 (백만톤)	563	592	589(1단계) 567(2단계)
대상 업종, 업체	577개 업종 525개 업체	622개 업종 589개 업체	69개 업종 685개 업체

자료: 기획재정부, 환경부, 메리츠증권 리서치센터

참고) 한국전력의 환경비용 부담

**환경비용 부담은 최종적으로
한국전력에 전가**

- RPS, ETS(탄소배출권) 등 각종 신재생에너지 지원책의 재원은 최종적으로 한국전력이 부담
- 발전사들의 REC 구입비용, 탄소 배출권 비용을 전부 부담해주지는 않지만, 기준가격(대략 8~90%)를 부담
- 이외에 석탄, LNG 등에 대한 개별소비세, 화력발전세 등도 환경비용으로 분류할 수 있으나, 이는 연료비 연동제를 통해 해결 가능
- 환경비용의 증가는 이익 감소로 연결. 요금 반영 여부는 지켜봐야할 이슈

한국전력 환경비용 추이 및 전망

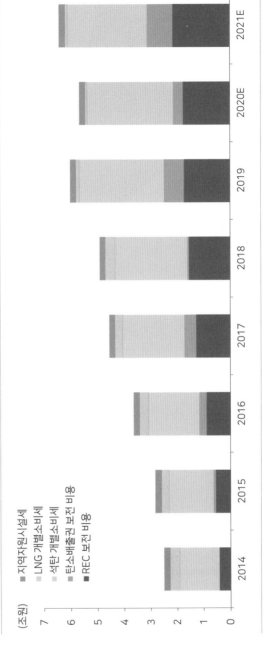

자료 : 메리츠증권 리서치센터

기초
유틸리티

Part IV

신재생에너지 밸류체인

신재생에너지 투자 밸류체인

- 신재생에너지 투자의 직접적인 투자 주체들은 발전사업자들
  : 대형 발전사(한국전력 자회사, SKE&S, GS EPS, 포스코에너지 등) 뿐만 아니라 논밭을 태양광 발전 설비로
    바꾸는 영세 발전 사업자들도 증가
- 대형 발전 단지의 경우 디벨로퍼와 FI 개입한 PF 형태로 이루어짐
- 국내 상장 주식에서 신재생에너지에 대한 투자는 기자재 업체를 위주로 진행

신재생에너지 투자 밸류체인(풍력을 중심으로)

Step 1.
전력 수요자
- 가구, 공장

Step 2.
전력 구매 및 공급
- 전력 판매사업자
- PPA사업자

e·on
VATTENFALL
DONG energy
KEPCO

Step 3.
발전단지 디벨로퍼
- 부지 및 자원 탐색
- 자금조달 및 EPC

Invenergy
IBERDROLA RENOVABLES
Horizon
enXco
bp
NEXTera ENERGY

Step 4.
완성발전기 공급업체
- 풍력 터빈, 태양광 모듈 생산

Vestas
GE
SIEMENS
Gamesa
MITSUBISHI POWER SYSTEMS

Step 5.
부품 공급업체
- 풍력 터빈, 블레이드, 케이블
- 태양광 셀, 인버터

CS WIND
ABB
PRYSMIAN
DMI INDUSTRIES
LM WIND POWER

자료: 씨에스윈드, 메리츠증권 리서치센터

신재생에너지 밸류체인 - 태양광

태양광 산업 정의 및 범위

■ 태양광발전은 태양빛을 반도체에 쪼이면 반도체 표면에서 전자가 튀어나오는 '광전원리'에 의한 발전

■ 태양광 발전 시스템은 주 원료인 실리콘을 바탕으로 만든 웨이퍼를 가공하여 태양전지 셀을 만들고 이를 조합한 모듈이 핵심 구성

■ 사용 전력을 이용하기 위해 직류 전류를 교류로 전환시켜 주는 인버터, 일조량에 따른 발전량의 불안정을 보완하기 위한 전력저장장치(ESS), 기타 전력기기 등 포함

■ 최근에는 분산형 에너지 자원을 클라우드 기반 플랫폼으로 통합, 계통운영 시스템과 센서를 활용하여 원격 제어하는 가상발전소(VPP) 등으로 산업 범위가 확장 중

태양광 Supply-chain

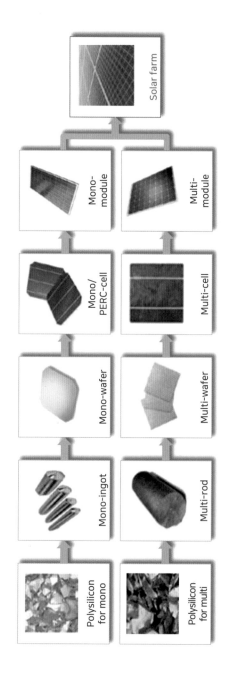

Polysilicon for mono → Mono-ingot → Mono-wafer → Mono/PERC-cell → Mono-module

Polysilicon for multi → Multi-rod → Multi-wafer → Multi-cell → Multi-module

Solar farm

자료: 각 산업자료 참고, 메리츠증권 리서치센터

신재생에너지 밸류체인 - 태양광

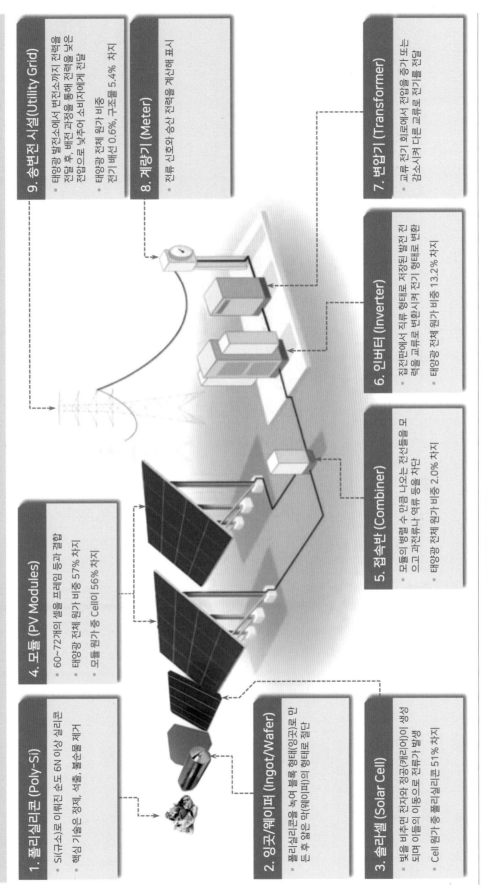

1. 폴리실리콘 (Poly-Si)
- Si(규소)로 이뤄진 순도 6N 이상 실리콘
- 핵심 기술은 정제, 석출, 불순물 제거

2. 잉곳/웨이퍼 (Ingot/Wafer)
- 폴리실리콘을 녹여 블록 형태(잉곳)로 만든 후 얇은 막(웨이퍼)의 형태로 절단

3. 솔라셀 (Solar Cell)
- 빛을 비추면 전자와 정공(캐리어)이 생성되며 이들의 이동으로 전류가 발생
- Cell 원가 중 폴리실리콘 51% 차지

4. 모듈 (PV Modules)
- 60~72개의 셀을 프레임 등과 결합
- 태양광 전체 원가 비중 57% 차지
- 모듈 원가 중 Cell이 56% 차지

5. 접속반 (Combiner)
- 모듈이 병렬 수 만큼 나오는 전선들을 모으고 과전류나 역류 등을 차단
- 태양광 전체 원가 비중 2.0% 차지

6. 인버터 (Inverter)
- 접전판에서 직류 형태로 저장된 발전 전력을 교류로 변환시켜 전기 형태로 변환
- 태양광 전체 원가 비중 13.2% 차지

7. 변압기 (Transformer)
- 교류 전기 회로에서 전압을 증가 또는 감소시켜 다른 교류로 전기를 전달

8. 계량기 (Meter)
- 전류 신호와 송신 전력을 계산해 표시

9. 송변전 시설(Utility Grid)
- 태양광 발전소에서 변전소까지 전력을 전달 후 배전 과정을 통해 전력을 낮은 전압으로 낮추어 소비자에게 전달
- 태양광 전체 원가 비중 전기 배선 0.6%, 구조물 5.4% 차지

자료 : NREL, 2016.9, 'Facility-Scale Solar Photovoltaic Guidebook', 메리츠종금권 리서치센터

신재생에너지 밸류체인 - 태양광

	폴리실리콘	웨이퍼	셀	모듈	발전소 건설, 운영	기타장비
개요	원재료인 실리콘을 가공	폴리실리콘을 녹여 결정을 만든 원통형 덩어리를 얇게 썰어서 만든 판	태양전지	셀을 프레임에 넣고 조립해 만든 패널		

관련업체

폴리실리콘	셀	모듈	발전소 건설, 운영	기타장비
OCI: 태양광용 폴리실리콘 생산. 국내 공장은 가동 중단했으나, 말레이시아 공장(2.7만 톤/연)은 유지	**신성이엔지**: 반도체, 디스플레이, 태양전지, 태양광 모듈, 설비 제조사. 태양광 모듈, 설치 및 태양광발전소 설치사업 영위	**예스에너지**: 태양광 모듈 제조 및 판매. 발전소 사업부문 예 특화된 기업	**SK디앤디**: 신재생에너지 개발사업 영위. 태양광발전소 및 풍력발전소의 개발, 운영 등의 가능 수행 순천 태양광 발전소 보유	**한미반도체**: 잉곳의 외관을 측정하고 검사하는 Vision Inspection 장비 등 다양한 태양광 공정용 장비를 제조
다원시스: 태양광 폴리실리콘 제조용 CVD 전원장치(폴리실리콘 증착 공정 제어) 생산	**현대에너지솔루션**: 태양광 셀, 모듈 제작 및 태양광 솔루션 제공 기업. 경쟁력은 모듈 부문에 집중되어 있으며 단결정 양면/대면적 모듈 양산 부문에서 선제적인 개발, 양산을 주도	**SDN**: 태양광 모듈 제조 및 태양광 발전소 설치 전문 업체. 선박, 엔진 부품 생산	**도화엔지니어링**: 태양광 발전소 EPC(설계·조달·시공) 사업 진행중. 종속회사인 우진에너지질호(주), DOHWA GREEN ENERGY 등의 태양광발전소 건설 및 운영 영위	**나노신소재**: 박막태양전지에 들어가는 나노소재를 생산중. 박막태양전지의 Cell효율을 높이기 위해 HIT Solar Cell 방식의 기술이 양산에 적용
	한화솔루션: 한화큐셀브랜드로 첨단 단소재(국내, 일본, 유럽)와 한화솔루션의 셀(중국, 말레이시아)과 모듈, 셀, 제조 및 판매	**LG전자**: 고효율 태양광 모듈과 다결정 태양광 모듈을 개발. 또한 친환경 태양전지 하이브리드 에어컨 출시	**광명전기**: 태양광 인버터 개발하고 전기 시공사업	**엘오티베큠**: 반도체, 디스플레이(LCD, OLED), 태양광설비 제조 등에 사용되는 Fore Vacuum용 건식진공펌프 생산, 판매 업체
		LS ELECTRIC: 태양광발전시스템 사업 및 모듈/인버터, 제어기기 제조 사업영위. 태양광 등의 그린에너지 사업을 신성장동력으로 집중 육성	**KC코트렐**: 가정용뿐만이 아니라 산업, 대형설비까지 적용가능한 태양광발전소를 기획, 설계, 시공, 운전, 유지 및 관리하는 사업을 영위중	**SK머티리얼즈**: 태양전지 제조 과정에 사용되는 특수가스(NF3, SiH4, WF6 등) 제조/생산 전문업체
				누리텔레콤: 신재생발전 필수 인프라인 지능형검침인프라(AMI) 전문 기업으로 국내 시장 90% 이상 독점
				예스티: 태양광사업부문에 전출 차세대 기술이라 기술이 함수 있는 박막형 솔라셀 제조에 필수적으로 사용되는 TCO Sputter를 CIGS Sputter를 국제과제로 성공리에 개발 완료
				제우스: 태양전지 제조 장비(Tabbing System, Laminator System, Glass Loader 등) 생산업체
				주성엔지니어링: 박막형(Thin film Si) 태양전지(단접합(Single)/다중접합(Tandem)), 결정형(c-Si) 태양전지), 고효율 태양전지 제조 장비 사업을 영위
				티씨케이: 태양광 웨이퍼 제조공정에 사용되는 장비의 부품 생산. 태양전지용 실리콘 잉곳을 생산하는 Growing 장비용 고순도 흑연 제품을 국내 최초로 국산화하여 제조, 판매
				코미코: 태양광 전지 생산공정에 투입되는 공정장비의 Travares는 부품을 제작, 판매하고 있음
				예스폴리텍: 산업자원부 국책 과제로 태양광 모듈용 EVA시트 국산화 개발 완료

자료: 각 업체 및 산업 자료 참고, 메리츠증권 리서치센터

신재생에너지 밸류체인 - 풍력

풍력 산업 정의 및 범위

- 풍력 발전은 풍력 발전기의 날개를 회전력을 전자기 유도 현상을 통해 전력으로 변환시키는 방식
- 풍력 터빈 발전기(Wind Turbine Generator) 안에 발전기, 기어박스, 전력기기 등 대부분의 부품 포함
- 블레이드 등 핵심 부품은 풍력 터빈 발전기 제작사들이 내재화한 상태이며, 국내 풍력 시장은 풍력 타워 및 베어링 등 기타 부품 위주로 성장
- 풍력은 다시 육상/해상으로 나뉘며, 해상풍력의 경우 하부구조물 등 추가적인 부품 필요
- 풍력 단지 조성은 대형 토목산업으로, 기존 건설사들을 비롯한 디벨로퍼들의 역할도 중요

풍력 Value - Chain

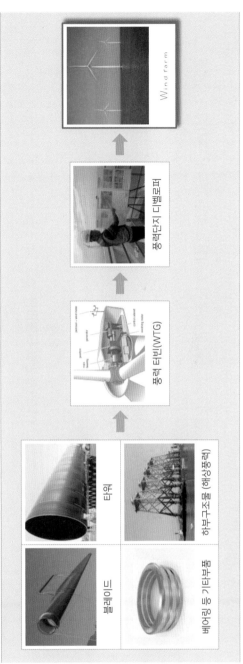

자료: 각 업체 및 산업 자료 참고, 메리츠증권 리서치센터

풍력 발전단지의 수익 구조

풍력 발전단지의 매출원은 SMP와 REC로 구성

- 풍력단지는 RPS 의무 충족이 필요한 전략적 투자자 및 재무적 수익을 노리는 재무적 투자자가 지분을 투자하여 설립

- 주요 수익원은 전력 판매 매출(SMP, System Marginal Price)과 REC(Renewable Energy Certificate)로 구성

- 경제성이 떨어지는 해상풍력의 경우 REC 매출 의존도가 매우 높음

풍력 발전단지의 수익 구조

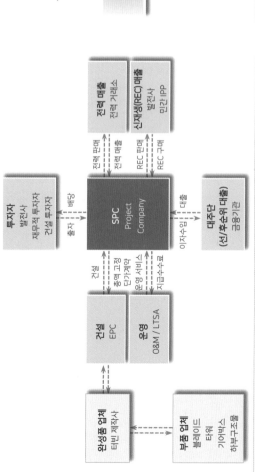

자료: 메리츠증권 리서치센터

풍력단지 건설 타임라인

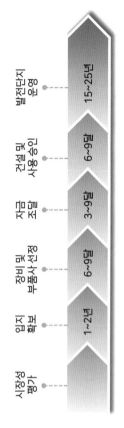

시장성 평가	입지 확보	장비 및 부품사 선정	자금 조달	건설 및 사용승인	발전단지 운영
	1~2년	6~9달	3~9달	6~9달	15~25년

자료: 메리츠증권 리서치센터

풍력터빈 설치원가 분석

풍력 터빈 구조 (육상 풍력 기준)

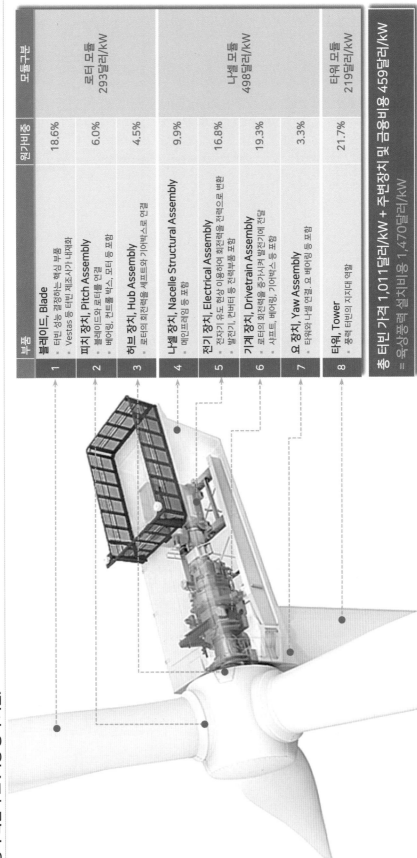

부품	원가비중	모듈구분
1 블레이드, Blade · 터빈 성능을 결정하는 핵심 부품 · Vestas 등 터빈 제조사가 내재화	18.6%	로터 모듈 293달러/kW
2 피치 장치, Pitch Assembly · 블레이드와 로터를 연결 · 베어링, 컨트롤 박스, 모터 등 포함	6.0%	
3 허브 장치, Hub Assembly · 로터의 회전력을 셰프로와 기어박스로 연결	4.5%	
4 나셀 장치, Nacelle Structural Assembly · 메인프레임 등 포함	9.9%	나셀 모듈 498달러/kW
5 전기 장치, Electrical Assembly · 전자기 유도 현상 이용하여 회전력을 전력으로 변환 · 발전기, 컨버터 등 전력부품 포함	16.8%	
6 기계 장치, Drivetrain Assembly · 로터의 회전력을 증가시켜 발전기에 전달 · 샤프트, 베어링, 기어박스 등 포함	19.3%	
7 요 장치, Yaw Assembly · 타워와 나셀 연결, 요 베어링 등 포함	3.3%	
8 타워, Tower · 풍력 터빈의 지지대 역할	21.7%	타워 모듈 219달러/kW

총 터빈 가격 1,011달러/kW + 주변장치 및 금융비용 459달러/kW = 육상풍력 설치비용 1,470달러/kW

주: 원가 정보는 Cost of Wind Energy Review, NREL, 2018을 바탕으로 재구성. 해당 자료는 미국 내 2.4MW 육상 풍력 발전기 83개를 대상으로 조사
자료: Gemini Wind Park, NREL, 메리츠증권 리서치센터

풍력터빈 설치원가 분석

해상풍력 발전 단지 구조 및 설치 원가

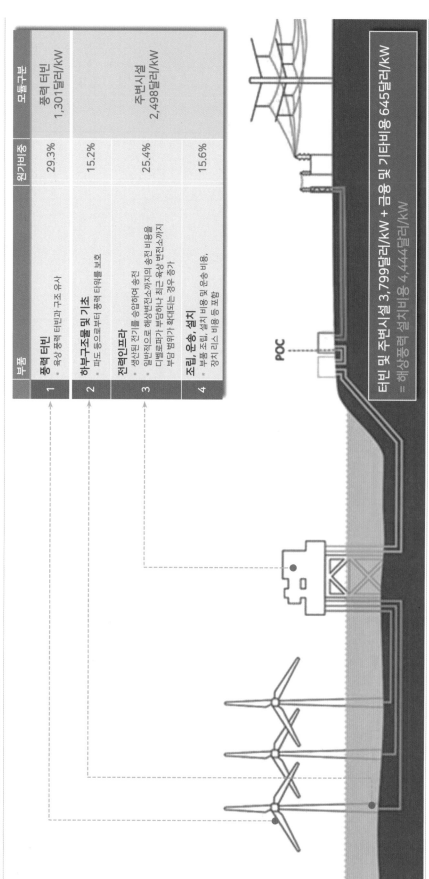

	부품	원가비중	모듈구분
1	**풍력 터빈** • 육상 풍력 터빈과 구조 유사	29.3%	풍력 터빈 1,301달러/kW
2	**하부구조물 및 기초** • 파도 등으로부터 풍력 타워를 보호	15.2%	주변시설 2,498달러/kW
3	**전력인프라** • 생산된 전기를 송임하여 송전 일반적으로 해상변전소까지의 송전 비용을 디벨로퍼가 부담하나 최근 육상 변전소까지 부담 범위가 확대되는 경우 증가	25.4%	
4	**조립, 운송, 설치** • 부품 조립, 설치 비용 및 운송 비용, 장치 리스 비용 등 포함	15.6%	

POC

터빈 및 주변시설 3,799달러/kW + 금융 및 기타비용 645달러/kW
= 해상풍력 설치비용 4,444달러/kW

= 해상풍력 설치비용 미국 내 5.5MW 해상 풍력 발전기 109개를 대상으로 조사

주: 원가 정보는 Cost of Wind Energy Review, NREL, 2018을 바탕으로 재구성. 해당 자료는 미국 내 5.5MW 해상 풍력 발전기 109개를 대상으로 조사
자료: EnergiNet, 2019.11.25, 'THOR OFFSHORE WIND FARM, NREL, 메리츠증권 리서치센터

국내 풍력 장비 및 부품 업체 요약

		풍력 타워 & 하부구조물	기타 부품 (베어링, 샤프트 등)	풍력 터빈	디벨로퍼
풍력 장비		풍력 터빈을 지지하는 타워 및 해상풍력에서 타워를 지지하는 하부구조물 국내 업체의 존재감이 높은 분야	블레이드-로터, 로터-나셀 등을 연결하는 베어링, 로터와 기어박스를 연결하는 샤프트 등	풍력 터빈 업체는 각종 부품을 공급받아 완성품 제작; 블레이드 등 핵심부품은 자체 제작 해당 분야에서 국내 업체 존재감 미미	터빈 발전기를 공급 받아 풍력 단지 조성 한국전력 자회사 등 발전소 등에게 공급 건설과 운영에 모두 참여하는 경우 있음
관련 업체	씨에스윈드	세계 최대 풍력 타워 제작사	**태웅** 단조 기술을 바탕으로 풍력발전기의 메인 샤프트, 베어링 등을 제작	**두산중공업** 석탄/원자력에서 가스터빈/풍력 발전 위주로 사업 구조를 재편 중	**SK디앤디** ESS, 연료전지, 풍력 등 신재생에너지 전반의 EPC 및 유지보수 진행
	동국S&C	미국 우주로 육상&해상 타워 판매 컬러강판 등 철강 사업도 영향	**씨에스베어링** 요 베어링 및 피치 베어링 판매 씨에스윈드의 자회사	**유니슨** 강원풍력단지 등 대규모 풍력발전단지 EPC, 운영, 유지보수 사업 영위 풍력터빈 및 타워도 자체 생산 능력 보유	**코오롱글로벌** 국내 육상풍력 발전 사업 전문 일부 풍력단지 운영 통해 배당이익도 창출 중
	스페코	본업은 콘크리트, 아스팔트 플랜트 제작이고 부업에서 풍력타워 제작		**DMS** 상대적 니치 마켓인 저속풍력기 (200kW) 개발 완료. 현재 관련 매출은 미미	
	삼강엠앤티	기존 사업은 조선, 해상플랜트 해상풍력 하부구조물 시장 진출			
	세진중공업	부유식 해상풍력 구조물의 하부체 제작 기술 보유			
	세아제강	영국에서 해상풍력 기초구조물 (모노파일)용 철강 제작 제작 사업 진출			

자료: 각 업체 및 산업 자료 참고, 메리츠증권 리서치센터

신재생에너지 밸류체인 - 수소

수소 산업 정의 및 범위

- 수소는 에너지원(Source)보다는 에너지 운반체(Carrier)의 성격
  - 잉여 전력으로 물 전기분해→수소 생산/운송→연료전지에 저장→전력/열 에너지 활용
- 수소 밸류체인은 Up/Mid/Downstream 위주로 구분할 수 있으며 국내 수소 투자는 Downstream 위주로 구성

수소 생산의 Value-Chain

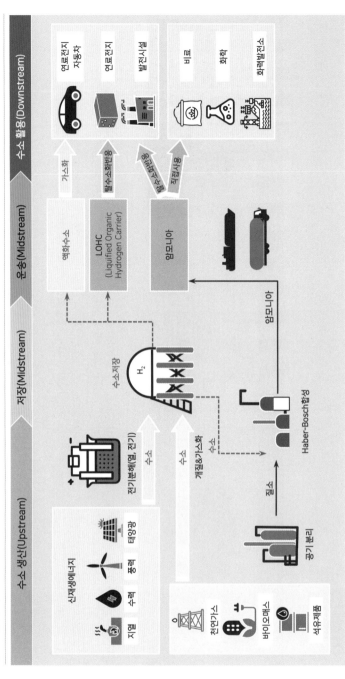

자료: 각 업체 자료 참고, 메리츠증권 리서치센터

발전용 연료전지 구축 비용구조

발전용 연료전지 구조 및 원가 비중

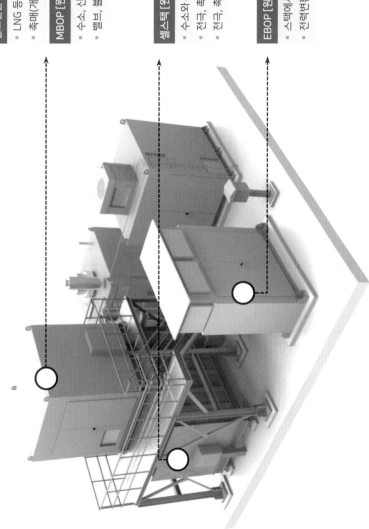

연료변환기 [원가 비중 : 35%, 중요도 : ★★★★☆]

- LNG 등 화석 연료를 수소로 변환
- 촉매(개질, 탈황) 반응기

MBOP [원가 비중 : 15%, 중요도 : ★★☆☆☆]

- 수소, 산소를 공급하는 기계장치
- 밸브, 블로워류

셀스택 [원가 비중 : 30%, 중요도 : ★★★★]

- 수소와 산소의 화학적 반응으로 전기 생산
- 전극, 촉매, 분리판으로 구성
- 전극, 촉매 등 핵심 부품은 현재 수입에 의존

EBOP [원가 비중 : 12%, 중요도 : ★★☆☆☆]

- 스택에서 생산되는 직류를 교류로 변환. 시스템 제어
- 전력변환기, 제어기

주 : 나머지 원가 8%는 전선 등 기타 부품
자료 : 포스코에너지, 메리츠증권 리서치센터

연료전지 관련 업체 요약

	MEA, 전해질막 등	분리막 / 가스켓 / GDL	주변기기	연료전지 완성품
개요	MEA는 전해질막(분리막)과 전극구를 접합한 부품으로써, 수소이온와 전자를 분리시켜 선택적으로 통과시키는 역할. 저온에서는 촉매가 필요	분리막: 연료 공급, 연료극과 공기극을 격리 / 가스켓: 가스 누출 및 연료 섞임 방지 / 가스확산층: 연료와 산소를 MEA로 전달	수소, 산소 등을 스택에 공급하거나, 생성된 전류를 변환하여 공급하는 기기	연료전지를 제작하여 발전소, 가정, 건물, 차량 등 다양한 수요처에 납품

관련 업체

MEA, 전해질막 등	분리막 / 가스켓 / GDL	주변기기	연료전지 완성품
현대모비스 MEA를 포함한 스택 완성품 판매	**현대제철** 현가차에 분리판 납품 중	**뉴로스** 수소차용 공기압축기(터보블로워) 생산	**두산 퓨얼셀** PAFC 기반 발전용 연료전지 사업
코오롱 머티리얼 탄화수소계 분리막 원천기술 확보	**세종공업** 자회사 세종이브이 통해 현가차에 분리판 납품	**유니크** 수소제어모듈 공급 스택에 공급되는 수소량을 제어	**에스 퓨얼셀** PEMFC 기반 가정/건물용 연료전지 사업
시노펙스 불소계 소재인 이오노머와 PTFE로 구성된 분리막 판매	**동아화성** 수소차용 가스켓, 흡배기 호스 납품 자회사 동아퓨얼셀 PEMFC 개발 중		**미코** SOFC 국내 최초 개발
비나텍 MEA 완성품 및 내부 부품인 촉매 및 담지체 판매	**평화 홀딩스** 계열사 피에이치에스에서 연료전지용 가스켓 생산		**블룸SK 퓨얼셀** SK건설과 Bloom Energy 합작사로 SOFC 공급 예정
켐트로스 전해질막과 촉매 간 바인더 역할을 하는 이오노머 소재 개발 중	**효성 첨단소재** 수소연료탱크, 가스확산층에 들어가는 탄소섬유 판매		
코오롱인더 분리막에 수분을 공급해주는 막가습기 판매			
동진쎄미켐 슬러리 분산, 코팅기술을 보유한 MEA 제조사			

자료: 각 업체 및 산업 자료 참고, 메리츠증권 리서치센터

강의자료(기초) 72

수소충전소 구축비용구조

Off-Site 수소충전소 구조 및 원가 비중

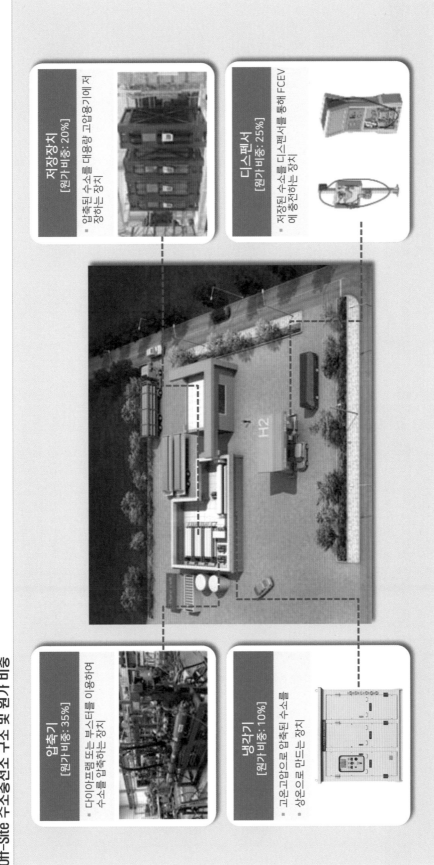

압축기
[원가비중: 35%]
■ 다이아프램 또는 부스터밀을 이용하여 수소를 압축하는 장치

저장장치
[원가비중: 20%]
■ 압축된 수소를 대용량 고압용기에 저장하는 장치

냉각기
[원가비중: 10%]
■ 고온 고압으로 압축된 수소를 상온으로 만드는 장치

디스펜서
[원가 비중: 25%]
■ 저장된 수소를 디스펜서를 통해 FCEV에 충전하는 장치

주: 기타 10%는 기타 부품 및 서비스
자료: 각 업체 및 산업 자료 참고, 메리츠증권 리서치센터

수소충전소 관련 업체 요약

		수소공급장치	압축장치	고압 저장용기	냉각/디스펜서(충전) 장치
개요		Off-site: 배관 / 튜브 트레일러로 수소 이송 On-site: 수소 추출기로 수소 생산	수소를 저장하기 위한 압축 설비	수소를 저장하는 고압·중압용기	냉각장치: 차량에 주입 전 수소의 온도를 냉각시켜 체적 감소와 고속 충전이 가능
관련 업체	엔케이	수소 튜브트레일러 및 수소충전 소용 고압 용기 생산	범한산업(비상장): 정부 국책과제로 수소충전소용 압축기 개발	엔케이: 수소 이송용 튜브트레일러 및 수소충전소용 고압 용기 생산	한국가스공사: 700bar 압력의 수소충전을 위한 수소냉각장치 개발
	제이엔케이히터	CNG 및 LPG 가스를 기반으로 수소를 생산하는 수소추출기 생산	광신기계(비상장): 산업용 압축기 전문기업으로 국산화 개발	효성첨단소재: 수소차에 탑재되는 연료저장탱크용 탄소 섬유 생산	MS이엔지(비상장): 일본 다쓰노(TATSUNO)와 기술협력을 통해 수소 디스펜서 개발
	이엠코리아	수전해(물 분해 전기분해) 설비로 수소 생산	지티씨(비상장): 수소충전소용 유압 압축기 제작 기술에 대한 신기술을 인증서	일진복합소재: 수소차에 탑재되는 연료저장탱크	
	에코바이오	바이오가스(쓰레기 매립지 등)를 정제해 수소 생산		두산밥캣이노베이션: 수소차에 탑재되는 Type 4 수소용기 개발	
	HyNet	13개 업체(완성차, 가스공급, 설비공급사)가 참여한 특수목적법인으로 수소충전소 구축(2022년 100개소) 사업을 진행 * 13개 참여업체: 한국가스공사, 현대차, 에어리퀴드코리아, 우드사이드, 에코바이오홀딩스, 코오롱인더스트리, 효성중공업, 넬코리아, 범한산업, SPG케미칼, 덕양, 발맥스기술			
	KoHygen	중앙부처·지자체·지역난방공사·민간기업 등이 참여한 특수목적법인으로 수소충전소 구축 및 운영 사업을 진행 * 참여단지 및 업체: 산업통상자원부,환경부,국토교통부,부산광역시,인천광역시,울산광역시,전라북도,경상남도,한국지역난방공사,현대자동차,SK에너지,GS칼텍스,현대오일뱅크,S-OIL,SK가스,E1			

자료: 각 업체 및 산업 자료 참고, 메리츠증권 리서치센터

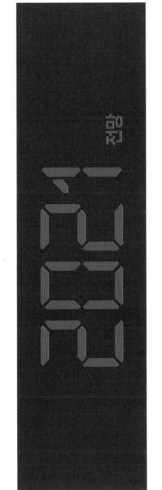

유틸리티

HY 새로함

Summary

새 바람

2021년 Issue & Risk
2021년 주요 변수 점검

Ⅰ

- 2021년 저유가가 기조 지속은 한국전력에 긍정적, 가스공사에 부정적, 환율 약세는 유틸리티 업종 전반적으로 수혜
- 2021년 한국전력의 환경비용이 한 단계 점프. 탄소배출권 거래제가 제3차에 접어들며 유상할당 비중이 급증하였고 (3% → 10%), RPS 의무비율 도 역대 가장 큰 폭으로 증가(7%→9%), 환경급전 도입, 화력발전세 등도 리스크
- 연료비 연동제는 기대와 달리 구조적 변화를 가져오진 않을 전망. RE100은 ESS 밸류체인에 긍정적

한국전력의 새 바람, 해상풍력
한국전력 신사업, 해상풍력 수익성 점검

Ⅱ

- 한국전력 별도법인에 '대규모 신재생에너지' 발전 사업을 허용하는 전기사업법 개정안 발의. 해상풍력 진출 가능성 ↑
- 해상풍력 밸류체인 내 한국전력의 역할은 크지지만, 해외 사례와 달리 프로젝트 수익성은 기대에 미치지 못할 전망
- 국내 해상풍력 시장 성장의 마중물로서의 역할에 주목

한국가스공사의 새 바람, 수소
한국가스공사 신사업, 수소 수익성 점검

Ⅲ

- 국내 수소 경제는 '수소유통전담기관'인 한국가스공사가 주도. 2022년부터 수소 생산 및 유통 사업 개시
- 현 상태에서 수소 사업 전망은 매우 불확실하나, 튜브 트레일러 등 운송 밸류체인의 혁신이 이루어진다면 수소 판가가 하락하더라도 충분한 수익성 확보 가능하다는 판단. 성숙기 진입 시 수소 사업에서 5,000억원 이상의 영업이익 발생

항목	변수	Worst	Base	Best
1. 매크로 변수	■ 유가 ■ 환율 ■ 전력/가스 판매량	■ '21년말 WTI 30달러 근처로 다시 급락 ■ '21년말 환율 1,200원 수준으로 상승 ■ COVID-19(2Q20) 수준으로 하락	■ '21년말 WTI 47달러까지 완만히 회복 ■ '21년말 환율 1,080원 수준까지 하락 ■ COVID-19(2Q20) 이전 수준 회복	■ '21년말 WTI 60달러 수준까지 상승 ■ '21년말 환율 1,000원 이하로 하락 ■ COVID-19(2Q20) 이전보다 높은 판매량
2. 정책 변수	■ 환경급전 ■ 요금제 개편 ■ 원전이용률 ■ 국내외 재생에너지 정책 ■ ESS 지원책	■ 현행 제도 유지 ■ 현행 요금제 유지 ■ 연평균 70% 초반대 기록 ■ 재정 문제로 기존 국내외 재생에너지 정책 예산안 축소 ■ ESS 화재 재발생으로 안전조치 강화	■ 석탄발전총량제를 통한 점진적 도입 ■ 연료비 연동제 시행 ■ 연평균 70% 후반대 기록 ■ 국내 '그린 뉴딜', 바이든의 친환경 공약, 유럽 '그린딜' 등의 현실화 ■ '20년말 지원책 일몰(할인, REC 가중치)	■ 통합 BM제를 이용한 급진적 도입 ■ 전력구입비 연동제 시행 ■ 연평균 80% 이상 기록 ■ 국내 '그린 뉴딜', 바이든의 친환경 정책, 유럽 '그린딜' 이상의 강도 높은 후속 정책 ■ 지원책 완화된 수준으로 제도입
3. 시장 변수	■ REC 가격 ■ 부품 국산화 ■ 수소 가격 & 기술 개발	■ '21년말 40,000원 이하로 급락 ■ 중국산 제품 점유율 증가 ■ 생산 및 운송기술 개발, 지원 정책 실행이 지연으로 8,000원 수준의 수소의 수소 가격 유지	■ '21년말 50,000원 수준으로 완만 회복 ■ 일부 외산제품 사용 ■ 생산 및 운송 기술 개발, 지원 정책으로 6~7,000원 수준의 수소 가격 달성	■ '21년말 60,000원 이상으로 급격히 회복 ■ 롱리테브, 연료전지 핵심 부품 등 국산화 ■ 생산 및 운송 기술 개발, 지원 정책 가속화로 6,000원 이하의 수소 가격 달성
산업 투자 전략		**비중축소** ■ 그간 기대감이 올라왔던 재생에너지 밸류체인 전반적으로 비중 축소 전략 유효 ■ 친환경 밸류체인 내 실적 안정성 및 밸류에이션 매력이 높은 LS ELECTRIC 주목 ■ 유가 추가 하락은 한국전력의 실적 개선으로 이어지나, 구조적 회복은 지연	**비중확대** ■ 공기업의 친환경 사업에 대한 기대감 ↑ ■ 다만 Up보다 Downstream 투자에 집중 ■ 특히 풍력 시장 내 1위 업체에 점유율 집중되며 씨에스윈드가 수혜 예상 ■ 추가적 매크로 변수 없다면 한국가스공사 실적 정상화 가능성 ↑	**비중확대** ■ 공기업 친환경 사업 수익성 급격히 개선 ■ Up&Downstream 모두 적극 매수 유효. 특히 비정상적 요금 체계에 짓눌려있던 한국전력 긍정적 ■ 요금 체계 개편 시 분산형 전원 활성화. ESS와 연료전지 밸류체인 긍정적

주가결정요인

Part I

2021년 Issue & Risk

2021 정보 유린터

2020년 주가 분석

**밸류체인별 편차가 컸던
2020년 주가 흐름**

- 2020년 유틸리티 섹터 주가 수익률은 Upstream-Downstream내 수익률 격차가 극심
- '그린 뉴딜' 등 친환경 정책 강화로 신재생 업종 실적 개선에 대한 기대감 확산
- 반대 급부로 한국전력은 환경 비용 증가에 대한 우려 증가
- 한국가스공사는 유가 하락에 따른 대규모 손상차손 발생으로 배당 기대감 소멸. 운전자본 감소 우려

Meritz Coverage 2020년 주가 추이

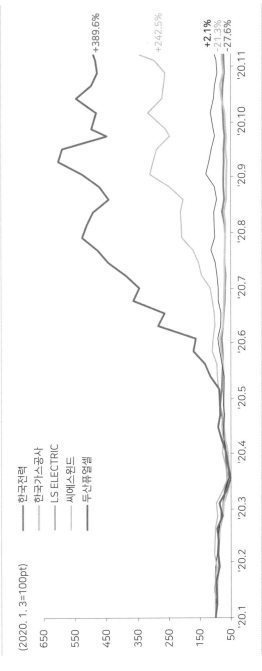

자료: Quantiwise, 메리츠증권 리서치센터

매크로 점검 ① 유가

2021년 지속될 저유가는
한전과 가스공사에 상반된
영향

- COVID-19 이후 수요 급락으로 국제 유가 급락. 타 원자재와 달리 여전히 회복하지 못하는 상황

- 유가 하락으로 SMP 급락
  → 한국전력 2020년 실적 개선의 원인. 저유가 기조 유지되며 1H20까지 호실적 지속

- 한국가스공사는 유가 하락분을 해외 자산 밸류에이션에 반영했으나, 일부 손상차손 우려 잔존

- 당사는 2021년 말 WTI 기준 47불 수준의 완만한 유가 회복을 가정

유가 및 SMP 추이

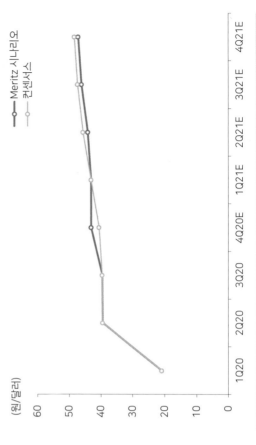

(원/kWh, 천원/배럴)

SMP
두바이유(원화 환산, 5개월 Lagging)

R²=0.84

자료: Quqntiwsie, 각 사, 메리츠증권 리서치센터

유가 전망: Meritz & 컨센서스

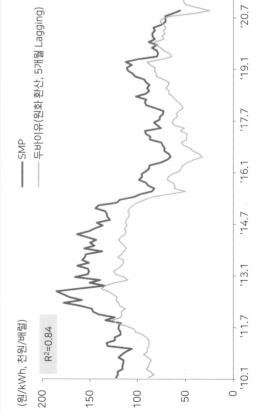

(원/달러)

Meritz 시나리오
컨센서스

주: WTI 기준
자료: Quqntiwise, 메리츠증권 리서치센터

매크로 점검 ② 환율

원달러 환율 약세 지속은
유틸리티 업종에 긍정적

- 9월 이후 환율 급락세 이어지는 상황. 내수 업종인 유틸리티는 전통적으로 환율 하락 시 수혜 산업

- 한국전력은 환율 하락 시 석탄 등 주요 원재료비의 원화 환산 매입 가격 하락

- 한국가스공사는 환율 하락 시 외화환산손익 증가로 당기순이익 개선

- 당사는 컨센서스 대비 가파른 환율 하락세 전망. 2021년 말 1,120원을 가정

환율 및 한국가스공사 차손 추이

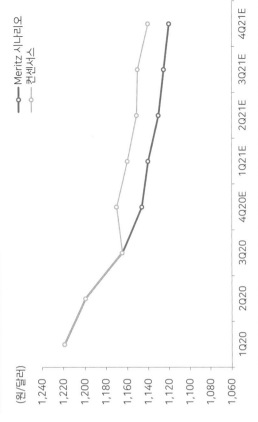

주: 별도 기준
자료: Quantiwise, 메리츠증권 리서치센터

환율 전망: Meritz & 컨센서스

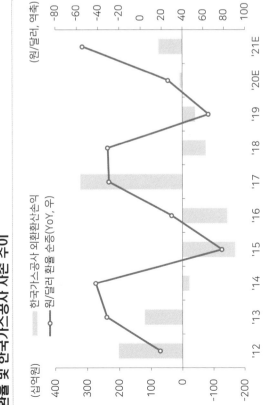

자료: Quantiwise, 메리츠증권 리서치센터

이슈 점검 ① 환경비용 증가

환경 비용 증가는 큰 흐름
2021년은 특히 큰 폭으로 증가

- 친환경 정책 강화에 따른 한국전력의 환경비용 증가는 '메가 트렌드'
- 특히 2021년은 탄소배출권 비용 급증할 전망. 2020년 대비 +0.6조원 증가
  -> 탄소배출권 거래제가 제3차가 기간에 진입하며 유상할당 비중이 3%에서 10%로 급증하기 때문
  -> 제9차 전력수급기본계획에서 확정될 BM 계수에 따라 추가적인 비용 상승 가능성 높음
- 2021년은 RPS 비율이 역대 최대폭으로 증가(7%->9%)로 증가하는 해인 만큼 REC 보전 비용 역시 전년 대비 +0.4조원 증가
- 화력발전세 인상 가능성(kWh당 0.3원 → 1~2원) 역시 중요한 리스크

한국전력 환경비용 추이 및 전망

지역자원시설세 / LNG 개별소비세 / 석탄 개별소비세 / 탄소배출권 보전 비용 / REC 보전 비용

(조원) 2014 2015 2016 2017 2018 2019 2020E 2021E

주: 연결 기준
자료: 메리츠증권 리서치센터 추정

탄소배출권 거래제: 2차 vs 3차

	제 1차	제 2차	제 3차
기간	2015~2017년	2018~2020년	2021~2025년
할당	전량 무상할당	무상할당 97%, 유상할당 3%	무상할당 90%, 유상할당 10%
배출허용총량 (백만톤)	1,691	1,777	미정
100% 무상할당 업종	-	63개 업종 중 무역 집약도가 높은 37개 업종	생산비용 발생도를 함께 고려하되도록 무상 할당대상 선정기준 개선

자료: 기획재정부, 환경부, 메리츠증권 리서치센터

이슈 점검 ① 환경비용 증가

'환경급전' 정책으로
LNG, 연료전지 중요성 증가

- 연말까지 제9차 전력수급기본계획 발표 예정. 최대 관전 포인트는 '환경 급전' 정책 방향 및 강도

- 언론에 따르면 2021년부터 석탄 발전 계수는 0.787, 2024년 0.709로 하락

- 이외에도 '석탄발전총량제' 등 추가적 규제 도입으로 석탄 발전 이용률 급감할 전망
  → 2023년 상반기까지 유의미한 변화 없을 시 '통합 BM계수' 도입 계획

- LNG 발전, 연료전지 등 기저발전 역할을 할 수 있는 친환경 발전원의 역할 증가

석탄화력 발전 BM 계수 상승 전망: 탄소배출권 비용 상승으로 이어질 것

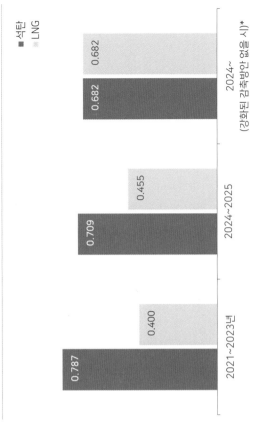

자료: 한겨레신문, 2020.09.21 「한전, 3차 온실가스 배출권할당 계획 "전기요금 인상요인 작용"」, 메리츠증권 리서치센터

9차 전력수급 기본계획 상 발전량 비중 계획

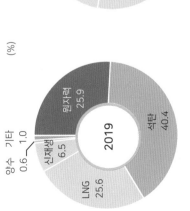

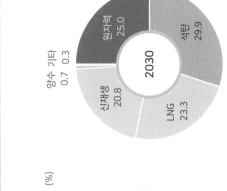

자료: 산업통상자원부, 메리츠증권 리서치센터

이슈 점검 ② 연료비연동제

연료비 연동제 시행은 긍정적

- 한국전력과 산업통상자원부는 2020년 12월 17일 요금제 개편안 확정
  - ① 지난 1년 간 평균 연료비를 기준으로, 분기별 연료비 차이를 요금에 반영 (상하한 5.0원/kWh 범위 내 조정). 2021년 상반기 총 1조원 인하 예상
  - ② RPS, 탄소배출권, 석탄발전 감축비용 등 세 가지 기후환경요금 분리 고지
  - ③ 각종 할인 제도 정상화: 주택용 필수사용공제 할인 제도 22년 7월까지 점진적 폐지(2019년 4,082억원 규모의 할인 제공). ESS 요금 할인 축소(2,830억원). 자가용 신재생 에너지 설비에 대한 요금 할인 일부 일몰(238억원)

한국전력의 연료비 연동제 시행 계획

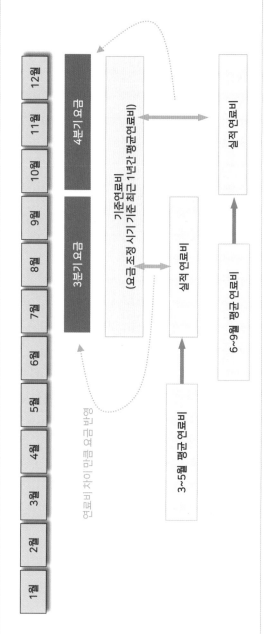

자료: 한국전력, Quantiwise, 메리츠증권 리서치센터

이슈 점검 ② 연료비연동제

연료비 연동제 시행은 긍정적

■ 기대 효과: ① 유가 변동분을 전력 판가에 연동시킴으로써 실적 변동성 완화. 배당 가시성 확보
　　　　　　② 원자력, 석탄 이용률 이슈 탈피

발전원별 이용률 추이

자료: 각 사, 메리츠증권 리서치센터

유가 및 전력요금 조정 추이

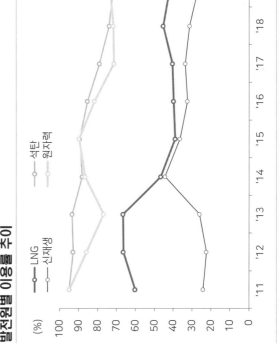

자료: 한국전력, Quantiwise, 메리츠증권 리서치센터

이슈 점검 ② 연료비연동제

한계점도 다소 존재

■ 한계점: ① 환경비용은 가격 산정에 미반영
② 유가 상승 시 실제로 시행될지에 대한 불확실성 → 과거 시행을 유보했던 경험

■ 환경비용으로 인한 요금 인상은 2021년에는 불가능. 2021년 환경비용 상승분이 요금에 반영될 지는 2022년 6월에 결정

과거 연료비 연동제 시행 당시 주택용 전력요금 추이

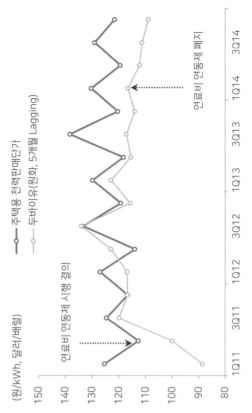

자료: 각 사, Quantiwise, 메리츠증권 리서치센터

한국전력 환경비용 분리 고지

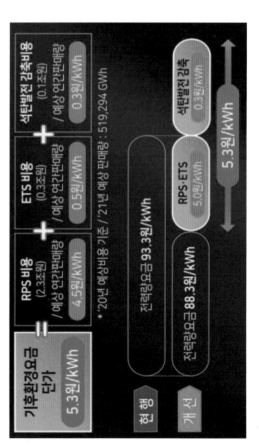

자료: 한국전력

이슈 점검 ② 연료비연동제 – 밸류에이션에 대한 고민

밸류에이션에 대한 접근(1)

- 요금이 총괄원가를 충실히 반영한다면 한국전력의 적정 가치는 어떻게 될까?

- 당사의 계산에 따르면 매년 2.4~3.0조원의 별도 영업이익, 1,100~1,400원 가량의 DPS가 가능

- 여기에 배당 수익률 3.7%(미국 유틸리티 주식의 평균 스프레드 고려)를 적용하면
3만원 중반대의 적정 주가가 산출

한국전력 적정주가 시나리오 분석: 전력 요금이 한국전력의 총괄원가를 완전히 반영한다면?

	최소	최대	
요금기저(조원)	46	49	2019년 43조원 요금기저에서 투자비 계획 감안하여 3~6조원의 순가동설비 증가 가정
적정투자보수율	3.8	4.5	2014~2019년의 적정투자보수율 밴드 고려
세전적정투자보수(십억원)	2,411	3,041	
금융손익(십억원)	-200	-200	
기타손익(십억원)	200	200	
별도순이익(십억원)	1,748	2,205	
배당성향(%)	40	40	
배당금(십억원)	699.20	882	
주식수(천주)	641,964	641,964	
DPS	1,100	1,400	
적정 배당수익률(%)	3.7	3.7	5년 국고채 수익률 1.3%+ 스프레드 2.4% (미국 유틸리티 사업자의 스프레드)
적정 주가(원)	30,000	38,000	

자료: 메리츠증권 리서치센터

이슈 점검 ② 연료비연동제 – 밸류에이션에 대한 고민

밸류에이션에 대한 접근(2)

■ 보다 직관적인 접근을 위해서는 한국가스공사와의 PBR 비교가 적절

■ 총괄원가제 기반 요금제를 시행하고 있는 한국가스공사의 2021년 PBR은 컨센서스 기준 0.35배로, 한국전력의 0.26배 대비 약 +35% 높은 수준

한국가스공사 – 한국전력 12개월 선행 PBR 추이

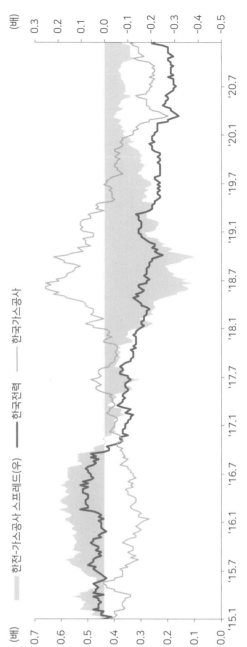

자료: Quantiwise, 메리츠증권 리서치센터

이슈 점검 ③ 한국형 RE100, 분산형 전원의 시작

RE100 시행에 따른 분산형 전원 확산은 ESS 밸류체인에 긍정적 영향

- RE100은 사업 진행에 필요한 모든 에너지를 재생가능한 자원에서 조달한다는 산업계 중심 글로벌 캠페인
- 애플, 구글, BMW 등 글로벌 263개 기업 참여. 최근 SK그룹도 국내 최초로 그룹 차원의 참여 발표
- 국내에서는 관련 제도 미비로 기업 참여가 미비했으나, 연초까지 제도 정비 완료될 전망
- 산업용 전력 위주로 '분산형 전원'이 확산되는 계기가 마련될 전망. ESS 밸류체인에 주목
- 2021년 1월 발표 예정 '분산형 전원 활성화 로드맵'에도 주목

RE100 관련 제도 정비 계획

구분	관련 규정
RE100 근거	신재생에너지 보급고시 개정 (산업부, '20.10월)
녹색 프리미엄제	전기요금 약관 개정 (한전, '20.11월) 에너지이용합리화법 시행령 개정 (산업부, '20.11월)
인증서(REC) 구매	전력시장운영규칙 개정 (전력거래소, '20.11월) 공급인증서 발급 및 거래시장 운영규칙 개정 (에너지공단, '20.11월)
제3자PPA	전기사업법 시행령 개정 (산업부, '20.10월) 제3자 PPA 시행고시 제정 (산업부, '20.11월)

자료: 산업통상자원부, 메리츠증권 리서치센터

분류별 미국 ESS 설치량 추이

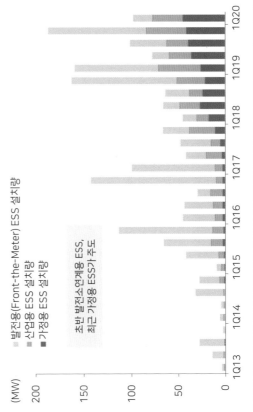

- 발전용(Front-the-Meter) ESS 설치량
- 산업용 ESS 설치량
- 가정용 ESS 설치량

초반 발전소연계용 ESS, 최근 가정용 ESS가 주도

(MW) / 200 / 150 / 100 / 50 / 0

1Q13 1Q14 1Q15 1Q16 1Q17 1Q18 1Q19 1Q20

자료: Wood Mackinsy, 메리츠증권 리서치센터

Main Issue – 만년 저평가 탈피 가능할까

해상풍력과 수소 사업 등 신규 사업의 수익성 분석 필요

■ 한국전력과 한국가스공사는 2021년 예상 PBR 0.19배, 0.35배 수준에서 거래 중
→ 저평가 원인은 환경비용 증가 및 정부 규제/유가 하락에 따른 손상차손, LNG 시장 도입 점유율 하락

■ 한편, 친환경 정책이 '큰 정부' 시대의 핵심으로 자리잡으며, 유틸리티 공기업의 역할은 강화

■ 한국전력은 해상 풍력 사업 추진, 한국가스공사는 수소 공급 사업을 준비 중
→ 공기업의 역할이 강화되는 추세는 확실. 문제는 수익성 향상으로 이어지느냐에 대한 여부
→ 수익성 있는 사업으로 판단한다면, 밸류에이션 상승 요인으로 작용 가능. 아직 이른 시점이지만 신규 사업에 대한 수익성 분석이 필요한 이유

한국전력 12개월 선행 PBR 밴드

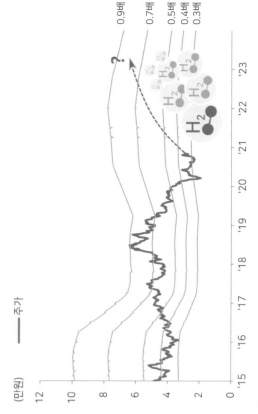

(만원)   ── 주가

0.55배
0.45배
0.35배
0.25배
0.15배

'15 '16 '17 '18 '19 '20 '21 '22 '23

자료: Quantiwise, 메리츠증권 리서치센터

한국가스공사 12개월 선행 PBR 밴드

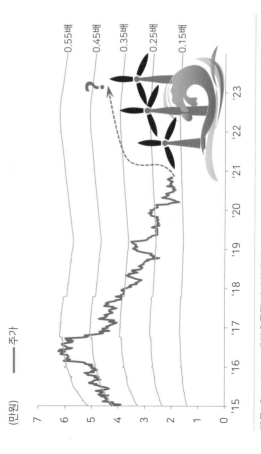

(만원)   ── 주가

0.9배
0.7배
0.5배
0.4배
0.3배

'15 '16 '17 '18 '19 '20 '21 '22 '23

자료: Quantiwise, 메리츠증권 리서치센터

Part II

한국전력의 새 바람, 해상풍력

한국전력 저평가의 역사

최근 유가와 De-coupling 현상을 보여주는 한전 주가

- 역사적으로 한국전력의 주가는 국제 유가와 역의 상관관계. 판매요금이 경직적인 가운데 원가는 유가에 민감하게 움직이기 때문

- 2018년 이후 유가와 De-coupling 진행 중. 국제유가보다 원전이용률, 석탄 출력 상한 제약 등 환경 이슈에 민감하게 움직이는 모습

한국전력 12개월 선행 PBR 밴드

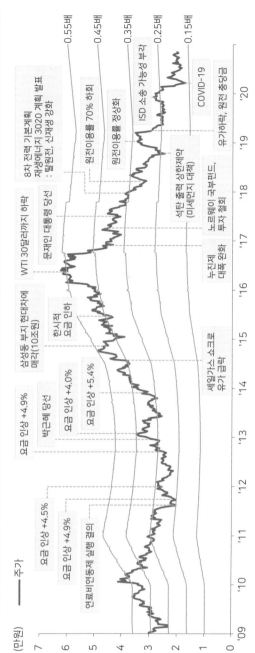

자료: Quantiwise, 메리츠증권 리서치센터

저평가 본질적 원인: 증가하는 환경 비용과 오르지 않는 요금

발전 믹스 전환이 저평가 타개의 핵심

- 한국전력은 PBR 0.2배의 유례없는 저평가에 직면. 이에 대한 원인은
  ① 화력&원자력 위주의 발전 믹스, 이에 따른 환경 비용 급증 & ESG 관련 수급 문제와
  ② 환경 비용 급증을 요금에 반영해주지 않는 현 전력요금 체계 때문

- 저평가 타개를 위해서는 ① 급격한 발전 믹스 전환 or ② 환경 비용의 전력 요금 전가 필요

- 전력요금 개편이 어렵다고 본다면,
  한국전력 자력으로 발전 믹스 전환을 이뤄낼 수 있을까? 그 비용과 편익은 무엇인가?에 주목

한국전력 발전자회사 발전원별 비중

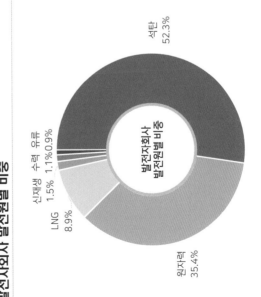

발전자회사
발전원별 비중

석탄
52.3%

원자력
35.4%

LNG
8.9%

신재생
1.5%

수력
1.1%

유류
0.9%

주: 2019년 기준
자료: 각 사, 메리츠증권 리서치센터

한국전력의 환경 비용 추이 및 전망

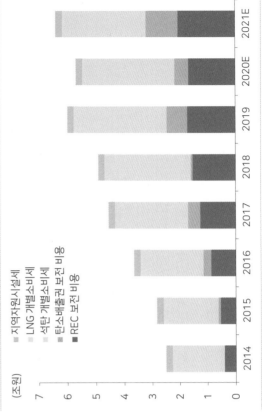

(조원)

- 지역자원시설세
- LNG 개별소비세
- 석탄 개별소비세
- 탄소배출권 보전 비용
- REC 보전 비용

2014 2015 2016 2017 2018 2019 2020E 2021E

자료: 메리츠증권 리서치센터 추정

발전 믹스 개선의 본격화: 별도 법인의 신재생발전 허용

전기사업법 개정안 개정을 통해 해상풍력 사업 진출을 위한 디딤돌 마련

- 2020년 7월 한전 별도법인이 '대규모 신재생에너지'에 한해 발전 사업을 영위할 수 있게 하는 전기사업법 개정안 발의 → 별도 법인의 상대적인 재무적 여유를 활용하여 투자 집행 여력 상승

- 부사장 직속으로 '해상풍력사업단' 발족, 해외 해상풍력 사업 조사 용역 발주하는 등 후속조치 진행

  Q. Why 해상풍력? A. 대규모 독자사업인 해상풍력은 소규모 발전사업자들과 회피 가능. '맞춤립성' 논의에서 일부 자유로워지며 일자리 창출이라는 대의 명분도 존재

- 기회? or 또 다른 비용 증가? → 결국 해상풍력 프로젝트의 수익성에 따라 결정

별도법인 vs 연결 발전자회사들의 부채비율 비교

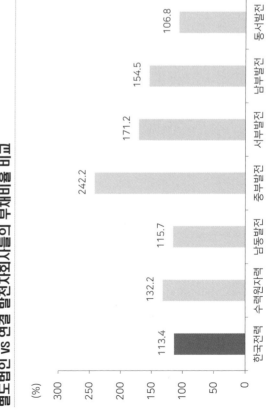

(%)

자료: 금융감독원 전자공시시스템, 메리츠종권 리서치센터

신재생에너지 발전원별 설치비용 비교

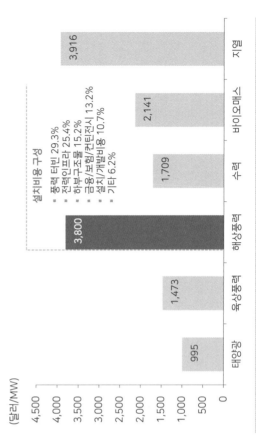

(달러/MW)

설치비용 구성
- 풍력 터빈 29.3%
- 전력인프라 25.4%
- 하부구조물 15.2%
- 금융/보험/컨틴전시 13.2%
- 설치/개발비용 10.7%
- 기타 6.2%

자료: IRENA, 메리츠종권 리서치센터. 해상풍력 설치비용 구성은 NREL – 2018 Cost of Wind Energy Review 참고

전기사업법 개정안 분석

전기사업법 개정안의
특이사항

특이사항 ① '대규모' 사업으로 사업 범위 제한

- 이번 전기사업법 개정안에서 한전이 직접 참여 가능한 신재생에너지 발전 범위는 40MW부터. 해상풍력 및 영농형, 염전형 태양광 등. 민간 사업자들의 사업 기회를 빼앗지 않기 위함

특이사항 ② REC 거래 제한

- 한전이 생산한 REC는 시장 거래를 제한해 REC 가격에 영향을 주지 않도록 협의 마친 상황

특이사항 ③ 전력 요금 영향 최소화

- 신재생 발전 사업은 총괄원가에서 제외 (적정투자보수 보장X → 전기 요금에 비용 반영X)

전기사업법 일부개정안 내용

현행	개정안
제7조(전기사업의 허가) ① ~ ② (생 략)	제7조(전기사업의 허가) ① ~ ② (현행과 같음)
③ 동일인에게는 두 종류 이상의 전기사업을 허가할 수 없다. 다만, 대통령령으로 정하는 경우에는 그러하지 아니하다.	③ ──────────────────다음 각 호의─────.
	1. 「공공기관의 운영에 관한 법률」 제5조제3항에 따른 시장형 공기업이 「신에너지 및 재생에너지 개발·이용·보급 촉진법」 제2조제4호에 따른 신·재생에너지 발전 사업으로 대통령령으로 정하는 사업을 하는 경우
<신 설>	2. 배전사업과 전기판매사업을 겸업하는 경우
<신 설>	3. 도서지역에서 전기사업을 하는 경우
<신 설>	4. 「집단에너지사업법」 제48조에 따라 발전사업의 허가를 받은 것으로 보는 집단에너지사업자가 전기판매사업을 겸업하는 경우. 다만, 같은 법 제9조에 따라 허가받은 공급구역에 전기를 공급하려는 경우로 한정한다.
<신 설>	5. 그 밖에 공익상 필요한 경우로서 대통령령으로 정하는 경우
④ ~ ⑥ (생 략)	④ ~ ⑥ (현행과 같음)

자료: 정부입법지원센터, 메리츠증권 리서치센터

해상풍력 개요: 대규모 토목 사업

해상풍력은 경제성은 낮지만 개발 필요성은 높은 사업

- 해상풍력은 대규모 토목 사업

- 육상 풍력 대비 추가적인 설치물(하부구조물 등) 설치 필요하며, 송배전망 연결이 까다로워 설치 비용이 높음. 유지보수 비용도 육상풍력 대비 높음

- 그러나 소음이 적고 설치 잠재량이 풍부해 장기적으로 보면 개발해야하는 사업.
  → 특히 최근 해상풍력 – 수소 생산 시설 간 연계가 근본적인 한계인 송변전 문제를 해결

육상풍력 – 해상풍력 LCOE 비교

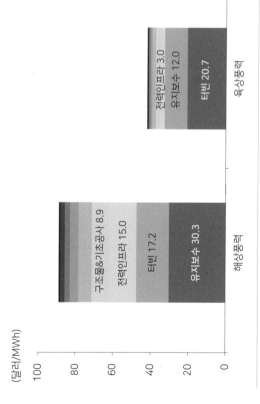

(달러/MWh)

자료: IRENA, 메리츠증권 리서치센터

글로벌 해상풍력 설치 규모 전망

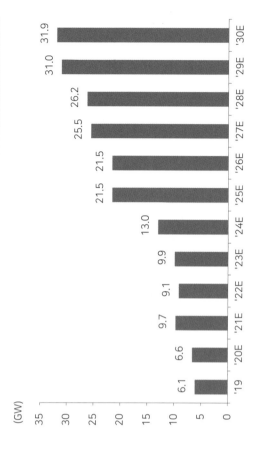

(GW)

자료: GWEC Global Offhshore Wind Report 2020, 메리츠증권 리서치센터

국내 해상풍력 설치 계획

정부도 공격적으로 해상풍력 사업 진행 중

- 국내는 2030년까지 12GW 규모의 해상풍력 발전 시설 구축이 목표 (2020년 기준 124.5MW)
  ① 전북 서남권: 22년 400MW 착공, 23년 2GW 착공
  ② 신안 해상풍력:23년부터 3.5GW 단계적 착공, 26년부터 4.1GW 추진
  ③ 울산+동남권: 울산 23년부터 1.4GW 단계적 착공, 동남권 26년부터 4.6GW 추진
  ④ 제주+인천: 제주 20~23년 0.6GW 착공, 인천 23년부터 0.6GW 착공

- MW 당 30~40억원의 사업비 가정할 경우 10년 간 36~48조원의 사업비 필요

산업통상자원부의 해상풍력 추진 로드맵

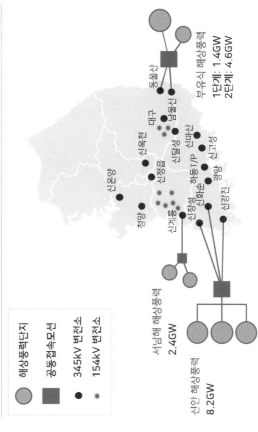

자료: 산업통상자원부, 메리츠증권 리서치센터

지역별 해상풍력 및 접속망 설치 계획

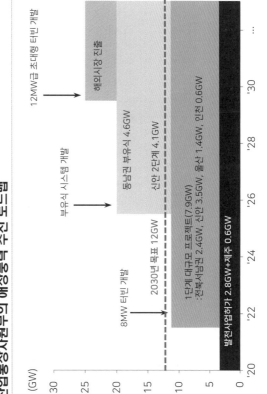

자료: 산업통상자원부, 메리츠증권 리서치센터

해상풍력 수익성 분석: 서남해 해상풍력 실증단지

해상풍력 수익성을 집작하기 어려우나, 현 시점에서 경제성 낮은 것으로 분석

- 초기 시장 단계에서 평균적인 수익성 분석은 어려움. 현재 국내 최대 해상풍력 사업인 서남해 해상풍력 실증단지(60MW 규모)를 통해 수익성을 가늠하는 것이 최선이라는 판단
- 서남해 해상풍력 실증단지: 3단계 개발 프로젝트(실증 – 시범 – 확산) 중 1단계로, 2020년부터 운행 시작. 한전 산하 SPC인 한국해상풍력이 주도
- REC 가중치 3.5, 이용률 31% 가정한 서남해 해상풍력 실증단지 프로젝트 IRR은 4.32% → 낮은 이용률로 인해 해외 대비 저조한 IRR, 이용률 35% 가정 시 5.69%의 IRR 가능

서남해 해상풍력 실증단지 주요 투자지표

구분		주요 가정
IRR (이용률 25% 가정)	2.06%	① SMP 80원/kWh, REC 가중치 3.5, REC 50,000원
IRR (이용률 31% 가정)	**4.32%**	② 연간 발전 출력 하락 –0.5%, 소내소비율 1%
IRR (이용률 35% 가정)	5.69%	③ 미국 사례 참고하여 연간 운영비용 30달러/kW, 유지보수비용 99달러/kW 가정
Payback 기간	13.52년	④ 순운전자본증감은 한국해상풍력의 유동자산과 유동부채 참고
NPV (WACC 2.25% 가정)	1.17억원	

주: 20년간 운영 가정한 수치. NPV 계산에 영구가치 제외
자료: 메리츠증권 리서치센터

서남해 해상풍력 확산 계획 모습

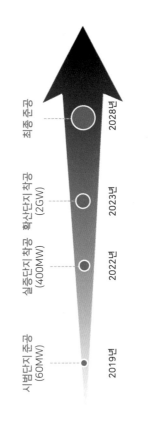

시범단지 준공 (60MW) — 2019년
실증단지 착공 (400MW) — 2022년
확산단지 착공 (2GW) — 2023년
최종 준공 — 2028년

자료: 산업통상자원부, 메리츠증권 리서치센터

프로젝트 수익성 분석 해상풍력

서남해 해상풍력 실증단지(60MW) 현금흐름 추정

(십억원)	n	n+1	n+2	n+3	n+4	n+5	n+6	n+7	n+8	n+9	n+10	n+11	n+12	n+13	n+14	n+15	n+16	n+17	n+18	n+19	n+20	n+21
수익																						
총매출			36.9	36.7	36.5	36.4	36.2	36.0	35.8	35.6	35.5	35.3	35.1	34.9	34.8	34.6	34.4	34.2	34.1	33.9	33.7	33.6
발전량(GWh)			160.5	159.7	158.9	158.1	157.3	156.5	155.7	155.0	154.2	153.4	152.7	151.9	151.1	150.4	149.6	148.9	148.1	147.4	146.7	145.9
이용률(%)			31.0	31.0	31.0	31.0	31.0	31.0	31.0	31.0	31.0	31.0	31.0	31.0	31.0	31.0	31.0	31.0	31.0	31.0	31.0	31.0
발전량 당매출(천원/MWh)			230.0	230.0	230.0	230.0	230.0	230.0	230.0	230.0	230.0	230.0	230.0	230.0	230.0	230.0	230.0	230.0	230.0	230.0	230.0	230.0
SMP(천원/MWh)			80.0	80.0	80.0	80.0	80.0	80.0	80.0	80.0	80.0	80.0	80.0	80.0	80.0	80.0	80.0	80.0	80.0	80.0	80.0	80.0
REC(천원/MWh)			150.0	150.0	150.0	150.0	150.0	150.0	150.0	150.0	150.0	150.0	150.0	150.0	150.0	150.0	150.0	150.0	150.0	150.0	150.0	150.0
지출																						
CAPEX	300.0																					
OPEX			9.3	9.3	9.3	9.3	9.3	9.3	9.3	9.3	9.3	9.3	9.3	9.3	9.3	9.3	9.3	9.3	9.3	9.3	9.3	9.3
운영비용			2.2	2.2	2.2	2.2	2.2	2.2	2.2	2.2	2.2	2.2	2.2	2.2	2.2	2.2	2.2	2.2	2.2	2.2	2.2	2.2
유지보수비용			7.1	7.1	7.1	7.1	7.1	7.1	7.1	7.1	7.1	7.1	7.1	7.1	7.1	7.1	7.1	7.1	7.1	7.1	7.1	7.1
감가상각비			18.5	18.5	18.5	18.5	18.5	18.5	18.5	18.5	18.5	18.5	18.5	18.5	18.5	18.5	18.5	18.5	18.5	18.5	18.5	18.5
이익 및 현금흐름																						
영업이익			9.1	8.9	8.8	8.6	8.4	8.2	8.0	7.9	7.7	7.5	7.3	7.1	7.0	6.8	6.6	6.5	6.3	6.1	5.9	5.8
영업이익률(%)			24.7	24.3	24.0	23.6	23.2	22.8	22.4	22.0	21.6	21.3	20.9	20.5	20.1	19.7	19.3	18.8	18.4	18.0	17.6	17.2
EBITDA			27.6	27.4	27.3	27.1	26.9	26.7	26.5	26.4	26.2	26.0	25.8	25.6	25.5	25.3	25.1	25.0	24.8	24.6	24.4	24.3
법인세			2.5	2.5	2.4	2.4	2.3	2.3	2.2	2.2	2.1	2.1	2.0	2.0	1.9	1.9	1.8	1.8	1.7	1.7	1.6	1.6
NOPAT			6.6	6.5	6.4	6.2	6.1	6.0	5.8	5.7	5.6	5.4	5.3	5.2	5.1	4.9	4.8	4.7	4.6	4.4	4.3	4.2
순운전자본증감	-9.2																					8.0
Free Cash Flow	-309.2	0.0	25.1	25.0	24.9	24.7	24.6	24.5	24.3	24.2	24.1	23.9	23.8	23.7	23.6	23.4	23.3	23.2	23.1	22.9	22.8	30.7

주: 실제 초기 투자비는 3,700억원 가량이나 실증 단계에서의 투자비를 그대로 분석에 적용하는 것은 비합리적이라고 판단. 3,000억원(1MW 당 50억원)을 적용,
자료: 메리츠증권 리서치센터

숨겨진 비용: 계통 연계

해상풍력 프로젝트는 계통 연계 비용 증가를 수반

- 송변전비용을 반영한다면 프로젝트 IRR은 더욱 감소할 위험

- 해상변전소까지도 디벨로퍼가 부담하는 것이 일반적, 해상변전소에서 육상변전소까지의 송변전 비용 부담 주체는 TSO(송변전사업자)가 하는 경우도 있고, 디벨로퍼가 끝까지 부담하는 경우도 존재

- 덴마크는 비용 효율화를 위해 2018년 이후 디벨로퍼가 육상변전소까지 모든 비용을 부담하도록 변경
  → 이 경우 추가적인 보상 존재

해상풍력단지 계통연계 구조

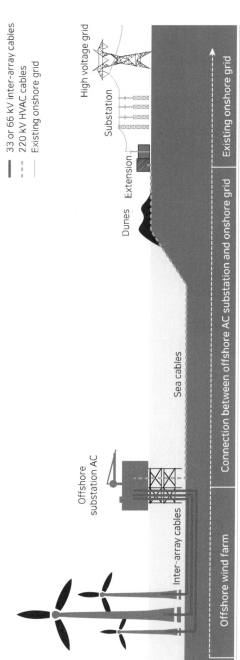

자료: 메리츠증권 리서치센터

해상풍력 수익성 분석에 대한 이론

해상풍력 프로젝트는 경제성 측면에서 한계

- Q1) 해상풍력 설치비용이 급감하면 수익성이 개선될 것인가?
  - A2) 그럴 수 있으나 그보다 REC 가중치가 하락 위험성이 높다. 현 REC 가중치 3.5는 여타 신재생에너지보다 지나치게 높다. 영국은 해상풍력 ROC 2.0, 태양광 1.0~1.5 수준
  이에 더해 송변전 설치 기간 지연, 주민 보상비용 등의 추가적인 비용 발생 리스크도 고려해야

- Q2) 서남해만 수익성이 좋지 않은 것은 아닌지?
  - A2) 지형별 특성에 따라 다름. 이용률이 35%인 탐라해상풍력발전 ROA는 5.5% 수준(세후영업이익 기준)

발전원별 REC 가중치

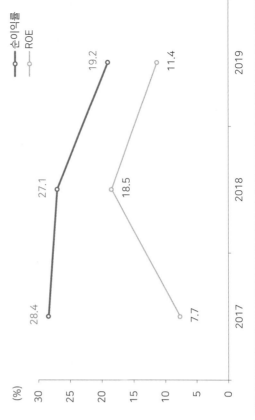

자료: 신재생에너지 공단, 메리츠증권 리서치센터

탐라해상풍력발전 ROE 및 순이익률 추이

자료: 금융감독원 전자공시시스템, 메리츠증권 리서치센터

결론 ① 해상풍력 사업, 수익성이 없진 않다

해상풍력 프로젝트가 주주가치 상승에 미치는 영향은 미미

- 현실적으로 기대할 수 있는 한국전력 해상풍력 사업의 ROIC는 3~5% 수준. '그린본드' 등을 활용한 낮은 차입을 가정하면 경제적 편익이 없진 않으나, 수익성이 높다고 보기도 어려움

- 앞선 분석을 적용할 경우, 해상풍력 프로젝트 가치는 1MW 당 30억원, 시가총액에 미치는 영향은 미미 (WACC 2.43% 가정: 자기자본비율 20%, 무위험수익률 1.5% MRP 6.8%, 베타 0.71, 세전 COD 2.0%)

- 2030년까지 정부 해상풍력 설치 목표는 12GW, 이 중 절반을 한국전력이 담당한다면? → 기업가치(EV) 18.3조원 상승(현 EV대비 22%), 차입금 조달분 제외하면 시가총액에 미치는 영향은 미미 → 프로젝트 IRR 개선된다면 강력한 레버리지 효과 발생 가능

산업통상자원부의 해상풍력 추진 로드맵

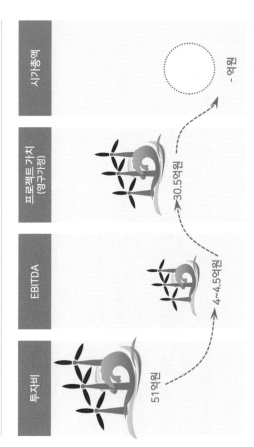

자료: 산업통상자원부, 메리츠증권 리서치센터

한국전력 해상풍력 사업 밸류에이션: 1MW의 가치

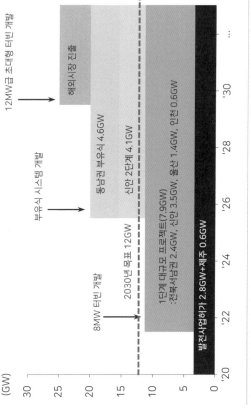

자료: 메리츠증권 리서치센터

결론 ② ESG 측면의 개선은 분명 긍정적

ESG 측면의 개선은 수급 개선으로 이어질 전망

- 프로젝트들의 경제성을 떠나, 친환경 발전원으로의 발전 믹스 전환이 가속화 된다는 건 ESG 개선을 의미
  → 수급 측면에서 주가에 긍정적인 영향

- 한국전력은 노르웨이 국부펀드 등 주요 연금에서 ESG 기준 미달을 이유로 투자 대상에서 제외된 바 있음

대륙별 ESG펀드 순유입액 규모

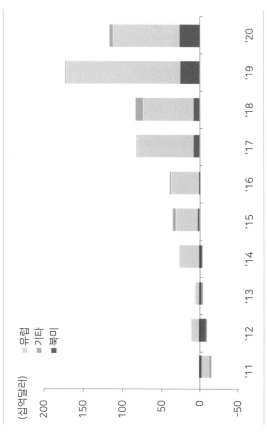

자료: Broadridge, 메리츠증권 리서치센터

한국전력, 글로벌 연기금 및 자산운용사에 ESG 개선 요구 받는 중

기간	내용
2017. 3	세계2위 연기금 노르웨이 국부펀드(GPFG), 한국전력을 투자금지기업으로 지정
2020. 2	네덜란드연기금(APG)은 계속된 해외 석탄발전 투자를 이유로 한전에 대한 투자를 철회함
2020. 3	글로벌 투자자들이 참여하는 아시아투자자그룹(AIGCC), 한전의 해외석탄사업에 대한 우려 공식 표명
2020. 4	세계 최대 규모 자산운용사인 블랙록, 베트남과 인도네시아 등에서 석탄화력발전소 건설을 추진하고 있는 한국전력을 향해 "석탄 투자는 기후변화에 역행하는 계획"이라며 투자 중단을 경고. '특별히 관심을 가져야 할 기업'으로 선정. 석탄에너지 투자에 대한 명확한 전략적 근거를 제시하라는 요구까지 전달
2020. 11	한국전력, 신규 해외 석탄발전 사업 계획을 중단하고, 2050년 이후 해외 석탄발전 사업이 모두 종료될 것이라고 발표. 한전 이사회 산하에 'ESG 추진위원회'도 두기로 결정

자료: 언론 기사 종합, 메리츠증권 리서치센터

결론 ③ 동아돌아 전력 요금 개편

송변전비용 부담이 리스크
결국 요금이 개편되어야

- 가장 우려되는 부분은 계통연계 투자 증가로 인한 감가상각비 본업(전력 유통 및 판매 사업)의 수익성에 미칠 영향

- 결국 송변전비용이 증가까지 감안한 총괄원가 기반의 전력요금 개편이 이루어져야 한다는 판단

- 증가하는 비용과 함께 강화되는 요금 개편 명분
  → 언젠가는 요금 개편이 이루어지겠으나, 시점이 문제

한국전력 감가상각비 추이 및 전망

(십억원)

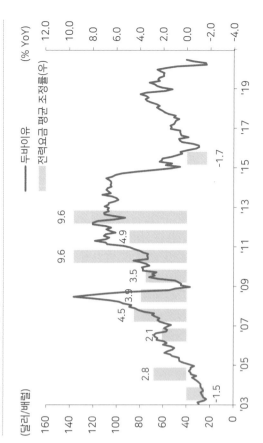

주: 별도 기준, 자료: Company Data, 메리츠증권 리서치센터

한국전력 요금 조정 추이

(달러/배럴)

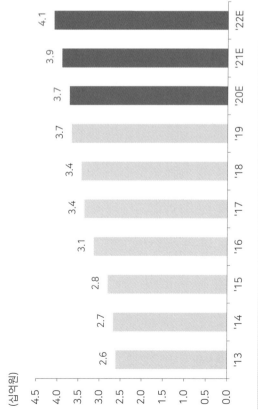

자료: 한국전력, Quantiwise, 메리츠증권 리서치센터

국내 풍력 장비 및 부품 업체 요약

	풍력 타워 & 하부구조물	기타 부품 (베어링, 샤프트 등)	풍력 터빈	디벨로퍼
풍력 장비	풍력 터빈을 지지하는 타워 및 해상풍력에서 타워를 지지하는 하부구조물 국내 업체의 존재감이 높은 분야	블레이드-로터, 로터-나셀 등을 연결하는 베어링, 로터와 기어박스를 연결하는 샤프트 등	풍력 터빈 업체는 각종 부품을 공급받아 완성품을 제작. 블레이드 등 핵심부품은 자체 제작 해당 분야에서 국내 업체 존재감 미미	터빈 발전기를 공급 받아 풍력 단지 조성 한국전력 자회사 등 발전소들에게 공급 건설과 운영에 모두 참여하는 경우 많음
관련 업체	**씨에스윈드** 세계 최대 풍력 타워 제작사	**태웅** 단조 기술을 바탕으로 풍력발전기의 메인 샤프트, 베어링 등을 제작	**두산중공업** 석탄/원자력에서 가스터빈/풍력 발전 위주로 사업 구조를 재편 중	**SK디앤디** ESS, 연료전지, 풍력 등 신재생에너지 전반의 EPC 및 유지보수 진행
	동국S&C 미국 위주로 육상&해상 타워 판매 컬러강판 등 철강 사업도 영위	**씨에스베어링** 요 베어링 및 피치 베어링 판매 씨에스윈드의 자회사	**유니슨** 강원풍력단지 등 대규모 풍력발전단지 EPC, 운영, 유지보수 사업 영위 풍력터빈 및 타워도 자체 생산 능력 보유	**코오롱글로벌** 국내 육상풍력 발전 사업 전문 일부 풍력단지 운영을 통해 배당이익도 창출 중
	스페코 본업은 콘크리트, 아스팔트 플랜트 역시코 방이에서 풍력타워 제작		**DMS** 상대적 니치 마켓인 저속풍력기 (200kw) 개발 완료. 현재 관련 매출은 미미	
	삼강엠앤티 기존 사업은 조선, 해상플랜트 해상풍력 하부구조물 시장 진출			
	세진중공업 부유식 해상풍력 구조물의 하부체 제작 기술 보유			
	씨아이강 영국에서 해상풍력 기초구조물 (모노파일)용 철강 제작 사업 진출			

자료: 각 업체 및 산업 자료 참고, 메리츠증권 리서치센터

풍력터빈 설치원가분석

풍력 터빈 구조 (육상 풍력 기준)

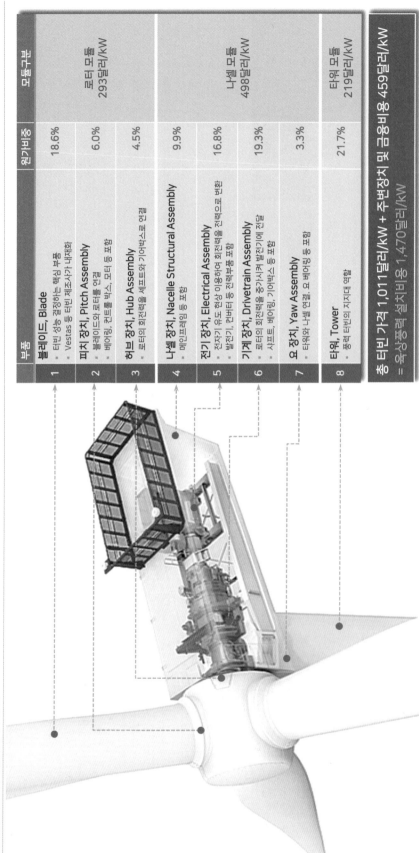

	부품	원가비중	모듈구분
1	블레이드, Blade ■ 터빈 성능 결정하는 핵심 부품 ■ Vestas 등 터빈 제조사가 내재화	18.6%	로터 모듈 293달러/kW
2	피치 장치, Pitch Assembly ■ 블레이드와 로터를 연결 ■ 베어링, 컨트롤 박스, 모터 등 포함	6.0%	
3	허브 장치, Hub Assembly ■ 로터의 회전력을 셰프트와 기어박스로 연결	4.5%	
4	나셀 장치, Nacelle Structural Assembly ■ 메인프레임 등 포함	9.9%	나셀 모듈 498달러/kW
5	전기 장치, Electrical Assembly ■ 전자기 유도 현상 이용하여 회전력을 전력으로 변환 ■ 발전기, 컨버터 등 전력부품 포함	16.8%	
6	기계 장치, Drivetrain Assembly ■ 로터의 회전력을 증가시켜 발전기에 전달 ■ 샤프트, 베어링, 기어박스 등 포함	19.3%	
7	요 장치, Yaw Assembly ■ 타워와 나셀 연결, 요 베어링 등 포함	3.3%	
8	타워, Tower ■ 풍력 터빈의 지지대 역할	21.7%	타워 모듈 219달러/kW

총 터빈 가격 1,011달러/kW + 주변장치 및 금융비용 459달러/kW = 육상풍력 설치비용 1,470달러/kW

주: 원가 정보는 Cost of Wind Energy Review, NREL, 2018을 바탕으로 재구성. 해당 자료는 미국 내 2.4MW 육상 풍력 발전기 83개를 대상으로 조사
자료: Gemini Wind Park, NREL, 메리츠증권 리서치센터

풍력터빈 설치원가 분석

해상풍력 발전 단지 구조 및 설치 원가

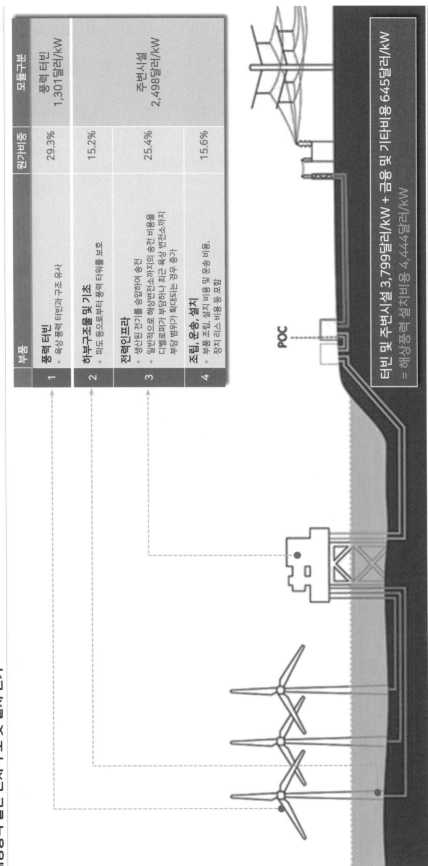

부품		원가비중	모듈구분
1	풍력 터빈 ▪ 육상 풍력 터빈과 구조 유사	29.3%	풍력 터빈 1,301달러/kW
2	하부구조물 및 기초 ▪ 파도 등으로부터 풍력 타워를 보호	15.2%	
3	전력인프라 ▪ 생산된 전기를 승압하여 송전 일반적으로 해상변전소까지의 송전 비용을 디벨로퍼가 부담하나 최근 육상 변전소까지 부담 범위가 확대되는 경우 증가	25.4%	주변시설 2,498달러/kW
4	조립, 운송, 설치 ▪ 부품 조립, 설치 비용 및 운송 비용, 장치 리스 비용 등 포함	15.6%	

POC

터빈 및 주변시설 3,799달러/kW + 금융 및 기타비용 645달러/kW
= 해상풍력 설치비용 4,444달러/kW

주: 원가 정보는 Cost of Wind Energy Review, NREL, 2018을 바탕으로 재구성. 해당 자료는 미국 내 5.5MW 해상 풍력 발전기 109개를 대상으로 조사
자료: EnergiNet, 2019.11.25, 'THOR OFFSHORE WIND FARM'; NREL, 메리츠증권 리서치센터

해외사례 ① Orsted

Orsted를 통해 바라보는 해상풍력 사업의 수익성

- 덴마크 기반 세계 최대 해상풍력 디벨로퍼
- 석유와 가스 E&P 업체에서 출발하여, 종합 유틸리티 사업자로 변모. 이후 해상풍력 디벨로퍼로 급격한 전환
- 유틸리티에서 출발한 한국전력과는 성격이 다르나, 해상풍력 프로젝트가 수익성을 낼 수 있는지를 판단하기 위해서는 유의미한 비교라는 판단

Orsted 사업별 EBITDA 비중 변화

자료: Company Data, 메리츠증권 리서치센터

Orsted 해상풍력 지역별 발전량 추이

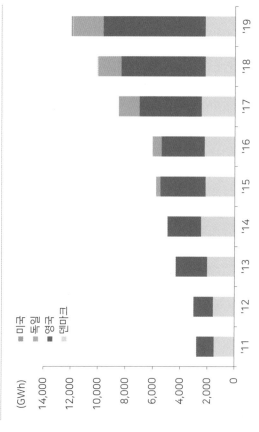

자료: Company Data, 메리츠증권 리서치센터

해외사례 ① Orsted

Orsted는 전통 유틸리티에서 해상풍력 사업자로 변모. 최근 수출까지 진출

- Orsted의 변화 과정
  ① (1972~2008) 석유&가스 E&P 업체에서 출발하여 유틸리티(송배전 등)까지 사업 영역 확대
  ② (2008~2017) 금융위기 이후 해상풍력 사업자로 급격한 전환에 성공
  ③ (2017~현재) 해상풍력 산업 내 역량을 활용하여 미국 등 해외 수출 산업에 진출 중

- 현재 E&P 사업 및 송배전 사업은 완전히 정리. 해상풍력 사업에 집중하는 한편 M&A 통해 미국 시장 진출. 태양광/ESS 사업으로 일부 진출 중

Orsted 주가 및 EBITDA 추이

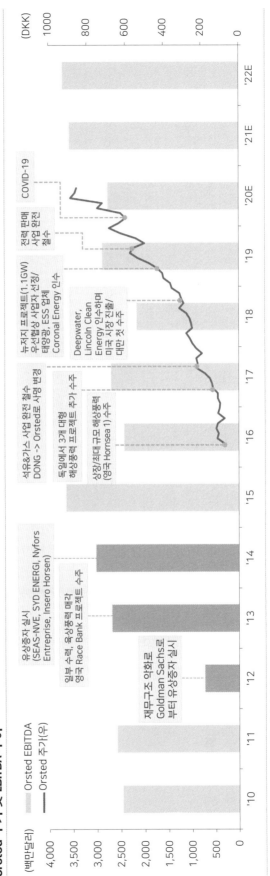

자료: Company Data, 메리츠증권 리서치센터

해외사례 ① Orsted

해상풍력 프로젝트에서 높은 수익률을 보여주는 Orsted

- Orsted의 해상풍력 사업부의 영업이익률은 15~80% 수준. 운영 이익 외에 건설 계약(Farm-down) 매출 발생 규모에 따라 이익 여부 크게 변동→EPC 사업이 기업의 핵심 수익 창출 능력
  *Farm-Down: 건설 초기 단계에 프로젝트의 50%를 연기금 등에 매각하는 행위. 매각 대금 중 자본 차익만큼은 EBITDA에 즉시 인식. 나머지는 건설 기간에 걸쳐 수익 인식

- Goldman Sachs는 Orsted 해상풍력 프로젝트 평균 ROIC를 8% 수준으로 추정.
  회사 측 2019~2025년 ROCE 가이던스 8% (세전 가이던스 10.6%에 세율 25% 적용)
  ① 낮은 MW 당 CAPEX: 지난 3년 간 35~40억원/MW 수준 추정. Vs 서남해 해상풍력 62억원/MW
  ② 풍부한 노하우 바탕으로 한 기타 비용 통제

Orsted 해상풍력 부문 수익성 분석

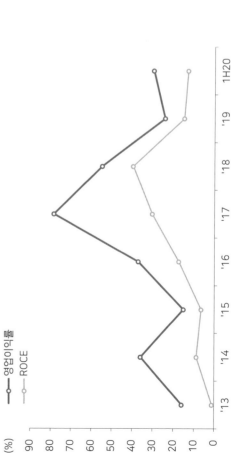

(%)

— 영업이익률
— ROCE

Orsted 해상풍력 부문 EBITDA 구성

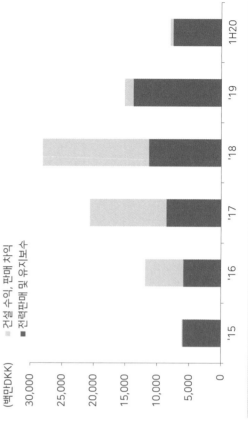

(백만DKK)

건설 수익, 판매 차익
전력판매 및 유지보수

자료: Company Data, 메리츠증권 리서치센터

주: ROCE는 EBIT/Capital Employed로 계산.
Capital Employed는 차입금 및 차입금을 제외한 모든 자산
자료: Company Data, 메리츠증권 리서치센터

해외사례 ① Orsted

사업 성공까지 가는 동안 격났던 재무구조 악화

참고해야

- 높은 수익성에도 불구하고 막대한 신규 투자로 Orsted의 해상풍력 부문 현금흐름은 좋지 않은 편. 2020년 포함 8년 간 5년에 음의 Free Cash Flow 기록

- 2010년 본격적인 에너지 전환 이후 2012년 부채비율이 12%를 넘는 등 급격하게 재무 구조 악화. 2013년 Goldman Sachs로부터 유상증자를 받기도 함
  → 공격적 에너지 전환 위해서는 재무 구조 악화 감수해야

Orsted 해상풍력 부문 현금흐름 분석

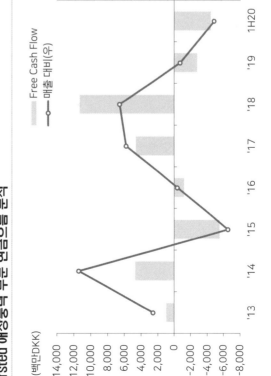

자료: Company Data, 메리츠증권 리서치센터

Orsted 부채비율 추이

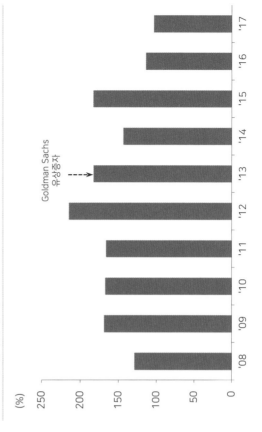

자료: Company Data, 메리츠증권 리서치센터

해외사례 ② Vattenfall

풍력 사업에 적극적인
스위스 국영기업 Vattenfall

- Vattenfall은 스위스 국영 기업(정부 지분 100%)의 유틸리티 사업자
- 국영 사업자가 발전, 송배전, 판매 사업을 통합 운영한다는 측면에서 국내 전력시장과 유사한 구조
- 2019년 영업이익 중 58%가 기저 발전으로 구성되는 등 아직 신재생 비중은 높지 않으나, 투자비의 70% 가량을 풍력에 쓰는 등, 공격적으로 전환 진행 중

Vattenfall 2019년 영업이익 구성

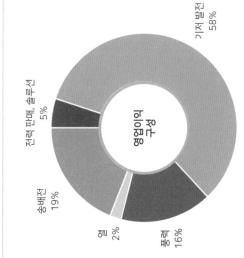

주: 기저 발전은 원자력과 수력으로 구성. 자료: Company Data, 메리츠증권 리서치센터

Vattenfall 2020~2021년 신규 CAPEX 계획

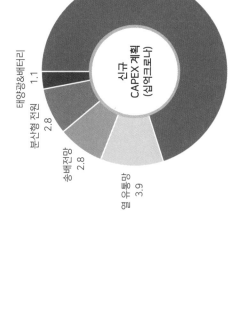

자료: Company Data, 메리츠증권 리서치센터

해외사례 ② Vattenfall

세계 2위 해상풍력 디벨로퍼로 발전한 Vattenfall

■ 역사

1909~1970년대 중반: 스웨덴 내부의 원자력 사업에 집중

1970년대~1990: 원자력 발전 사업 시작

1990~2009: 독일, 네덜란드 등 해외 사업에 본격적으로 진출

2009~: 각국의 원자력 폐기 정책으로 5조원 가량의 손상차손이 발생. 영국 풍력 사업에 본격 진출

■ 세계 2위권의 해상풍력 디벨로퍼로 발전. 2019년 기준 보유한 풍력 발전용량 중 오직 12%만이 내수일 정도로, 풍력 수출 사업에서 성공

Vattenfall 발전믹스 변화

(%)

2010년: 2.0 / 25.0 / 52.0 / 21.0

2019년: 8.3 / 40.2 / 24 / 27.5

신재생 / 원자력 / 화력 / 수력

주: 신재생은 풍력이 대부분. 풍력은 절반 이상이 해상풍력
자료: Company Data, 메리츠증권 리서치센터

Vattenfall 지역별 풍력 설치용량

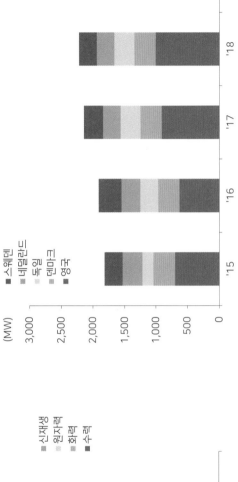

(MW)

스웨덴 / 네덜란드 / 독일 / 덴마크 / 영국

'15 '16 '17 '18 '19

자료: Company Data, 메리츠증권 리서치센터

해외사례 ② Vattenfall

Vattenfall, 기존 사업의 현금흐름을 바탕으로 재무구조 오히려 개선

- 기저발전의 급격한 축소로 2016년까지 이익규모 감소 지속되었으나, 순차입금은 감소하는 등 송배전 및 기저발전 사업의 수익성을 바탕으로 발전 믹스 전환 기간 동안 건전한 재무구조 유지

- 스웨덴 내 송배전 사업은 정부가 규제, 적정투자보수율 보장하고, 소비자 간 가격 차별 일부 허용

- kWh 당 Running Cost 개념으로 전력 소비자들이 송배전 투자 및 운영 비용 부담

- 발전 사업 부문에서는 원자력 발전 비중 오히려 증가

Vattenfall EBITDA 및 순차입금 추이

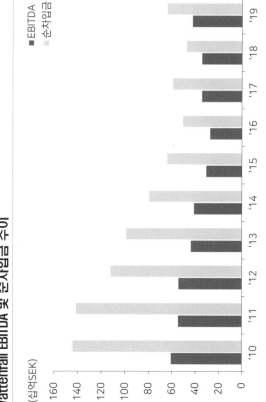

자료: Company Data, 메리츠증권 리서치센터

스웨덴 전력 소비자들의 송배전 투자비용 부담금

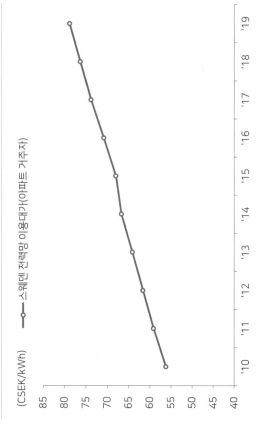

주: 세금 제외, 자료: Statistics Sweden, 메리츠증권 리서치센터

한국전력과 Orsted, Vattenfall은 무엇이 다를까?

한국전력과 해외 사업자 간에
구조적인 차이 존재

- 한국전력과 Orsted의 프로젝트 수익성이 다른 이유는 크게 두 가지
  ① 낮은 국내 풍속에 기인한 낮은 이용률, ② EPC 능력의 부재, + (③ 국내 터빈의 품질 리스크?)

- Vattenfall이 발전 믹스 전환 기간 동안 상대적으로 재무 부담이 덜했던 이유?
  ① 총발전가 기반의 전력 요금 부과. 소비자가 에너지 전환 비용을 나눠 부담
  ② 지난 10년 동안 원자력 발전 비중은 오히려 상승

Orsted의 평균 풍속 및 이용률

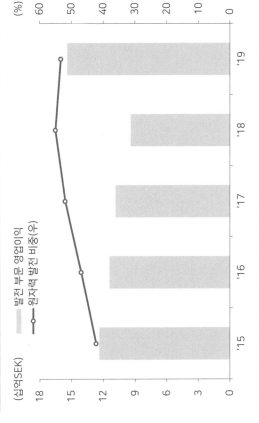

자료: Company Data, 메리츠증권 리서치센터

Vattenfall 원자력 발전량 추이

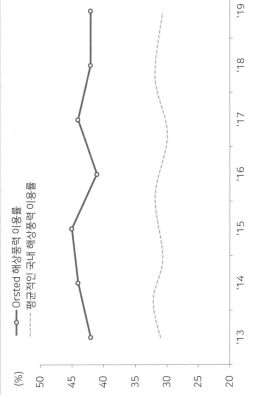

자료: Company Data, 메리츠증권 리서치센터

Part III

한국가스공사의 새 바람, 수소

한국가스공사 저평가의 역사

유가와 동행하는 가스공사 주가, Q 성장이 이루어질 시 전성기를 구가

- 한국가스공사의 주가는 유가와 밀접하게 연동. 손상차손 및 운전자본 하락에 대한 우려가 반영
- 유가와 상관없이 주가 상승이 이루어졌던 2012년은 모잠비크 가스전 발견에 따른 Q 성장 기대감

한국가스공사 주가 추이

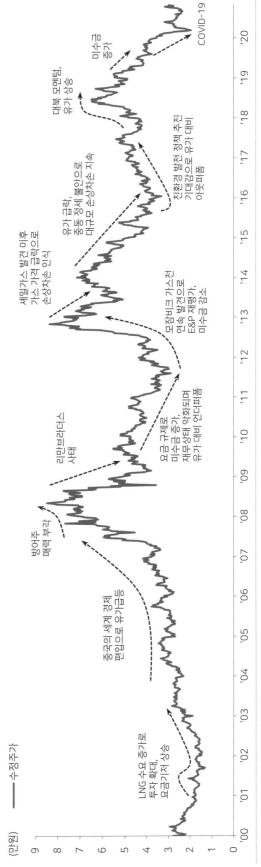

(만원) —— 수정주가

LNG 수요 증가로 투자 확대, 요금기저 상승

중국의 세계 경제 편입으로 유가급등

방어주 매력 부각

리만브라더스 사태

요금 규제로 미수금 증가, 재무상태 악화되며 유가 대비 언더퍼폼

셰일가스 발견 이후 가스 가격 급락으로 손상차손 인식

모잠비크 가스전 연속 발견으로 E&P 재평가, 미수금 감소

유가 급락, 중동 정세 불안으로 대규모 손상차손 지속

친환경 발전 정책 추진 기대감으로 유가 대비 아웃퍼폼

대북 모멘텀, 유가 상승

미수금 증가

COVID-19

자료: Quantiwise, 메리츠증권 리서치센터

저평가의 본질적 원인: 끊임없는 손상차손과 점유율 하락 우려

저평가 원인은 손상차손과 점유율 하락

- 저평가 원인 첫번째는 끊임없는 손상차손으로 인한 배당 여력 하락
  → 추가적 유가적 하락 가능성은 제한적. 신규 프로젝트도 제한적
- 저평가 원인 두번째는 LNG 직도입 증가로 인한 점유율 하락
  → LNG 시장 내 점유율 하락은 불가피. 이를 만회할 수 있는 신규 수요 창출이 가능할 것인가?

한국가스공사 자산손상차손 추이

(십억원)

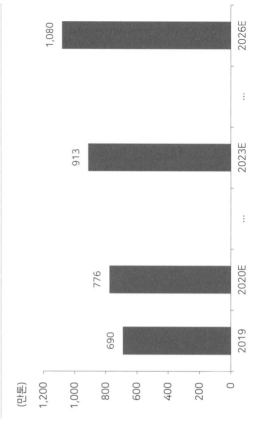

- '13: 671.0
- '14: 78.1
- '15: 149.6
- '16: 854.0
- '17: 1,547.1
- '18: 155.0
- '19: 417.0
- 1H20: 409.9

자료: 금융감독원 전자공시시스템, 메리츠증권 리서치센터

직도입 의향사에 따른 직도입 물량 증가

(만톤)

- 2019: 690
- 2020E: 776
- ... 2023E: 913
- ... 2026E: 1,080

자료: EBN, 2020.02.22 '2040년 LNG 수요 7억톤'…LNG 직도입 순항',
메리츠증권 리서치센터

'수소유통전담기관' 지정

신사업의 등장: 수소

- 안정적인 수소의 공급을 위해 산업통상자원부는 한국가스공사를 '수소유통전담기관'으로 지정
- 단기적으로 천연가스 배관망 및 튜브트레일러를 이용
- 중기적으로 상용화 및 검증된 대형 수소추출기를 설치하여 수소생산기지를 구축하여 수요에 대응
- 장기적으로 재생에너지를 활용한 수전해 수소를 생산 및 해외에서 생산된 수소를 수입하는 전략

수소법 제34조에 다른 수소 유통 전담기관 주요 역할 및 수행 사업

구분		내용
주요 역할		■ 수소경제 활성화를 위한 수소의 유통체계 확립, 수소의 거래 및 수소의 적정가격 유지 등에 관한 업무를 지원
수행 사업		■ 수소의 유통 및 거래에 관한 업무
		■ 수소의 적정 가격유지에 관한 업무
		■ 수소의 수급관리에 관한 업무
		■ 수소의 공정한 유통질서 확립을 위한 감시·점검·지도 및 홍보
		■ 수소의 생산설비 및 충전소 등 이용설비 운영정보의 수집·제공 등

자료: 산업통상자원부, 메리츠증권 리서치센터

수소 유통 전담기관 주요 사업 계획

분류	내용
수소의 수급관리 및 유통질서 확립체계 구축	■ 수소 생산량 및 지역별 수요예측을 통한 중장기 수급계획 수립 ■ 부생수소, 추출수소, 수전해 수소 등 생산방식별 포트폴리오 분석·전망 및 중장기 ■ 수소의 생산·공급 방식 다양화(예측)·배관) 전략 등 ■ 수소의 정량미달 판매 점검 및 정당한 사유없는 수소의 생산 감축 행위 감시·지도 등 공정한 유통질서 확립체계 구축

수소충전소 운영지원 및 실시간 정보제공 시스템 구축·운영	■ 수소충전소에 튜브트레일러를 지원하여 수소의 운송비용 절감을 유도하고, 이를 통해
	  수소의 가격안정 도모
	■ 울산 등 부생수소 공급지 기준으로 운송비용 추가 발생(예: 울산 7,00원, 안성 8,80원)
	■ 수소충전소 운영현황·가격정보 등 실시간 정보제공 시스템 구축을 통해 수소차 이용
	  고객의 편의성 향상 제고
	■ 전용 어플리케이션 개발 및 내비게이션과 연계 모바일 서비스 제공

수소시장 발전단계별 수소시장 모델 구축·운영	■ 현행 수소의 유통구조 및 석유·전력 등 유사 에너지원과의 비교 분석을 통한 수소시장
	  운영 모델 개발
	■ 합리적인 수소 거래가 이루어질 수 있도록 전자상거래 등이 플랫폼을 구축하여 수소
	  거래시장의 투명성 제고
	■ 수소 생산자·유통사업자·충전소 사업자·정부 등 다양한 이해관계자 의견을 수렴·
	  반영하여, 단계별 수소시장 모델 확정·구축 추진
	■ 수소시장 활성화를 위해 초기에는 시장여자 다수가 참여 가능한 수준에서 가격 안정화
	  에 중점을 두고, 향후 시장 발전상황에 따라 자율시장 모델로 운영 추진

자료: 산업통상자원부, 메리츠증권 리서치센터

가스공사는 무얼 하나? ① 추출 수소 생산 & 유통

추출 수소를 활용하는 수소
경제 초반에는 LNG 인프라가 중요

■ 초기 수소 시장은 수요가 충분치 않아 천연가스 추출수소를 핵심 공급원으로 사용

■ 전국 LNG 공급망을 활용하여 추출을 통한 수소 생산과 기존 인프라를 통한 공급체계 구축

■ 창원과 광주의 거점형 수소생산기지는 각각 2022년 하반기/2022년 말부터 하루 5톤/4톤의 수소를 생산

■ 2030년까지 수소 운반 튜브트레일러 500대 보급, 수소전용 배관망 700km 건설 계획 (2019년 4월 발표 수소사업 추진 로드맵)

수소생산기지 구축 후보지

구분	후보지	개소
LNG 인수기지	인천, 평택, 삼척, 통영	4
유인운영 정압관리소	서울 17, 인천 · 경기 31, 강원 14, 충청 11, 전북 12, 광주 · 전남 16, 대구 · 경북 20, 부산 · 경남 21	142
도시가스	수도권 7, 충북 2, 대전 · 충남 3, 강원 5, 광주 · 전남 7, 대구 · 경북 5, 부산 · 울산 · 경남 4, 제주 1	34

자료: 수소경제 활성화 로드맵, 메리츠증권 리서치센터

한국가스공사 수소 전용 배관 설치 계획

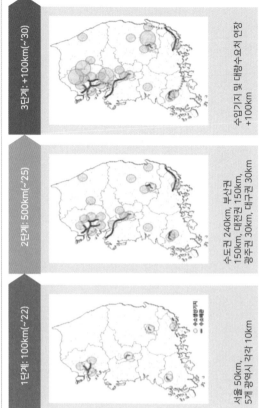

1단계: 100km(~22)	2단계: 500km(~25)	3단계: +100km(~30)
서울 50km, 5개 광역시 각각 10km	수도권 240km, 부산권 150km, 대전권 150km, 광주권 30km, 대구권 30km	수입기지 및 대량수요처 연장 +100km

자료: 한국가스공사(2019년 4월 수소사업 진출 로드맵), 메리츠증권 리서치센터

가스공사는 무엇 하나? ② 해외 그린 수소 도입

2030년 이후에는 해외에서 그린 수소 도입 시작

- 수소 생산 원가의 80%는 전력 요금. 잉여재생에너지 발생량에 따라 지역별 생산 원가 편차 발생
- 생산 원가 차이가 도입 비용보다 클 경우, 도입이 더 경제적
- LNG 시장과 마찬가지로 해외 수소 도입은 가스공사가 주도적으로 진행
- 해외 수소 도입 사업은 2030년 경에 본격화될 전망. 이전까지 추출 수소 기반 프로젝트 진행

국가별 친환경 수소(그린/블루) 생산 비용

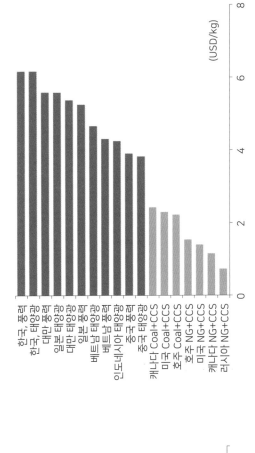

주: 2018년 조사
자료: Asia Pacific Energy Research Centre, 메리츠증권 리서치센터

사우디 – 일본 간 수소 운송 비용

자료: Mckinsey, 메리츠증권 리서치센터

대규모 수소 공급을 위한 해외 수입(일본 사례)

일본 「HySTRA」의
액화수소 해외수입 프로젝트

- 일본의 수소 연구 기관 'HySTRA'는 시범적인 해외 수소 도입 사업을 시작
- 호주의 갈탄을 이용하여 수소 생산, 저장, 운송으로 이어지는 그린수소 서플라이 체인 구축
- J-Power: 갈탄이 매장된 호주 현지에서 수소를 추출할 수 있는 가스화 플랜트 구축
- Iwatani: 생산된 수소를 배관을 통해 부두로 이송한 뒤 액화하여 대규모 탱크에 저장
- Shell Japan, Iwatani: 수입 및 유통 → 가스공사의 사업 영역
- Kawasaki: 저장된 수소를 일본으로 운송할 액화수소 운반선 건조

일본 HySTRA의 해외 생산 수소 수입 프로젝트

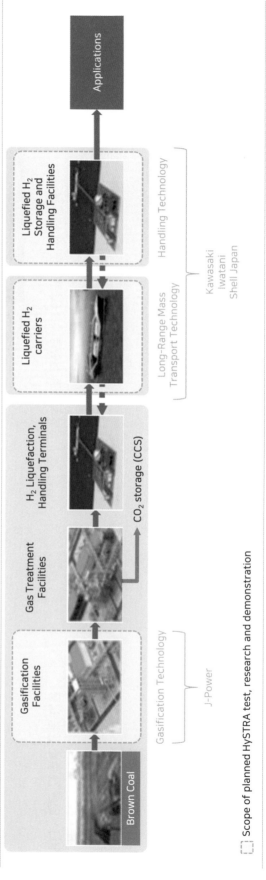

Brown Coal

Gasification Facilities

Gas Treatment Facilities

H₂ Liquefaction, Handling Terminals

CO₂ storage (CCS)

Liquefied H₂ carriers

Liquefied H₂ Storage and Handling Facilities

Applications

Gasification Technology

J-Power

Long-Range Mass Transport Technology

Handling Technology

Kawasaki
Iwatani
Shell Japan

⌐⌐ Scope of planned HySTRA test, research and demonstration

자료: Kawasaki, 메리츠증권 리서치센터

가스공사는 무엇 하나? ③ 수소충전소 & 연료전지 발전소 운영

수소 소매 사업에도 진출

- LNG 사업과 달리 수소 경제 내에서 한국가스공사는 소매 사업에도 진출

- 수소충전소: 현대차 등 총 10개 기업이 운영 중인 '하이넷'의 1대 주주로 참여하고 있는데, '하이넷'은 2022년까지 수소충전소 100기를 전국에 세울 계획

- 연료전지 발전소: 2019년 송도 LNG 기지 내 100MW(총 투자비 5,800억원, 동사 지분율 20%)의 대규모 연료전지 발전소 구축을 추진

- 당사는 수소충전소 사업에 대해서는 다소 보수적, 연료전지 발전소에 대해서는 긍정적인 시각

HyNet

설립일	19.3월 설립
설립목적	글로벌 수소경제를 선도하기 위한 수소전기차 산업 활성화
사업목표	전국적 공급망 구축, 수소 대중화 선도, 수소산업 발전지원, 수소기술 자립구축
참여사	넬코리아, 닉양, 범한퓨얼셀, 발맥스기술 제이엔케이히터, 에어리퀴드코리아, 에코바이오홀딩스, 우드사이드, 코오롱인더스트리, 한국가스공사, 현대자동차, 효성중공업, SPG수소

자료: HyNet, 메리츠증권 리서치센터

수소충전소 및 발전용 연료전지 사업 IRR 추정

수소충전소(Off-Site) 3.7%
수소충전소(On-Site) 0.1%
연료전지 발전소 6.1%

주: 자세한 추정 내용은 10월 28일 당사에서 발간된 'Active ESG' 내용 참고
자료: 메리츠증권 리서치센터

한국가스공사 추출 수소 사업 수익성 분석

수소 사업 수익성 전망에는
불확실성이 높으나, 긍정적
요소가 더 많다는 판단

- 아직 시작되지 않은 추출 수소 사업의 수익성을 판단하기는 어려운 상황

- 그러나 대략적인 방향성 및 주요 변수를 파악하기 위해 수소 1kg 생산&유통 시 발생하는 현금흐름을 분석

- 추출 수소 생산&유통 사업의 IRR은 7.7%, 수소 1kg 당 NPV는 1,373원
- 주요 가정: 천연가스 가격 9.0원/MJ, 수소 도매 판매 가격 2040년까지 3,000원/1kg,
  운송비용은 현 4,500원 수준에서 탱크 용량 개선으로 500원 수준으로 떨어진다고 가정

당장 내년부터 추출 수소 사업이 시행된다면? 주요 투자 지표 분석 결과

주요 투자지표	
IRR	7.9%
1kg 당 NPV(3.7% WACC 가정)	1,351원
Payback 기간	8.64년
주요 가정	
LNG가격	9.0원/MJ 가정. 2020년 11월 실제 발전용 천연가스 요금은 7.114원/MJ
수소판매가격	정부 로드맵에 따라 2022년 6,000원, 2040년 3,000원 가정
운송비용	현 4,500원 수준에서 탱크 용량 개선으로 장기적으로 500원 수준으로 떨어진다고 가정

자료: 메리츠증권 리서치센터

LNG 가격 가정에 따른 IRR 변화

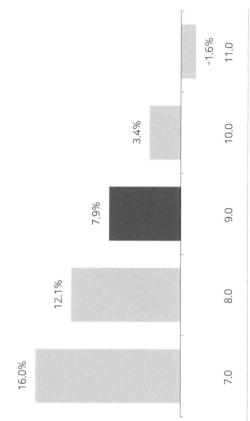

자료: 메리츠증권 리서치센터

프로젝트 수익성 분석 세부내역 – 추출 수소 생산&유통

당장 내년부터 추출 수소 사업이 시행된다면? 수소 1kg 당 현금흐름 분석

(억, 원/kg)		'20	'21	'22	'23	'24	'25	'26	'27	'28	'29	'30	'31	'32	'33	'34	'35
매출	수소판매가격(원/kg)		6,500	6,000	5,700	5,400	5,100	4,800	4,600	4,400	4,200	4,000	3,900	3,800	3,700	3,600	3,500
	판매량(kg)		1	1	1	1	1	1	1	1	1	1	1	1	1	1	1
CAPEX		2,240	0	0	0	0	0	0	0	0	0	0	0	0	0	0	0
	개질시스템	2,200	0	0	0	0	0	0	0	0	0	0	0	0	0	0	0
	컴프레서	12	0	0	0	0	0	0	0	0	0	0	0	0	0	0	0
	튜브트레일러	29	0	0	0	0	0	0	0	0	0	0	0	0	0	0	0
OPEX			6,746	5,955	5,303	4,811	4,450	4,172	3,949	3,767	3,641	3,529	3,428	3,308	3,215	3,131	3,057
생산비용			1,924	1,905	1,886	1,867	1,849	1,830	1,812	1,794	1,776	1,758	1,740	1,723	1,706	1,689	1,672
	원재료비		1,707	1,689	1,673	1,656	1,639	1,623	1,607	1,591	1,575	1,559	1,543	1,528	1,513	1,498	1,483
	유지보수		59	59	58	58	57	56	56	55	55	54	54	53	53	52	52
	인건비		30	29	29	29	29	28	28	28	27	27	27	27	26	26	26
	수도, 전력비		109	108	107	106	105	104	103	102	100	99	98	98	97	96	95
	일반관리비		20	20	19	19	19	19	19	18	18	18	18	18	18	17	17
가공&운반비용			4,822	4,050	3,417	2,944	2,601	2,342	2,138	1,973	1,866	1,771	1,688	1,585	1,509	1,443	1,385
	유지보수		89	88	87	86	86	85	84	83	82	81	81	80	79	78	77
	인건비		208	206	204	202	200	198	196	194	192	190	188	186	184	182	181
	전력비		356	353	349	346	342	339	336	332	329	326	322	319	316	313	310
	일반관리비		168	167	165	163	162	160	158	157	155	154	152	151	149	148	146
	운송비용		4,000	3,237	2,612	2,147	1,812	1,560	1,364	1,207	1,108	1,021	945	849	781	721	671
감가상각비			149	149	149	149	149	149	149	149	149	149	149	149	149	149	149
영업이익			-395	-105	248	440	501	479	501	484	409	321	323	343	335	319	294
영업이익률(%)			-6.1	-1.7	4.3	8.1	9.8	10.0	10.9	11.0	9.7	8.0	8.3	9.0	9.1	8.9	8.4
EBITDA			-246	45	397	589	650	628	651	633	559	471	472	492	485	469	443
NOPAT			-287	-76	180	319	363	347	363	351	297	233	234	248	243	232	213
순운전자본증감		-1,275	98	59	59	59	59	39	39	39	39	20	20	20	20	20	20
Free Cash Flow		-3,515	-39	132	388	527	571	536	552	539	485	402	403	417	412	401	1,049

자료: 메리츠증권 리서치센터

수소 사업 수익성 분석에 대한 의견

여러가지 불확실성에도 불구하고 수소 사업 수익성 전망은 긍정적

- Q1) 수소 판매 가격 하락 압박은 어떻게 작용하나?
  A1) 수소 판가 하락은 분명 리스크 요인이나, 해당 수익성 분석에는 정부의 수소 가격 목표치가 이미 반영

- Q2) 빠른 속도의 운송비 하락이 가능할 것인가?
  A2) 기체 상태의 튜브트레일러 운송은 현재 kg당 4~5,000원 수준. ①낮은 탱크 용량, ②낮은 이용률이 원인. 이용률은 시장 규모 확대 시 해결될 수 있는 요인. 평균 탱크 용량은 현 200bar(탱크 당 250kg) 수준에서 700bar(탱크 당 1,560kg)의 신규 튜브트레일러가 도입되며 급격하게 개선될 전망

- Q3) 수소 생산 과정에 CCUS 도입 시 수익성 영향은?
  A3) 국내는 CCS(Carbon Capture and Storage) 기술 시설 상 불가. 저장 공간 부족하기 때문 2025년 이후 CCU(Carbon Capture and Utilization) 기술이 도입된다면 오히려 수소 원가 절감에 긍정적. 탄소 판매(흑연으로 변환 후 제철소, 배터리 소재 제조사 등에 판매) 매출이 인식되기 때문

운송비용 전망 세부내역

1kg당 운송비용 계산	'21	'22	'23	'24	'25	'26	'27	'28	'29	'30	'31	'32	'33	'34	'35
평균 탱크 용량(kg)	250	271	319	380	442	503	564	625	669	713	756	826	883	940	993
이용률(%)	50	57	60	61	63	64	65	66	68	69	70	71	73	74	75
연간 수소 운송량(천톤)	42	42	42	42	42	42	42	42	42	42	42	42	42	42	42
연간 운송 횟수(천회)	336	272	219	180	152	131	115	101	93	86	79	71	66	61	56
회당 단가(천원)	500	500	500	500	500	500	500	500	500	500	500	500	500	500	500
총 운송비용(백만원)	168,000	135,949	109,683	90,154	76,104	65,528	57,293	50,709	46,518	42,871	39,672	35,678	32,807	30,302	28,197
1kg당 운송비용(원)	4,000	3,237	2,612	2,147	1,812	1,560	1,364	1,207	1,108	1,021	945	849	781	721	671
튜브트레일러 보급비중 가정(%)															
200bar	100.0	97.0	91.0	84.0	77.0	70.0	63.0	56.0	51.5	47.0	42.5	36.0	30.5	25.0	20.0
450bar	0.0	3.0	8.0	13.0	18.0	23.0	28.0	33.0	35.5	38.0	40.5	43.0	45.5	48.0	50.0
700bar	0.0	0.0	1.0	3.0	5.0	7.0	9.0	11.0	13.0	15.0	17.0	21.0	24.0	27.0	30.0

자료: 메리츠증권 리서치센터

참고) 수소 운송 방식의 변화

수소 사업이 성장할 수록 배관의 중요성 증가

- 수소의 운송 1회당 운송 용량이 증가로 비용 절감이 가능 → 대용량 운송방식의 개발 및 상용화가 필요

- 수소 산업 국면별 수소 운송 방안
  - 초기: 배관 및 튜브트레일러(Type1)로 부생수소를 공급
  - 성장기: 배관 및 튜브트레일러(Type4), 탱크로리로 부생+추출+액체수소를 공급
  - 성숙기: 해외 Green수소 도입을 위해 액화수소선박을 활용

- 독일 Linde는 500bar 튜브트레일러를 활용하여 1회 당 1.1톤의 수소 운송 중

운송 용량 및 거리에 따른 최적운송 방식

수소 운송 방식 및 액체수소 전환 비용 비교

운송 용량에 따른 비용 비교

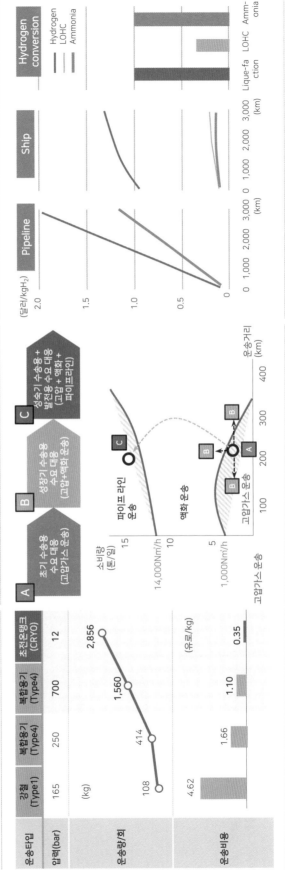

운송타입	강철 (Type1)	복합용기 (Type4)	복합용기 (Type4)	초전용탱크 (CRYO)
압력(bar)	165	250	700	12
운송량/회 (kg)	108	414	1,560	2,856
운송비용 (유로/kg)	4.62	1.66	1.10	0.35

자료: H2KOREA, 메리츠증권 리서치센터

자료: H2KOREA, 메리츠증권 리서치센터

주: 파이프라인 운반 수소는 기체 상태, 선박은 액체 상태
운송과 저장 비용 포함, 전환비용과 유통비용은 제외
자료: IEA, 메리츠증권 리서치센터

참고) 수소 에너지밀도 향상을 위한 국내 저장 기술 현황

수소 저장의 핵심은 제작 에너지밀도 향상

- 국내는 Type1(200bar) 수준의 고압기체 수소를 저장 및 운송하는 방식은 상용화
- 고압기체 기술 수준은 Type4(700 bar) 실증 단계로 상용 단계인 Type1에 비해 70% 가벼움
- 액화 및 액상 저장 방식은 초기 개발 단계 수준. 향후 확산 시 운송비용 빠른 속도로 하락

고압기체 수소 저장용기 Type별 구분

종류	Type1	Type2
형태		
압력(Bar)	200	300
구조	용기 전체가 금속재질 라이너로 구성	금속재질 라이너에 유리섬유 복합재료를 보강
종류	Type3	Type4
형태		
압력(Bar)	400	700
구조	알루미늄 라이너 전체에 탄소섬유 복합재료를 보강한 형태	플라스틱과 같은 비금속 라이너에 탄소 섬유 복합재료로 용기 전체를 보강한 형태

자료: 한화솔루션, 메리츠증권 리서치센터

수소 저장 방식별 비교

구분	고압기체	액화	액상(암모니아)
특징	수소기체를 고압으로 압축	극저온 상태로 수소를 액체화	암모니아(NH3) 등 화합물 형태로 액상 저장
저장조건	700기압	-253℃	-33.4℃
수소저장(wt.%)	100	100	17.8
저장밀도(kg/㎥)	39.6	70.8	120
운송방식	튜브 트레일러	탱크로리, 수소선박 등	기존 기술(디젤) 인프라, 선박 등
장점	▪ 기존 인프라 활용 ▪ 고순도 수소 저장	▪ 고가 압축기 불필요 ▪ 고순도의 수소 저장 및 대량 운송 가능	▪ 기존 암모니아 인프라 활용가능 ▪ 일반 압력용기 저장가능 ▪ 직접 연료로 사용가능
단점	▪ 고압 저장에 에너지 소모 大 ▪ 낮은 에너지 저장 밀도	▪ 액화에 에너지 소모 大 ▪ 장기간 저장 및 고가가스 제어어려움 ▪ 액화플랜트 설치비용 大	▪ 수소 발생에 에너지가 필요 ▪ 유독·폭발·부식성이 있음 ▪ 액화플랜트 설치비용 大

자료: 수소경제 활성화 로드맵, 메리츠증권 리서치센터

수소가 LNG 수요에 미치는 영향

추출 수소의 원료인 LNG
수요 증가는 본업 성장 요인

- 추출 수소 시장의 개화는 추출 수소의 원료인 LNG 수소를 증가시키는 요인
- 수소 제조용 수요를 제외하고도 LNG 시장은 LNG 발전량 증가 및 산업용 수요에 힘임어 성장
- 발전용 연료전지, 수소충전소, LNG벙커링 등 신규 수요를 감안한 2030년 수요는 5,209만톤(CAGR +1.9%)
- 400만톤의 직도입 물량 증가를 가정한 한국가스공사의 2030년 판매량은 3,643만톤(CAGR +0.8%)
  → 신규 수요가 직도입 증가분을 상쇄하며 연간 +0.8% 증가

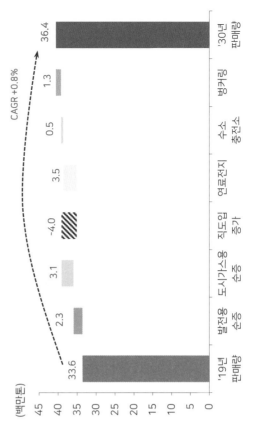

한국가스공사 LNG 판매량 전망

(백만톤)

주: 직도입 물량 400만톤 증가는 단순 가정. 자료: 메리츠증권 리서치센터

국내 전체 LNG 수요 전망

(백만톤)

주: 2030년 추출 수소 비중 50% 가정
자료: 에너지경제연구원, 메리츠증권 리서치센터

결론

수소 생산&유통 사업 매력적

- 비규제 사업 편입이 높은 수소 사업은 시장 상황 & 기술 발전에 따라 수익성이 크게 변동

- 2030년경부터 본격화될 그린수소는 수익성 전망 어려우나, 추출 수소와 비슷하거나 그 이상일 것으로 판단

- 추출 수소 사업은 성숙기 진입 시 수소 1kg 당 3,000원의 매출, 5%의 영업이익률 가능
  → 2040년: 150원/kg * 526만 Ton(시장 크기) * 65% (점유율) = 5,129억원 영업이익?

- 공급 방법별, 생산 시기별 차이를 무시한다면, 수소 1kg 당 EVA는 3,128원, 시가총액 상승분은 597원
  → 342만톤 공급시 10.45조원의 EV(현 EV대비 37%), 2.04조원의 시가총액 상승액 예상
  (WACC 3.67% 가정: 자기자본비율 30%, 무위험수익률 1.5% MRP 6.8%, 베타 0.98, 세전 COD 2.4%)

한국가스공사 수소 사업 밸류에이션: 1kg의 가치

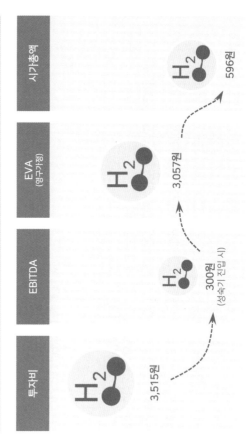

자료: 메리츠증권 리서치센터

한국가스공사의 수소 공급 계획 (2019년 4월 발표)

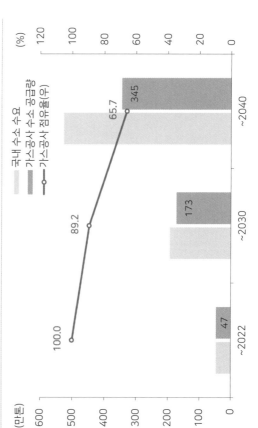

자료: 한국가스공사, 메리츠증권 리서치센터

해상풍력 vs 수소 사업

해상풍력 대비 수소 사업의 수익성 전망이 긍정적

- 한국전력의 해상풍력, 한국가스공사의 수소 사업 모두 기업가치 상승 요인으로 작용
- 다만 한국가스공사의 수혜가 더 클 전망. 원인은 ① 사업 자체의 수익성, ② 본업에의 영향

  - ① 사업 자체의 수익성: 해상풍력 운영 사업의 IRR은 4.3%, 추출 수소 생산&유통 사업의 IRR은 7.9%
    - 해상풍력의 높은 송배전 비용, 유지보수 비용 문제는 해결이 힘든 반면, 수소 탱크 용량은 개선 가능성 ↑
    - 한국전력의 해상풍력 단지 개발은 상대적으로 신규 사업, 반면 가스공사는 기존 LNG 사업 역량 활용 가능

  - ② 본업에의 영향: 해상풍력 발전 증가로 인한 송변전 투자 비용 증가 vs 수소 제조용 천연가스 수요 증가

한국전력, 한국가스공사 신규 사업 예상 IRR 비교

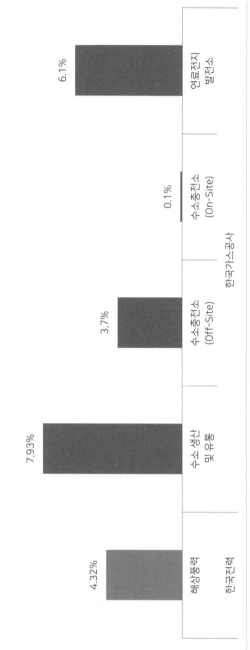

자료: 메리츠증권 리서치센터

조선

교역 ≒ 선박, Oil & Gas ≠ 해양플랜트

조선/기계
Analyst 김현

Part I 조선산업이란?

Part II 육상플랜트란?

Part III 해양플랜트란?

Part IV LNG, The Reconfiguration

Part V 조선업 구조변화 과정, 규제

기초 조선

Part I

조선산업이란?

[Basic] 조선 ≒ 건설

조선업과 건설업의 공통점

■ 조선업과 건설업은 큰 틀에서 유사한 업종

1) 수주산업
2) S ≠ P x Q

1) 대표적인 수주산업(Order Taking): 수주업체가 시장을 새로이 만들지 못한다는 태생적 한계 보유
→ IT, 자동차 등 타 업종 대비, 발주처 환경에 따라 시장이 형성되는 한계(모든 이슈는 발주자입장에서 해석)
→ Earnings(PER) 보다는 Historical Cycle(PBR) 기준으로 Valuation을 평가하는 이유

2) S(Sales)=P(Price)xQ(Quantity)인 타 업종과는 달리 매출인식 방식이 상이 (S≠PxQ)
→ 수주 시점에서부터 납기까지 장기간이 소요, P와 Q에 대한 기준이 불분명함
→ (공정률=(실제 투입원가)/(총 예정원가)에 따라 누적으로 매출을 인식

상이한 회계기준, 매출인식으로 Big Bath의 Risk가 큼

■ 조선/건설 회계의 문제점: 총 예정원가는 수시로 바뀐다는 점. 예정원가 변경 시 즉각 손실에 반영해야함
■ 손실 반영 방법: 1) 공사손실충당금 설정(종료까지 발생가능한 손실 선반영), 2) 매출차감(공정률 과대계상)
■ 추가 원가 발생시 EPCI 업체의 귀책사유가 없다면, Change Order(C/O)로 계약금액 증액. 있다면 손실

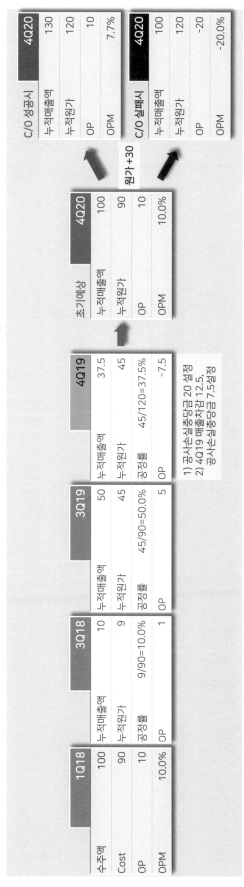

자료: 메리츠증권 리서치센터

[Basic] 조선에 대한 이해?

조선업과 건설업의 차이점
→ 공장(생산설비) 보유 여부

- 조선업과 건설업의 가장 큰 차이점: 별도의 공장(생산설비) 보유 여부 → 조선업체: 조선소(YARD) 보유
- 공장(조선소)을 갖고 있다는 것: 1) 고정비 부담이 Risk가 크며, 2) Capacity의 제한이 있다는 점
- 각 업체 별 설비(Dock의 크기, 개수, 안벽길이, Crane Lifting Capacity 등)에 따라 주력제품, 원가구조 상이
  EX) 현대(186만py), 조선소는 145만py), 대우(140만py), 삼성(120만py), 현대미포(30만py), 한진(8만py)

조선업과 타임종의 차이점?
1) 중고선
2) 수주잔량
3) Time-Lag

- 중고선 : 자동차/건설 등은 중고물량이 가격 변동이 신규물량에 영향을 주지 않는다...그러나 조선은?
- 중고선과 신조선의 차이: 중고선은 오늘 시장에서 구매하면 내일 바로 투입가능, 신조선은 3년 후 인도
- 중고선가격이 오른다면? 단기/중기적 화물수요가 좋다 → 운임상승 → 중고선가격 상승 → 발주 증가
- 선박의 발주자는 대부분의 자금을 Leverage에 의존 : 중고선은 발주처가 Leverage로 활용 가능한 유형자산

수주잔량과 시차발생,
그리고 중고선

- 현재의 조선업계 실적에 반영되는 건조물량은 이미 2~3년전에 수주한 물량
- 즉, 지금 업황이 좋다면 지금의 실적에 영향을 주지 않고, 2~3년뒤 실적에 반영
- 수주-매출인식-인도과정의 시차발생, 신조선보다 업황 변화를 직접적으로 보여주는 것이 중고선

조선업종에 대한
수박 겉 핥기 지식

- 1) 수주잔량이 감소하는 구간에서 조선업종을 투자하지 마라. → 지금악화, 수주경쟁심화 → 선가하락
- 2) 중고선가가 하락하는 구간에서 조선업종을 보지마라. → 선사의 매출여력 감소, 운임하락
- 3) 고PER에 사서 저PER에 팔아라. → 지금 실적이 안 좋다는 것은 이미 2년전 영향을 의미
- 업황의 Key Factor는 결국 수주 → 그러나 수주를 파악하는 것은 후행적

[Basic] 선박의 종류-운송화물에 따른 구분

1) 벌크선(Bulk Carrier)
- 석탄, 철광석, 곡물 등 Raw Material을 운송(건화물선) → 신흥개발국항 등 화물 비중이 절대적 → SOC 투자에 민감
- 대형선(Capesize: 석탄, 철광석), 중형선(Panamax: 곡물, 비철원석), 소형선(Supra/Handymax)로 구분
- 벌크운임지수(BDI, Baltic Dry Index): Cape(BCI), Panamax(BPI), Supramax(BSI), Handy(BHI) 4대 선종 가중 평균

2) 탱커(Tanker)
- Crude Oil을 운송하는 탱커(ULCC, VLCC, Suezmax)와 2차 정제품/화학제품을 운송하는 PC(Product Carrier)로 구분
- 이종선재로 인해 선박 중에서 후판가격 민감도가 가장 큼(매출액 대비 25% 수준)
- 탱커운임지수(WS, World Scale: 주요항로의 Spot 운임 평균)

3) 컨테이너(Containership)
- 컨테이너박스(TEU, Twenty-feet Equivalent Unit)를 운송(IT/소비재) → 선진국 비중 절대적 → 선진국 소비/건설경기
- 정해진 항로를 고정운임으로 운송하는 특성상 연료비 변동에 가장 민감 → 고유가의 현실적 대안은 선박대형화
- 컨테이너운임지수(HR, Howe-Robinson)보다 중국컨테이너이너지수(CCFI, China Containerized Freight Index) 중요

4) 가스선(LPGC, LNGC)
- 액화석유가스(LPG), 액화천연가스(LNG) 운송 → -163℃ 액화상태 유지 운송, 저장설비가 까다로운 고난이도 선박
- 한정적인 수요처의 특성상 장기용선계약(10~20년)의 비중이 절대적으로 Spot Market이 비활성화, 최근 급증 추세

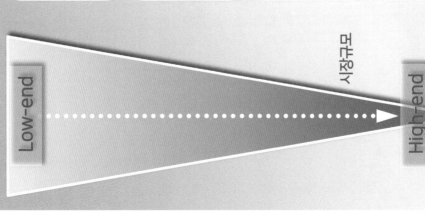

Low-end

High-end

시장규모

자료: 메리츠증권 리서치센터

[Basic] 선박의 종류-운송화물에 따른 구분

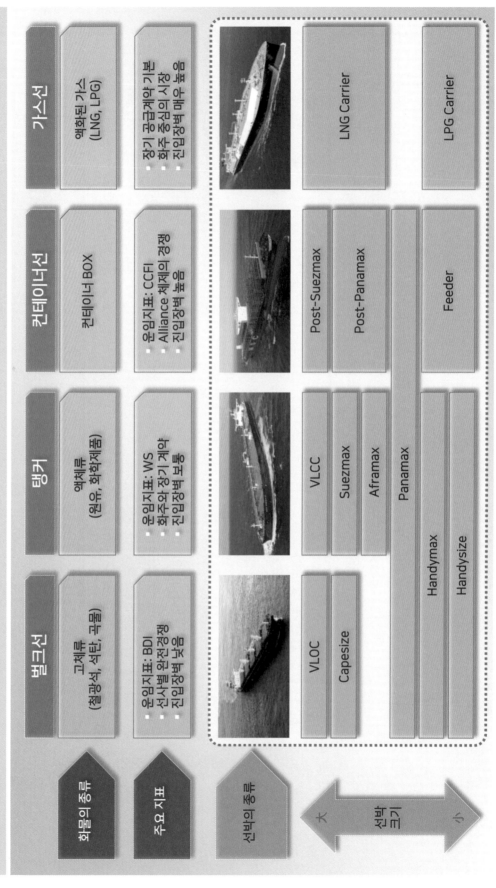

화물의 종류	벌크선	탱커	컨테이너선	가스선
	고체류 (철광석, 석탄, 곡물)	액체류 (원유, 화학제품)	컨테이너 BOX	액화된 가스 (LNG, LPG)
주요 지표	운임지표: BDI ▪ 선사별 완전경쟁 ▪ 진입장벽 낮음	운임지표: WS ▪ 화주와 장기 계약 ▪ 진입장벽 보통	운임지표: CCFI ▪ Alliance 체제의 경쟁 ▪ 진입장벽 높음	▪ 장기 공급계약 기본 ▪ 화주 중심의 시장 ▪ 진입장벽 매우 높음
선박의 종류 大 ⟷ 小 선박크기	VLOC Capesize Panamax Handymax Handysize	VLCC Suezmax Aframax Panamax	Post-Suezmax Post-Panamax Feeder	LNG Carrier LPG Carrier

자료 : 한국조선해양, 삼성중공업, 대우조선해양, 대선조선, 메리츠증권 리서치센터

[Basic] 용어 설명

- **BDI(Baltic Dry freight Index)**
  - 발틱해운거래소가 산출하는 건화물시황 운임지수

- **WS(World Scale) Rate**
  - 일원화된 탱커운임지수로, 각 항로에 유조선이 동일한 속도로 운항하는 경우 적용되는 표준운임을 기준으로 산정

- **DWT(Dead Weight Tonnage)**
  - 선박에 적재할 수 있는 화물의 중량을 의미. 1,000DWT 선박은 최대 1,000톤의 화물을 적재가능

- **CCFI(China Containerized Freight Index)**
  - 중국 교통부 중국발 컨테이너 수출운임지수, 1998년 1월 1일 기준(CCFI=1000)으로 발표

- **SCFI(Shanghai Containerized Freight Index)**
  - 2005년 12월 7일부터 상하이 수출 컨테이너 운송시장 15개 항로의 Spot 운임을 반영한 운임지수

- **CGT(Compensated Gross Tonnage)**
  - 선종, 선형 난이도에 따라 건조 공사량을 동일 지표로 평가하기 위한 방법. 총톤수(GT)에 환산계수를 곱해 산출된 톤수

- **GT(Gross Tonnage)**
  - 선박의 총톤수로서 상갑판 상부에 있는 추진, 항해, 안전, 위생에 관계된 공간을 차감한 전체 용적을 톤수로 환산한 것

- **TEU(Twenty-foot Equivalent Unit)**
  - 20-Feet 길이 컨테이너를 의미, 20,000 TEU 선박은 최대 20,000개의 컨테이너 적재가능

- **CBM(Cubic Meter)**
  - 1입방미터(가로×세로×높이가 모두 1미터인 부피단위)를 이르며 (액화된) 가스 용량을 재는 단위

[Basic] 전세계 조선/해양플랜트업계 경쟁 현황

1) 벌크선(Bulk Carrier)
- 전세계 모든 조선업계 건조가능 - 경쟁이 가장 심한 선종 (인건비, 선가 경쟁) Red Ocean
- 수급밸런스에 의한 발주가 Main, 시장 특성상 투기적 발주가 집중되는 경우가 많음 → 신생/중소 조선사 난립의 원인

2) 탱커(Tanker)
- 벌크다음으로 경쟁이 심함 (후판가격 민감도가 가장 큰 선종). PC선은 현대미포와 국내 비상장 조선사 및 중국 간 경쟁
- 초대형 원유운반선은 한국 BIG3와 일본 기와사키, 미쓰비시, 중국 Rongsheng, Yangzizang등 대형 국영 조선업체

3) 컨테이너(Containership)
- 5,000TEU 이하 중소형급은 현대미포 중국대형 조선업체 경쟁구도, 6,000~9,000TEU는 BIG3에서 중국으로
- 10,000TEU 이상 초대형 컨테이너선은 BIG3 경쟁우위 속 중국 Rongsheng, Yangzizang등 대형 국영업체 일부 침투

4) 가스선(LPGC, LNGC)
- 액화석유가스(LPG)운반선 - 중형 선형의 경우 국내에서는 현대미포 조선만 건조, 시장이 제한적이라 경쟁강도 약함
- 액화천연가스(LNG)운반선 - Big3이 압도적 경쟁우위, 중국은 LNG 주요 수요국의 지원으로 일부 물량 수주

5) 해양시추설비(Drillship, Semi-Rig, Jackup Rig)
- Jackup Rig(근해 시추용)는 싱가폴 Keppel Fels, SembCorp이 M/S 80% 과점, 나머지는 Yantai 등 중국 업체 경쟁
- Drillship/Semi-Rig(심해 시추용)은 국내 BIG3 독과점, 중국 자국물량의 발주를 제외하고는 경쟁자 없음. 싱가폴과 중국업체의 침투 가능성 증대

6) 해양생산설비(Fixed Platform, FPSO 등)
- Oil Major 및 NOC가 발주하는 생산설비는 국내 BIG3, 프랑스 Technip, 이탈리아 Saipem, 미국 McDemott 6사 경쟁구도
- 중국 SINOPEC, PetroChina, CNOOC등 석유기업의 자국물량을 제외하고는 글로벌 경쟁은 6사 과점체제로 고착

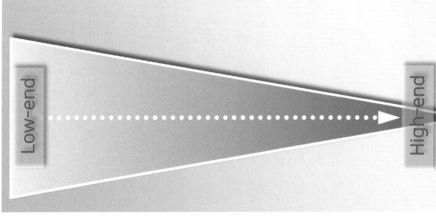

Low-end → High-end

자료: 메리츠증권 리서치센터

[Basic] 선박의 건조과정-공정률 인식, 대금은 분할 지급

**공정률 인식,
대금은 분할 지급**

- 상선 계약은 주요 공정별 5~6회 분할대금 결제방식, 인도시 유입되는 잔금(선가의 30~40%) 제외시 비용이 선수금 보다 많은 구조임 → 강재절단(Steel Cutting)부터 인도(Delivery)까지 본격적으로 비용이 발생하여 매출이 인식됨

- 수주에 따른 현금유입이 없을 경우, 현금소진 발생(' 08년~ '10년 상반기) → 연매출을 초과하는 신규수주가 없을 경우 현금소진은 필연, 이는 이자비용 증가를 유발 → Heavy-Tail대금지급이 많을수록 Cash-flow 악화 (2012~2013.1H)

- 현금성자산 소진 : 삼성중공업(' 08~ '09 -3.6조), 현대중공업(' 08~ '09 -2.6조), 대우조선해양(' 08~ '09 -2.0조)

'신조선 건조계약 → 강재절단 → 용골배치 → 진수 → 인도' 5단계 공정별 대금을 지급받는 구조

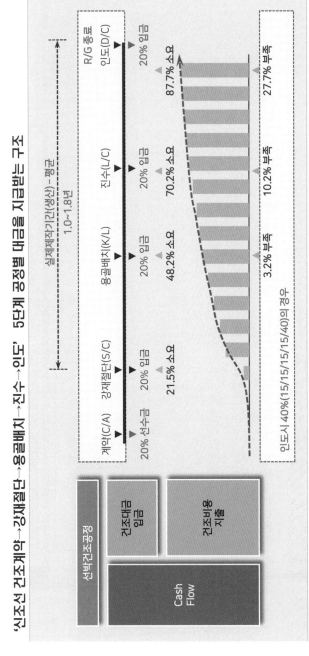

자료 : 메리츠증권 리서치센터

[Basic] 조선업계 경쟁력은 설비-기술-경험-관리력-제품개발

수주량 증가로 인한 건조능력 확충을 위해 대대적인 설비투자가 2006~08년 확대 → 부메랑 효과

- 특히, 신생업체의 경우 도크 혹은 육상선대(Slip-way)와 안벽 설비에 대한 대규모 투자가 소요
- 건조능력 확충을 위한 설비증대는 결국 Block제작 및 배관Spool류의 외주증가로 이어짐
- 한국, 중국의 대규모 조선소 설립 및 설비투자 확대 → 건조능력 증가 → 08~12년 불황으로 공급과잉 심화

Yard Layout 및 공정 흐름

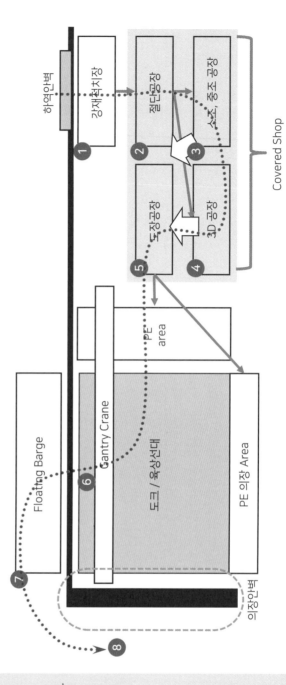

조선업계 주요 설비 및 운영흐름

① 강재적치장

② 전처리장 및 절단공장
  - NC Plasma Cutting Machine, etc.

③ 소조, 중조, 대조 가공 공장
  - Overhead Crane, etc.

④ 3-Dimensional 공장
  - Overhead Crane, etc.

⑤ Blasting/도장 공장
  - Blasting Machine, etc.

⑥ 도크/육상선대
  - Goliath Crane 혹은 JIB Crane

⑦ Floating Barge / Dock

⑧ 의장안벽
  - JIB Crane, etc.

자료: 메리츠증권 리서치센터

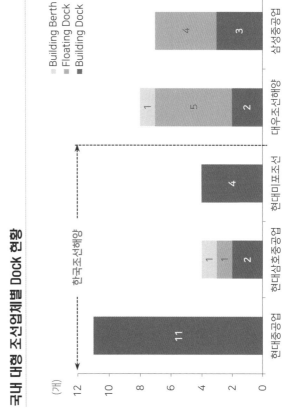

구조조정 - 금융위기 후 중소업체 소멸, 대형업체 재무 악화

IMF이후 대우중공업(대우조선, 대우종합기계 분리, 한국중공업(두산중공업), 쌍용중공업(STX), 한라중공업(현대삼호)의 구도 변경, 이후 조선업계 재편

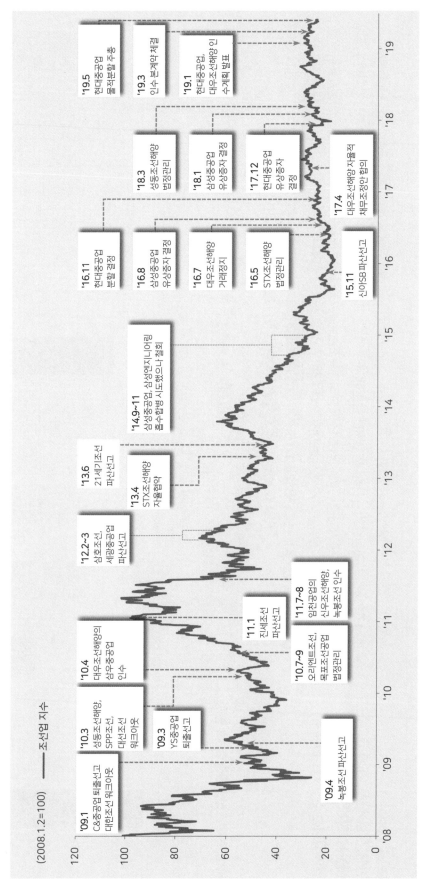

자료: Bloomberg, 메리츠증권 리서치센터

[Basic] 조선업계 Downsizing으로 인력 급감

**국내 조선업계 고용인력은
14년 203,441명에서 17년
109,901명으로 46% 감소**

- 2004~08년 수주 초호황기와 2012~13년 수주 재개로 조선업계 고용인력은 2014년 203,441명으로 급증
- 그러나, 2014년 이후 Earning Shock, 유가급락, 경기 침체에 따른 발주시황 침체로 인력구조조정 빠르게 진행
- 2017년말 기준 조선업계 고용인력은 109,901명으로 2014년 대비 46% 급감. 이는 2005년 수준으로 회귀
- 고용인력 중 협력사(하청) 비중은 2005년 47.6%, 2014년 64.4%에서 2017년 55.9%로 감소
- 정규직 인력은 2005년 49,831명에서 2014년 72,466명으로 급증한뒤 2017년 48,436명으로 33.2% 감소

국내 조선업계 고용인력 추이

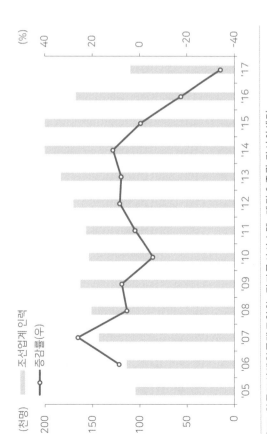

자료: 한국조선해양플랜트협회, 전자공시시스템, 메리츠증권 리서치센터

국내 조선업계 협력사, 직영 고용인력, 직영인력 비율 추이 – 협력사 급감

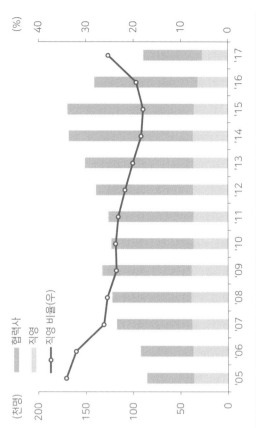

자료: 한국조선해양플랜트협회, 전자공시시스템, 메리츠증권 리서치센터

Macro와 차별화 되었던 주가, 1H19 되돌림

유가, 유로화, 금리의
Macro에 종속된 주가 →
18년 차별화된 강세 흐름 →
19년 다시 동조화

- 장기 시계열로 보면 유가를 포함한 원자재 가격은 10년간 하향 추세(CRB 선물지수)
- WTI와 조선 3사 합산 시가총액의 상관계수: 11~17년 (+)0.79, 18년 (-)0.21, 19년 (-)0.51 → 유가와 차별
- 유로화 환율과 시가총액의 상관계수: 11~17년 (+)0.83, 18년 (-)0.55, 19년 (+)0.63 → 유로화에 동조
- 18년 Macro와 차별화 되었던 주가, 19년 상반기 유로화와 再동조화 흐름. 해양(유가)의 기대감 0
- 내수가 없는 조선, 성장률(g)은 0 → 밸류시장 종감에 대한 센티멘트는 결국 Macro?

조선 3사 합산 시가총액, WTI 추이 – 유가와 다커플링, 해양 기대감 0

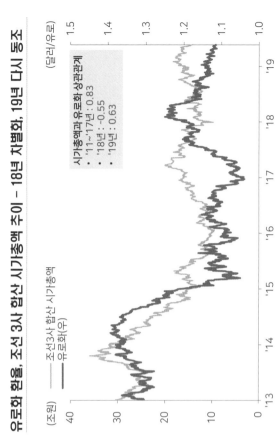

자료: Bloomberg, WiseFn, 메리츠증권 리서치센터

유로화 환율, 조선 3사 합산 시가총액 추이 – 18년 차별화, 19년 다시 동조

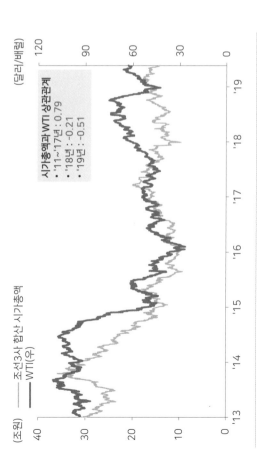

자료: Bloomberg, WiseFn, 메리츠증권 리서치센터

PBR 0.6~1.0배의 지루한 박스권 주가

조선업은 수주의 Size와 매출 성장여부가 Valuation의 상단 하단을 결정. 5년간 박스권

■ 15년 하반기 대우조선해양 분식회계 이슈, 17년 말 현대중공업, 삼성중공업의 대규모 유상증자를 제외하면 14년 하반기 이후 5년간 주가는 PBR 0.6~1.0(-1α~Avg)의 박스권을 벗어나지 못함

■ 분식, 인적분할, 합병, 유상증자 등 Earning 외의 요인 + 환율, 국제유가 등 Macro 요인

■ 13년까지는 PBR 1.0배가 지지선, 지난 5년간은 PBR 1.0배가 상한선
→ 03~13년까지 조선업계 매출액 성장체 지속, 연 수주액 > 연 매출액
→ 14년부터 Downsizing. 연 수주액 < 연 매출액: 해양發 Big Bath, 구조조정+재무/경쟁 심화 우려

국내 조선 3사(현대중공업, 삼성중공업, 현대미포조선) 가중평균 PBR 추이

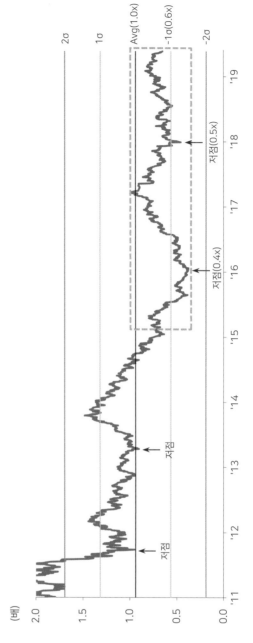

주: 가중평균은 각 회사의 PBR을 시가총액의 가중치를 반영해 선정, 대우조선해양은 거래정지기간에 따른 왜곡을 제거하기 위해 대상에서 제외
자료: WiseFn, 메리츠증권 리서치센터

기초 조선

Part II

욕설플랜트란?

육상 플랜트(Onshore Plant) 종류

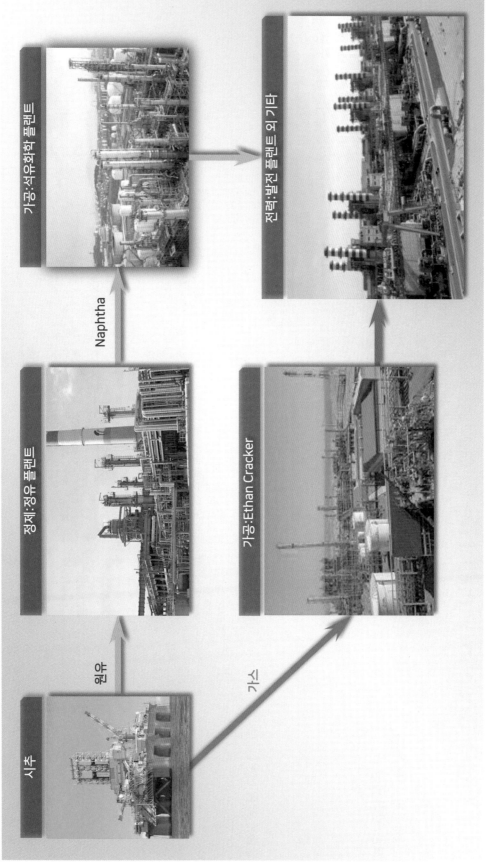

시추

정제:정유 플랜트

가공:석유화학 플랜트

가공:Ethan Cracker

전력:발전 플랜트 외 기타

원유

Naphtha

가스

자료 : Transocean, S−Oil, 롯데케미칼, 두산중공업, 메리츠종금 리서치센터

육상 플랜트(Onshore Plant): Life-Cycle

국내 건설업계 Target – EPC

**: 상세설계, 구매/조달,
시공/관리 담당**

- 국내 건설업계는 EPC 업체로 상세설계, 구매/조달, 시공 및 관리 담당
- Basic Design은 해외 라이센서 업체 → EPC → O&M
- 세계 EPC 업체 중 국내 수준의 기술력과 가격경쟁력을 보유한 경쟁업체는 제한적
  - 선진 건설업체 대비해서도 낮지 않은 CM(Construction Management) 능력 → 공기단축
- 국내 건설업체의 기술력 수준은 80~85% 수준, 가격 경쟁력은 선진건설업체와 중국/터키의 중간 수준

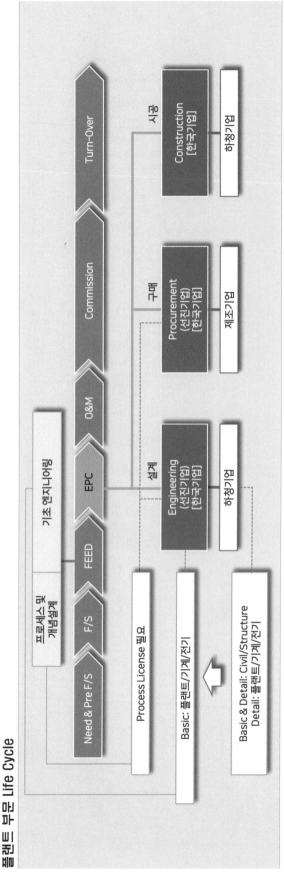

플랜트 부문 Life Cycle

자료: 해외건설협회, 메리츠증권 리서치센터

육상 플랜트(Onshore Plant): Work Flow

E.P.C Contractor의 Work Flow

특허기술도입

제품생산계획을 근거로 특허기술보유자(Licensor)에게 License 기술을 구매

- Licensor는 계약 후 기본설계를 할 수 있는 기초자료와 Plant 운전에 필요한 자료를 작성하여 Package로 사업주에게 제공
- Contractor에게 License 기술을 포함하여 임찰하도록 요구하는 경우도 있음

기본설계단계

License Package를 기초로 하여 Plant 건설의 기본적인 기술사양과 규격 및 조건을 설계

- 기본설계자료로 Plant의 주요 모습과 형태가 갖춰지고 사용될 모든 기계 자재 등이 정해짐
- 상세설계, 기기장치의 구매조달, 공사 등 건설비 견적도 가능하므로 Contractor 선정을 위한 임찰안내서(ITB)를 작성
- FEED (Front-End Engineering Design) 설계라고 함

상세설계단계

기본설계를 기반으로 각 전문분야별 전문 Engineer들에 의해 Plant 건설을 위한 시공도면과 사양서를 작성

- 건설공사를 위한 시공도면과 사양서를 작성
- 주요기기 및 기타기자재의 물량과 기술적 사양을 결정

자료: 메리츠증권 리서치센터

육상 플랜트(Onshore Plant): Work Flow

Plant 건설 시 E.P.C Contractor의 Work Flow

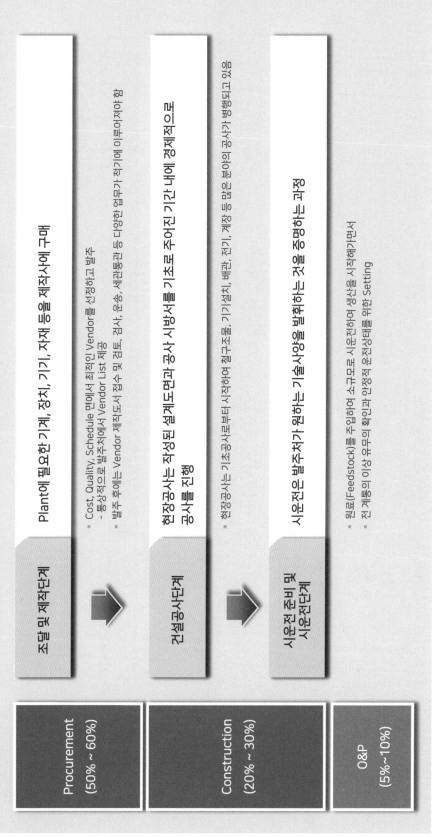

조달 및 제작단계

Plant에 필요한 기계, 장치, 기기, 자재 등을 제작사에 구매

- Cost, Quality, Schedule 면에서 최적인 Vendor를 선정하고 발주
  - 통상적으로 발주처에서 Vendor List 제공
- 발주 후에는 Vendor 제작도서 접수 및 검토, 검사, 운송, 세관통관 등 다양한 업무가 적기에 이루어져야 함

건설공사단계

현장공사는 작성된 설계도면과 공사 시방서를 기초로 주어진 기간 내에 경제적으로 공사를 진행

- 현장공사는 기초공사로부터 시작하여 철구조물, 기기설치, 전기, 배관, 계장 등 많은 분야의 공사가 병행되고 있음

시운전 준비 및 시운전단계

시운전은 발주처가 원하는 기술사양을 발휘하는 것을 증명하는 과정

- 원료(Feedstock)를 주입하여 소규모로 시운전하여 생산을 시작해가면서
- 전 계통이 이상 유무의 확인과 안정적 운전상태를 위한 Setting

**Procurement
(50% ~ 60%)**

**Construction
(20% ~ 30%)**

**O&P
(5%~10%)**

자료: 메리츠증권 리서치센터

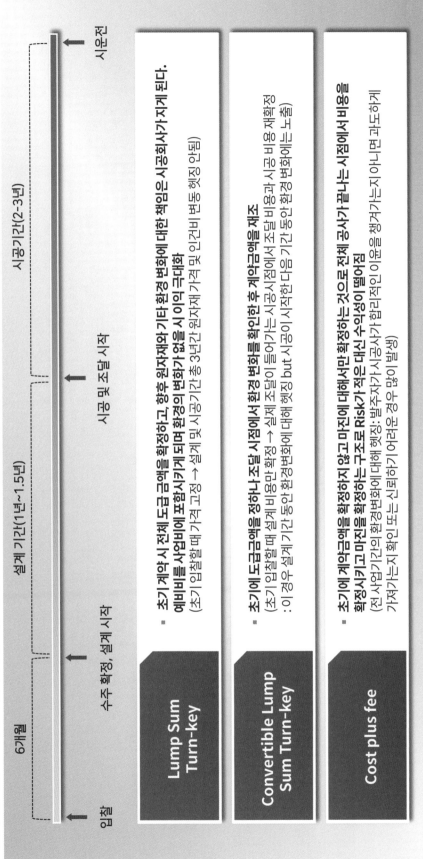

육상 플랜트(Onshore Plant): Work Flow

매출 진행기준으로 설계 부문이 전체 도급 금액의 10% 수준, 조달 비중이 60% 수준, 시공이 30% 수준으로 구성

입찰 → 수주 확정, 설계 시작 → 시공 및 조달 시작 → 시운전

6개월 / 설계 기간(1년~1.5년) / 시공기간(2-3년)

Lump Sum Turn-key
- 초기 계약 시 전체 도급 금액을 확정하고, 향후 원자재와 기타 환경 변화에 대한 책임은 시공회사가 지게 된다. 예비비를 사업비에 포함시키게 되며 환경의 변화가 없을 시 이익 극대화
(초기 입찰할 때 가격 고정 → 설계 및 시공기간 총 3년간 원자재 가격 및 인건비 변동 헷징 안됨)

Convertible Lump Sum Turn-key
- 초기에 도급금액을 정하나 조달 시점에서 환경 변화를 확인한 후 계약금액을 재조정
(초기 입찰할 때 설계 비용만 확정 → 실제 비용이 들어가는 시공시점에서 조달 비용과 시공 비용 재확정
: 이 경우 설계 기간 동안 환경변화에 대해 헷징 but 시공이 시작한 다음 기간 동안 환경 변화에는 노출)

Cost plus fee
- 초기에 계약금액을 확정하지 않고 마진에 대해서만 확정하는 것으로 전체 공사가 끝나는 시점에서 비용을 확정시키고 마진을 확정하는 구조로 Risk가 작은 대신 수익성이 떨어짐
(전 사업기간의 환경변화에 대해 헷징: 발주자가 시공사가 합리적인 이윤을 챙기는지 아니면 과도하게 가져가는지 확인 모두 신뢰하기 어려운 경우 많이 발생)

강의자료(기초) 21   157

자료: 메리츠증권 리서치센터

기초 조선

1

Part III

해양플랜트란?

[Basic] 해양플랜트-E&P 부문에 소요되는 시추/생산설비

해양플랜트: E&P 부문에 소요되는 시추/생산설비

■ 해저에 위치한 유전/가스전의 탐사→시추→생산→저장→하역→운송→정제의 일련과정을 통해 End-user에 공급하는 개발과정

■ 탐사/시추(E: Exploration) 및 생산/저장/하역(P: Production)에 소요되는 설비를 해양플랜트로 총칭

■ 시추설비 : 수심 및 해상환경에 따라 근해 Jack-up Rig, 심해는 Semi-Submersible Rig, Drillship 적용

■ 생산설비 : 수심 및 해상환경에 따라 근해 Fixed Platform, 심해 FPU(TLP,SPAR,FPSS), FPSO로 구분

해상자원 개발의 Value-chain

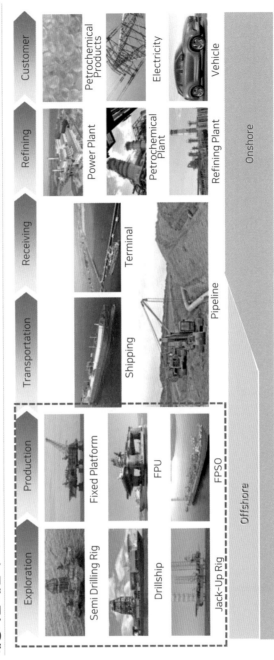

자료: ENSCO, 대우조선해양, Upstream, 두산중공업, S-Oil, 현대자동차, 한국전력, 롯데케미칼, 메리츠증권 리서치센터

[Basic] 해양개발 Layout-부문별 독과점

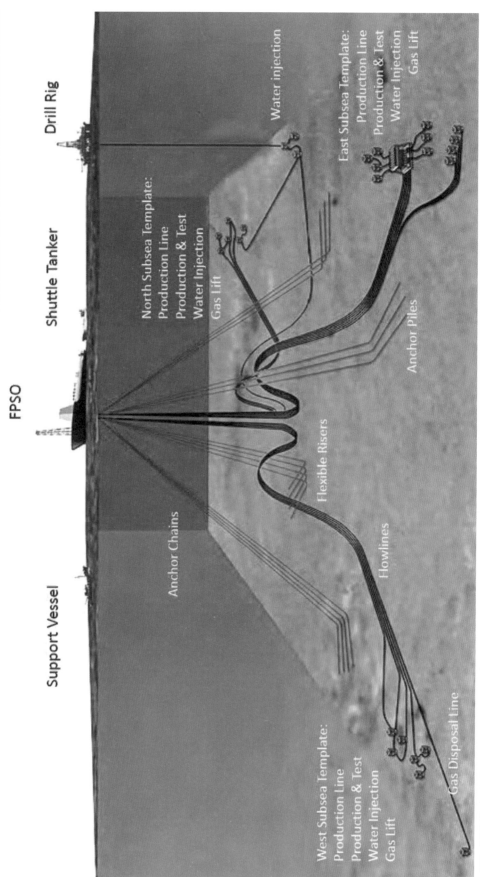

Support Vessel

Shuttle Tanker

Drill Rig

FPSO

West Subsea Template:
Production Line
Production & Test
Water Injection
Gas Lift

Gas Disposal Line

Flowlines

Anchor Piles

Flexible Risers

Anchor Chains

North Subsea Template:
Production Line
Production & Test
Water Injection

Gas Lift

Water injection

East Subsea Template:
Production Line
Production & Test
Water Injection
Gas Lift

자료: CCSL(Cathexis Consultancy Services Ltd), "Floating Production Storage and Offloading(FPSO) Facilities", 메리츠증권 리서치센터

해양플랜트 종류 - (1) 시추설비(E)

수심 200m 이내의 근해에 작용가능한 Jack-up Rig와 심해에 작용가능한 Semi-Rig /Drillship으로 구분

- Jack-up Rig 시장은 싱가폴 Keppel Fels 등 동남아가 90%이며 M/S, BIG3는 Semi-Rig 및 Drillship 과점

- Semi-Rig와 Drillship은 조선업체별 고유 Design을 보유, 동형선박의 연속 건조가 가능하며, 계약방식은 일반 상선계약과 동일

- 시추설비의 핵심은 Drilling Package(선가의 20% 수준) → 노르웨이 NOV,AKMH 2개사 과점 (시추설비 발주의 Bottle-neck)

Semi-Submersible Rig

자료 : 대우조선해양

Drillship

자료 : 대우조선해양

해양플랜트 종류 – (2) 생산설비(P)

생산설비는 해양
유전/가스전의 수심 및
환경조건에 따라 다양한
형태의 설비가 적용

- 일반적으로 수심 450m이내는 고정식플랫폼(F/P), 그 이상은 부유식생산설비(FPU)를 적용
- 심해의 경우 환경조건에 따라 하리케인 등 외부환경이 Harsh인 경우 TLP, SPAR 등 구조중심의 설비가 중심

  → 미국 멕시코만(GoM, Gulf of Mexico), 북해(North Sea) 지역 등
- Non-harsh 환경하에서는 생산/저장능력/유효성 측면에서 FPSO(Floating Production Storage & Offloading)가 주류

생산설비 종류 – 근해는 Fixed Platform, 심해는 FPSO가 중심

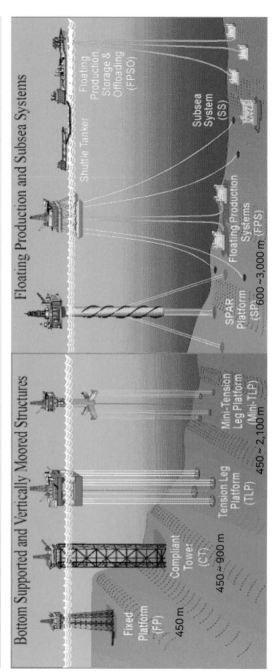

자료 : CCSL, "Floating Production Storage and Offloading(FPSO) Facilities"

해양플랜트 종류 – (2) 생산설비(P)

System type	Advantages	Disadvantages
 FPSO	All water depths (incl. deep water) Flexibility (re-use) Significant storage capacity Large deck space Most widespread floating production	Costly risers Limited no. of risers No well access No drilling equipment
 TLP	Drilling equipment Well access Traditional steel risers Proven concept	No storage Expensive design Limited depth Limited deck load Not shallow water
 Semi	Drilling equipment (some) Deck space Large no. of risers Good motions Harsh environment ability Proven concept	Limited storage capacity Costly risers Limited well access Limited deck load
 SPAR: 	Stability Drilling equipment Well access Traditional steel Deep water Proven concept	Limited storage Not for harsh environment Limited no. of risers Limited deck load Not shallow water

자료: Modec, Equinor, 대우조선해양, 메리츠종금 리서치센터

해양플랜트 종류 – (2) 생산설비(P)

FIXED PLATFORM

COMPLIANT PILED TOWER (CPT)

자료: 대우조선해양, Subsea Engineering Handbook(Yong Bai, Qiang Bai 저, 2010), 메리츠종금 리서치센터

해양플랜트 종류 – (2) 생산설비(P)

자료: Modec, Offshore geotechnical engineering sustainability in southern Caspian(Amir Rahimi, Mohammad Hassan Baziar 저, 2016), 메리츠종금 리서치센터

해양플랜트 종류 – (2) 생산설비(P)

FPSO – 조선 선체기술 + 육상플랜트 + Integration 기술의 복합체

■ 심해에 적용되는 TLP, FPSO 등은 대규모 제작설비 및 선체기술이 요구, 국내 조선업체들이 독보적 경쟁력 보유

■ Oil/Gas를 생산/정제/저장/하역하는 FPSO는 Dock+육상플랜트+선체설계/제작기술+Integration 기술이 모두 필요

■ 대형 Platform 및 FPSO의 세계시장은 국내 BIG3 및 Technip, Saipem 5개사의 경쟁→Yard설비 보유한 BIG3 경쟁 우위. 중국 SWS 및 싱가포르 Keppel Fels, SembCorp 경쟁에 참여

FPSO – 심해에서 뿜어올린 원유/가스를 상부(Topside)에서 정제, 하부선체(Hull)에 저장

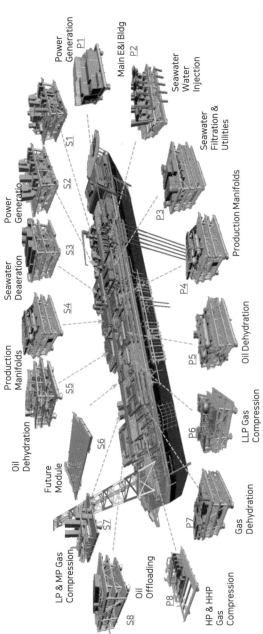

자료 : 산업통상자원부, 메리츠종금 리서치센터

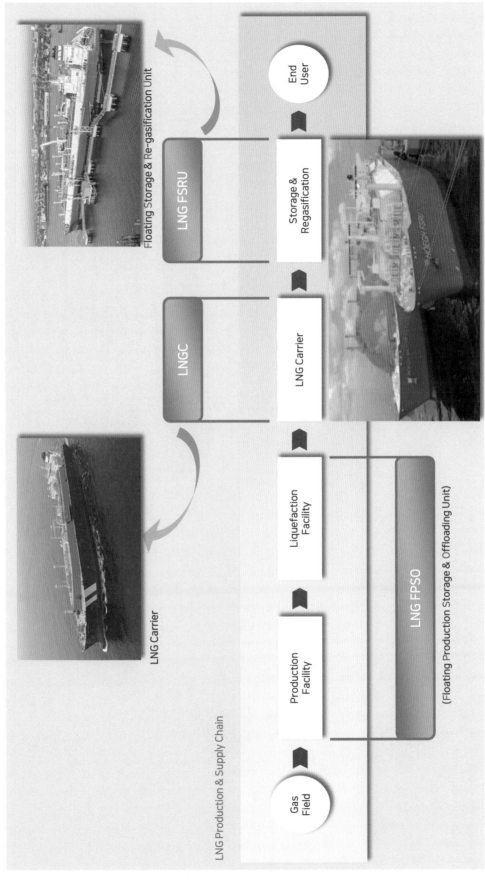

LNG, 생산지-액화, 소비지-기화플랜트 필요 (해상 설비 개발)

LNG Production & Supply Chain

Gas Field → Production Facility → Liquefaction Facility

LNG FPSO
(Floating Production Storage & Offloading Unit)

LNGC

LNG Carrier

LNG Carrier

LNG FSRU

Floating Storage & Re-gasification Unit

Storage & Regasification → End User

자료: 대우조선해양, Marine insight, "What is a floating storage regasification unit?", 메리츠증권 리서치센터

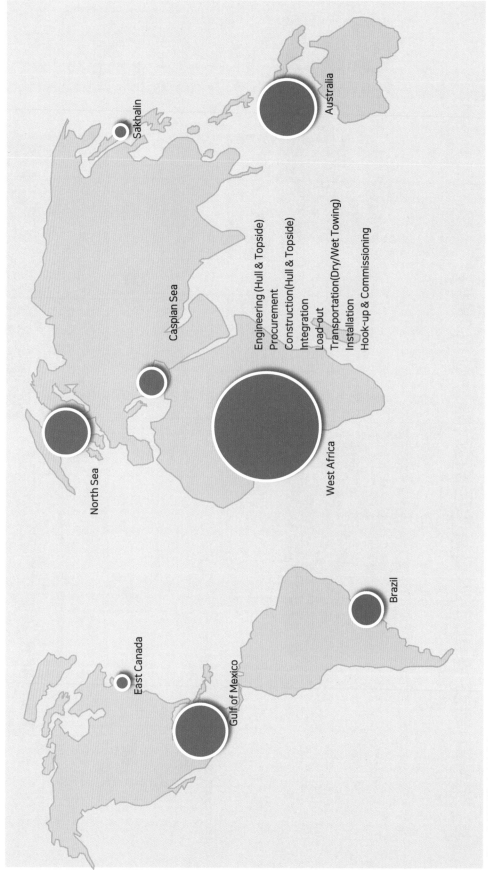

해양플랜트: 주요 지역 및 Work Sequence

Sakhalin

Australia

Caspian Sea

Engineering (Hull & Topside)
Procurement
Construction(Hull & Topside)
Integration
Load-out
Transportation(Dry/Wet Towing)
Installation
Hook-up & Commissioning

North Sea

West Africa

East Canada

Gulf of Mexico

Brazil

자료: 메리츠증권 리서치센터

해양플랜트: Work Scope

해양플랜트 Work Scope Table

Work Scope	Big3	Sub-Cont.	Remark
FEED / Basic Design	●	●	FEED =Front End Engineering and Design
Detail Engineering	●	●	
Construction Engineering	●		
Procurement	●		
Construction / Integration	●		
Test & Pre-Commissioning	●		
Load-Out			
Transportation		●	
Installation		●	
Hook-Up	●		
Commissioning	●		

자료: 메리츠증권 리서치센터

해양플랜트 공사 특징

해양플랜트 공사 특징

Items	Offshore	Commercial Ship
Client	▪ Oil Super Major 및 Drilling Com.	▪ 선사 / 선주
Bidding Form	▪ PQ 및 발주까지 장기간 소요 (국제 공개 경쟁 입찰) ▪ 입찰 준비 서류 방대 ▪ Partner들과의 협력 (JV, Consortium, Sub-con.)	▪ PQ 과정이 없음 ▪ 간단한 입찰 서류 ▪ 당사 단독 수행
Contract	▪ 계약 형태 및 조건이 매우 다양	▪ 표준계약
Technology	▪ 고난도의 복잡, High Tech 사양 요구 (발주처, 설치 지역, 공사별 기술사양 상이)	▪ 선종별 표준 기술 사양 적용
Project Development and Management	▪ Field 개발 계획에 의한 공사 추진 ▪ 장기간 소요 ▪ 전세계 여러 지역에서 공사 수행	▪ Yard
Risk	▪ EPCI 공사의 경우 High Risk (고도 Global Project Management요구) EPCI=Engineering, Procurement, Construction, Installation	▪ 적음

자료: 메리츠증권 리서치센터

해양자원 개발과정: 불확실성에 대한 장기 투자

**해양자원 개발은 육상자원
개발 대비,
소요기간/요구기술
/소요자본이 막대한 높은
진입장벽을 형성**

- Seismic Analysis, Data Integration 등 고도의 기술력과 대규모 투자자금이 탐사/개발과정에 요구 → Oil Major의 우위

- 물리탐사(3D, 탄성파 등) 후 "Wild Cat"으로 자원 유무 확인 → 성공시 매장 규모, 범위, 유질 확인을 위해 평가정 시추

- 평가정 시추 후 해당 광구의 최종 매장량을 평가 → CAPEX/OPEX 등 상업성을 평가하여 개발여부 결정 → FID(Final Investment Decision, 최종개발승인)

해양자원 개발과정 : 탐사→개발→생산시작까지의 과정이 100여년 소요, 대규모 자본과 높은 기술력이 요구

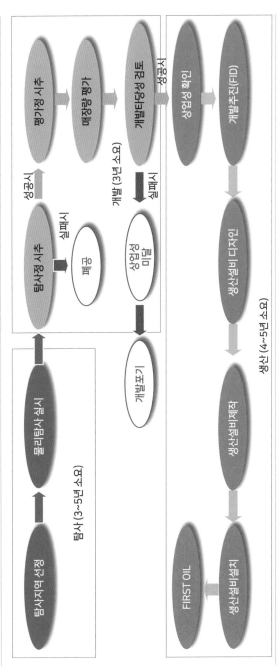

해양자원 개발과정: PSC를 통한 공동투자

**Risk Taking/대규모
투자자금 소요로 해상개발은
석유기업들간의 PSC를 통한
공동투자 방식**

- PSC(생산물분배[계약] 방식은 참여자들이 광구 Ownership을 인정, Production 혹은 Revenue의 지분만을 인정 (정부이익은 Profit Oil과 Taxes)
- 해당 광구의 Concessionaire가 NOC가 되고, 모든 투자비용을 외부 PSC Member간 개별 조달하는 방식
- 개발참여자가 Oil Major로 높은 신용도와 풍부한 Cash 보유 → 선박금융시장의 Leverage 발주와 차별화된 이유

해양자원 개발의 일반적 Financing Structure – 타 PF와 달리 Member간 개별적 자금 조달

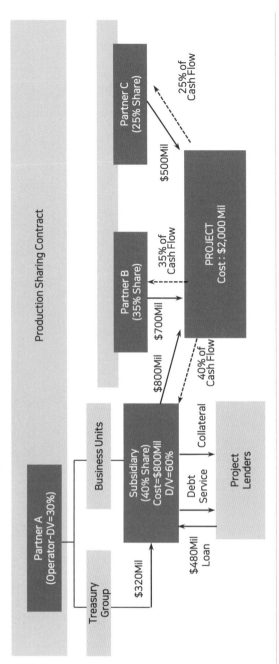

자료: 메리츠증권 리서치센터

해양자원 개발과정: 상업성 검토, 매장량/생산량 추정 – FID

해양개발은 Oil Major로 구성된 Group Member의 타당성검토 후 최종 승인을 받게 됨(FID-Final Investment Decision)

- 사업성 검토는 Oil/Gas Field의 특성상 생산 초적기의 일일생산량을 기준으로 투자금액 대비 회수시기, 비용을 검토
- 이 과정에서 설비 Design Concept이 최종 확정되며, PSC Member 및 NOC 승인 후(FID)에 관련설비의 발주과정 진행
- 결국, FID까지 소요되는 모든 비용은 PSC(생산물분배계약) Member들의 Risk Taking → 보수적 투자의 기본 배경

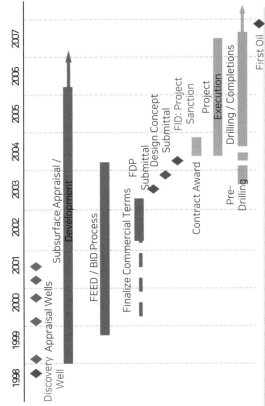

Field 개발스케쥴–Oil Field 사례

자료 : 메리츠증권 리서치센터

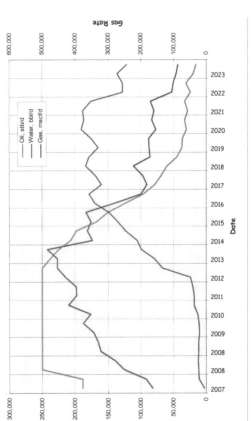

Production Profile Sample–매장량 기준 생산량 검토

자료 : 메리츠증권 리서치센터

해양자원 개발과정: Budget 산출, 구매계약체결이 발주 선행

탐사~생산시작까지
10여년이 소요되고,

생산기간이 20~25년이 소요
→ 보수적인 투자 Hurdle
Rate 적용

- 사업타당성-CAPEX/OPEX-생산구매계약이 최초 확정되어야 생산설비/Subsea 등이 발주→저유가시 시추설비가 Main이 되는 이유

- Oil Majors, NOC의 투자 Hurdle Rate는 배럴당 $35~50 수준, Cashflow 기준유가는 $76 → 극해지역 $85, Oil-sand $100 → 2014년 유가급락 이후 해상광구의 평균 개발단가 급격히 하락, 현재 $30~50 수준으로 알려짐

- Oil Major의 경우 Upstream-Downstream-Sales의 일관체제를 보유, 독립계석유기업보다 개발원가 경쟁력 우위

해상광구 개발 사업타당성 검토

투자기준 Hurdle Rate 예시

자료 : 메리츠증권 리서치센터

자료 : Douglas-Westwood

해양자원 개발사례: C사의 A(Oil Field)프로젝트

- '98년 탐사성공시추 → '01년 6월 5곳의 평가정시추에 성공 → 2007년말부터 일산 25만배럴 규모의 생산에 들어간 대형 유전

- 사업성검토가 '03년말마무리, '04년 2월에 FID 승인을득하고 국내조선사에 230만배럴 용량의 FPSO 발주

- PSC Member는 C사(미국), B사(브라질), S사(노르웨이)이며 해당지역 NOC가 Concessionaire / C사는 Operator

- 투자는 C사(68%), S사(19%), P사(13%) 수익배분은 C사(55%), NOC(20%), S사(15%), P사(10%)

Field Map – Block으로 분할

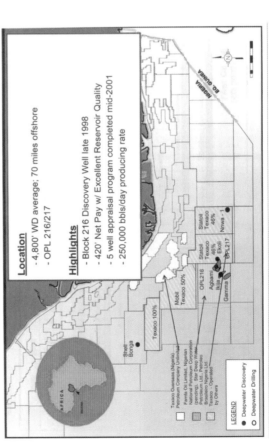

Location
- 4,800' WD average; 70 miles offshore
- OPL 216/217

Highlights
- Block 216 Discovery Well late 1998
- 420' Net Pay w/ Excellent Reservoir Quality
- 5 well appraisal program completed mid-2001
- 250,000 bbls/day producing rate

자료 : 메리츠증권 리서치센터

C사의 A프로젝트 – Subsea Schematic Layout

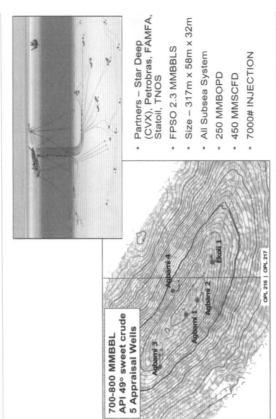

700-800 MMBBL
API 49° sweet crude
5 Appraisal Wells

- Partners – Star Deep (CVX), Petrobras, FAMFA, Statoil, TNOS
- FPSO 2.3 MMBBLS
- Size – 317m x 58m x 32m
- All Subsea System
- 250 MMBOPD
- 450 MMSCFD
- 7000# INJECTION

자료 : 메리츠증권 리서치센터

해양자원 개발사례: C사의 A (Oil Field) 프로젝트

일산 25만 배럴의 원유
생산이 2008년부터 본격화
현재 생산 13년차

- 보유 Oil 매장량 8억배럴의 해당 Oil Field는 PSC 방식으로 개발, 최적단기간 투자자금을 회수하는 것이 Risk Management의 핵심
- 사업타당성 검토시 초기 투자비용 47억달러 (배럴당$35의 Hurdle Rate)→개발기간중 유가가지속적으로 상승시 OPEX비용증가
- 투자여가없는 국영석유기업 NOC의 수익보장 비율 20% → 소유권을 보유한 정부에 총매출의 11%를 Royalty, Tax로 지급

A프로젝트 20Years, PSC Member Share 비율

	일일기준 Profit Share (%)	연간기준 생산량(배럴)	최적생산기 (배럴)	잔여생산기 (배럴)	전체생산량 (배럴)	비고
TOTAL	250,000	91,250,000	365,000,000	438,000,000	803,000,000	
C사	136,200	49,713,000	198,852,000	238,622,400	437,474,400	- 최적 일일생산량: 250,000 배럴시
NOC	44,583	16,272,917	65,091,667	78,110,000	143,201,667	- 최적 생산기간: 4년
S사	37,800	13,797,000	55,188,000	66,225,600	121,413,600	- 잔여 생산기간: 4.8년
P사	26,000	9,490,000	37,960,000	45,552,000	83,512,000	- 잔여 생산기간: 20년
F사	5,417	1,977,083	7,908,333	9,490,000	17,398,333	

자료: 메리츠증권 리서치센터

Hurdle Rate($35/bbl) 기준 추정 CAPEX/OPEX

	2008	2009	2010	2011	2012	2013	2014	2015
Drilling	90,000,000	18,000,000	3,600,000	720,000	144,000	99,000,000	19,800,000	3,960,000
FPSO	1,075,893,500	0	0	0	0	0	0	0
Subsea	1,045,000,000	0	0	0	0	0	0	0
Riser&Lifting	215,178,700	215,517,870	2,151,787	215,179	21,518	2,152	215	22
Offloading	161,384,025	0	0	0	0	0	0	0
Maintenance	106,044,675	106,044,675	106,044,675	106,044,675	106,044,675	106,044,675	106,044,675	106,044,675
Indirect Cost	26,935,009	1,455,625	117,965	1,069,799	1,062,102	2,050,468	1,258,449	1,100,047
Total	2,720,435,909	147,018,170	111,914,427	108,049,653	107,272,295	207,097,295	127,103,339	111,104,744

	2016	2017	2018	2019	2020	2021	2022	2023	TOTAL
Drilling	792,000	158,400	108,900,000	21,780,000	4,356,000	871,200	174,240	34,848	372,290,688
FPSO	0	0	0	0	0	0	0	0	1,075,893,500
Subsea	0	0	0	0	0	0	0	0	1,045,000,000
Riser&Lifting	0	0	0	0	0	0	0	0	239,087,444
Offloading	2	0	0	0	0	0	0	0	161,384,025
Maintenance	106,044,675	106,044,675	106,044,675	106,044,675	106,044,675	106,044,675	106,044,675	106,044,675	1,696,714,800
Indirect Cost	1,068,367	1,062,031	2,149,447	1,278,247	1,104,007	1,069,159	1,062,189	1,060,795	45,903,705
Total	107,905,044	107,265,106	217,094,122	129,102,922	111,504,682	107,985,034	107,281,104	107,140,318	4,636,274,162

자료: 메리츠증권 리서치센터

해양자원 개발과정: 불확실성에 대한 장기 투자

매출 11%를 정부에 Tax
지급, NOC는 수익의 20% –
Major가 Risk Taking

- C사, P사, S사는 투자지분에 따라 Cash-out 수익지분에 따라 Cash-in
- NOC는 "$0" 투자로 81억달러 규모의 Cash-in
- PSC Member인 Oil Major들이 선택은 1)초기 5년간 최대생산으로 투자자본 효율 극대화 or 2)고유가시점에 생산량 증대 → 유가 급락에도 개발을 한없이 중단하지 못하는 이유는, 광구개발권 관련 계약의 License Period 때문

A 프로젝트의 개발기간의 Cash-flow

(백만달러)	2008	2009	2010	2011	2012	2013	2014	2015	2016	2017	2018	2019	2020	2021E	2022E	2023E	Total
Revenue	3,193.8	3,193.8	3,193.8	3,193.8	2,923.6	2,796.5	2,669.4	2,033.8	1,500.0	953.4	635.6	432.2	394.1	381.3	330.5	279.7	28,105.0
Royalty & Taxes (11%)	351.3	351.3	351.3	351.3	321.6	307.6	293.6	223.7	165.0	104.9	69.9	47.5	43.3	41.9	36.4	30.8	3,091.6
Cash-In	2,842.4	2,842.4	2,842.4	2,842.4	2,602.0	2,488.9	2,375.8	1,810.1	1,335.0	848.5	565.7	384.6	350.7	339.4	294.1	248.9	25,013.5
NOC Income (20%)	568.5	568.5	568.5	568.5	520.4	497.8	475.2	362.0	267.0	169.7	113.1	76.9	70.1	67.9	58.8	49.8	5,002.7
C사 (54.48%)	1,548.6	1,548.6	1,548.6	1,548.6	1,417.6	1,356.0	1,294.3	986.1	727.3	462.3	308.2	209.6	191.1	184.9	160.2	135.6	13,627.3
S사 (15.12%)	426.8	426.8	426.8	426.8	393.4	376.3	359.2	273.7	201.8	128.3	85.5	58.2	53.0	51.3	44.5	37.6	3,782.0
P사 (10.40%)	295.6	295.6	295.6	295.6	270.6	258.8	247.1	188.3	138.8	88.2	58.8	40.0	36.5	35.3	30.6	25.9	2,601.4
Cash-Out	2,720.4	147.0	112.9	108.0	107.3	207.1	127.1	111.1	107.9	107.3	217.1	129.1	111.5	108.0	107.3	107.1	4,636.3
C사 (68.10%)	1,852.6	100.1	76.9	73.6	73.1	141.0	86.6	75.7	73.5	73.0	147.8	87.9	75.9	73.5	73.1	73.0	3,157.3
S사 (18.90%)	514.2	27.8	21.3	20.4	20.3	39.1	24.0	21.0	20.4	20.3	41.0	24.4	21.1	20.4	20.3	20.2	876.3
P사 (13.00%)	353.7	19.1	14.7	14.0	13.9	26.9	16.5	14.4	14.0	13.9	28.2	16.8	14.5	14.0	13.9	13.9	602.7
Cash Flow	122.0	2,695.4	2,729.5	2,734.4	2,494.8	2,281.8	2,248.7	1,699.0	1,227.1	741.2	348.6	255.5	239.2	231.4	186.9	141.7	20,377.2

자료: 메리츠증권 리서치센터

기초
조선

Part IV-1

LNG, The reconfiguration – Prologue

천연가스 시장 현황: 단절

2015년 천연가스 물동량은 1.04조CBM으로 LNG는 32%

: 동아시아에 집중된 LNG 시장

- 세계 천연가스 시장은 북미(Henry Hub), 유로존(NBP, TTF), 아시아-태평양의 3대 경제권역으로 구분
  → 2015년 전세계 천연가스 물동량은 1.04조CBM PNG:LNG는 68:32로 구성
  - 1) 북미: 북미 내 Pipeline을 통한 천연가스 물동이 주류, 2015년 기준 수입량 중 92.3%가 PNG
  - 2) 유로존: 타 권역 대비 천연가스 수입이 다변화되어 있으나 러시아産 PNG 의존도가 높음
  - 3) 아시아-태평양: 지역적 한계성으로 호주, 중동, 아프리카 등으로부터 LNG(비중 79.6%) 수입
- PNG: EU-러시아의 Nord Stream 2 이슈, 중국-중동/러시아 Line / LNG: 미국 수출, Asia 발전시장 변화

2015년 기준 전세계 천연가스 주요 물동량 현황 (PNG vs LNG)

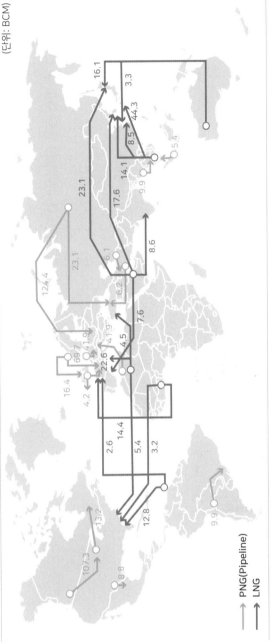

(단위: BCM)

→ PNG(Pipeline)
→ LNG

주: BCM = Billion Cubic Meter
자료: BP, 메리츠증권 리서치센터

천연가스 시장 전망

지역별 천연가스 생산–
소비량 Gap 발생 → LNG,
PNG를 통한 수입, 수출 →
US, LNG LP 역할

- '석탄/원유 → 천연가스(Natural Gas, LNG/PNG) → 저탄소 에너지 시대'로의 Bridge Fuel 역할 가능
- 천연가스 한계: 1) 지정학적 제약, 2) 대규모 투자·운송 비용, 3) 수급간 시차발생, 4) 지역간 가격 차별성
- 미국은 전세계 천연가스 시장의 역학구조를 바꿀 트리거 역할 전망 – LNG의 Flexibility, Liquidity 제공

→ Sabine Pass(22.5), Corpus Christi(13.5), Freeport(13.2), Cameroon(12.0), 66.5MTPA LNG 생산

→ 투자가 완료된 2020년에는 독일과 영국의 연간 천연가스 수요를 모두 충족할 수 있는 규모

지역별 천연가스 생산량–소비량 Gap 추이 및 전망

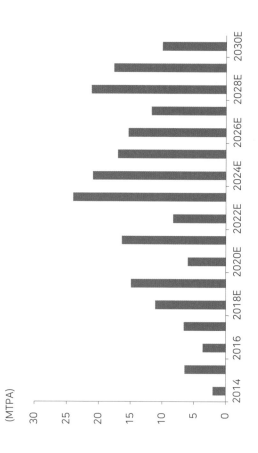

주: Mtoe = Million tonnes oil equivalent, 트럼프 행정부의 가스생산 확대 계획 미반영 기준
자료: BP, 메리츠종권 리서치센터

전세계 LNG 장기 공급계약의 연도별 계약종료 물량 추이 및 전망

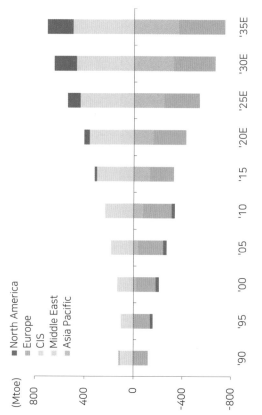

주: MTPA = Million Tonnes Per Annum
자료: GIIGNL, 메리츠종권 리서치센터

LNG Value Chain, 자원투자–운송–트레이딩–전력투자–생산–판매

Upstream–
Transportation–Trading–
Power Generation–
Power/Gas Sales의 일관
사업구조 구축의 움직임

- 일본은 2016년 전력 민영화, 2017년 4월 가스시장 민영화/자율화 실시 → LNG Trading의 활성화 촉진
- 일본의 유틸리티·가스 관련 기업들이 다양한 전략적 제휴, 신규 Business Chain 발굴의 움직임 확대
- Tokyo전력과 Chubu전력은 2015년 Joint Venture인 JERA 설립, 연료사업과 발전·인프라 사업과의 시너지 창출 → E&P 개발 참여–에너지원 구매/Trading–국내외 복합화력발전 투자/운영–전력판매
- 제 2의 Oil Gas, Low Carbon 시대 주력 에너지원 부각 → 미국, 일본發 LNG 르네상스 태동 가능성
- 자원투자 – 운송 – 트레이딩 – 발전·인프라 건설 – 가스 – 전력 판매의 Value Chain 참여 기업의 수혜 예상

일본 JERA(Japan Energy for a new Era)의 Business Value Chains

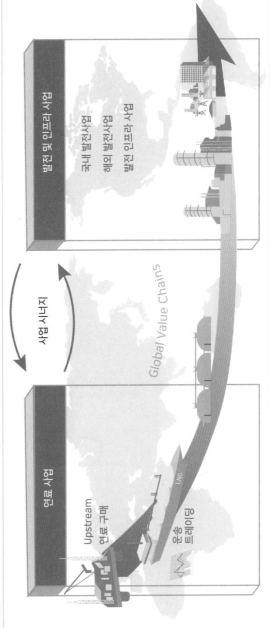

자료: JERA, 메리츠증권 리서치센터

Part IV-2

LNG, The reconfiguration – Global LNG 시장 현황

천연가스 단위환산	Tonnes LNG	Cubic Meters LNG	Cubic Meters Gas	Cubic feet Gas	Cubic feet Standard	MMBtu
Tonnes LNG		2.21	$1.27×10^{(-3)}$	44.96	47.53	51.02
Cubic Meters LNG	0.45		571.0	20.17	21.31	23.12
Cubic Meters gas	$7.85×10^{(-4)}$	$1.75×10^{(-3)}$		$3.53×10^{(-2)}$	$3.73×10^{(-2)}$	37.33
Cubic feet gas	$2.22×10^{(-8)}$	$4.96×10^{(-5)}$	$2.83×10^{(-2)}$		1.05	$1.15×10^{(-3)}$
Cubic feet standard	$2.1×10^{(-8)}$	$4.69×10^{(-5)}$	$2.68×10^{(-2)}$	$9.48×10^{(-1)}$		$1.09×10^{(-3)}$
MMBtu	$1.96×10^{(-2)}$	$4.33×10^{(-2)}$	24.69	872.2	920.1	

LNG(액화천연가스) vs. PNG(파이프라인 천연가스)

메탄이 주성분인 천연가스,
운송방식에 따라 PNG와
LNG로 구분

- 천연가스(Natural gas)는 화석 연료의 한 종류로 주성분은 메탄(CH_4)
- PNG(Pipeline Natural Gas): 가스전에서 채취한 천연가스를 소비지까지 파이프라인을 통해 공급
- LNG(Liquefied Natural Gas): 주로 해상 수송을 위해 천연가스를 -162°C에서 액화시킨 것
- 가스전에서 소비지까지의 운송거리가 약 5,000km 미만인 경우에는 PNG 형태로, 그 이상인 경우에는 LNG 형태로 개발하는 것이 일반적

LNG vs. PNG 운송비용 비교 [연간 1Tcf 운송 기준, 액화비용 포함]

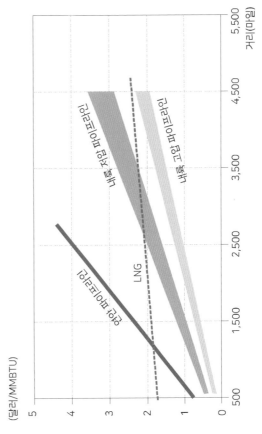

자료: Mokhatab et al., 2006, Economides and Mokhatab, 2007, 메리츠증권 리서치센터

천연가스 운송 기술 종류

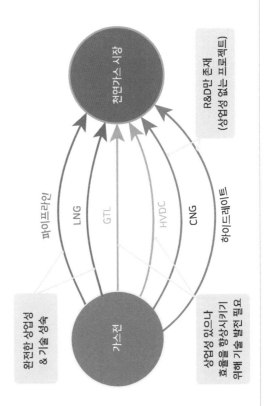

자료: David Wood & Associates, 메리츠증권 리서치센터

LNG 수출 시장 –카타르의 지배 vs. 호주/미국의 부상

LNG 수출 시장 지형 변화 예정

- 세계 최대 LNG 수출국인 카타르, 카타르 점유율은 2013년 최대 32%까지 상승
- 호주는 Gorgon 프로젝트 이후 수출이 늘어나며 2016년 점유율 17%까지 상승
- 2016년부터 미국 LNG 수출 본격화, 2020년 이후에도 빠르게 늘어날 예정
- 호주와 미국의 부상은 카타르 이후 위축되었던 태평양 내(Intra-Pacific) LNG 거래 비중을 키우는 요인

LNG 수출 – 지역별

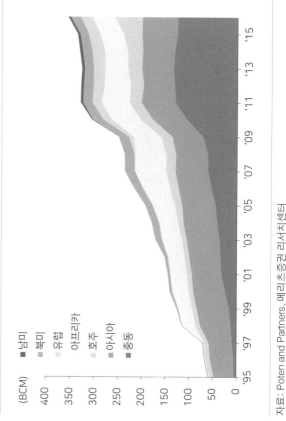

자료: Poten and Partners, 메리츠종권 리서치센터

LNG 수출 – 국가별 비중

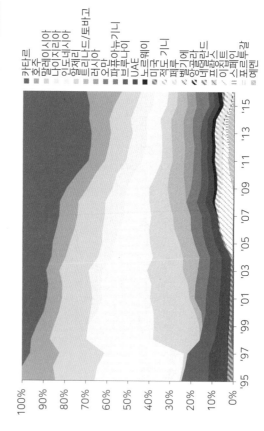

자료: Poten and Partners, 메리츠종권 리서치센터

LNG 수입 시장 – 일본/한국의 정체 vs. 중국/인도의 부상

전통적 수요의 정체 속
신흥수요 대두

- 일본은 세계 최대 LNG 수입국 지위를 유지하고 있으나 점유율은 지속적으로 하락 중
- 마찬가지로 한국도 역시 2위 수입국이지만 점유율은 2016년 12%로 과거에 비해 낮아지는 추세
- 현재 LNG 수입 시장에서 일본과 한국의 합산 점유율은 43%
- 3, 4위 수입국으로 LNG 수입을 빠르게 늘리고 있는 중국, 인도에 주목할 필요

LNG 수입 – 지역별

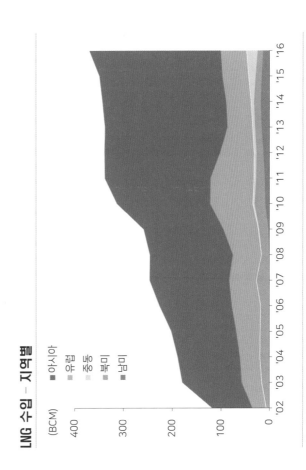

주 : 2002년 데이터는 2~4분기 합산
자료 : Poten and Partners, 메리츠종권 리서치센터

LNG 수입 – 국가별 비중

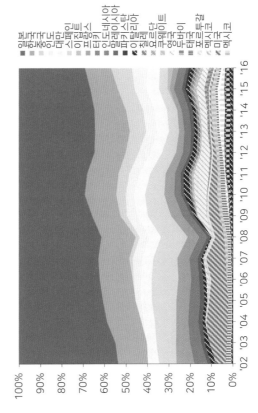

주 : 2002년 데이터는 2~4분기 합산
자료 : Poten and Partners, 메리츠종권 리서치센터

강의자료(기초) 49   185

장기적으로 아시아 신흥국이 LNG 수요 견인

장기 LNG수요는 견조

■ 1964년 알제리에서 영국으로 최초 수입된 이래 LNG 수요는 비약적으로 성장

■ 중동의 이집트, 요르단, 이스라엘 및 동남아의 말레이시아와 싱가포르, 동유럽의 폴란드 및 리투아니아, 파키스탄 등이 최근 3년 동안 LNG 수입국으로 변화

■ 인도네시아, 베트남, 필리핀, 콜롬비아, 레바논 등 역시 2021년까지 수입국이 될 전망

■ 이러한 천연가스 순수입국의 증가는 LNG 유통의 다방향화(multi-directional)에 영향

세계 천연가스 소비 전망

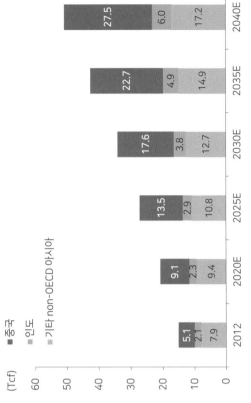

자료: EIA, 메리츠증권 리서치센터

Non-OECD 아시아 국가 천연가스 소비 전망

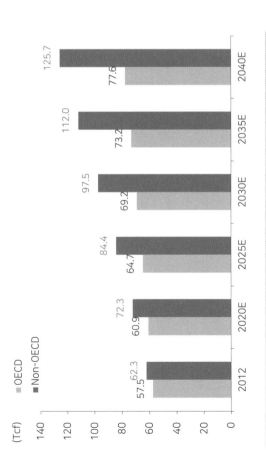

자료: EIA, 메리츠증권 리서치센터

LNG 공급사슬: 상류/중류/하류부문

LNG 프로젝트의 구성

- LNG 프로젝트는 가스전 개발, 생산된 가스를 액화플랜트로 보내기 위한 파이프라인 건설, 가스를 처리·액화하는 액화플랜트 건설, 액화된 가스를 수요지까지 수송하기 위한 LNG 수송선 건조, 수요지에서 LNG를 인수·재기화하는 LNG 터미널 건설에 이르는 막대한 설비투자 포함

- LNG 공급사슬에서 통상 가스의 탐사·개발·액화까지를 상류부문, 액화된 가스의 해상수송을 중류부문, LNG 인수에서 재기화 및 수요처로의 공급을 하류부문으로 분류

- 일반적으로 LNG 판매자는 업스트림, LNG 구매자는 다운스트림 단계에 종사하며 LNG 수송선 컨트롤 단계에서 중첩 가능

LNG 공급사슬 도식화

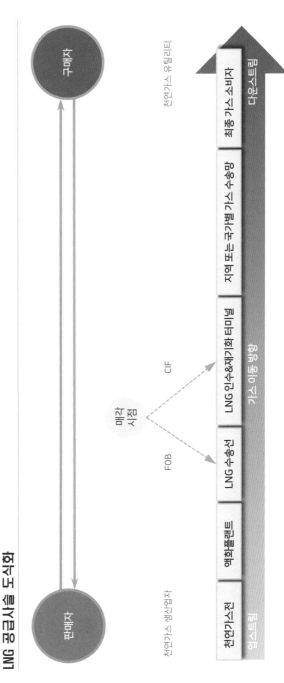

자료: Wood and Mokhatab, 2006a, 메리츠증권 리서치센터

LNG 시장 유연화 진행 중

단기, 소규모 계약 증가

- 글로벌 LNG 시장은 장기 공급 계약이 대부분이었으나 최근 단기, 소규모 계약 증가 추세
- LNG 구매자의 평균 신용등급도 낮아지고 있음. 이는 신규 시장 참여자 증가 신호
- 경직적 계약 관행의 유연화 추세

평균 계약 기간/ 평균 계약 규모 / LNG 구매자 신용 등급

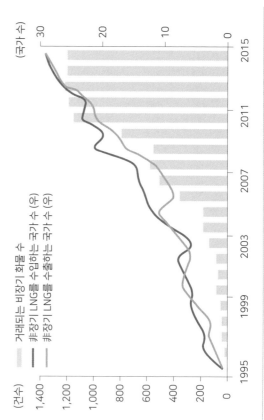

1995~2015년 非장기(Non long-term) LNG 거래 증가

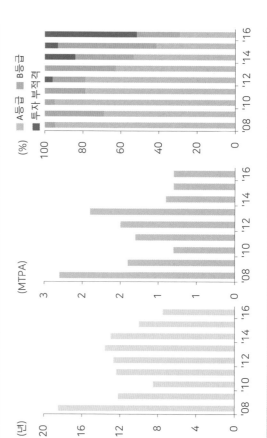

주: A, B는 투자 적격 등급
자료: IHS, 무디스, 피치, Shell 재인용, 메리츠증권 리서치센터

자료: IHS, IGU, 메리츠증권 리서치센터

기초
조선

Part IV-3

LNG, The reconfiguration – Global Market, Integration?

Natural Gas Market (1) 미국

**2000~06년 이후 LNG
수입량 급감, 수입의 90%
이상을 PNG, 수출은 사상
최고치 경신 중**

- 2016년 11월 미국의 월간 천연가스 수출량은 225.9Bcf로 2006년 동기대비 3.5배 증가한 사상 최대치
- Cheniere Energy의 Sabine Pass LNG 수출로, 2016년 11월 수출에서 LNG 비중은 14.6%로 최대치 기록
- 동기간 월간 수입량은 230.6Bcf로 2006년 동기대비 32% 감소, 수입의 96.1%(2006년 86.1%) PNG 조달
- 2016년 11월 미국 천연가스 수입-수출 Gap은 4.7Bcf로 사상 최저치, 2017년 이후 순수출국 전환

미국의 수출 방법에 따른 천연가스 수출량 추이

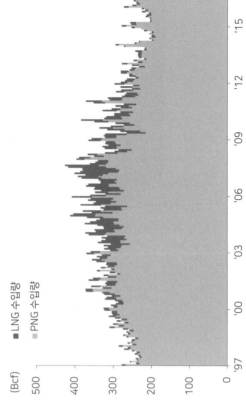

자료 : EIA, 메리츠증권 리서치센터

미국의 수입 방법에 따른 천연가스 수입량 추이

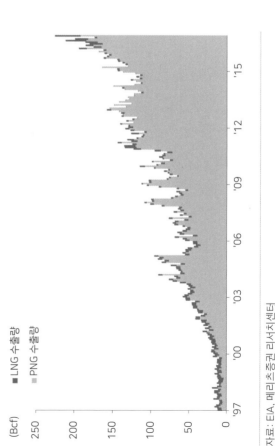

자료 : EIA, 메리츠증권 리서치센터

Natural Gas Market (2) Eurozone

2015년 유로존 천연가스 수입 PNG 87.9%, LNG 12.1%

- 2015년 기준 유로존(CIS 제외)의 천연가스 소비량은 전세계 13.1% 수준이나, 생산량은 6.7%에 불과

- 아시아와 함께 대표적인 천연가스 수입 지역으로 러시아와 노르웨이에에 대한 의존도가 높음
  → 2015년 유로존 가스 수입 비중은 러시아 35.0%(-2.5%p YoY), 노르웨이 24.7%, 네덜란드, 카타르 순

- 2015년 가스 수입량 중 PNG(401.4Bcm) 비중은 87.9%(-1.1%p YoY), LNG(55.0Bcm) 12.1% (Source: BP)

- 러시아發 PNG 수입 의존도는 터키 56.3%, 독일 43.5%, 이탈리아 42.8%, 벨기에 42.8%로 절대적

유로존의 천연가스 수입원 국가별 비중 추이

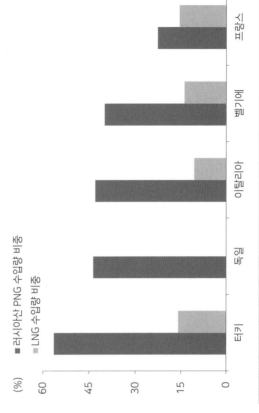

자료: Eurostat, 메리츠종권 리서치센터

유로존 주요 천연가스 수입국의 러시아산 PNG와 LNG 수입량 비중

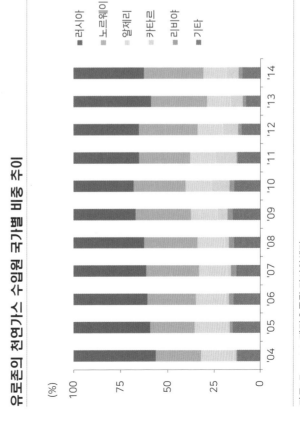

주: 2015년 수입량 기준
자료: BP, 메리츠종권 리서치센터

Natural Gas Market (2) Eurozone

가스 수입량의 35%를 러시아
PNG에 의존, EU의
에너지안보 강화 정책과
저탄소 정책에 따라 공급원의
다원화 필요

- 2013년 기준 유로존 국가별 Gazprom의 가스공급 가격은 큰 편차를 보임. 천연가스 1,000CBM 당 구매 가격은 마케도니아 564달러, 체코 503달러, 덴마크 495달러, 우크라이나 485달러, 프랑스 394달러

- 동유럽국가의 평균 구매가는 러시아産 천연가스를 구매하지 않는 벨라루스의 3배, 영국의 1.7배 수준

- 러시아는 에너지원을 외교적 수단으로 사용, 전략적 이해관계 구축을 위해 국가별 차등 수출가 책정

- EU는 '에너지안보 강화'를 주요 정책으로 설정, 천연가스를 저탄소시대로 전환하는 Bridge Fuel로 판단

- COP21 이행을 위해 재생에너지 비중 확대, 독일의 원전 폐쇄 결정 등 중립적인 정책 실행 중 → 가스 수요의 급격한 증가는 제한적, 러시아産 PNG 축소와 미국産 LNG 수입이라는 공급측면의 개선 기대

유로존 국가별 러시아産 가스 구매단가 분포 – 동유럽 평균가격은 러시아와 무관한 벨라루스의 3배 수준

- 475달러 이상
- 400~475달러
- 325~400달러
- 200~325달러
- 200달러 이하
- 러시아로부터 수입하지 않는 국가
- 신뢰성있는 자료를 제공하지 않는 국가

주: 2013년 기준 천CBM 당 러시아로부터 구매한 가스가격 분포, 회색으로 표시된 국가는 러시아로부터 가스구매를 하지 않는 국가
자료: Gazprom, The Oxford Institute for Energy Studies, 메리츠증권 리서치센터

Natural Gas Market (2) Eurozone

러시아發 정치적 불안으로
천연가스 수급 변동성 확대,
LNG 수입 확대 가능성 증대

- 유로존의 2015년 천연가스 소비량은 402.1Bcm(+4.6% YoY), 생산량은 120.1Bcm(-8.0% YoY), 수입량은 282.0Bcm(+11.0% YoY)을 기록. 5년 연평균 천연가스 수입량은 282.3Bcm 수준을 유지(Source: BP)

- 러시아는 주변 CIS 국가들의 갈등에서 에너지 자원을 활용해 외교적 영향력을 증대 시킴
→ 2014년 우크라이나 분쟁, 2009년 우크라이나, 2006년 몰도바 가스 공급중단 등

- 러시아産 가스가 유로존으로 통하는 Pipeline은 CIS 국가들을 경유, 러시아 가스 공급 중단은 유로존의 천연가스 수급 문제로 확대 → 서유럽 LNG 수입, 가스피해/중동/북아프리카産 구매 확대로 대응

유로존의 천연가스 공급처 – 러시아, 노르웨이 비중이 절대적

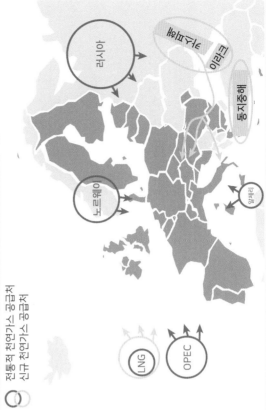

○ 전통적 천연가스 공급처
○ 신규 천연가스 공급처

자료: European Commission, 메리츠증권 리서치센터

유로존의 천연가스 소비량, 생산량, 수입량 추이

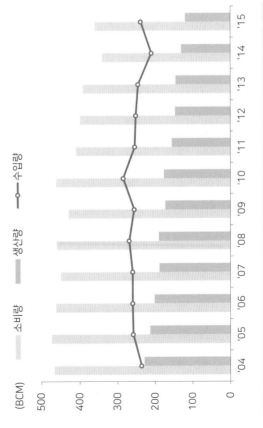

주: 에스토니아, 라트비아, 리투아니아, 룩셈부르크, 슬로베니아 제외, Bcm = Billion cubic meter
자료: BP, 메리츠증권 리서치센터

Natural Gas Market (2) Eurozone

러시아發 가스 가격 변동성을
낮추기 위해 공급원 다변화
→ LNG 수입 터미널 확대

- 유로존 역내 생산량은 2035년까지 연평균 3.2% 감소할 전망, 노르웨이는 2025년까지 연평균 1.4% 감소
  → 현재 생산중인 가스전의 생산량이 점진적으로 감소하며 대체 매장량 부족, Statoil의 CAPEX 확대

- 러시아産 천연가스를 대체하기 위해 공급원 다변화 추진: 1) LNG 수입, 2) Caspian Sea PNG 확대

- 2016년 기준 유로존 LNG 수입 터미널의 저장용량은 1,070만CBM, 2020년까지 연평균(CAGR) 13.7%
  증가 전망. 현재 건설중인 수입터미널만 고려해도 연평균(CAGR) 6.2% 증가 예상

- 논의중인 수입터미널을 반영 시, 2025년 유로존 가스 수입터미널의 용량은 3,948만CBM으로 3.7배 증가

유로존의 LNG 수입터미널 추이 및 전망

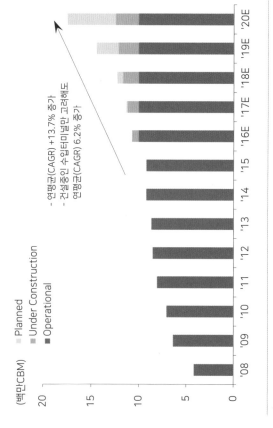

자료: Gas Infrastructure Europe, 메리츠종금권 리서치센터

유로존의 천연가스 공급원 다변화 추이 및 전망

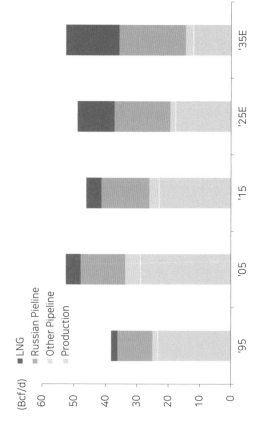

자료: BP – Energy Outlook 2017, 메리츠종금권 리서치센터

Natural Gas Market (3) Asia-Pacific

**최대 LNG 수입 지역,
일본/한국/대만의 LNG 수입
비중 53.3%**

- 아시아는 전세계 최대 LNG 수입 지역, 일본/한국/중국/인도/대만의 LNG 수입은 전세계의 67.5% 차지
- 2015년 가스 소비는 중국(197.3Bcm), 일본(113.4Bcm), 태국(52.9Bcm), 인도(50.6Bcm), 한국(43.6Bcm) 순
- LNG 수입량은 일본(118.0Bcm), 한국(43.7Bcm), 중국(26.2Bcm), 인도(21.7Bcm), 대만(18.7Bcm) 순
- 중국과 인도는 2030년까지 연평균(CAGR) 각 7.1%, 3.4% 성장하며 천연가스 수요 증가를 견인할 전망
- 성숙시장(일본/한국/대만)의 수요 변수는 발전원(석탄/원자력) 대체 여부, 신흥시장(중국/인도)의 변수는 PNG 조달 가능성 → 러시아/유럽과의 거래를 제외하면 천연가스의 1st Market은 아태지역

국가별 LNG 수입량 비중 현황 [2015년 기준]

중국과 인도의 천연가스 소비량 전망

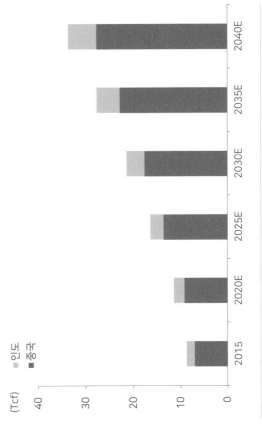

자료 : IHS, IGU, 메리츠증권 리서치센터

주 : Tcf = Trillion cubic feet
자료 : EIA, 메리츠증권 리서치센터

Natural Gas Market (3) Asia-Pacific

아시아와 북미의 가격 차이는 향후 미국産 LNG의 아시아 수입 물량 확대의 촉매 역할

- 북미와 유로존의 천연가스 시장은 Hub 기반의 가격 결정체계를 보유: 미국 Henry Hub, 영국 NBP

- 전세계 최대 LNG 수입지역인 아시아의 LNG 수입가격은 일본수입통관원유가격(JCC)에 연동
  → JCC연동 가격 결정체계: 단위당 원유와 같은 에너지를 내는 LNG를 원산해 가격 결정

- 2008년 이후 Shale Gas 생산 확대로 Henry Hub 가격과 아시아 지역의 LNG 수입가격 격차 확대 → Asia Premium: 도입단가를 낮추기 위해 장기계약을 체결하고, 인수 후 제 3국으로 Re-Export를 제한

- 따라서, 미국 LNG 수출이 증가하거나 국제 LNG 가격 하락에도 추가 구매에 제한적 → 아시아 국가들은 PNG, LNG 등 가스 수입처 다원화와 기존 가스수입 체계 개편을 시도중

일본의 LNG 수입가격과 WTI 추이

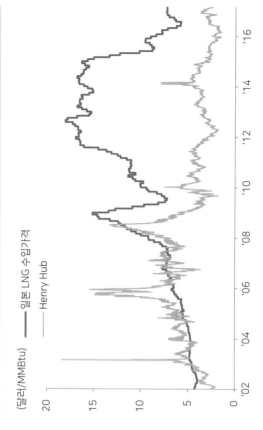

일본 LNG 수입가격과 미국 Henry Hub 가격 추이

자료 : Bloomberg, 메리츠증권 리서치센터

자료 : Bloomberg, 메리츠증권 리서치센터

Natural Gas Market (3) Asia-Pacific

중국의 러시아産 PNG 도입은
천연가스 공급원 다변화 정책
: LNG 수입 증가는 지속 전망

- 중국과 러시아의 장기공급계약에 따른 파이프라인(Power Of Siberia Pipeline) 건설
  - → 2019년부터 30년간 연간 38Bcm 규모의 장기공급계약을 체결
  - → 2015년 중국의 천연가스 소비량은 197.3Bcm, 러시아産 PNG 수입은 약 20%를 차지

- 다만, 2030년까지 연평균(CAGR) 7.1%의 수요 급증이 예상되는 중국의 수요를 충족하기는 어려움

- 중국은 1) 자국 생산 확대, 2) 러시아産 PNG 수입, 3) LNG 수입 확대를 통한 공급 다변화를 추진할 계획

- 건설중인 LNG 터미널을 고려시, 2018년 중국의 수입능력은 2015년 대비 73.4% 증가(68.3MTPA)

중국의 천연가스 공급원 다변화 추이 및 전망

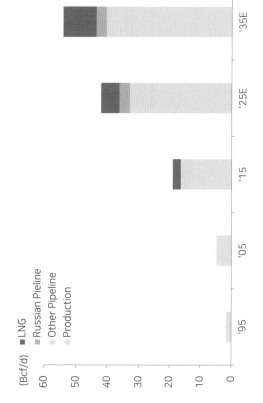

자료: BP – Energy Outlook 2017, 메리츠증권 리서치센터

중국의 LNG 수입 터미널 추이 및 전망

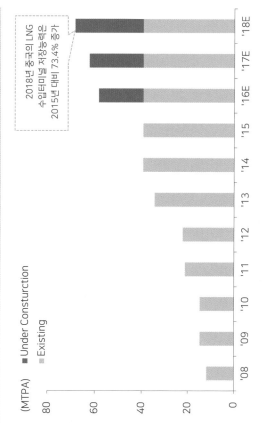

주: 현재 건설중인 LNG 수입터미널만을 고려
자료: IGU, 메리츠증권 리서치센터

Natural Gas Market (3) Asia-Pacific

중국 가스소비는 2015년 197 Bcm에서 2020년 258Bcm 이상 증가, 러시아産 가스 공급의 증가는 2023년까지는 제한적

- 2015년 중국의 천연가스 수입(59.8Bcm) 중 러시아産 비중은 0.4%에 불과(2016년 0.26MTPA)

- 2014년 5월 중국은 2019년부터 연간 38Bcm 천연가스를 PNG로 공급받는 구매계약(SPA) 체결(Eastern Route). 2015년 5월 연간 30Bcm의 PNG 공급을 합의(Heads of Terms)했으나 법적 구속력은 없음

- 중국 CNPC와 Gazprom은 가스화력발전, 가스전개발, 가스저장, LNG 공급 등의 상호협력을 진행 중

- Western Route 공급을 위한 서부 천연가스 프로젝트는 대부분 2022~24년부터 생산개시

- Gazprom 중점 프로젝트인 Sakhalin-2(5.4MTPA), Baltic LNG(10MTPA)는 생산 개시가 초기 2021년에서 2~3년 연기됨 → 2023년까지 Eastern PNG(38Bcm)를 제외한 러시아産 신규 천연가스 공급은 제한적

중국 러시아産 천연가스 수입량 추이

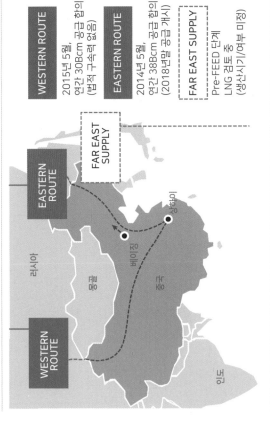

중국-러시아 천연가스 공급 계약 확대 – Eastern Route만 확정

자료: Gazprom, 메리츠증권 리서치센터

자료: CEIC, 메리츠증권 리서치센터

Natural Gas Market (4) 공급의 키워드는 미국, 호주, IOC

전세계 LNG 생산능력 지역 비중

중동:
33.4%(15년)→23.2%(21년)
아태: 32.3% → 36.4%
아프리카: 22.7% → 14.5%
북미: 0.5% → 14.3%

■ 2015년 LNG 액화플랜트 생산능력의 지역 비중은 중동 33.4%(100.8MTPA), 아태지역 32.3%(97.3MTPA), 아프리카 22.7%(68.3MTPA), 남미 6.6%(19.8MTPA), 유로존 4.6%(13.8MTPA), 북미 0.5%(1.5MTPA)

■ 건설 중인 LNG 수출터미널 용량기준 2021년 생산능력 비중은 아태지역 36.4%(157.9MTPA), 중동 23.2%(100.8MTPA), 아프리카 14.5%(62.8MTPA), 북미 14.3%(62.0MTPA), 유로존 7.0%(30.3MTPA) 예상

■ 중동(-10.2%), 아프리카(-8.2%p)의 생산비중 감소와 북미(+13.8%p), 아태지역(+4.1%p)의 비중 증가

■ 2015~21년 전세계 LNG 생산능력 증가의 45.9%가 아시아태평양지역(호주), 45.8%가 북미에 집중

지역별 LNG 액화플랜트 생산능력 및 가동률 연향

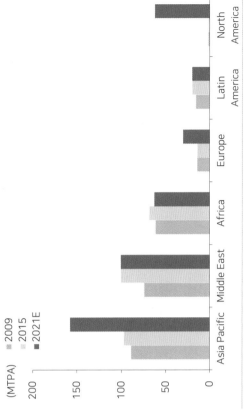

주: 2015년 기준, MTPA = Million Tonnes Per Annum
자료: IGU, 메리츠종금 리서치센터

지역별 LNG 플랜트 생산능력 추이 및 전망 – 미국, 호주의 생산 급증

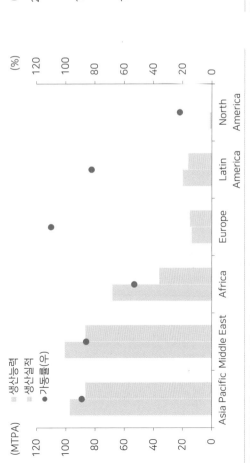

주: 2021년 예상 LNG 플랜트 생산능력은 현재 건설중인 플랜트를 대상으로 추정
자료: IGU, 메리츠종금 리서치센터

Natural Gas Market (4) 공급의 키워드는 미국, 호주, IOC

2000년 NOC 중심 수출(액화) 플랜트 투자 → 2014년 IOC 중심의 투자 확대

- 2000년대 초 LNG 액화플랜트는 Infra-structure 투자가 동반, NOC(National Oil Company)가 중심
- NOC 중 중동지역 국영기업들의 투자가 급증했지만, 2010년 이후 LNG 액화플랜트에 대한 투자는 전무
- 천연가스 수요 증가로 International Oil & Gas Company(IOC)들의 LNG 액화플랜트 시장 진입 증가
  → 전세계 LNG 액화처리능력 중 IOC 비중은 2000년 19%에서 2014년 27%로 확대, 투자 주체로 급부상
- ExxonMobil, Shell, Total 등이 액화플랜트 투자로 M/S 확대. Shell은 BG Group 인수로 가스 포트폴리오 확대, ExxonMobil은 아시아 공략을 위해 ENI로부터 Mozambique Area 4 지분 25% 인수(28억달러)
- 북미 IOC 들의 Shale Gas 광구개발 확대, 호주의 천연가스 개발도 대부분 IOC의 지분투자가 중심

투자 주체별 LNG 액화플랜트 생산능력 비중 변화 – IOC 비중 급증

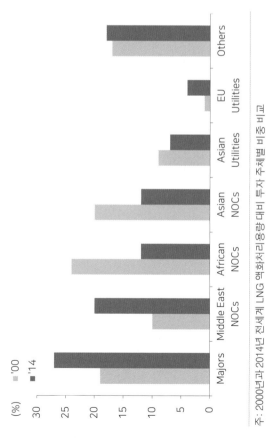

주: 2000년과 2014년 전세계 LNG 액화처리용량대비 투자 주체별 비중 비교
자료: ENI, 메리츠증권 리서치센터

Oil Major(IOC) 들의 천연가스 매장량 보유 현황

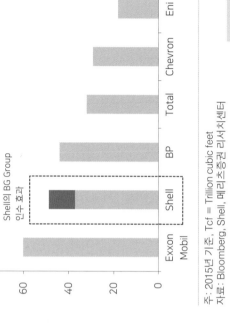

주: 2015년 기준, Tcf = Trillion cubic feet
자료: Bloomberg, Shell, 메리츠증권 리서치센터

기초 조선

Part IV-4

LNG, The reconfiguration

석유 위주로 발달한 에너지 선물시장

에너지 선물시장 개요

- 에너지 선물시장은 1차 오일쇼크 이후 1974년 NYMEX에 범커 C유와 경유가 상장되면서 시작

- 세계 주요 에너지 거래소

  - NYMEX(뉴욕): 원유(WTI), 난방유, 무연 휘발유, 프로판, 천연가스, 납사

  - ICE(런던): 원유(Brent), 경유, 나프타, 중유, 두바이 원유

  - SIMEX(싱가포르): 중유, 등유, 두바이 원유, 납사

  - ROEFEX(로테르담): 원유(Brent), 중유, 경유

에너지 거래 및 시장 유형

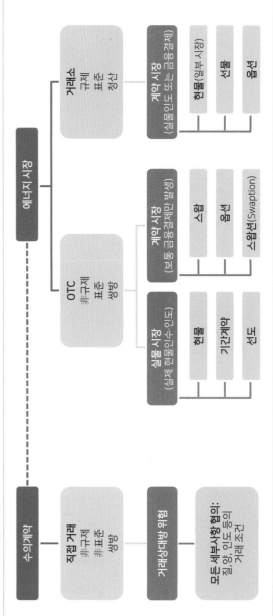

자료: Heather(2010), 메리츠증권 리서치센터

석유 case study – 석유 시장 역사 (1) 록펠러와 오일 메이저의 탄생

1870년 Standard Oil 설립

석유 파동 이전까지
Seven Sisters의 시장 장악

■ 고대 메소포타미아와 중동 지역에서 원시적인 형태의 석유 시장 존재

■ 1800년대 중반 미국 및 유럽에서 석유 정제 실험이 이뤄지면서 근대 석유 산업 시작. 미국 벨룸가 조지 비셀(George Bissell)이 석유를 대량생산해 사업화하는 아이디어 제시. 1859년 에드윈 드레이크(Edwin L. Drake)가 펜실베니아에서 최초로 석유 시추에 성공. 1870년 록펠러, Standard Oil 설립

■ 1973년까지는 단기적인 수급 불균형 해소를 위해 원유 생산·유통·정제·판매 단계를 수직적으로 통합한 석유회사들 간의 소규모 현물 거래만 존재. Seven Sisters라고 불린 7개 메이저 회사가 시장 장악. 미국의 Exxon(Esso), Mobil, Gulf, Chevron, Texaco, 영국의 British Petroleum, 영국-네덜란드 합작의 Royal Dutch Shell

Standard Oil의 역사

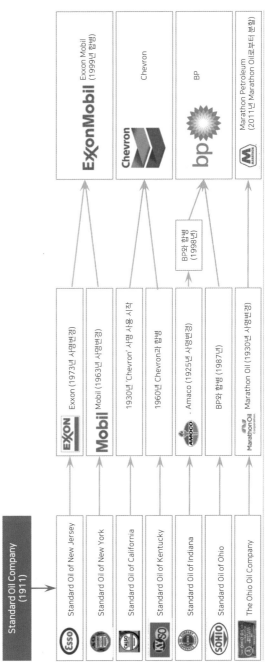

자료: 메리츠증권 리서치센터

석유 시장 역사 (2) 석유 파동 이후 원유 현물 거래 시대 도래

1970년대 OPEC의 시장 장악
1980년대 중반 현물 가격 대두

- 1973년 석유 파동 이후 자원국유화를 추진한 OPEC이 시장 주도자 지위 탈환. 당시는 OPEC이 가격을 일방적으로 발표하고 구매자는 이를 수용하는 형태. 원유 가격은 몇몇 주요 원유 업체들과 산유국 정부 간에 장기 계약으로 결정됨. 즉 원유는 현물 거래가 거의 없었고 가격이 고정되어 있었음

- 1980년대 중반 이후 원유 현물 가격이 기준가격으로 쓰이기 시작. 이는 두 차례의 석유파동 이후 북해 등 비OPEC의 원유 개발로 인해 경제성 개념과 시황이 반영된 가격을 기준으로 하는 현물 거래가 증가했기 때문. 이 기간 OPEC과 비OPEC 간의 원유 중산 경쟁과 가격 전쟁의 결과 OPEC의 석유시장 통제력이 약화된 것도 원인. 시장 수급으로 원유가격이 결정되는 시대 도래

WTI 장기 추이와 OPEC 산유량

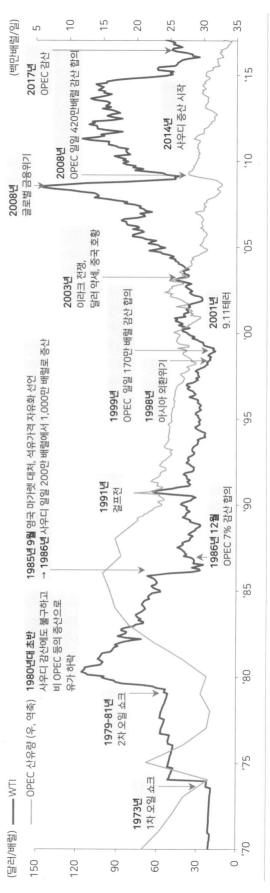

석유 시장 역사 (3) 석유 파생상품시장 확대

1990년대 파생상품시장 확대
2000년대 투기자본 대거 유입

- 1981년 국제석유거래소(IPE) 설립, 1983년 NYMEX(뉴욕상업거래소)에 WTI 상장. OPEC 세력 약화 이후 산유국들 간의 판매 경쟁이 치열해지면서 1984년부터 미국과 유럽을 중심으로 장내파생상품 활성화

- 1990년대 들어 유가의 급격한 변동에 따른 회피 필요성이 증가하면서 선물시장을 대표로 페이퍼 거래 증가, 석유 파생상품시장 빠르게 성장

- 연준이 저금리 기조를 유지한 2000년 경부터 고수익 투자처를 필요로 하는 해외 투자은행 및 헤지펀드 등 투기거래자(speculator)가 파생상품시장에 대거 참여, 석유시장에 대규모 자금 유입

NYMEX WTI 선물 일평균 거래량

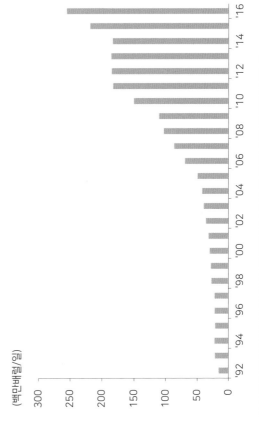

(백만배럴/일)

자료: NYMEX, 메리츠증권 리서치센터

ICE Brent 선물 일평균 거래량

(백만배럴/일)

자료: ICE, 메리츠증권 리서치센터

국제유가 결정방식의 변화 (1) 오일 메이저 공시가격

1단계

■ 1973년 이전 – 메이저 발표 공시가격

■ 오일 메이저는 원유의 생산·수송·정제·판매에 이르는 수직적 통합 구축

→ 산유국 정부와 장기계약(조광권)을 통한 원유 생산

→ 본국 정제시설 투입 및 독립계 하류 부문에 장기공급

메이저 주도의 생산·공급 체계

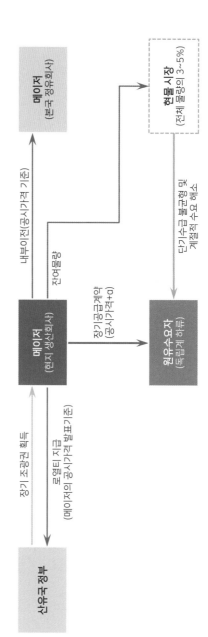

자료: 한국석유공사, 메리츠증권 리서치센터

국제유가 결정방식의 변화 (2) OPEC 공시가격

2단계

- **1973~1985년 - 산유국 발표 공식판매가격**
  - 1970년대 산유국의 경영참여/상류부문 국유화(메이저 지분 인수 등)
    → 1970년대 초반부터 OPEC의 공시가격 및 세금 인상 압력행사
    → 1973년 이후 산유국 정부의 기간계약 물량 직접판매
  - 1980년대 초반부터 비OPEC 물량의 현물시장 대거 유입
    → 북해(영국, 노르웨이), 러시아 등 신규 원유수출국 등장 → 현물시장 참여자 간 상업거래 증가

OPEC 주도 기간계약시장과 현물시장

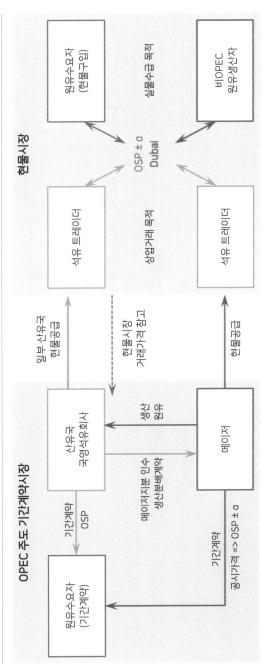

자료: 한국석유공사, 메리츠증권 리서치센터

국제유가 결정방식의 변화 (3) 시장가격 연동과 선물시장 활성화

3단계

■ **1986년 이후 – (시장가격 연동) 현물시장**

■ 산유국 간 증산경쟁으로 원유 가격 대폭락 경험 → 현물시장의 발전으로 현물 가격 연동방식 도입 →
생산자·소비자 모두 가격통제력 상실, 현물가격 변동에 민감

4단계

■ **1990년대 이후 – (시장가격 연동) 현물시장 → 선물시장 주도로 변화**

■ 시장참여자들의 위험회피 욕구 증가하며 원유선물 거래 활성화 → 선물거래자 이외 헤지펀드/연기금/
보험사/투자은행 등 참여 → 선물거래 유동성 공급에 따른 가격 발견 및 헤징 수요 소화 기능 발달

원유 현물시장과 선물시장

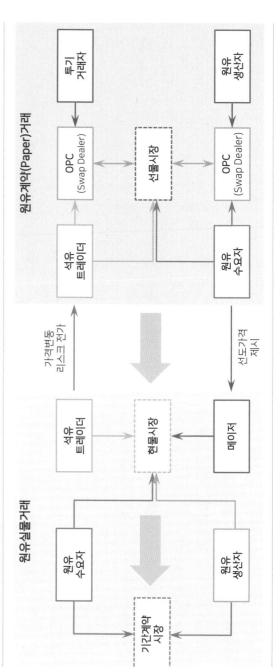

자료: 한국석유공사, 메리츠증권 리서치센터

천연가스 선물 시장 발달 가능성

헤지펀드와 스왑딜러가
원유선물시장 성장 주도

- 국제 유가는 '실물시장과 파생상품시장' 간, '거래 지역 및 유종' 간의 밀접한 연계관계 속에서 결정됨

- 원유는 다른 어떤 원자재(commodity)보다 선물시장이 가격결정에 있어 중요한 역할 수행. 원유선물이 NYMEX와 ICE에 상장된 후 유가결정권은 뉴욕 월가로 넘어가게 됨. 대표적인 '웩더독(Wag the Dog)'꼬리가 개의 몸통을 흔든다'는 뜻으로 선물시장이 의해 현물시장이 좌지우지되는 현상) 사례

- 천연가스 시장은 석유 시장 발전 역사에 비추어 볼 때 3단계에 해당

- 미국 LNG 수출과 함께 글로벌 LNG 현물 거래 늘어나고 선물 시장 역시 확대될 것

2016년 전세계 장내 파생상품시장 거래량 상위 20개 에너지 파생상품

순위	에너지 파생상품	거래소	연간 총 계약 수
1	Brent Oil Futures	Moscow Exchange	435,468,923
2	WTI Light Sweet Crude Oil (CL) Futures	New York Mercantile Exchange	276,768,438
3	Brent Crude Oil Futures	ICE Futures Europe	210,561,053
4	Bitumen Futures	Shanghai Futures Exchange	186,814,247
5	Henry Hub Natural Gas (NG) Futures	New York Mercantile Exchange	97,480,591
6	Crude Oil Mini Futures	Multi Commodity Exchange Of India	67,401,974
7	Gas Oil Futures	ICE Futures Europe	66,158,348
8	Crude Oil Futures	Multi Commodity Exchange of India	53,256,420
9	Coke Futures	Dalian Commodity Exchange	50,461,050
10	Thermal Coal (ZC) Futures	Zhengzhou Commodity Exchange	50,299,868
11	WTI Light Sweet Crude Oil Futures	ICE Futures Europe	47,289,665
12	U.S. Oil Fund ETF Options	* Traded on multiple U.S. options exchanges.	46,948,980
13	Crude Oil (LO) Options	New York Mercantile Exchange	45,879,991
14	RBOB Gasoline Physical (RB) Futures	New York Mercantile Exchange	45,428,663
15	Hard Coking Coal Futures	Dalian Commodity Exchange	41,077,427
16	NY Harbor ULSD (HO) Futures	New York Mercantile Exchange	39,389,349
17	Brent Crude Oil Last Day Financial (BZ) Futures	New York Mercantile Exchange	23,713,109
18	Natural Gas (European) (LN) Options	New York Mercantile Exchange	23,520,044
19	Brent Crude Oil Options	ICE Futures Europe	16,152,414
20	Natural Gas Futures	Multi Commodity Exchange of India	15,355,328

자료 : FIA, 메리츠증권 리서치센터

The Reconfiguration – 2nd Oil, LNG의 거래구조 변화

미국 LNG 수출이 천연가스의
선물시장 형성의 시작점. 2nd
Oil로 부각될 가능성에 주목,
일본 유틸리티기업의
사업변화

■ 천연가스 시장이 석유 시장 발전기 3단계라면, Integration까지의 과정은 길지만 현재는 변화의 시작점

■ 미국 LNG 수출이 선물시장 형성을 위한 시작점으로 해석 – 1) Spot 거래 확대, 2) 지역간 Swap 거래 등장, 3) 구매 계약 Final Destination 규정 제거로 유연성 확보, 4) Hub Price + Premium 가격 지표 형성

■ 1) 최대 LNG 수입국인 일본의 전략가스 지유화, 2) 미국 LNG 수출, 3) EU 정책변화를 Signal로 판단

■ 일본 유틸리티:가스 기업들의 통합 Value Chain으로 사업영역을 확장하려는 움직임이 변곡점

■ 3대 시장의 경직성에서 유연성 확보와 확장성 기대 → 1) 생산·소비지향 변화, 2) Spot 거래 확대로 지역간 스프레드 축소, 3) 미국·러시아에서 구매계약 변화, 4) LNG 선물시장의 태동, 5) 아시아의 성장

아시아태평양, 북미, 유럽지역의 천연가스 가격과 북미 Henry Hub 대비 스프레드

(달러/MMBtu)

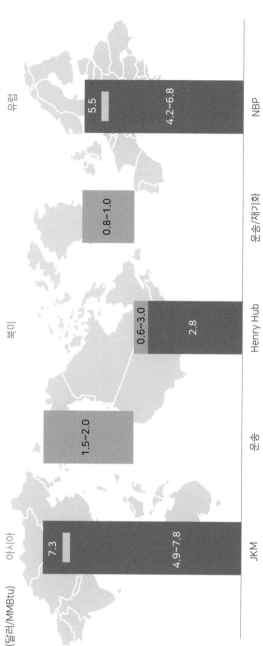

아시아   북미   유럽

JKM 7.3   4.9~7.8
운송 1.5~2.0
Henry Hub 0.6~3.0   2.8
운송/재기화 0.8~1.0
NBP 5.5   4.2~6.8

주: WTI 배럴당 30~50달러 기준, JKM은 일본/한국 Spot LNG 가격, NBP는 영국 천연가스 가격, Henry Hub 기준 아시아와 유럽과의 차이는 0.6~3.0달러
자료: Statoil, 메리츠증권 리서치센터

The Reconfiguration (1) 생산·소비지형의 변화

생산과 소비의 증가를 북미와
아태지역 주도 → 지역간
Swap 가능성 → 유럽은 CIS,
중동, 북미産 수입 비중 변화

- 천연가스 생산의 중심은 1995~2010년 중동지역의 증설이 북미지역의 투자 정체기에 성장을 주도, 2010~2020년에는 중동지역의 정체기에 북미, CIS, 아태지역(호주)의 개발이 확대되는 양상
  → 중동 생산증가율(CAGR): '00~'05년 8.8%, '05~'10년 9.1%, '10~'15년 4.5%, '15~'20년 1.7%

- 천연가스 소비는 1990~2005년 유럽과 아태지역이 소비를 견인하고 CIS와 북미지역의 소비 둔화를 상쇄, 2005~2020년은 유럽·아태지역·북미 3대 권역 전반의 소비 증가가 타지역의 부진을 상쇄   → 북미 소비증가율: '90~'95년 3.1%, '95~'00년 1.3%, '00~'05년 -0.3%, '05~'10년 1.6%, '10~'15년 2.7%

- 중동 생산·소비 정체 Vs. 북미·아태지역 생산·소비 증가 + 유럽 소비증가 → 3대 권역으로의 집중

권역별 천연가스 생산 증가율 추이 및 전망 – 중동지역 둔화

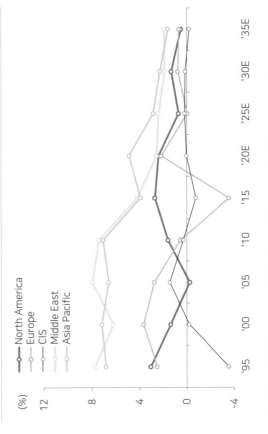

주: 전세계 생산량 비중이 10% 이상인 지역의 5년간 연평균 증가율(CAGR) 기준
자료: BP, 메리츠증권 리서치센터

권역별 천연가스 소비 증가율 추이 및 전망 – 아태지역 성장이 핵심

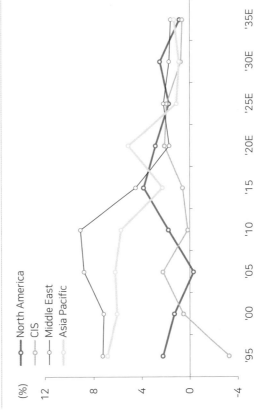

주: 전세계 소비량 비중이 10% 이상인 지역의 5년간 연평균 증가율(CAGR) 기준
자료: BP, 메리츠증권 리서치센터

The Reconfiguration (2) Spot 거래 확대, 스프레드 축소

**최근 4년간 전세계 LNG 교역량
중 Short Term 비중 30%
수준. 단기거래 활성화로
선물시장 활성화를 위한
움직임 확대**

- 2012~15년 전세계 LNG 물동량 중 5년 이하 공급계약 물량 비중은 평균 29.6%로 증가(2005년 8.0%)

- 1) 1995년 이후 중동·동남아産 장기계약이 점진적으로 종료, 2) 호주·아프리카·미국 등으로 구매처가 다원화,
  3) 유가 변동성 확대에 따른 Short Term/Spot 거래 확대, 4) Trading Co.의 시장 참여 등이 원인

- 국제유가가 강세기긴조를 유지했던 2009~14년 상반기까지 3대 권역별 천연가스 가격 스프레드는 확대.
  2014년 하반기 이후 유가가 급락, 스프레드는 2008~09년 수준으로 축소되고 있음

- 계약 체결 후 3개월 이내에 화물이 인도되는 Spot 거래가 2015년 거래의 15%를 차지(GIIGNL). Spot과
  Short Term 거래 확대로 선물계약 활성화 가능성이 증대, 일본 OTC/싱가포르 SGX/미국 CME 준비 중

LNG Short-Term 계약물량, 거래 비중 추이 – 29% 수준 유지

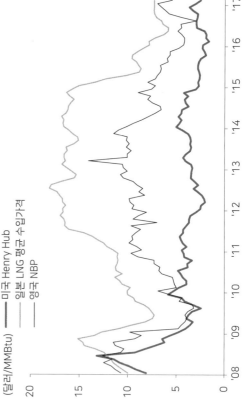

자료: Clarksons, IGU, 메리츠종권 리서치센터

주요 권역별 천연가스 가격 추이 – 유가 하락 이후 스프레드 축소 중

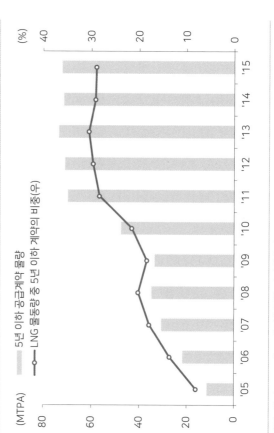

자료: Bloomberg, 메리츠종권 리서치센터

The Reconfiguration (3) 구매계약의 변화

일본의 장기구매계약은 향후 5년래 42% 만료, 천연가스 계약 기간 축소와 단위 계약량 감소, LNG 거래 다양성 확대

- 향후 5년간(~2022년) 일본의 LNG 장기구매물량은 30.3MTPA 계약 만료, 한국은 13.0MTPA
  → 일본 LNG 장기공급계약 물량이 42.3%가 구매계약 갱신 변경 예정, 2017년부터 가스시장 자유화 →
  2016년 5월 Asia LNG Hub 구축 계획을 발표, 아시아 LNG 선물시장과 가격지표 체계 구축 추진

- 구매 물량의 임의분을 제 3국에 판매하지 못하는 'Final Destination' 규제가 있던 장기계약 종료

- 2008년 천연가스 구매계약 기간은 평균 18년 수준, 2016년은 8년 수준으로 단축(Source: Shell)
  → 2008년 구매계약 건당 평균 계약량은 2.3MTPA, 2016년은 0.9MTPA로 감소

- 구매계약의 계약기간이 짧아지고, 건당 구매량이 감소하면서 Spot 거래와 계약방식의 변경 확대 중

일본의 LNG 장기 공급계약 만료시기 별 수입 물량

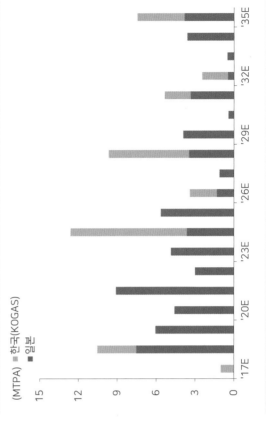

자료: GIIGNL, 메리츠증권 리서치센터

일본, 한국의 LNG 장기 공급계약 만료시기 별 수입 물량

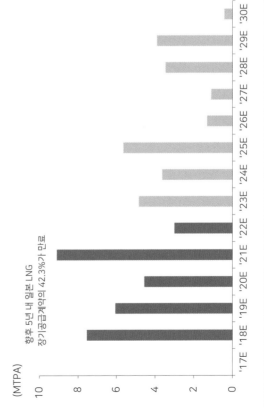

자료: GIIGNL, 메리츠증권 리서치센터

The Reconfiguration (4) LNG 선물 시장의 태동 가능성

2025년까지 전세계
천연가스 생산 증가의 63%가
북미 및 아태지역

- 2015년 전세계 천연가스 생산량은 3,200Mtoe, 북미 28.1%, CIS 21.1%, 중동 17.4%, 아태지역 15.7% 비중

- 2020년까지 연평균 2.2% 수준의 생산량 증가 예상, 지역별 증가율(CAGR)은 아태지역 5.1%, 북미 2.9%, CIS 2.1%, 중동 1.7% 예상 → 2025년까지 천연가스 생산 증가의 35.5% 북미, 27.6%가 아태지역 증가분

- 향후 5년간 생산량 점유율이 하락하는 지역은 유로존(-1.2%p), 아프리카(-0.7%p), 남미·중동(-0.5%p)

- 유로존의 생산 감소는 PNG와 LNG 병행 수입으로 상쇄, 북미·아태지역 생산 증가는 LNG 물동량을 증대

전세계 지역별 천연가스 생산량 추이 및 전망 – 북미, 아태지역 성장

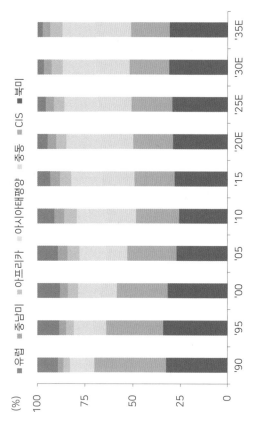

주: Btoe = Billion tonnes oil equivalent, 1TOE = 10,000,000kcal = LNG 766.9kg 기준
자료: BP, 메리츠증권 리서치센터

지역별 천연가스 생산 비중 추이 및 전망 – 유로존 비중 축소

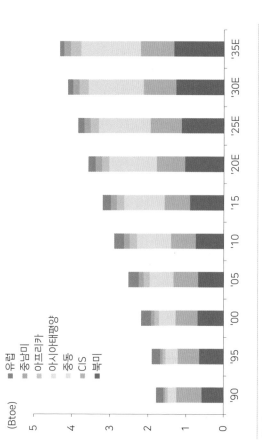

자료: BP, 메리츠증권 리서치센터

The Reconfiguration (4) LNG 선물 시장의 태동 가능성

2025년까지 전세계
전연가스 소비 증가의 44%가
아태지역, LNG 수입량
증가를 유발

- 2015년 전세계 천연가스 소비량은 3,135Mtoe, 북미 28.1%, 아태지역 20.1%, 유로존 13.1% 비중 차지
- 2020년까지 연평균 2.5% 수준의 소비량 증가 예상, 지역별 증가율(CAGR)은 아태지역 4.9%, 북미 2.4%, 유로존 2.2% 예상 → 2025년까지 전세계 천연가스 소비 증가의 43.9%가 아태지역 증가분
- 아시아태평양지역은 수입의 79.6%를 LNG로 조달, 중국-러시아간 PNG 구매계약(Eastern Siberia Route, 2019년부터 연간 38Bcm)은 중국 수요 증가분 20% 대체 → 아태지역 소비 증가는 LNG 수입 확대 견인
- 유로존은 향후 10년간 46.2Mtoe의 소비 증가, 역내 생산은 49.2Mtoe 감소 → CIS産 PNG와 LNG 수입

전세계 지역별 천연가스 소비량 추이 및 전망 – 아태지역 성장

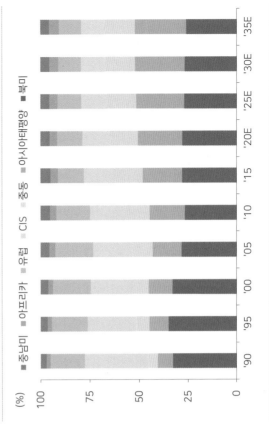

주: Btoe = Billion tonnes oil equivalent, 1TOE = 10,000,000kcal = LNG 766.9kg 기준
자료: BP, 메리츠증권 리서치센터

지역별 천연가스 소비 비중 추이 및 전망 – 아태지역 비중 확대

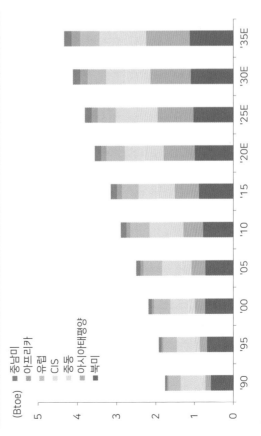

자료: BP, 메리츠증권 리서치센터

The Reconfiguration (4) LNG 선물 시장의 태동 가능성

발전용 에너지원별 비중은 석탄 40.8%, 가스 21.5%. 25년까지 석탄·원전이 동결, 50% 가스로 대체 시 225MTPA 수요 발생

- 2015년 전세계 에너지 소비는 13.1Btoe, 에너지원별 소비 비중은 Liquid(원유 포함) 32.9%, 석탄 29.2%, 천연가스 23.8%, 원자력 4.4%, 재생 2.8% → 아태지역은 석탄 사용량의 72.9%, 천연가스의 20.1% 차지

- 발전용 에너지 소비량은 5.5Btoe, 에너지원별 비중은 석탄 40.8%, 천연가스 21.5%, 수력 16.2%, 원자력 10.6%, 신재생 6.6% → BP에 따르면 2016~25년 천연가스의 발전 소비량은 연평균(CAGR) 1.8% 증가

- 이는 석탄의 소비증가율 +0.7%, 원자력 +3.1%을 가정한 수준 → 석탄발전과 원전 축소 추세를 감안, 2016~25년 석탄·원자력의 동결을 가정하면 발전용 천연가스 소비량은 연평균 4.1% 증가 가능

- 천연가스로 50% 대체 시 2016~25년의 증가분은 최대 0.6Btoe, LNG로 환산시 최대 225.1MTPA 증가

에너지원별 발전 소비량 추이 및 전망 및 전망 – 16~25년 가스 증가율 +1.8%

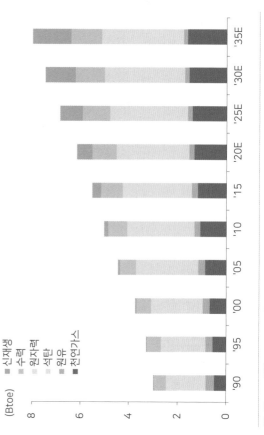

주: Btoe = Billion tonnes oil equivalent
자료: BP, 메리츠증권 리서치센터

발전용 에너지원의 지역별 소비량 비중 추이 및 전망

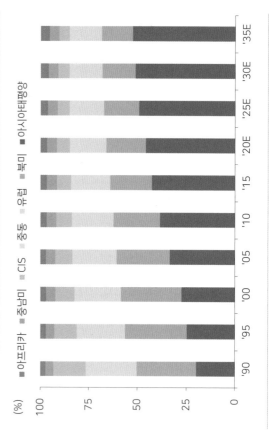

자료: BP, 메리츠증권 리서치센터

The Reconfiguration (5) 아시아의 성장이 Key

Global Gas 수급은 아태지역 LNG 수요에 의해 변화

Low Case) 16~30년 +3.3% High Case) 16~30년 +5.5%

- 1) 전통 수입국가들이 발전원·경제성장·기후 변화에 따른 수급 변화, 2) 신규 생산 가스전의 판매처 확보 여부, 3) 국제 유가, 4) 생산-소비국간의 지정학적 이슈가 천연가스 수급과 가격을 결정
- 특히 한국·일본의 원전 재가동 여부, 장기계약 종료시기 도래 등이 수급에 영향을 줄 것
- 수요의 변수는 중국, 인도 등 신흥 수입국의 성장속도와 석탄화력발전 용량의 축소 여부
- 2016~30년 아시아 지역 LNG 수입량을 Low Case와 High Case로 가정하여, LNG 수급을 추정하고자 함
- Low Case는 연평균 아시아 LNG 수입량 3.3% 기준, High Case는 5.5% 증가를 기준으로 가정

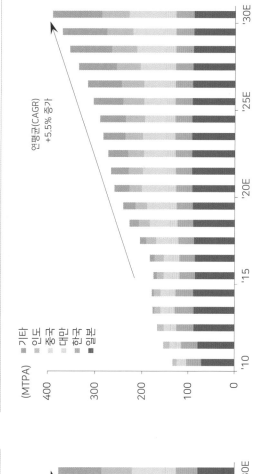

아시아의 LNG 수입량 추이 및 전망(Low Case – 연평균 3.3% 증가)

연평균(CAGR) +3.3% 증가

(MTPA)

기타 · 인도 · 중국 · 대만 · 한국 · 일본

주: MTPA = Million Tonnes Per Annum
자료: The Oxford Institute for Energy Studies, 메리츠증권 리서치센터

아시아의 LNG 수입량 추이 및 전망(High Case – 연평균 5.5% 증가)

연평균(CAGR) +5.5% 증가

(MTPA)

기타 · 인도 · 중국 · 대만 · 한국 · 일본

주: MTPA = Million Tonnes Per Annum
자료: The Oxford Institute for Energy Studies, 메리츠증권 리서치센터

LNG, 에너지 수급의 Key Factor

아태 지역의 Price Mechanism 재정립 움직임. 북미/유럽처럼 Hub/계약 다원화 추진. Liquidity와 Flexibility 공급은 미국이 변수

- 2016년 G7회담에서 일본정부(METI)는 'Strategy for LNG Market Development'를 발표
- LNG 시장의 Flexibility와 Liquidity 공급을 위해 Spot Trading을 활성화하고, LNG 가격체계 재정립 목표
- Global Gas Hub 구축 → 1) Trading 강화, 2) Gas Price Mechanism 확립, 3) 가스시장 자율화
- 일본 No.1 업체인 JERA, 장기공급계약 체결상의 Final Destination 조항이 없는 신규 계약 확대. 유럽 기업들과 Regional Swap 거래 확대. Asia LNG Hub Indexation을 구축하여 구매 계약을 추진할 목표
- 미국산 LNG의 'Henry Hub + Premium' 계약과 함께, 역내 LNG 수출업계와의 협상과정 병행

일본 JERA의 Global LNG Market 전망 – 지역간 거래 활성화, 계약기간의 다양화, 지역간 가격 지표의 연계

	2015	2020E	장기전망
수출 지역			
계약 기간			
가격 지표			

범례:
- 북미
- 호주
- 중동
- 기타
- 스팟
- 중단기
- 장기
- Asian Index
- JKM/JLC
- 유가연동
- NBP/HH

자료: JERA, 메리츠증권 리서치센터

기초 조선

Part V

조선업 구조변화 과정, 규제

시황변화에 따른 조선업계 구조 변화의 역사

조선업: Global Market, 사실상 단일 시장. 공급이 비탄력적

- 조선 산업의 특성은 사실상 단일 시장인 선박+해양발주시장에서 경쟁하는 수주산업, 건설업과 달리 대규모 생산설비(Yard)를 보유하여 고정비 부담이 큼. 공급이 비탄력적이므로 시황 변동이 진폭이 큼

- 신규 수주에 필수적인 선수금환급보증(R/G, Refund Guarantee)은 금융권이 발급, Down-Cycle에서는 업체별 재무건전성이 수주여부에 필수적 → 중소조선업체가 소멸되는 경우가 많은 이유

- 과거 호황기에는 대형·중소업체 모두 증설 과정 전개, 불황기를 겪은 이후 '유럽→일본→한국→중국'의 주도권(점유율) 이동 과정에서 국내 업체에만 의미 있는 업체간 합병·Consolidation이 없었음

- 지배구조 개편의 필요성은 불황기에 부각, 불황기에 향후 회복을 준비하는 선제적인 Action으로 진행

Down Cycle은 중소 업체 소멸+대형업체 구조조정, Up cycle은 대형 업체의 수직계열화 혹은 외주 확대

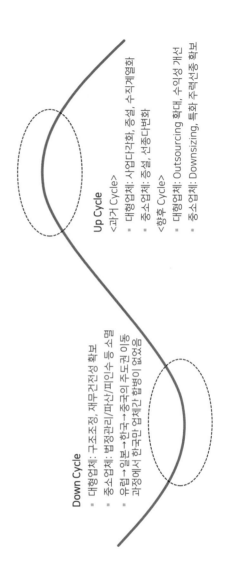

Down Cycle
- 대형업체: 구조조정, 재무건전성 확보
- 중소업체: 법정관리/파산/파인수 등 소멸
- 유럽→일본→한국→중국의 주도권 이동 과정에서 한국만 업체간 합병이 없었음

Up Cycle
<과거 Cycle>
- 대형업체: 사업다각화, 증설, 수직계열화
- 중소업체: 증설, 선후대변화
<향후 Cycle>
- 대형업체: Outsourcing 확대, 수익성 개선
- 중소업체: Downsizing, 특화 주력선종 확보

자료: 메리츠증권 리서치센터

IMF 사태 이후 종공업업계 재편, 금융위기 이후 대형사 재무구조 악화

- 일본: 78~80년 1차 구조조정(인력감축 51%), 87~88년 2차 구조조정(인력감축 41%), 2012년 이후 업체간 합병(JMU, Imabari) 및 전략적 제휴(MI-LNG)

- 중국: White List 선정을 통해 경쟁력 열위의 업체 구조조정, 중소형업체를 대형업체로 대형업체가 흡수, 국영 양대 기업인 CSSC와 CSIC 합병 추진 중

- 한국: 대우중공업(대우조선과 종합기계(現두산인프라코어) 분리), 한라중공업(현대삼호중공업으로 변경), 쌍용중공업(STX 변경), 한국중공업(現두산중공업)

(2000.1.4=100)

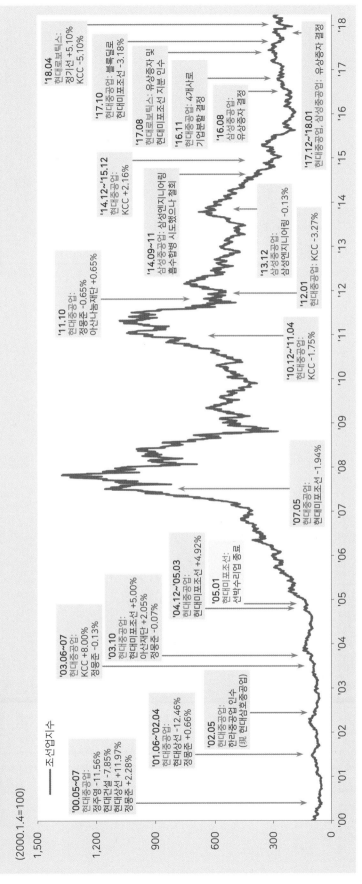

조선업지수

'00.05~07
현대중공업:
정주영 -11.56%
현대건설 -7.85%
현대상선 +11.97%
정몽준 +2.28%

'01.06~'02.04
현대중공업:
현대상선 -12.46%
정몽준 +0.66%

'02.05
현대중공업:
한라중공업 인수
(現 현대삼호중공업)

'03.06~07
현대중공업:
KCC +8.00%
정몽준 -0.13%

'03.10
현대중공업:
현대미포조선 +5.00%
아산재단 +2.05%
정몽준 -0.07%

'04.12~'05.03
현대중공업:
현대미포조선 +4.92%

'05.01
현대미포조선:
선박수리업 종료

'07.05
현대중공업:
현대미포조선 -1.94%

'10.12~'11.04
현대중공업:
KCC -1.75%

'11.10
현대중공업:
정몽준 아산나눔재단 +0.65%

'12.01
현대중공업:
현대미포조선 -0.13%

'13.12
삼성중공업:
삼성엔지니어링 -3.27%

'14.09~11
삼성중공업: 삼성엔지니어링 흡수합병 시도했으나 철회

'14.12~'15.12
현대중공업:
KCC +2.16%

'16.08
삼성중공업:
유상증자 결정

'16.11
현대미포조선: 4개사로 기업분할 결정

'17.08
현대로보틱스: 유상증자 및 현대미포조선 지분 인수

'17.10
현대중공업: 블룸버그로 현대미포조선 -3.18%

'18.04
현대로보틱스:
정기선 +5.10%
KCC -5.10%

'17.12~'18.01
현대중공업, 삼성중공업: 유상증자 결정

자료: Bloomberg, 메리츠증권 리서치센터

조선업 업계 재편, 지분율 변화의 역사

조선산업 주요 Event / 지분율 변화 (좌측 타임라인)

'75.04 현대중공업의 현대미포조선 설립

'00.05 — 현대중공업: 정주영 -11.05%, 현대건설 -0.92%, 현대상선 +11.97%

'00.07 — 현대중공업: 정주영 -0.51%, 정몽준 +2.28%, 현대건설 -6.93%

'00.09 — 삼성중공업: 삼성생명 -0.43%

'01.06 — 현대중공업: 정몽준 +0.66%, 현대상선 -5.32%

'01.10 STX의 대동조선 인수 (現 STX조선해양)

'02.01 — 현대중공업: 현대상선 -6.76%

'02.04 — 현대중공업: 정주영 -0.45%, 현대상선 -0.39%

'02.05 현대중공업의 한라중공업 인수 (現 현대삼호중공업)

'03.06~07 — 현대중공업: 정몽준 -0.13%, KCC +8.00%

'03.10 — 현대중공업: 정몽준 -0.07%, 현대미포조선 +5.00%, 아산사회복지재단 +2.05%

'04.12~'05.03 — 현대미포조선: 현대미포조선 +4.92%

'05.01 현대미포조선, 선박수리업 종료

'05.06 — 삼성중공업: 삼성생명 -0.53%

'05.09~'06.02 — 현대중공업: 아산사회복지재단 +0.47%

'06.08 SLS중공업의 신아조선 인수 (現 신아SB)

'07.01 진세조선의 선진조선 인수

'07.03 대우조선해양의 신한기계 인수 (現 신한중공업)

'07.05 — 현대중공업: 포스코와 지분맞교환으로 현대미포조선 -1.94%

'09.01 C&중공업 퇴출선고, 대한조선 워크아웃

'09.03 YS중공업 퇴출선고

'09.04 녹봉조선 파산선고

'10.03 성동조선해양, SPP조선, 대선조선 워크아웃

'10.04 대우조선해양의 삼우중공업 인수

'10.07~09 오리엔트조선, 목포조선공업 법정관리

'10.12 — 현대중공업: KCC -1.42%

조선산업 주요 Event / 지분율 변화 (우측 타임라인)

'11.01 SPP조선, SPP해양조선 SPP정공 통합 (現 SPP조선), 전세조선 파산선고

'11.04 — 현대중공업: KCC -0.33%

'11.07~08 염천업의 신우조선해양, 녹봉조선 인수

'11.10 — 현대중공업: 정몽준 -0.65%, 아산나눔재단 +0.65%
삼호조선, 세공중공업 파산선고

'12.01 — 현대중공업: KCC -3.27%

'12.02~03 STX조선해양 지율협약

'13.04

'13.06 21세기조선 파산선고

'13.12 — 삼성중공업: 삼성엔지니어링 -0.13%

'14.07 — 삼성중공업: 삼성SDI와 합병으로 제일모직 -0.42%, 삼성SDI +0.42%

'14.09~11 삼성중공업, 삼성엔지니어링 흡수합병 시도했으나 철회

'14.12 — 현대중공업: KCC +0.92%

'15.2~12 — 현대중공업: KCC +1.24%

'15.06 — 삼성중공업: 삼성테크윈 매각으로 삼성테크윈 -0.07%

'15.11 신아ISB 파산선고

'16.05 STX조선해양 법정관리

'16.07 대우조선해양의 거래정지

'16.08 삼성중공업 4개사로 기업분할 결정

'16.11 대우조선해양의 유상증자 결정
— 삼성중공업: 유상증자 후 삼성전자 -0.71%, 삼성생명 -0.14%

'17.04 대우조선해양의 자율적 채무조정안 합의

'17.05 — 현대중공업 그룹: 5월 10일 4개사 분할 상장
현대로보틱스: +10.15%, 현대미포조선 +7.98%

'17.06 — 현대중공업: 현대로보틱스 +13.37%
현대일렉트릭: 정몽준 +10.15%, 현대로보틱스 +13.37%
현대건설기계: 정몽준 +10.15%, 현대로보틱스 +13.37%

'17.08 — 현대로보틱스: 장내매도로 현대미포조선 -7.98%

'17.10 대우조선해양의 상장유지 결정
— 현대중공업 그룹: 현대로보틱스의 유상증자 및 현대미포조선 지분 인수
현대로보틱스: 정몽준 +15.65%
현대중공업: 정몽준 -10.15%, 현대로보틱스 +14.47%
현대일렉트릭: 정몽준 -10.15%, 로보틱스 +22.25%, 미포조선 -7.98%
현대건설기계: 정몽준 -10.15%, 로보틱스 +18.74%, 미포조선 -7.98%

'17.12 삼성중공업 유상증자 결정
— 현대중공업: 시간외대량매매(블록딜)로 현대미포조선 -3.18%
현대일렉트릭: 우-무상증자 후 현대로보틱스 -0.97%
현대건설기계: 우-무상증자 후 현대로보틱스 +0.31%

'18.01 현대중공업 유상증자 결정

'18.03 성동조선해양 법정관리
— 현대건설기계: 장내매수로 현대로보틱스 +0.61%

'18.03 — 현대중공업: 유상증자 후 현대미포조선 -0.10%, 현대미포조선 -0.87%

'18.04 — 현대로보틱스: 정기선 +5.10%, KCC -5.10%

자료: 전자공시시스템, 메리츠증권 리서치센터

대형업체들의 지분 및 자본변동의 과정

현대중공업 그룹 조선 3사

기업	지배구조 변화
'99.10	현대삼호중공업(舊 한라중공업), 부도로 금융기관 출자전환
'02.05	현대중공업, 워크경영 중인 현대삼호중공업에 콜옵션 행사로 2천만주 매입 현대삼호중공업: 현대중공업 +100%, 기타 금융기관 -100%
'02.11	현대삼호중공업, 1천억원 유상증자 발행 현대삼호중공업: 현대중공업 -5.1%, 우리사주조합 +5.1%
'03.09	현대중공업 그룹 조선 3사, 순환출자 시작 현대중공업, 현대삼호중공업에 보유한 현대미포조선 지분 매각 현대미포조선: 현대삼호중공업 +27.68%, 현대중공업 -27.68%
'03.10	현대삼호중공업, 현대미포조선 지분 9.21% 장내매수 현대미포조선: 현대삼호중공업 +9.21% 현대중공업, 자사주 380만주 현대미포조선에 매각 현대중공업: 현대미포조선 +5.0%, 현대중공업 -5.0%
'04.12~'05.03	현대미포조선, 현대중공업 지분 4.92% 장내매수 현대중공업: 현대미포조선 +4.92%
'04.12~'09.09	현대삼호중공업, 현대미포조선 지분 9.20% 장내매수 현대미포조선: 현대삼호중공업 +9.20%
'07.05	현대미포조선, 현대중공업 지분 1.94% 포스코와 지분 맞교환 현대중공업: 현대미포조선 -1.94%

현대중공업

기업	지배구조 변화
'16.11	현대중공업, 현대로보틱스, 현대일렉트릭, 현대건설기계 4개사로 분할 결정
'17.05	5월 10일, 인적분할된 4개 회사의 신규 상장
'17.08	정몽준, 현대중공업 지분 9.83% 현물출자로 현대로보틱스 지분 15.65% 확보
'17.10	현대미포조선, 현대중공업 지분 3.18% 블록딜로 매각
'17.12	1조 3,250억원 유상증자 결정
'18.03	유상증자 완료, 증자후 현대로보틱스의 지분은 27.74%(증자전 27.84%)

현대로보틱스

기업	지배구조 변화
'17.05	5월 10일, 현대중공업 인적분할로 신규 상장
'17.06	현대미포조선, 현대로보틱스 지분 7.98% 장내매도
'17.08	현대중공업, 현대일렉트릭, 현대건설기계 주주 대상으로 현물출자 유상증자 결정 정몽준, 현대중공업 9.83%, 현대일렉트릭 10.15%, 현대건설기계 10.15% 지분 현물출자로 현대로보틱스 지분 15.65% 확보 현대미포조선, 현대일렉트릭과 현대건설기계 지분 각 7.98% 현대로보틱스에 지분
'17.09	현대일렉트릭, 2,641억원 유·무상증자 결정 현대건설기계, 3,788억원 유·무상증자 결정
'17.12	현대중공업, 1조 3,250억원 유상증자 결정
'18.04	정기선, KCC가 보유한 현대로보틱스 지분 5.10% 인수

삼성중공업

기업	지배구조 변화
'14.09	삼성엔지니어링 흡수합병 결정
'14.11	삼성엔지니어링 합병계약 철회
'16.08	삼성중공업, 1조 1,409억원 유상증자 결정
'18.01	삼성중공업, 1조 4,088억원 유상증자 결정 (1차 발행가액 5,870원 기준)

자료: 전자공시시스템, 메리츠증권 리서치센터

[현대중공업그룹] Cycle 대응을 위한 구조 개편의 성공 사례

**현대삼호중공업 - 97년
한라중공업 부도 후 99년
현대중공업 위탁경영, 01년
흑자전환, 02년 계열사 편입**

- 현대삼호중공업(舊 한라중공업)은 1997년 부도 이후 회사정리절차 개시, 1999년 10월 25일 한라중공업에서 RH중공업으로 자산부채 이전, 1999년 10월 27일 금융채무 중 1,000억원을 출자전환

- 1999년 10월 27일 삼호중공업으로 사명을 변경, 10월 29일 현대중공업이 위탁경영 실시

- 현대중공업은 2002년 5월 15일 2천만주의 Call Option을 행사(위탁경영 종결), 7월 삼호중공업을 100% 계열사로 편입(93년 설립 이후 01년 최초로 흑자전환에 성공)

- 편입 후 노조 파업에 따른 생산중단·재개를 겪었고 2002년 12월 20일 1,000억원의 유상증자 이후, 현대 중공업 94.92%, 우리사주조합 5.08% 지분구조로 정리. 2003년 1월 1일 현대삼호중공업으로 사명 변경

한라중공업 부도로 금융기관 출자전환 후 현대삼호중공업 주식소유 현황

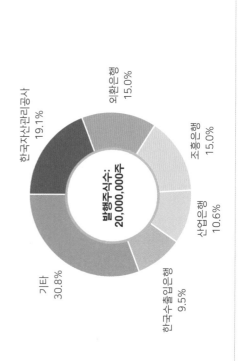

한국자산관리공사 19.1%
외환은행 15.0%
조흥은행 15.0%
산업은행 10.6%
한국수출입은행 9.5%
기타 30.8%
발행주식수: 20,000,000주

자료: 전자공시시스템, 메리츠증권 리서치센터

현대중공업의 계열사 편입 및 유상증자 이후 현대삼호중공업 주식소유 현황

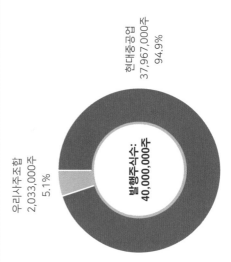

현대중공업 37,967,000주 94.9%
우리사주조합 2,033,000주 5.1%
발행주식수: 40,000,000주

자료: 전자공시시스템, 메리츠증권 리서치센터

[현대중공업그룹] 현대차그룹과 유사한 순환출자 구조를 형성

계열편입 이후 현대중공업의 미포 지분을 삼호에 매각, 자사주는 미포에 매각하면서 순환출자형성→경영권 안정화

- 2002년 2월 28일 舊현대그룹에서 계열 분리된 현대중공업그룹은 5월 삼호중공업을 계열사로 편입, 조선 3사와 금융 3사(현대기업금융, 현대기술투자, 현대선물)의 독립그룹의 형태를 갖게 됨

- 2001~02년 2년 연속 흑자를 기록한 현대삼호중공업은 2003년 9월 22일 현대중공업이 보유했던 현대 미포조선 주식 404.1만주(27.68%)를 매수, '현대중공업→현대삼호중공업→현대미포조선'으로 구조 변경

- 2003년 9월 29일 현대미포조선의 자사주 134.4만주를 매수, 현대삼호중공업의 지분율은 36.89%로 확대. 1) IAP의 현대미포 지분(10.27%) 신고 후 일어난 경영권 위협 해소, 2) 현대미포 재무건전성 확보

현대중공업그룹 조선 3사간 지배구조 – 02년 현대삼호중공업 계열 편입, 03년 현대중공업의 미포지분을 삼호에 매각, 자사주 매각을 통해 순환출자 형성

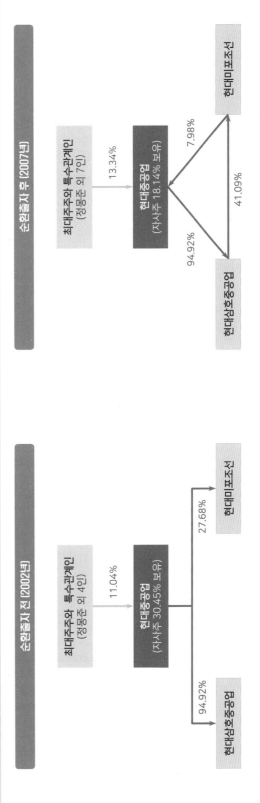

자료: 전자공시시스템, 메리츠증권 리서치센터

[현대중공업그룹] 4개사로 인적분할 결정, 지주회사체계 구축

1) 舊현대그룹에서 계열분리
2) 현대삼호중공업 계열 편입
3) 조선 3사간 순환출자 형성
4) 인적분할로 지주체제 전환

- 2003년 10월 15일 현대중공업은 자사주 5.04%를 현대미포조선에 매각, 11월 8일 현대미포조선은 유상증자(540만주) 결정. 현대삼호중공업의 현대미포조선 지분율은 34.89% 확보

- 현대중공업의 지배구조 변화: 1) 舊현대그룹에서 계열분리(02년), 2) 현대삼호중공업 계열사 편입(02년), 3) 현대중공업의 현대미포조선 지분을 삼호에 매각(03년), 4) 현대중공업과 현대미포조선 자사주의 계열사간 매각을 통해 '현대중공업→현대삼호중공업→현대미포조선→현대중공업'의 순환출자 형성

- 이는 현대그룹에서 독립하면서 대주주 지분율이 낮았기에, 경영권 안정화와 재무구조 개선이 목적

- 2016년 11월 15일, 현대중공업은 경영효율화와 사업경쟁력 강화를 위해 4개사로 인적분할을 결정

현대중공업그룹의 인적분할 *前*과 *後*의 지배구조 변화 – 현대중공업이 보유했던 자사주가 부활, 현대로보틱스가 지주회사 역할

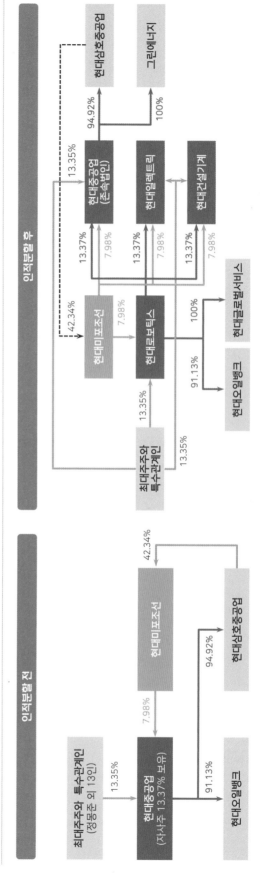

자료: 전자공시시스템, 메리츠증권 리서치센터

[현대중공업그룹] 인적분할 방식의 지주회사 전환의 대표 사례

인적분할을 통한 지주회사 체제 전환은 대주주 지배력 강화에 유리, 현대중공업이 대표 사례

- 인적분할은 신규 자회사의 주식을 분할 전 회사의 주주들이 지분율대로 나누어 갖는 방식. 분할 이후 신규 자회사 주식을 대상으로 공개매수(지분 Swap) 진행. 모회사(지주회사)의 신주를 발행하여 교환, 자회사 일반 주주들이 공개매수에 불응 시 최대주주가 참여하면서 모회사의 지분율을 높일 수 있음

- 분할 시 모회사(지주회사) 소유의 모회사 자사주는 자본 차감계정(별 상 자사주는 자산)이나, 모회사가 보유하는 자회사의 자사주는 투자자산으로 계상. 인적분할 직후부터 모자회사간 지분관계 형성

- 현대중공업도 현대로보틱스(모회사), 현대중공업(자회사), 현대일렉트릭(자회사), 현대건설기계(자회사) 분할 직후 지주회사인 현대로보틱스가 3개 자회사의 지분을 각각 13.37% 소유하게 됨

인적분할 방식의 지주 전환 – 현대중공업은 4개사 분할, 로보틱스가 지주사

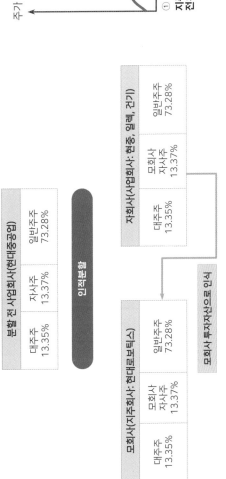

자료: 전자공시시스템, 메리츠증권 리서치센터

인적분할을 통한 지주회사 전환 과정에서의 주요 이벤트 Summary

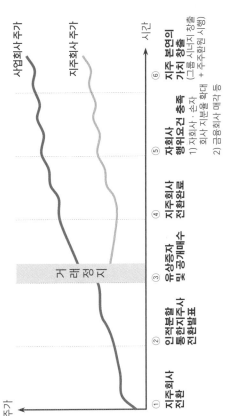

자료: 메리츠증권 리서치센터

[현대중공업그룹] 인적분할 방식의 지주회사 전환의 대표 사례

인적분할 이후 변경·재상장
첫 날 시가총액 34.2% 증가

- 현대중공업은 2017년 4월 1일을 분할기일로 하여 5월 10일 4개사(현대로보틱스, 현대일렉트릭, 현대 건설기계, 현대중공업(존속))로 변경·재상장 완료. 분할비율은 현대중공업 : 현대건설기계 : 현대일렉트릭 : 현대로보틱스 : 현대건설기계 = 0.7455977 : 0.1584266 : 0.0488172 : 0.0471585

- 3월 30일~5월 9일 매매거래정지 기간 이후 현대중공업의 분할 전과 후(4개사 합산) 시가총액은 12.5조원에서 16.8조원으로 34.2% 증가(5월 10일 증가 기준)

- 분할 전(2016년 말 기준) 현대중공업의 자본총계가 17.9조원인 점을 감안시 인적분할 이슈로 PBR 0.7배에서 0.94배로 상승 → 자사주(13.37%) 분할을 감안해도 개별부문의 Discount 해소 속도가 빨랐음

현대중공업의 분할 전, 후 시가총액 추이

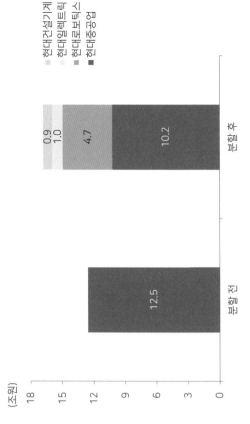

자료 : WiseFn, 메리츠증권 리서치센터

현대중공업의 분할 전, 후 시가총액 변화(12.5조원 → 16.8조원)

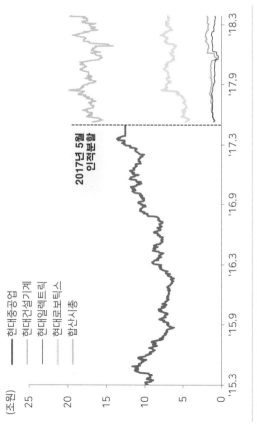

자료 : WiseFn, 메리츠증권 리서치센터

[현대중공업그룹] 인적분할 이후 지배구조 변화 과정

분할 후 대주주 지분을 확대와 지배구조 재편은 성공적이나 일반주주에겐 중립적

- 현대중공업은 2014년 대규모 적자를 기록한 이후, 정상화를 위해 비핵심자산 매각을 포함한 3.5조원 이상의 자구계획을을 진행(2018년 2월 조선 계열사 합산 100.5% 달성). 지배구조 개편도 이 중 하나

- [Step 1] 2017년 4월 1일 분할기일, 5월 10일 거래재개
  → 현대로보틱스가 3개 자회사 지분 91.13%, 현대오일뱅크 지분 13.37%, 현대글로벌서비스 100% 확보
  → 신규 순환출자 해소를 위해 현대미포조선이 보유하게 된 현대로보틱스 지분(7.98%) 전량 매각(6월)

- [Step 2] 현대로보틱스는 중공업, 일렉트릭, 건설기계 주주 보유지분에 대해 지분 Swap(유상증자) 마무리
  → 7월 1.73조원 현물출자 유상증자 성공, 8월 현대미포의 일렉트릭, 건설기계 지분을 로보틱스가 매입

[Step1] 현대로보틱스 유상증자(지분스왑) 이전 현대중공업 그룹 지배구조

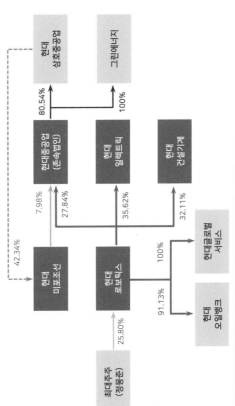

주 : 현대삼호중공업의 Pre-IPO 반영 기준
자료 : 전자공시시스템, 메리츠증권 리서치센터

[Step2] 현대로보틱스 유상증자, 현대미포조선 보유 지분 인수 후 지배구조

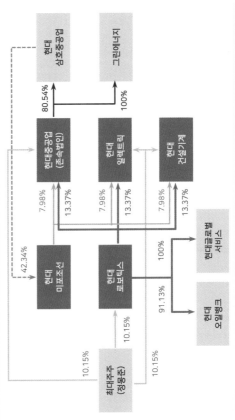

주 : 현대삼호중공업의 Pre-IPO 반영 기준
자료 : 전자공시시스템, 메리츠증권 리서치센터

[현대중공업그룹] 인적분할 이후 지배구조 변화 과정

지주회사의 자회사 지배력 확대를 위한 필수적 과정 진행, 분할 4개사는 단순 합산 기준 3.6조원의 유상증자를 단행

- [Step 2] 현대로보틱스의 자회사 주주에 대한 공개매수 후 최대주주의 로보틱스 지분율은 25.8%로 상승

- [개편과정: 1) 인적분할(17년 4월) → 2) 현대로보틱스, 지주회사로 변경·재상장(5월) → 3) 미포, 로보틱스 지분 매각(6월) → 4) 로보틱스, 현물출자 지분 Swap(7월) → 5) 현대오일뱅크, 중간배당 결정(8월) → 6) 미포, 건설기계·일렉트릭 지분을 로보틱스에 매각(8월) → 7) 건설기계·일렉트릭, 유·무상증자(9월) → 8) 미포, 현대중공업 보유지분 3.18% 매각(10월) → 9) 일렉트릭, 해외 법인을 중공업에서 일부 인수(10월) → 10) 미포, 금융계열사 매각(11월) → 11) 건설기계, 해외법인을 중공업에서 일부 인수(12월) → 12) 현대중공업 유상증자, 현대오일뱅크 IPO 계획 발표(12월) → 13) 현대로보틱스, 현대중공업지주로 사명 변경(3월) → 14) 정기선 부사장, KCC가 보유한 로보틱스 지분(5.1%) 매수(4월) [Step 3]

[Step 3] 현대중공업 유상증자와 현대일렉트릭, 현대건설기계 유·무상증자, 대주주 지분 매입 후 지배구조

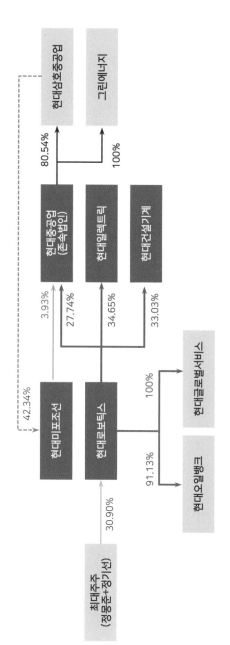

자료: 전자공시시스템, 메리츠증권 리서치센터

[삼성중공업] 2014년 삼성엔지니어링과의 합병 추진, 이후 철회

그룹 내 해양플랜트사업의 시너지 제고를 위한 합병 진행, 지배구조 개편 측면과는 무관. 주식매수청구액 초과로 좌초로 백지화

- 2014년 9월 1일, 삼성중공업은 삼성엔지니어링의 흡수합병을 발표, 삼성엔지니어링이 소멸회사(피합병법인)가 되고 삼성엔지니어링 1주당 2.359039주의 삼성중공업 신주를 교부받는 방식

- 11월 19일 삼성중공업은 합병계약 해제를 공시, 합병에 반대하는 주주의 주식매수청구액은 합산 1조 6,299억원으로 합병 시 재무구조 악화가 불가피 → 시너지 계량화가 불투명했다는 점에서 합리적 결정

- 합병 추진과정에서 합병비율의 적음 존재, 14년 상반기 연결 자본 0.96조원인 엔지니어링 주주에게 2.55조원 가치의 합병법인 신주를 부여(합병법인 자본총계 중 엔지니어링이 기여 13.4%, 지분율은 29.0%)

- 합병의 초기 목적은 해양플랜트부문 시너지 제고 → 2014년 이후 시황 침체와 실적 악화로 동기 소멸

2014년 추진 좌초된 삼성중공업의 삼성엔지니어링 흡수합병 세부 계획

(원)	삼성중공업(존속)	삼성엔지니어링(소멸)
기준주가	26,972	63,628
주식매수청구권 행사가액	27,003	65,439
합병비율	1.0000000	2.3590390
자본총계	5,650,838,887,260	959,573,711,433
BPS	24,464	23,989
PBR(합병가액 / BPS)	1.10	2.65
합병 전 총 주식수	230,990,231	40,000,000
자사주	13,964,429	3,024,038
합병 후		
삼성중공업 신주	230,990,231	94,361,560
삼성중공업 신주(자사주)	13,964,429	7,133,824

주: 자본총계는 2014년 2분기 말 기준
자료: 전자공시시스템, 메리츠종금증권 리서치센터

[삼성중공업] 2014년 삼성엔지니어링과의 합병 추진, 이후 철회

합병계획 철회되는 주주의 권익 보호를 우선시했다는 점에서 시장 친화적인 결정, 단기간 내 재추진될 개연성은 높지 않음

- 2014년 삼성중공업이 엔지니어링을 흡수합병하는 계획의 배경에는 Ichthys CPF(27억달러)와 Egina FPSO(30억달러) 해양생산설비의 설계·관리능력 부족으로 약 7,600억원 손실 인식이 시작점으로 판단

- 합병을 통해 엔지니어링의 육상플랜트 설계 기술과 프로젝트 관리역량을 해양 생산설비에 투입해 원가와 성장 측면의 시너지를 창출할 계획이었음

- 삼성엔지니어링은 2013년 1조 2,050억원과 2015년 1조 3,797억원의 해외공사 손실처리 반영

- 2014년부터 국제유가가 급락, 해양시황 침체가 장기화되었고 국내 건설업계의 해외수주도 급감

- 향후 변수: 물산, 중공업, 엔지니어링을 포함하는 그룹 EPC 경쟁력제고 T/F의 경영진단 결과

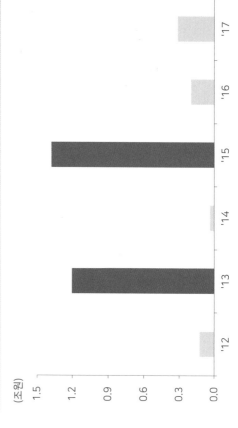

삼성중공업의 미청구공사액, 공사손실충당부채 증감액 추이

자료 : WiseFn, 메리츠증권 리서치센터

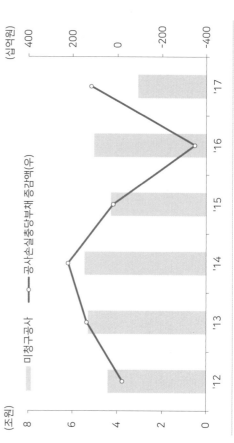

삼성엔지니어링의 해외공사 손실처리 규모 추이

자료 : Company data, 메리츠증권 리서치센터

[삼성중공업] 합병 철회 이후, 2016년 양 사는 유상증자 결정

**합병철회 이후 시황 악화와
실적 부진, 재무건전성
확보를 위해 양 사 모두
유상증자 결정**

- 6개 대형 건설사(현대건설, GS건설, 삼성물산, 현대산업, 대림산업, 대우건설)의 2014년 상반기 평균 PBR은 0.8배, 부채비율은 188.8% 수준이나 삼성엔지니어링은 PBR 3.3배에 부채비율 531.4%

- 대규모 손실로 2013년 자본총계 9,057억원(-46.4% YoY)에 불과, Peer 대비 프리미엄 부여는 제한적

- 합병 추진 당시 그룹사의 지분 현황을 보면, 엔지니어링은 제일모직과 물산의 지분율이 20.91%, 중공업은 전자와 생명의 지분율이 21.08% 이었음

- 합병 무산 후 육상·해양플랜트 시황의 급격한 악화와 실적 부진으로 양 사 모두 2016년 유상증자 결정 (삼성엔지니어링 1조 2,652억원, 삼성중공업 1조 1,409억원)

2014년 합병추진 당시 그룹 계열사의 삼성중공업 지분 현황(24.21%)

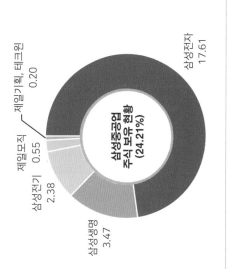

삼성전자 17.61
삼성생명 3.47
삼성전기 2.38
제일모직 0.55
제일기획, 테크윈 0.20

삼성중공업 주식 보유 현황 (24.21%)

주: 2014년 2분기 말 기준
자료: 전자공시시스템, 메리츠증권 리서치센터

2014년 합병추진 당시 그룹 계열사의 삼성엔지니어링 지분 현황(22.00%)

제일모직 13.10
삼성물산 7.81
삼성화재 1.09
삼성생명 0.01

삼성엔지니어링 주식 보유 현황 (22.00%)

주: 2014년 2분기 말 기준
자료: 전자공시시스템, 메리츠증권 리서치센터

[환경규제] 2005년 단일선체 탱커선박 퇴출 사례

과거 환경규제 도입 사례
- 이중선체(Double Hull)

- 미국 1989년 Exxon Valdez호 기름유출사고 이후 Double Hull Tanker에 대한 논의 시작
  → 미국항만경비대(USCG)와 EU는 1996년 각 국가의 연안에 접근하는 단일선체 입항 거부

- IMO는 1992년 MARPOL 92를 통해 1993년 7월부터 5천톤급 이상 탱커의 이중선체 의무화

- 2005년에는 운항중인 기존 단일선체 탱커선박을 2010년까지 모두 퇴출시키는 규정을 명문화
  → 2009~'10년 단일선체 탱커 해체량 급증하는 모습 확인

탱커의 발주량 및 폐선량 추이

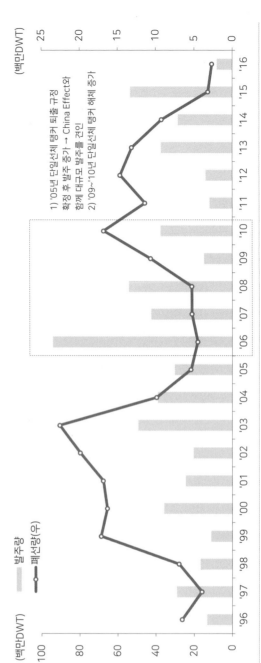

자료 : Clarksons, 메리츠증권 리서치센터

[환경규제] Time Frame

2020년 0.5% Low Sulphur Cap 규제

- 2020년 1월 1일부터 시행된 국제해사기구(IMO)의 선박에 대한 황산화물 규제 방안

  - 선박 연료의 일반해역 내 황함유량은 0.5% 이하(기존 3.5%), 배출규제해역(ECA)은 0.1% 이하 준수

  - EGCS(Exhaust Gas Cleaning System) 사용시 배기가스 등등 SOx 함유율 21.7ppm/4.3ppm(ECA) 이하

- 신규 건조선박: 2020년 1월 1일부터 Keel-Laying에 들어가는 선박은 즉시 0.5% Cap 충족 필요 Vs. 기존 중고선박: 2020년 1월 1일 이후 정기검사(5년마다)를 위해 Dry-Docking 하는 시기에 충족 필요

환경오염 물질 및 해양 생태계 교란 관련 IMO의 주요 규제 도입 시기

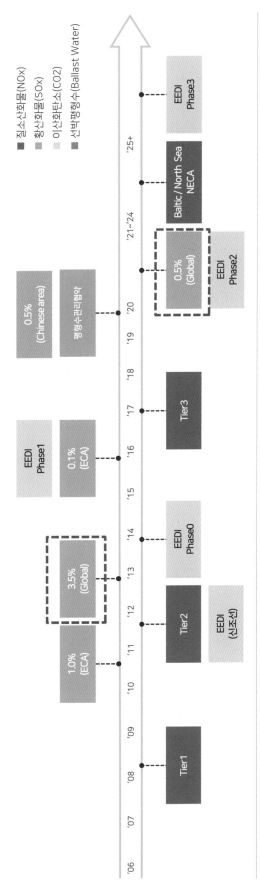

범례:
- 질소산화물(NOx)
- 황산화물(SOx)
- 이산화탄소(CO2)
- 선박평형수(Ballast Water)

자료: Clarksons, DNV GL, 메리츠증권 리서치센터

[환경규제] IMO2020 – 3가지 대응방안 중 발주자들의 선택을 강제

2020년 황산화물 규제 대응책

1) 저유황경유(MGO) 대체
2) 탈황설비(Scrubber)
3) LNG/LPG 추진선 도입

- 환경규제에 대응하는 대안은 세 가지, 이 중 저유황유(LSFO)가 선호되는 이유는 CAPEX가 적다는 점
- 저유황유를 기존 연료만큼 사용한다고 가정했을 때, OPEX 부담(MGO가 Bunker C 대비 60% 비쌈)
- 저유황유의 최대 Risk: 2020년 규제 도입시 수요 급증(연간 2.33억톤 추정) Vs. 정유업계 공급 부족
- Scrubber 도입은 CAPEX 부담, 노후선 개조비용 및 Retrofit 가능한 조선소 제한적 → 신조발주의 Option
- LNG Fuel은 SOx, NOx 규제는 물론 CO2 규제에도 대응 가능한 이상적 대안
- Maersk: 저유황유+LNG Fuel, CMA-CGM, SCF: LNG Fuel, 일본+중화계 선사: Scrubber

IMO의 황산화물 규제 대응방안 별 장단점 및 조선산업에 미치는 영향

Type		Low-Sulfur Fuel Oil(LSFO, MGO)	Scrubber 설치	LNG-fuel 도입
장점		- 추가적인 설비투자가 필요하지 않음 - 기존 선대에도 바로 적용 가능	- 저렴한 기존 연료 사용 가능, 황산화물 규제 충족 가능 - 투자금을 빠른 시일 내에 회수 가능	- SOx 규제를 포함해 NOx, CO2 규제까지 대응 가능 - 기존 벙커C 대비 연료소모량 적어 운영비 절감 가능
단점		- 기존 연료 대비 50~80% 비싸며, 가격급등 Risk 존재 - 저유황유의 표준화된 제조방법이 없어 사용상 주의 필요	- 척당 400~1,000만달러에 달하는 투자비용 소요 - 2050년 시행되는 CO2 규제에 대응할 수 없음	- 선가의 최대 20~30%의 설비투자 비용 발생 - LNG 인프라 구축, Bunkering선 투자가 선행조건
조선산업 영향		- 신조선이 필요하지 않기 때문에 큰 영향은 없을 전망 (중립적) - 수혜: 저유황유 투자를 늘리는 정유사, 현대미포조선	- 스크러버 옵션 장착으로 선가 상승 (다소 긍정적) - 수혜: 현대중공업, 현대중공업지주, 세진중공업	- LNG추진선 설비시, 대부분 국내 조선사 수주 예상 - 고가의 LNG추진선 수주로 선가 상승 (긍정적)

자료: 메리츠종금증권 리서치센터

[환경규제] 기존 연료 이외에는 LNG Fuel이 대체성 우수

Brent Oil 가격 기준 대체 연료가격은 고유황유 0.75배, LNG 0.8배, LPG 0.9배, MGO 1.25배로 LNG가 대체성 우수

- 국제해사기구(IMO) 예상에 따르면(MEPC 70-5.3), 2020년 선박에 소요되는 연료 수요는 연간 3.14억톤

- DNV·GL에 따르면, 연료 수요의 78%인 2.45억톤이 고유황유(HFO, 황산화물 평균 함량 2.5%), 22%인 0.69억톤이 저유황유(Marine Gas Oil) → 2020년 황 함유율 0.1~0.5% 유지하려면 HFO, MGO 혼합 필요

- IMO는 2020년 Scrubber(탈황설비)를 장착한 선박을 4천여척으로 전망, 이 경우 고유황유의 연료 수요 비중은 6%로 급감 → 2018년 3월 Scrubber를 장착했거나 장착 기준으로 발주한 선박은 420척에 불과

- 현재 Brent Oil 가격을 기준으로 대체연료의 가격은 MGO 1.1~1.25배, HFO 0.65~0.75배, LNG(EU 기준) 0.6~0.8배, LPG(미국 기준) 0.85~0.9배, 메탄올 0.9~1.2배로 LNG의 가격이 대체성 측면에서 우수

연간 Diesel & Gas oil 소비량 대비 대체연료의 소비량

자료: DNV GL, 메리츠증권 리서치센터

Brent crude oil 대비 대체연료의 가격 비교

자료: DNV GL, IEA, 메리츠증권 리서치센터

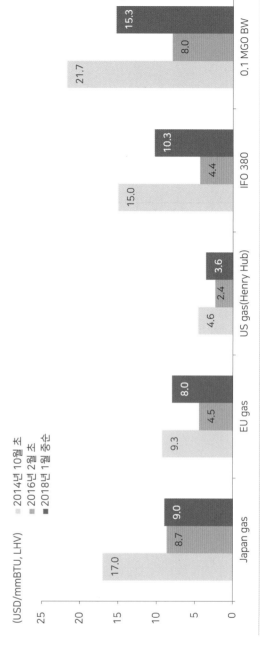

[환경규제] 저유황유보다 가격 메리트가 커진 Gas

**Scrubber 설치 비용은
14,000 TEU급 기준
552~827만달러 추정.**

**연료비 측면에서 LNG의 가격
메리트가 높아진 상황**

- DNV GL(노르웨이-독일 선급)은 선박에 Scrubber를 장착 시 KW당 650달러(엔진출력 5,000KW),
100~150달러(엔진출력 40,000KW 이상급)의 CAPEX가 소요됨을 발표 → 14,000TEU급 컨테이너선을
기준(마력 75,000, 1HP=0.7355KW)으로 Scrubber 비용에만 552~827만달러가 소요됨을 의미

- 2014년 10월에서 2018년 1월 연료별 가격은 일본 LNG는 17.0달러→9.0달러, 유로존 Gas는 9.3달러→
8.0달러, 미국 Gas 4.6달러→3.6달러, 고유황유 15.0달러→10.3달러, 저유황유 21.7달러→15.3달러로
하락

- 이론적으로 선박의 LNG 연료 저장탱크는 고유황유 대비 1.97배 커짐. 이로 인한 화물 적재량 감소는
불가피하나 일본 LNG 가격이 저유황유의 58.8% 수준에 놓이고, 이를 상세하면서 가격 메리트가 높아짐

Brent crude oil 대비 대체연료의 가격 비교

(USD/mmBTU, LHV)

■ 2014년 10월 초
■ 2016년 2월 초
■ 2018년 1월 중순

	Japan gas	EU gas	US gas(Henry Hub)	IFO 380	0.1 MGO BW
2014년 10월 초	17.0	9.3	4.6	15.0	21.7
2016년 2월 초	8.7	4.5	2.4	4.4	8.0
2018년 1월 중순	9.0	8.0	3.6	10.3	15.3

자료: DNV GL, IEA, 메리츠종금 리서치센터

[환경규제] IMO2020 – LNG Fuel이 이상적, 공급의 한계는 개선 중

SOx 외에 NOx, CO2 규제까지 고려하면 LNG Fuel이 이상적, Bunkering Infra/Vessel 필요

- DNV-GL에 따르면, 누적 기준 LNG Fuel을 적용한 선박은 2012년 35척, 2016년 186척에서 2018년 254척으로 증가 → 운항지역은 유럽과 미국이 90%를 차지

- LNG Fuel은 질소산화물과 CO2 규제에도 대응할 수 있어 가장 이상적인 대응책, 그러나 LNG 추진선에 필수적인 LNG Bunkering 인프라는 미국과 서유럽, 노르웨이 등 제한된 지역에서 운영·건설 중

- 2018년 전세계 LNG 액화터미널 생산용량은 384MTPA, 현재 건설중인 터미널은 2024년까지 79MTPA, FEED 설계단계에 있는 터미널은 2024년까지 157MTPA → 100% 완공시 생산용량은 5년간 62% 증가

전세계 LNG 액화터미널 용량 추이 – 가동 중, 건설 중, 설계 단계인 터미널

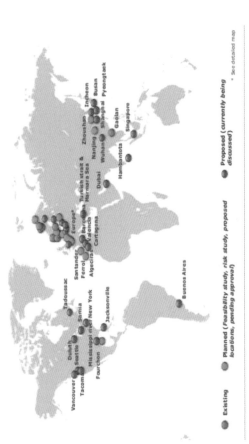

■ FEED(Front End Engineering and Design phase)
■ Under Construction
■ Existing

주: MTPA = Million Tonnes Per Annum
자료: Clarksons, 메리츠증권 리서치센터

세계 LNG Bunkering 시설 현황 – 미국, 유럽 일부 지역에만 설비 보유

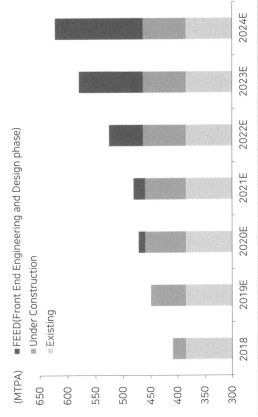

자료: DNV GL

[환경규제] 2021년부터 脫탄소를 위한 규제 강화 움직임

국제사회, 脫 탄소에 집중

- 2030년까지 국제 해운활동 내 탄소집약도를 2008년 수준의 40% 감축하려는 국제사회의 목표

- ETS(Emissions Trading Systems, 배출가스거래제도)
  - 2020년 9월 유럽의회는 해운업도 EU의 ETS 적용 대상에 포함시키는 방안 의결 → 유럽경제지역 항만에 기항하는 11.500척의 선박이 적용 대상

- IMO 연비 규제 확대 적용
  - 2020년 11월 16~20일, IMO MEPC 75차 회의에서 'MARPOL Annex VI' 개정안 합의
  - 기존 선박에 신조선 수준의 연료 효율 규제를 적용하는 것이 골자
  - <u>2021년 6월 MEPC 76차 회의에서 정식 채택 예정</u>

- MARPOL Annex VI 개정안 합의(MEPC 75차 회의)
  - EEXI(Energy Efficiency Existing-ship Index), CII(Carbon Intensity Indicator) 지표 도입
  - 기존 EEDI, SEEMP 지표를 기반으로하며, 연비 규제가 '신조 선박 → 기존 선박 '으로 확대
- 2014년 이전 발주된 선박(400GT 이상)을 대상으로 오는 2023년부터 연료효율규제가 적용
- 5,000GT이상의 선박을 대상으로 'Operational Carbon Intensity Rating'을 평가, A~E등급으로 구분
- → 3개년 연속 D등급 이하의 평가를 받을 경우 선주는 시정명령을 받게 되며 탄소배출감축을 위한 계획안 제출

[환경규제] 脫탄소를 위한 환경규제 강화

IMO MARPOL Annex VI 개정안을 지원하기 위한 기술지침서 등의 작업 계획

Activity	2020	2021	2022	2023	2024	2025	2026
						Review of Reg. 21A and 22B	
Amendments to MARPOL Annex VI	Approval & Adoption	Acceptance & Entry into force					
Guidelines on the method of calculation of the attained EEXI	Finalization & Approval			Application	Application	Application	Consolidated into a Carbon Intensity Code, as appropriate
Guidelines on survey and certification of the attained EEXI	Finalization & Approval			Application	Application	Application	
Guidelines on the Shaft/Engine Power Limitation System to comply with the EEXI requirements and use of a power reserve	Finalization & Approval			Application	Application	Application	
Guidelines on operational carbon intensity indicators and the calculation methods(CII guidelines)	Development, Finalization & Approval			Application	Application	Application	
Guidelines on the reference lines for use with operational carbon intensity indicators(CII Reference line guidelines)	Development, Finalization & Approval			Application	Application	Application	
Guidelines on the operational carbon intensity reduction factors relative to reference lines(CII Reduction factor guidelines)	Development, Finalization & Approval			Application	Application	Application	
Guidelines on the operational carbon intensity rating of ships (CII Rating Guidelines)	Development, Finalization & Approval			Application	Application	Application	
Update of 2016 Guidelines for the development of a Ship Energy Efficiency Management Plan(SEEMP), including to incorporate the development of a plan of corrective actions		Development, Finalization & Approval		Application	Application	Application	
Update of 2017 Guidelines for administration verification of ship fuel oil consumption data, as appropriate		Development, Finalization & Approval		Application	Application	Application	
Update of 2017 Guidelines for the development and management of the IMO Ship Fuel Oil Consumption Database, as appropriate		Development, Finalization & Approval		Application	Application	Application	
Update of 2013 Guidance on treatment of innovative energy efficiency technologies for calculation and verification of the attained EEDI, as appropriate		Development, Finalization & Approval		Application	Application	Application	
Update of Procedure on submission of data to the IMO data collection system of fuel oil consumption of ships from a state not party to MARPOL Annex VI, as appropriate		Development, Finalization & Approval		Application	Application	Application	
Update of Procedure for port state control, 2019, as appropriate		Development, Finalization & Adoption		Application	Application	Application	
Development of a Carbon Intensity Code	Development, Finalization & Adoption			Application & Entry into force		Application	Mandatory application

자료: IMO, 한국선급, 메리츠증권 리서치센터

기계

산업계의 톱니바퀴

조선/기계
Analyst 김현

산업재의 톱니바퀴 – 기계산업 세부 Category

조선 기자재

- **블록**
  - 오리엔탈정공, 삼영엠텍, 세진중공업
- **엔진**
  - 한국조선해양, HSD엔진, STX엔진, 태웅, 인화정공, 삼영엘텍, 대창솔루션, 에스앤디블루
- **보냉재**
  - 한국카본, 동성화인텍
- **전기/통신**
  - 대양전기공업, 삼영이엔씨
- **피팅(Fitting)**
  - 성광벤드, 태광, 하이록코리아
- **기타**
  - 조광ILI, 동방선기, 해덕파워웨이, 한라IMS, 이엠코리아, 엔케이, 상상인인더스트리, 한국주강

발전/플랜트 기자재

- **EPC/발전설비**
  - 두산중공업
- **기자재**
  - 비에이치아이, S&TC, 큐로, 일진파워, 제이엔케이히터

건설기계

- **완제품**
  - 현대건설기계, 두산인프라코어, 두산밥캣
- **하부주행체**
  - 진성티이씨, 대창단조, 동일금속, 흥국, 우림기계
- **유압실린더**
  - 디와이파워
- **기타부품**
  - 프리엠스
- **Attachment**
  - 에버다임, 수산중공업

공작기계

- **완제품**
  - 현대위아, 화천기공, 화천기계, S&T중공업, 한국정밀기계, 넥스턴, 스맥, Simpac, 우진플라임
- **OEM**
  - 이엠코리아
- **부품**
  - 서암기계공업, 와이지-원, 삼익THK

전력기기

- **완제품**
  - 현대일렉트릭, LS Electric

방위산업

- **방산 개발/양산**
  - 한국항공우주, LIG넥스원, 한화시스템, 한화에어로스페이스, 아이쓰리시스템, 현대로템, 휴니드
- **항공기부품**
  - 아스트, 하이즈항공
- **로보틱스**
  - 현대중공업지주
- **기타**
  - 영풍정밀

자료 : 한국조선해양, 두산중공업, 현대건설기계, 현대위아, 한국전력, 현대로템, 메리츠증권 리서치센터

Part I

조선 기자재

선박건조 – Value Chain

블록

- 블록(Block)이란 선박의 생산성을 높이기 위해서 선박의 각 위치 별로 잘라낸 조각
- 옥내 블록 공장에서 의장 작업 등 완료 후 도크로 이동하여 용접

엔진

- 독일의 MAN E&S, 핀란드의 Wartsila 등 Licensor 들의 기술력을 개량하여 선박용 엔진 제작
- 옥내 블록 공장에서 의장 작업 등 완료 후 도크로 이동하여 용접

기타

- 전기/통신/배관 등 기타 의장 작업 투입되는 제품 및 기자재
- 의장(Outfit): 배의 운용에 필요한 모든 것
- 개선, 조타, 항해, 통신, 거주, 제창고, 화물창고, 통풍, 난방, 냉각, 냉방, 조명, 계단, 난간, 소화, 하역, 각종 파이프 등

자료 : 두산중공업, 메리츠증권 리서치센터

선박건조 – Value Chain: 피팅(Fitting)

피팅 3사

**성광벤드, 태광,
하이록코리아**

■ 피팅(Fitting)이란?

- 조선/해양/건설 등 전방산업의 설비, 구조물에 설치되는 배관재를 연결하는 관이음쇠
  - 용접용 피팅: 대형 배관의 연결에 소요
  - 계장용 피팅: 주배관 주변에 부착되어 설비의 운영 상황을 계측, 제어하거나 시료를 채취

■ 피팅 제품의 종류

- 배관 방향을 변경하는 Elbow, 분기에 사용되는 Tee, 직경이 다른 배관을 연결하는 Reducer, 배관을 마감하는 Cap, 유체의 흐름을 개폐/조절하는 Valve, 압력을 유지시키는 Regulator 등

계장용 Fitting 제품

자료: 하이록코리아

용접용 Fitting 제품

제품명	제품사진	제품용도
ELBOW		ㄱ 모양의 파이프 연결관이음쇠
TEE		T 모양의 파이프 연결관이음쇠
REDUCER		큰 파이프와 작은 파이프의 연결에 사용되는 관이음쇠
CAP, 기타		파이프 끝부분의 마감재, 각종 파이프의 연결에 사용되는 관이음쇠류
Seamless steel pipe		발전, 석유화학, 가스 이 유체 및 기체 수송에 사용되는 관

자료: 성광벤드, 메리츠증권 리서치센터

선박건조 – Value Chain: 피팅(Fitting)

- 조선/건설업종 내 피팅 비중
  - 가스플랜트: EPC 계약 규모의 2~2.5%, 석유화학플랜트: 2%, 발전플랜트: 0.5~1%, 해양플랜트: 1%, 상선부문은 0.5%
  - 전방산업의 프로젝트는 천차만별이며 비중 또한 일관적이지 않음
- 피팅 제품의 발주 시기
  - 용접용 피팅: 신규 프로젝트 수주(EPC 계약 등) 후 9~12개월, 수주 후 납기까지 1~2분기
  - 제작용 피팅: 후공정 물량이므로 전방 계약 후 18~20개월 후 발주

프로젝트 별 피팅 비중

구분	종류	비중
가스플랜트	Gas to Lqiquids, LNG	2~2.5%
석유화학플랜트	정유, 화학, 가스	2%
발전플랜트	원자력, 화력	0.5~1%
해양플랜트	FPSO 등	1%
상선부문	신조선 의장 작업 등	0.5%

자료: 메리츠증권 리서치센터

ASP 변동 요인 – 재질, 납기

재질	가격	사용처	비고
Carbon	1배	일반 플랜트용, 상선부문	수주 계약 시 납기에 따른 단가변동
Stainless	3~10배	가스플랜트, 해양플랜트 등	- 3~4개월: 평균
Alloy	2배	가스플랜트, 해양플랜트 등	- 1~2개월: 평균가격의 +50~200% 상승

자료: 메리츠증권 리서치센터

기초
기계

Part II

발전/플랜트 기자재

발전플랜트 - Value-Chain

EPC[Engineering, Procurement and Construction]

■ 계약자가 설계 등 엔지니어링에서부터 자금의 조달, 기자재 제작, 건설, 사후 서비스까지 플랜트 건설의 모든 분야를 일괄 수행

기자재 공급

■ 원자력발전, 화력발전 등 발전소 건설을 통해 효율적인 에너지 생산을 위한 기자재 공급

■ 보일러, 터빈, 발전기, HRSG

플랜트 성능개선 및 서비스

■ 환경 오염 물질 배출을 줄이고, 발전소의 수명을 연장할 수 있는 성능개선 사업 수행

자료 : 두산중공업, 메리츠종권 리서치센터

발전플랜트 – 주요 설비

터빈

- 화력/원자력 발전소에 들어가는 증기터빈과 복합화력발전의 가스터빈, 수력발전용 터빈 제작 공급
- 두산중공업

보일러

- 석탄화력발전소의 화석연료를 연소시켜 고온, 고압의 증기를 발생시키는 설비
- 두산중공업, BHI

발전기

- 터빈으로부터 전달된 회전력을 이용해 기전력을 발생시켜 전기를 생산
- 두산중공업

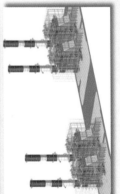

HRSG(Heat Recovery Steam Generator)

- 가스터빈의 연소 후 배출되는 고온 배기가스(약 650°C)의 열에너지를 회수하여 증기터빈을 구동
- 두산중공업, BHI, S&TC

자료: 두산중공업, 메리츠종금 리서치센터

발전플랜트 원리 – 석탄화력발전

- 상대적으로 저렴하고 풍부한 석탄을 연료로 사용하고 대용량발전이 가능하다는 장점 때문에 전세계 발전량의 대부분을 차지

  → 脫 탄소화 기조로 인해 석탄발전소 폐쇄 기조

- 석탄을 보일러가 연소시켜 발생하는 증기 힘으로 터빈을 가동, 전기에너지를 생산

- 석탄 – 미분기 – 보일러 – 포화증기 생성 – 증기/터빈 구동 – 발전기 회전 – 전기생산 Cycle

- BOP(Balance of Plant, 발전보조기기): 탈기기, 복수기, 열교환기, 압력용기 등 터빈, 보일러, 발전기를 제외한 부품

석탄화력발전 원리

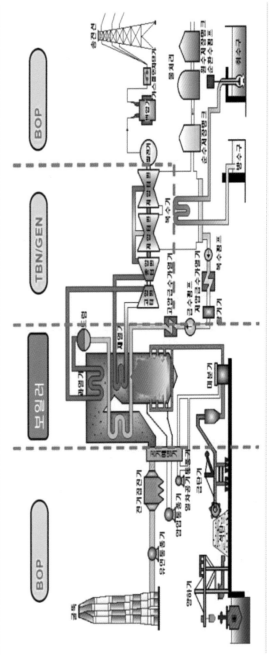

자료 : Bloomberg

발전플랜트 원리 - 원자력발전

- 원자력발전 설계(한전기술) - 시공(두산중+건설) - 운영(한수원) - 관리(한전KPS)
- 화력발전과 차이점은 보일러의 기능을 원자로가 대체, 우라늄을 원자로에서 핵분열하여 핵분열하며 생성되는 에너지로 증기를 발생시킴
- 2020년 10월 말 기준 국내 총 전력 생산은 455,528Wh
  에너지원별 비중: 석탄발전(36.5%) > 원자력(28.8%) > 가스(25.6%) > 신재생(6.9%)

원자력발전 원리

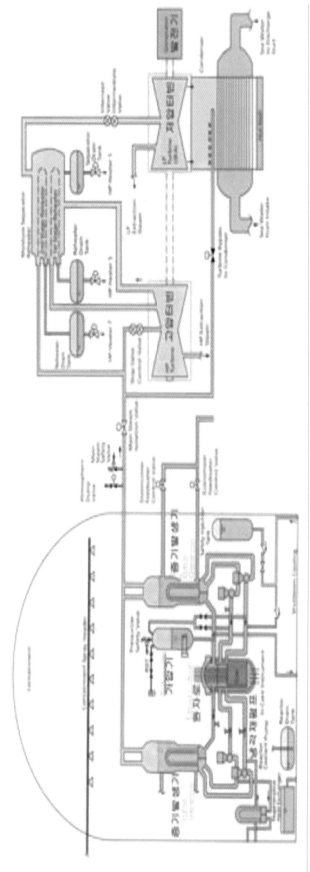

자료: Bloomberg

발전플랜트 원리 - 복합화력발전

- 일반 석탄화력발전에 비해 효율성이 높고 건설비가 저렴하며 건설공기가 짧아 차세대 발전방식으로 국내외 시장에서 점차 점유율 확대

복합화력발전 원리

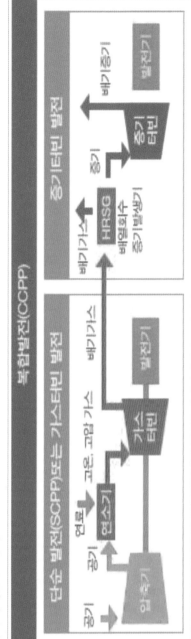

복합발전(CCPP)

단순 발전(SCPP)또는 가스터빈 발전

공기 → 압축기

연료 + 공기 → 고온, 고압 가스 → 연소기 → 가스 터빈 → 발전기

배기가스

증기터빈 발전

배기가스 → HRSG 배열회수 증기발생기 → 증기 → 증기 터빈 → 발전기

배기증기

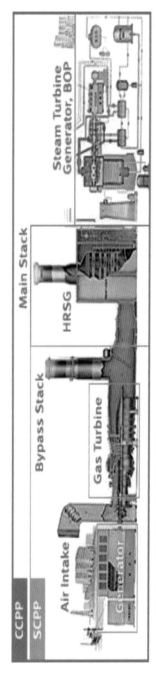

CCPP
SCPP

Air Intake · Generator · Bypass Stack · Gas Turbine · Main Stack · HRSG · Steam Turbine Generator, BOP

자료: Bloomberg

Part III

기초 기계

건설기계

건설기계 – Value Chain

■ 건설장비

도로, 건물 건설 등 대규모 인프라 구축과 광산, 농업, 산림 등 다양한 장소에서 굴삭, 자재운반, 파쇄 등의 용도로 광범위하게 사용되는 기계장치

- Earth Moving Equipment(굴삭기, 휠로더 등), Paving Equipment(아스팔트 피니셔), Compact Equipment(백호로더, 소형굴삭기 등)

→ 현대건설기계, 두산인프라코어, CAT, SANY, XCMG

■ 산업차량

지게차로 대표되는 산업차량영역은 물류, 유통, 하역 사업뿐만 아니라 조선, 철강, 자동차, 화학 등 산업 전반에서 사용되며 수요가 광범위

■ 조경/농경 기계

조경(Gardening) 및 농업(Agriculture)용 제품 군

→ 두산밥캣, Deer & Company

■ 부품(하부주행체, 유압부품 등)

하부주행체: 건설중장비의 무한궤도식 하부주행체 구성을 위한 부품 등

→ 진성티이씨, 대창단조, 동일금속, 흥국 등

유압부품: 건설중장비의 구동 시 동력 전달 및 충족을 위한 부품 등

→ 두산(모트롤), 디와이파워 등

건설기계 – Value Chain

굴삭기

자료 : 현대건설기계

휠로더

자료 : 현대건설기계

백호로더

자료 : 현대건설기계

트랙터

자료 : 두산밥캣

모어

자료 : 두산밥캣

하베스터

자료 : Deer & Company

건설기계 – Value Chain

- 건설기계 산업의 전방산업은 건설, 대규모 인프라구축 산업
  → 시장별(국가별) 정책/규제 분석이 필요
- 2008년 금융위기 ~11년: 선진시장의 건설경기 + 중국 등 신흥시장의 인프라확대에 따라 성장
- 2011년 유럽 재정위기~15년: 건설기계 수요 둔화
- 2016년~ COVID-19前: 중국 인도 등을 중심으로 수요 회복
- COVID-19後: 펜데믹으로 인한 변동성 확대 → 각 국의 대규모 부양책/인프라투자는 기회의 요인

굴삭기(Excavator) 해외시장 규모 성장 추이

(십억달러)

기타 | 브라질
인도 | 미국
중국 | EU

주: 기타 국가는 일본, 홍콩, 대만, 뉴질랜드, 베트남, 말레이시아 포함
자료: 한국무역협회, 메리츠증권 리서치센터

유럽, 중국, 인도의 건설장비 소매 판매 규모

	유럽	중국	인도
Retail Sales (대)	**187,396**	**312,403**	**68,695**
Earth Moving Equipment	75,337	235,068	25,524
Paving Equipment	1,038	2,600	1,121
Compact Equipment	77,386	74,735	41,727
Material Handling	33,635	-	323
Retail Sales (백만달러)	14,534	24,336	3,120

자료: Off-Highway Research, 메리츠증권 리서치센터

시장분석 – 중국 굴삭기 및 유압부품 시장 현황

중국 당국의 인프라투자에 대한 지속적인 의지표명으로 건설기계 시장은 활황 지속

■ 중국시장 굴삭기 내수 판매량은 9월 누계 기준 212,820대로 2019년 연간 기준 209,077대를 상회
  → 9월 누계 기준 판매량은 2015년 이후 CAGR +39.1% 성장세 기록
  → '양신일중' 정책과 14th 5개년('21~'25) 경제 계획에 따른 인프라 투자 기대감은 지속

■ 양신일중(兩新一重): 2020년 5월 열린 양회에서 공개한 중국판 뉴딜정책
  → COVID-19發 경기위기 극복을 위해 총 투자 규모 8,200조원의 대규모 인프라 투자 정책 발표
  양신: 5G, 데이터센터, 궤도열차 및 특고압설비 등이 신형 인프라투자와 신형 도시화를 의미
  일중: 교통, 철도, 수리 등 전통적인 인프라투자를 의미

중국 굴삭기 판매량 추이

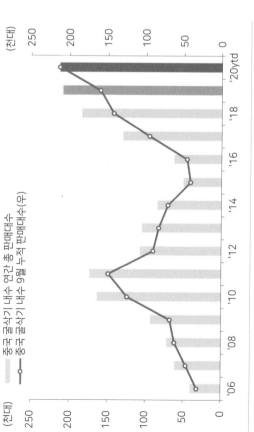

(천대) 　— 중국 굴삭기 내수 연간 총 판매대수
(천대) 　—○— 중국 굴삭기 내수 9월 누적 판매대수(우)

자료 : 중국공정기계협회, 메리츠증권 리서치센터

중국 굴삭기 주행부문 M/S 추이

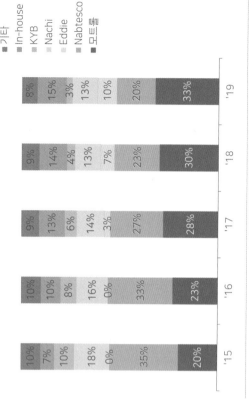

기타 In-house KYB Nachi Eddie Nabtesco 모트룰

자료 : Analysis, 메리츠증권 리서치센터

시장분석 – 중국 굴삭기 시장, SANY와 XCMG의 약진

중국 굴삭기 내수 판매시장서

Top10 내 Local M/S는
58.4%

- 2019년 중국 굴삭기 판매시장에서 Top10 중 5개 업체가 Local. SANY, XCMG를 중심으로 M/S 합 58.4%

- 2020년 5월 개막한 양회에서 중국 당국은 중소/영세기업 신용지원 확대를 발표
  → 중소/영세기업 대출금액 연간 총부 약 7조위안 예상

- Local 중소기업에 대한 정부의 지원은 시장 내 Consolidation(공급축소)을 받아, Global Giant(Caterpillar-미국, Komatsu-일본, Hitachi-일본)들의 M/S는 지속적인 하방 압력 불가피

중국 굴삭기 내수 판매 시장 내 주요 업체 점유율 추이 – SANY, XCMG 약진

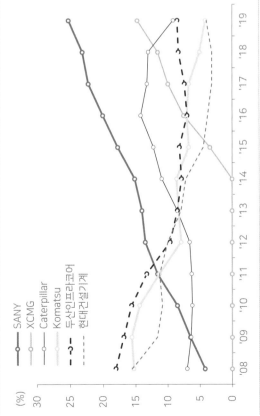

자료 : 중국공정기계협회, 메리츠증권 리서치센터

중소기업 대출 잔액 및 증가율

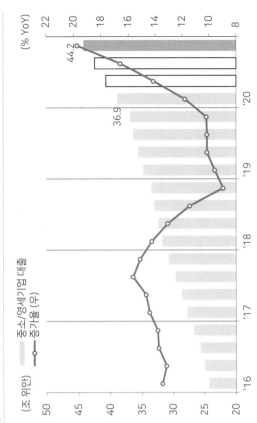

주 : 중기대출이 28%를 점하는 대형은행이 취급을 40% 확대 / 나머지 은행이 10% 확대 가정시
연간 7조위안 중기대출 증가
자료 : 중국 은행보험감독관리위원회, 메리츠증권 리서치센터

국내 굴삭기 및 유압부품 시장 현황

두산인프라코어 - 모트롤

현대건설기계 -
현대코어모션

- 국내 굴삭기 시장은 두산인프라코어, 현대건설기계, Volvo Korea 3강 구도
- 업체별 모트롤의 Wallet Share는 두산인프라코어 66%, Volvo Korea 23%, 현대건설기계 3%
- 두산인프라코어의 매각 진행에 따른 향후 국내 건설기계 시장 내 Consolidation 가능성 증대

현대코어모션 주요 제품

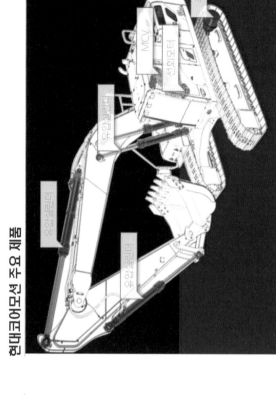

자료: 현대코어모션

모트롤 주요 제품

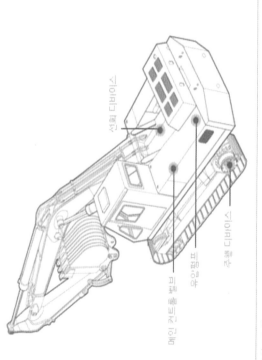

자료: 두산모트롤

Risk점검 – 국내 건설기계 시장 Consolidation

두산인프라코어 매각 관련한 유력 인수후보는 현대중공업 그룹

■ 두산그룹이 Heavy Construction Equipment사업을 담당하는 두산인프라코어의 인수자로 현대중공업지주-KDBI 컨소시엄이

■ 두산인프라코어의 매각은 두산그룹이 채권단인 국책은행(KDB산업은행, 수출입은행)에 제출한 자구안의 일환으로, KDBI는 KDB산업은행의 자회사

→ 인수 마무리 시 지주사 아래 2개의 건설기계(두산인프라코어, 현대건설기계) 업체 존재

→ 과점지위 확보로 인한 공정위 이슈는 한국조선해양-대우조선해양 결합을 감안하면 무리가 없을 듯

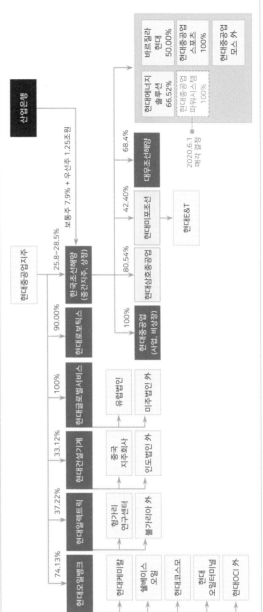

현대중공업 그룹 지배구조 (대우조선해양 기업결합 건 승인을 가정한 시나리오)

자료 : 전자공시시스템, 메리츠증권 리서치센터

강의자료 (기초) 125

Part IV

공작기계

기초 기계

1

공작기계 – Value Chain

■ 공작기계

- '기계를 만드는 기계', 제조업에 투입되는 기계설비의 주요 부분을 절삭/소성가공/전기적가공 등등을 통해 가공하는 기계(좁은 의미로, 금속 절삭기계를 일컬음)

■ 주조, 단조 등으로 만든 기계부품을 가공하는 기계

- 주조(Casting): 액체 상태의 재료를 형틀에 부어 넣어 굳혀 모양을 만드는 방법
- 단조(Forging): 고체인 금속재료를 해머 등으로 두들기거나 가압하는 기계적 방법

공작기계 예시

기계 부분품 절삭 가공 과정

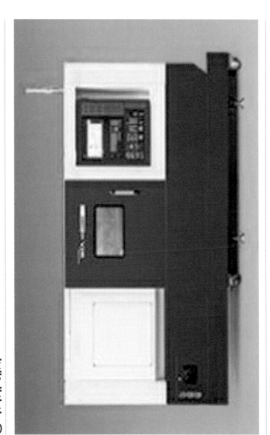

자료: 현대위아

자료: 현대위아

공작기계 – 주조&단조 제품 군

■ 발전소재

- 일체형HEAD: 원전의 수명 연장과 안전성을 증대할 수 있도록 Nozzle 및 Flange가 함께 단조된 일체형 소재
- 원자력Shell, Rotor Shaft, Turbine Casing, Runner 등

■ 선박소재

- 크랭크 샤프트: 엔진의 폭발력에 의한 Piston의 상하운동을 회전운동으로 바꾸는 장치
- 선박 샤프트: Propeller shaft와 Intermediate shaft로 구분
- 선미 주강품: 선박의 조향과 추진장치의 주요 부품

■ 제철소재

- 후판 백열롤: 선박 건조에 필요한 두꺼운 강판인 후판을 압연하는 데 사용
- 워크롤: 냉간압연강판을 생산하는 데 사용
- 백열롤: 압연기를 구성하는 Roll 중 가장 크고 무거움

■ 금형공구강

- 금형강: 각종플라스틱 제품을 생산하기 위한 Mold 제작에 사용
- 공구강: 가공용 공구 제작에 사용

공작기계 – 제조업 Cycle에 동행

■ 좋은 공작기계란?

- 정확한 규격의 제품 생산을 위해서는 정밀한 기계류가 필요하며, 이를 위해 우수한 공작기계가 필요
- 공작기계 또한 기계 → 지속적인 개량, 보수, 발전이 필요 → 일본이 경쟁력을 갖춤

→ 일본 공작기계 해외 수주 데이터 ≒ 전세계 제조업 CAPEX 동향

- Global 제조업 CAPEX Cycle과 동행
- 중국 시장의 기여도에 주목

지역/국가별 해외발주 기여도 추이

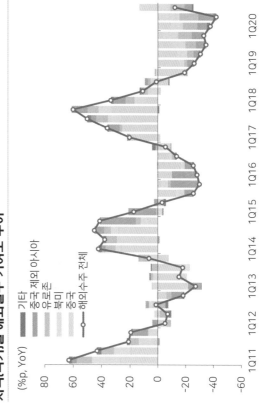

주: 2020년 3분기 말 기준
자료: 일본공작기계협회(JMTBA), 메리츠증권 리서치센터

일본 공작기계 해외 수주액

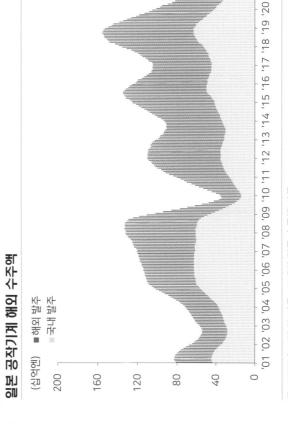

주: 2020년 10월 말 기준, 12개월 평균 수주액 기준
자료: 일본공작기계협회(JMTBA), 메리츠증권 리서치센터

기초 기계

Part V

전력기기, 방위산업

전력기기 – Value Chain

■ 중:전기기란?

- 전기/전자기기 사업은 국가별 전력망 구축에 필요한 제품을 제작/공급

■ Value Chain

- 전력망 흐름: 발전 → 송전 → 배전 → 소비(부하) 단계

- 송전단계(고압 통상 50kV 이상): 전력기기(전력변압기, 고압차단기 등)

- 배전단계(1kV ~ 50kV): 배전기기(배전반, 중저압차단기)

- 소비(부하): 회전기기(전기에너지를 통해 운동에너지 발생)

전력계통도

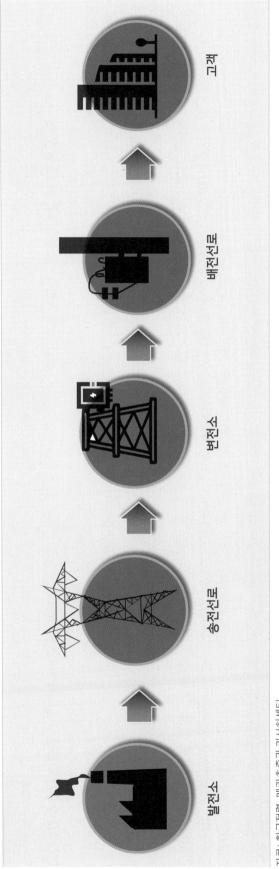

발전소 → 송전선로 → 변전소 → 배전선로 → 고객

자료: 한국전력, 메리츠종권 리서치센터

방위산업 – 꾸준한 수주잔고 증가

COVID-19의 위기에 벗어난 방위산업, V자 반등은 없지만 잔고의 매출시현으로 성장

- 국내 방위산업 4사(한국항공우주, 한화에어로스페이스, LIG넥스원, 현대로템)의 합산 수주잔고는 2020년 2분기 기준 63조 1,962억원으로 2019년말 대비 +2.8% 증가, COVID-19 위기와는 무관
- 한화에어로스페이스 31.8조원, 한국항공우주 16.1조원, 현대로템 9.3조원, LIG넥스원 6.1조원 잔고 보유
- 2019년 대비 수주잔고 증가율은 한화에어로스페이스(+6.6%), 현대로템(+3.7%), LIG넥스원(-1.9%), 한국항공우주(-2.8%) → 2019년부터 안정적 수주잔고 유지하며 회계이슈, 방산비리 등 불확실성 이슈 해소
- Boeing, GE, Lockheed Martin 등 미국 제조업체의 견조세의 변동이 확인되면, 내수 이외의 성장성이 재부각될 전망

방산 4사 수주잔고 합산 추이 – 지속적인 증가세

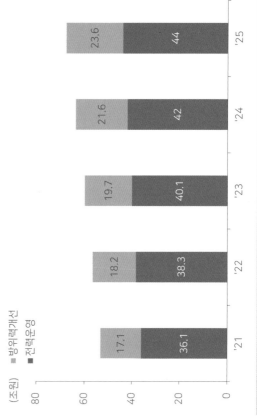

주: 2020년 2분기 말 기준
자료: 전자공시시스템, 메리츠증권 리서치센터

'21~'25 국방중기계획 – 향후 5년 간 301조원 투입

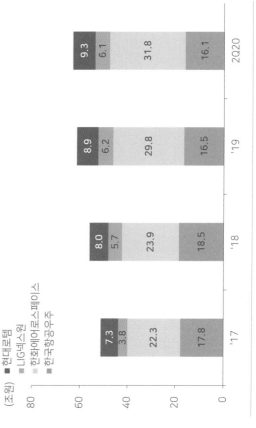

자료: 국방부, 메리츠증권 리서치센터

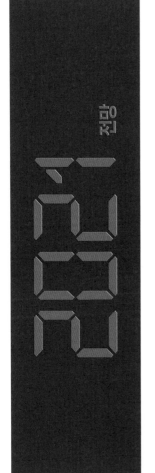

조선/기계

Re < De
선택과 집중의 시기

2024
전망

Summary

Re < De

I

Re-bound → Re-vival(?)
COVID19 후..
과거 회복논리는 적용 가능한가?

- 컨테이너선과 LNG선 운임의 반등은 긍정적이나, IMO2020 기대효과 소멸로 탱커의 회복 지연은 부정적
- 선종별 경쟁력 변화가 없는 소강 상태, Re-bound가 지속되기 위해서는 달러선가 상승 여부가 2021년의 핵심
- LSFO-HSFO 스프레드 부진, 폐선량 정체에서 벗어나야 2010년의 V자 반등을 재기대 → 2019년 수준의 회복에 그칠 것

II

Re-structuring → Re-form(?)
구조조정을 넘어선 변화가 필요한 시기

- 제로금리 고착화로 발주의 변수는 운임과 선가 상승 → 2021년 해상물동량 +4.8% 증가가 전망되나 2019년 수준 회귀
- 에너지기업들의 현금흐름 악화 심화, 보유 매장량 대체물 감소에도 E&P 재가는 제한적, 자본효율성이 떨어진 조선업계에 Re-structuring은 필연 → Downsizing 이후 선박으로의 선택과 집중, LNG선과 컨테이너선의 민감도 상승
- Re-form에 필요한 이익체력이 너무 약해진 조선업계, 이익에 대한 기대감 소멸은 Valuation 축장이 제한적임을 의미

III

De-leveraging → De-carbonization
투자공식 변화 볼가피, 脫炭소화하는
Only Way

- 2021년 조선 발주 690억달러(+63.5% YoY) 전망, 2019년 대비 87% 수준 회복 – Gas선, 탱카 등 에너지원 선종이 관건
- 선박금융은 상위기업 Corporate Loan에만 집중, 자원개발 CAPEX Cut, 시추업계의 Downsizing은 지속될 전망
- 제로금리에도 Project Financing 회복 제한적, 폐선증가에 따른 회복 기대는 LPG선/벌크선 +α 변수
- 脫炭소화 정책 추진의 1차적인 수혜는 LNG, '더 빨리, 더 많이'에서 '이제 '이에서 '더 깨끗하게, 더 안전하게' 로 변화하는 초입국면

IV

De-bordering
기술의 태동과 전환기, 선택과 집중
→ 확신을 위한 준비

- Oil 경제의 투자위축 가속화로 중동發 플랜트 발주는 기대를 낮춰야할 것, 정유보다 가스/석화플랜트 중심의 제한적 투자
- Commodity + 인프라 투자국 중심의 Pandemic 완화 가능성 증대와 미국의 경기부양책으로 건설기계 호조는 확산
- 미중 무역합의 이행속도 가속하는 LNG 수입확대기 기, 24개월만에 (+) 전환한 일본 공작기계 해외 수주는 2021년 제조업 CAPEX 재가의 신호로 해석될 개연성 → 수소시대로의 전환은 장기 Plan, LNG 수입을 통한 추출수소 생산이 단기적 방향

시나리오별 2021년 전망

항목	변수	Worst	Base	Best
1. Macro/규제 변수	■ 유가(원자재) ■ 환율(선거) ■ IMO2020 시행 강도	■ '21년말 WTI 30달러 근처로 다시 급락 ■ '21년말 환율 1,000원 수준으로 하락 ■ COVID-19 수준의 유예(LSFO+HSFO↓)	■ '21년말 WTI 47달러까지 완만히 회복 ■ '21년말 환율 1,080원 수준 ■ 시행 초기 기대수준으로 시행	■ '21년말 WTI 60달러 수준까지 상승 ■ '21년말 환율 1,200원 수준으로 상승 ■ 주요국의 엄격한 시행(LSFO+HSFO↑)
2. 정책/구조조정 변수	■ 미·중 무역갈등, 이란제재 ■ 현대-대우 기업결합 심사 ■ 싱가포르, 일본업계 합병 ■ 시추 E&P 업계 재무 리스크 ■ 인프라 투자 확대 정책 ■ 탈탄소화-Green 정책 시행	■ 분쟁 장기화, 미·중 교역량 위축 ■ EU의 불허 ■ 합병-전략적 제휴 무산 ■ 시추업계 Chapter11 확대, E&P 위축 ■ 미국 민주당 공약 이행, 신흥국 회복 지연 ■ EU-탄소국경조정제, 미-탄소조정세 도입	■ 미·중 무역합의 정상 시행, 교역 증가 ■ EU 승인이 마무리 ■ 싱가포르 논의 지속, 일본 전략적 제휴 ■ E&P 업계 정상화, 시추업계 리스크 완화 ■ 미국과 인도의 인프라 투자 확대 ■ EU-탄소누출 억제, 미-탄소조정세 논의	■ 와, LNG의 미국産 수입 추가 확대 ■ EU·중국·일본의 승인 상반기 완료 ■ 싱가포르, 일본 모두 경쟁사간 합병 ■ 시추시황 회복, E&P 투자의 점진적 재개 ■ 미국-인도 외에 신흥국 투자 재개 ■ EU·미국 점진적 탈탄소화 정책 시행
3. 시장 변수	■ COVID-19 불확실성 ■ 제조업 CAPEX 재개 ■ Oil→Gas→H2로의 전이	■ 2차 Pandemic ■ Renewal을 제외한 신규 투자 위축 지속 ■ Gas 개발 프로젝트 지연, 脫화석연료의 급진적인 이동	■ 백신 개발에 따른 점진적 완화 ■ 자동차·철강 인프라 관련 CAPEX 재개 ■ Oil→Gas의 이동 지속, H2 시장으로의가 교 연료로 LNG의 경제성 부각	■ 백신개발 완료 후 COVID-19 리스크 해소 ■ 2년간 중단된 제조업 전반 CAPEX 재개 ■ 신규 Gas 개발 프로젝트 확대, 2030년까지 LNG가 H2로의 핵심 가교역할 수행
산업 투자 전략		**조선(Underweight) / 기계(Neutral)** ■ 자유수가, 원자재가격 상승 시 이중고 ■ 일련진 LNG 프로젝트의 제한적인 발주, 컨테이너산사 일부 발주, 탱커 부진 지속 ■ 조선-항방무산 or COVID-19 장기화시 수주부진 심화 ■ 기계-건설기계의 제한적인 회복	**조선(Neutral) / 기계(Overweight)** ■ 운임 반등 + 경기회복 기대감은 유효 ■ 20년 수주 부진, 21년 수익성 개선으로 제한적, 원화강세 속 선가 인상 여부가 핵심 ■ 조선-IMO 규제 효과 확인, 폐선량 증가 및 탱커강세 여부 ■ 기계-인프라·Gas 관련 투자확대에 주목	**조선/기계(Overweight)** ■ LNGC+LPGC이 발주 확대, 컨테이너션 발주 재개, 탱커와 벌크선의 점진적 회복 ■ 조선-상반기 중 국내 조선업계 Dock Slot 충족 시, 2Q 이후 선가 반등 가능성 ■ 기계-미국과 신흥국의 인프라 투자 확대, 제조업계의 CAPEX 재개
Top-Picks		현대미포조선, 두산밥캣	현대미포조선, 두산밥캣, 현대건설기계	대우조선해양, 현대중공업지주, 현대건설기계, 한국카본, 와이지원, 진성티이씨

(좌측 세로 표기: 주가결정요인)

Part I

2021 전망 조선/기계

Re-bound → Re-vival(?)

COVID-19 후.. 과거 회복놀리는 적용 가능한가?

골이 깊은 만큼 높다? –주가는 선행

COVID-19 이후, 회복에
대한 기대감의 강도는 차별

- COVID-19 이후 저조한 수익률을 기록한 조선(-1.2%), 물동량 감소와 투자 위축이 원인

- 중국의 호조와 미국 대선 이후의 개선 기대감이 반영된 기계(+45.1%)

- 미국 제약회사 Pfizer의 코로나 백신 개발 기대감과 컨테이너선 운임 반등에 따른 COVID-19 이후의 회복 기대감이 12월 반영 중

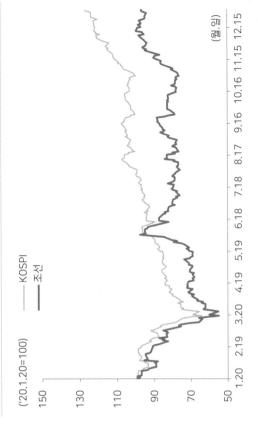

COVID-19 발병 후 조선업종 주가 수익률

주: 2020년 12월 31일 기준
자료: WiseFn, 메리츠증권 리서치센터

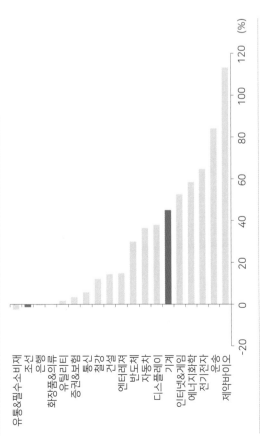

COVID-19 이후 주요 업종 수익률: 조선 –1.2%, 기계 +45.1%

주: 2020년 12월 30일 기준
자료: WiseFn, 메리츠증권 리서치센터

골이 깊은 만큼 산도 높다? – 실물경기는 후행

08년보다 첫던 단기 충격, 극복 이후 완만한 회복 예상

- COVID-19 쇼크 이후, 선진국 중앙은행이 금리인하와 대차대조표 팽창은 시중 금리를 0%에 수렴

- 글로벌 교역량(CPB)은 미국이 부양책과 중국 인프라 투자 확대로 2008년 금융위기 보다 빠르게 반등. 컨테이너화물운임지수는 연중 최고치 경신 중

- 2020년 쇼크 이후 2021년 성장률은 빠르게 복원되니, '충격→회복→가속→안정화→횡보' 과정 중 안정화와 횡보 국면으로 진입 예상

2020년 성장률 쇼크, 빠르게 복원되지만 속도는 다시 완만해질 것

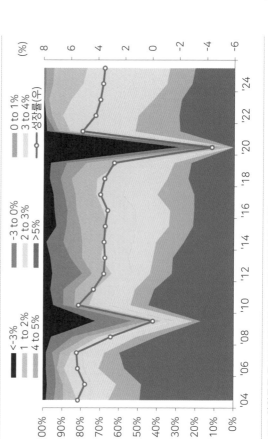

주: IMF 회원국들 중 GDP 성장률 Band 별 국가 비중 추이
자료: IMF GFSR(20.10), 메리츠증권 리서치센터

2008년보다 빠른 속도로 교역량 개선, 향후 기울기가 중요

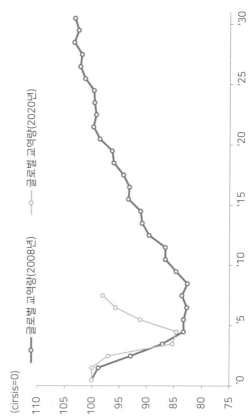

자료: CPB, 메리츠증권 리서치센터

Re-bound, 컨테이너선과 LNG선 운임은 급반등

중국 Lockdown 이후 벌크선 반등, 컨테이너선과 LNG선 수요 회복, 탱커만 부진

- Lockdown 확산 이후 탱커(Oil 및 정유·석화제품), 벌크선(원자재), LNG선, 컨테이너선(소비재) 운임 급락

- 전세계 원유 소비 중 교통수요(Motor Gasoline, Gasoil, Diesel Oil) 비중은 59.2% 수준, Lockdown으로 교통수요 급감이 원유 수요 급감 초래, 반면 3월 사우디 증산과 육상 Tank Top으로 VLCC 운임 10배 폭등

- 중국 Lockdown이 해제된 이후 벌크선 운임 급등, 컨테이너선 운임은 6~7월 선사들이 공급 축소(계선율↑)로 반등에 성공 → 이후 IT, 가구 등 소비재 수요 급증 → 공급 제한데(계선율↓) → 시황 회복

- LNG선은 북반구의 계절적 성수기인 4분기부터 반등, 반등 레벨이 연중 최고치 경신 → 2021년 회복 기대↑

2020년 초부터 VLCC 운임 −85.7%, Capesize −31.3%

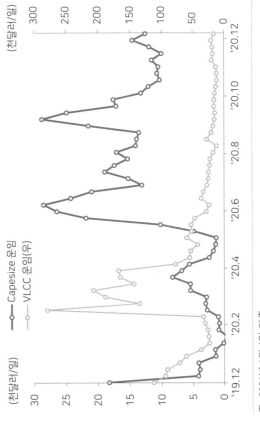

주: 2021년 1월 1일 기준
자료: Clarksons, 메리츠증권 리서치센터

2020년 초부터 LNG 운임 +59.9%, 컨테이너선 +34.6%

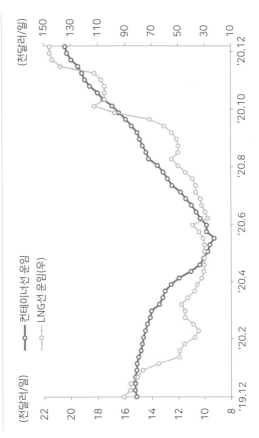

주: 2021년 1월 1일 기준
자료: Clarksons, 메리츠증권 리서치센터

뒤늦은 회복세, 연간 수주목표 달성은 불가능

11월말 수주 목표 달성률
한국조선해양 38.5%
대우조선해양 56.3%
삼성중공업 47.6%

- 3분기 실적발표에서 한국조선해양은 2020년 수주 목표치 정정 공시, -32.9% 하향 조정
  현대중공업(조선+해양+플랜트+엔진기계) 115.95억달러 → 73.20억달러 / 현대삼호중공업
  42.50억달러 → 32.05억달러 / 현대미포조선 36.50억달러 →25.64억달러

- 11월 말 업체별 조선+해양 수주액(IR기준):
  - 한국조선해양(현중+삼호+미포): 68.3억달러(달성률 38.5%)
  - 삼성중공업 40.0억달러(달성률 47.6%),
  - 대우조선해양 40.6억달러(달성률 56.3%)

조선업체별 수주목표 및 달성률 현황 – 60~70% 수준 달성에 그칠 것

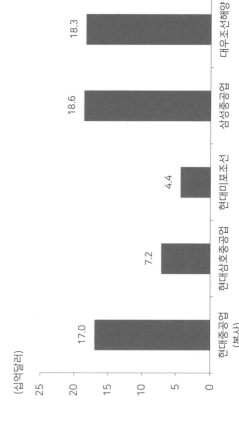

주: 2020년 12월 31일 기준, 현대중공업 그룹은 연초 목표 기준(현재 -32.9% 하향 조정)
자료: 각 사, Clarksons, 언론보도, 메리츠증권 리서치센터 추정

조선업체별 수주진고 현황 (인도기준)

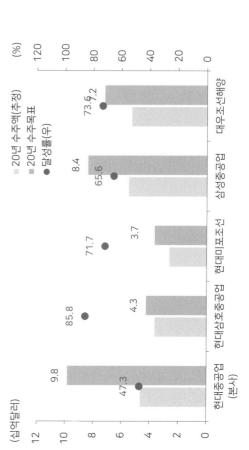

주: 2020년 3분기 말 기준
자료: 각 사, 메리츠증권 리서치센터

LNG 분야의 경쟁력 훼손은 없기에..

20년 국내업계 예상 수주액 216억달러

■ 국내 업계 예상 수주액 216억달러는 연간 발주액 422억달러, Gas선 점유율 80%, 타선종 35% 가정 기준

■ 목표 달성의 변수: 1) 러시아, 모잠비크, 미국發 LNG선의 연내 발주 여부, 2) 초대형컨테이너선 연내 발주 재개 여부, 3) LNG-DF 탱커 발주 → Qatar LNG는 2021년 1분기 중 가시화 전망

LNG선 시장 점유율은 90%대 굳건

■ 경기와 물동량은 동행, 물동량에 발주 → 현재 물동량증가는 컨테이너선과 Gas선

■ 한국의 연간 LNG선 수주 점유율(국내 빅3 합산 기준)은 18년 98.1%, 19년 92.7%, 20년 말 57.7%

- 러시아 Smart LNG가 Zvezda에 발주한 LNG선 10척으로 인한 점유율 왜곡
→ Zvezda의 건조능력을 감안하면 국내 조선사 OEM으로 이어질 가능성 농후

전세계 발주량과 한·중·일 M/S 추이, 4Q LNG 수주시 점유율 상승 확실

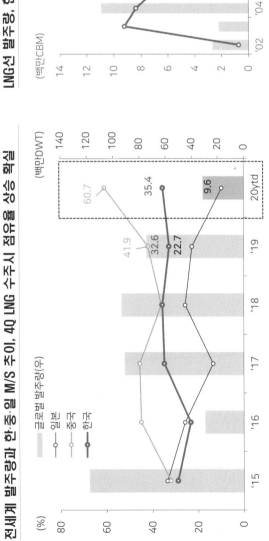

주 : 2020년 11월 말 기준
자료: Clarksons, 메리츠증권 리서치센터

LNG선 발주량, 한국 점유율 추이 – 2020년 러시아 발주에 따른 왜곡

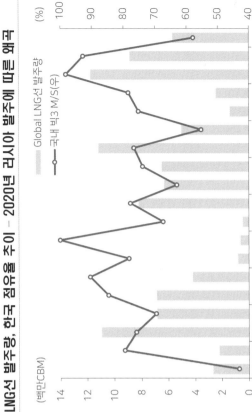

주 : 2020년 말 기준, 국내 수주량은 한국 조선해양+삼성중공업+대우조선해양 합산
자료: Clarksons, 메리츠증권 리서치센터

선종별 경쟁력 변화는 없는 소강 상태

일본은 LNG 시장에서 이탈, 신조선 포기

벌크선=중국, Gas선=한국 고착화

- 2016~19년 평균 수주 점유율 대비 한국은 +2.7%p, 중국은 +9.7%p, 일본은 -12.6%p
- 2020년 11월 말 LNG선 수주잔고 점유율은 한국 84.5%, 중국 7.8%, 일본은 0
- 2018년 8월, LNG Containment System 중 하나인 SPB Type을 개발하며 자국 LNG선 발주 물량을 기대하던 IHI(이시카와지마중공업)은 일본 조선의 상징인 아이치조선소를 폐쇄
- 이마바리조선-JMU 합작 조선소(Nihon Shipyard)의 사업계획안에서 LNG선 제외
- → 2019년 말 이후 현재까지 수주잔고 0, 일본은 LNG선 건조시장서 이탈을 확인

한국, 중국, 일본의 수주 점유율(2016~20년)

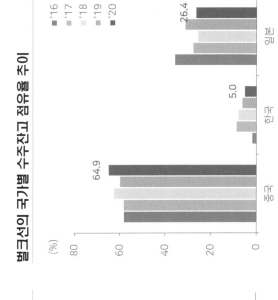

주: 2016~19년은 평균, 2020년은 11월 말 누계 DWT 기준
자료: Clarksons, 메리츠증권 리서치센터

벌크선의 국가별 수주잔고 점유율 추이

LNG선의 국가별 수주잔고 점유율 추이

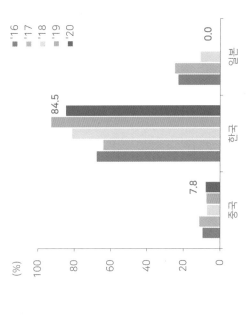

주: 수주잔고는 당해년도 연말 DWT기준 (2020년은 11월 말)
자료: Clarksons, 메리츠증권 리서치센터

주: 수주잔고는 당해년도 연말 DWT기준 (2020년은 11월 말)
자료: Clarksons, 메리츠증권 리서치센터

유가 반등과 LNG 발주의 Re-bound를 기대하는 현재

1~9월 Bankruptcy 보고된 Shale 업체는 40건
부채는 16년 수준($53.7억)

- 2014~15년 유가 급락기 이후, 2016년 미국 Shale 업체 파산 건수는 70건
  - 2020년 1~9월 북미 E&P 업체의 파산(파산보호신청 모든 파산) 건 수는 40건
  → 해당 업체들의 총 부채 규모는 56.8억달러로 2016년(70건)와 유사한 수준

- 2020년 유가(WTI)가 배럴 당 30달러에 그칠 경우, Shale 업체 파산은 2020년 73개, 2021년 170개 전망

- 4월 Whiting Petroleum 파산보호신청(Chapter11), 6월 Chesapeake Energy도 파산보호신청
  (Chapter11). 유가 반등 지연 시 파산기업 확대 가능성 존재

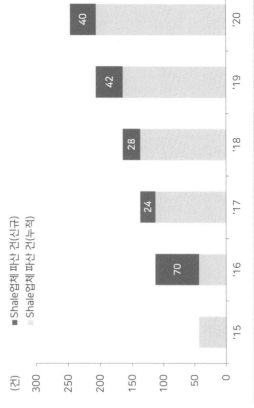

유가 Level에 따른 Shale 업체 파산 시나리오

(건)

■ Shale업체 파산 건(신규)
▪ Shale업체 파산 건(누적)

주 : 2020년 9월 말 기준, 파산 및 파산보호신청 건 기준
자료 : Haynes&Boone, 메리츠증권 리서치센터

WTI 회복 부진 + Shale 업체 Default → 생산량 ↓

(백만BOED)
(달러/배럴)

▪ Shale업체의 석유 및 가스 생산량
─○─ WTI(우)

자료 : Bloomberg, 메리츠증권 리서치센터

정유, 화학업계의 투자 재개 기대는 성급

정유·석유화학업계 모두
급격히 낮은 가동률,
신규 투자에 보수적임은 필연

- 정유와 석유화학플랜트의 단기 실적(제고평가손실, 스프레드) 차이에도 불구하고 가동률 동일하게 부진

- 신규 설비의 발주 계획은 기본적으로 기존 설비의 가동률 회복을 전제

- 2020년까지 COVID19 종식, 2021년의 회복을 가정하더라도 정유플랜트와 석유화학플랜트는 발주느 그 이후에 본격화될 수 있을 것

- 특히 극단적인 변동성을 겪은 산업의 경우 설비투자에 보수적인 전략을 가져간다는 점을 감안하면 두 산업 모두 장기적인 발주 환경은 좋지 않을 것으로 전망

강의자료(전망) 12   280

미국 정유업계의 평균 가동률 추이 – 2020년 70%대 수준으로 부진

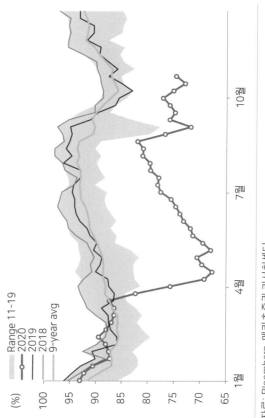

Range 11-19
2020
2019
2018
9-year avg

자료: Bloomberg, 메리츠증권 리서치센터

전세계 석유화학업계의 평균 가동률 추이 – 08년 금융위기 사례와 유사

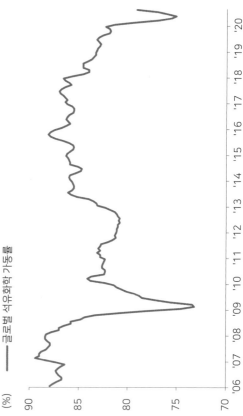

글로벌 석유화학 가동률

자료: Bloomberg, 메리츠증권 리서치센터

Oil Market의 회복 기대는 아직은 무리

Top5 Oil Major의
21년 예상 CAPEX는
07년 이후 최저

- 전세계 Top 5 IOC(International Oil Company) 합산 CAPEX는 2018년 반등했지만, COVID-19 확산에 따른 저유가 기조로 예산 삭감이 이어지며 2020년기지 -21.7% 감소 전망

- 2021년 예상 합산 CAPEX는 697억달러로 과거 2007년 이후 최저수준을 기록할 전망, 평균대비 61% 수준

- Top 5 Major의 보유매장량대체율(RRR)은 2015년 평균 69.5%에서 반등했으나 2019년 62.8%로 다시 하락 → Major들이 CAPEX 감축을 지속하며 2020년 예상 RRR이 100% 초과할 가능성은 소멸

5대 Oil Major 합산 CAPEX – 최저수준의 CAPEX, 15년 평균치의 61% 수준

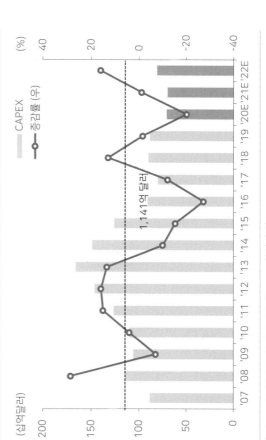

5대 Oil Major의 매장량 대체율(RRR) 추이 – 신규 E&P 기대는 무리

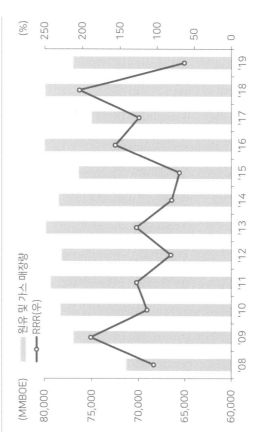

주: ExxonMobil, BP, Shell, Total, Chevron 합산 수치
자료: Bloomberg, 메리츠증권 리서치센터

주1: ExxonMobil, BP, Shell, Total, Chevron 합산 수치
주2: RRR(Reserve Replacement Ratio)은 매장량 확보분/생산량 증가분
자료: Bloomberg, 메리츠증권 리서치센터

운임 회복 → 운항 속도 상승 → 연료 수요 증가?

컨테이너선의 운항속도 상승 반전, 탱커·벌크선은 부진

- 2011년 하반기 유럽발 금융위기(PIIGS) 이후 컨테이너선사들은 감속운항(Slow Steaming)을 실시, 연료비 절감과 함께 공급을 축소하며 운임 상승을 유도. 2012년 1월 5,660달러/일 → 2015년 9월 10,935달러/일

- 컨테이너선: 2018년 미·중 무역분쟁 이후 2019년 운임 회복에도 운항속도는 2020년 상반기까지 하락
  → 선사간 Alliance 체제로 감속운항 전략 확대 적용
  → 2020년 2분기 공급축소(계선률↑)로 운임반등, 3분기 공급확대(계선률↓, 속도↑)에도 수요회복 반등

- 탱커·벌크: 완전 경쟁시장, 비용의 운임 전가의 힘이 미약. 오히려, 운임이 상승할 때 운항속도를 높여 수익을 극대화 하고, 비수기에 감속을 하는 경향이 강함

컨테이너선 평균 운항 속도, 운임 – 감속운항 → 운임 반등 → 속도상승↑

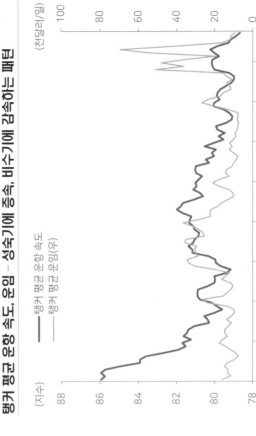

(지수)
컨테이너선 평균 운항 속도
컨테이너선 평균 운임(우)
(천달러/일)

주: 운항속도는 2008년 평균 운항속도=100을 기준으로 측정된 데이터
자료: Clarksons, 메리츠증권 리서치센터

탱커 평균 운항 속도, 운임 – 성수기에 증속, 비수기에 감속하는 패턴

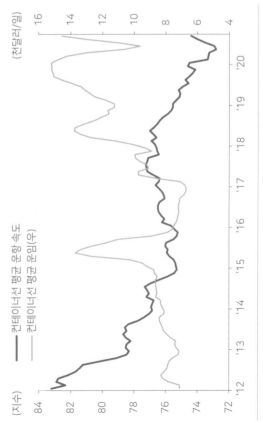

(지수)
탱커 평균 운항 속도
탱커 평균 운임(우)
(천달러/일)

주: 운항속도는 2008년 평균 운항속도=100을 기준으로 측정된 데이터
자료: Clarksons, 메리츠증권 리서치센터

발주량 감소와 운임 반등, 과거와 다른 Re-bound

탱커 시장의 운임상승=발주
증가 공식은 공급 정상화가
선결조건

- 발주자에게 신조 발주는 자본투자 시점(계약)과 투자자산 운용 시점(인도)의 시차가 발생하는 Risk 존재

- 발주자의 신조 발주는 결국 투자 수익성과 회수 가능성(기간→금리, 운임, 선가)가 변수

- 2020년 초 운임 급등은 육상 원유 저장의 'Tank-Top' 문제에 따른 해상 저장 수요의 단기 급증에 기인
  → 1) 수급에 따른 운임 개선, 2) IMO2020 효과 본격 반영 등 시장 정상화를 위한 선결요건이 필요

- 과거와는 다른 Re-bound, 원유 감산과 脫화석연료에 대한 관심 이동으로 '1) 수급에 따른 운임 개선' 지연 중

VLCC 평균 운임과 발주량 추이 – 2016년 이후 상관관계 깨짐

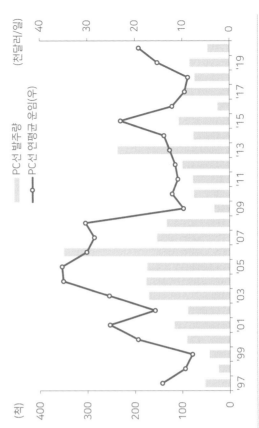

주 : 2020년 10월 말 기준
자료 : Clarksons, 메리츠증권 리서치센터

PC 평균 운임과 발주량 추이 – 2016년 이후 상관관계 깨짐

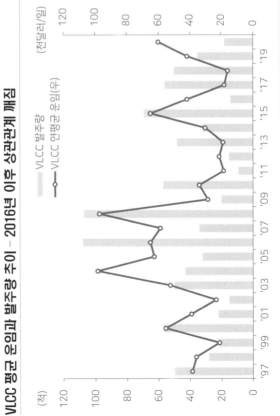

주 : 2020년 10월 말 기준
자료 : Clarksons, 메리츠증권 리서치센터

강의자료 (전망) 15   283

발주량 감소와 운임 반등, 과거와 다른 Re-bound

LNG선, COVID-19 이슈
소멸 시 지연 물량 + Spot
발주가 확인될 21년

■ LNG선은 카타르, 모잠비크, 러시아向 등 대형 프로젝트向 선박의 발주가 지연되며 10월 누계 발주량은 31척

■ LNG선 연평균 운임은 2018년(160K CBM, 74,825달러/일) 대비 45.6% 하락하며 Spot 발주 물량 감소
→ 연간 발주량: 2018년 77척, 2019년 60척, 2020년 현재 31척
→ COVID-19 해소 시 운임 상승은 지연된 발주물량, Spot 발주 물량이 Add-up으로 확인될 것

■ 컨테이너선 발주량은 운임과 상관관계를 찾기 어려움. Alliance 체제의 경쟁구도와 대형화 특성에 기인

LNG선 평균 운임과 발주량 추이 – Spot 발주로 인한 동일한 흐름

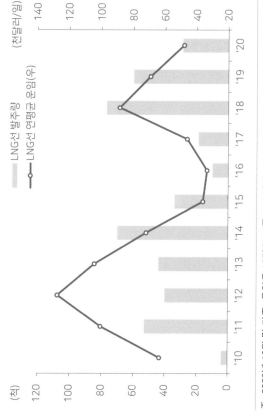

주 : 2020년 10월 말 기준, 운임은 16만CBM급 LNG선 Spot rate 기준
자료 : Clarksons, 메리츠증권 리서치센터

컨테이너선 평균 운임과 발주량 추이 – Alliance 경쟁에 따른 발주, 대형화

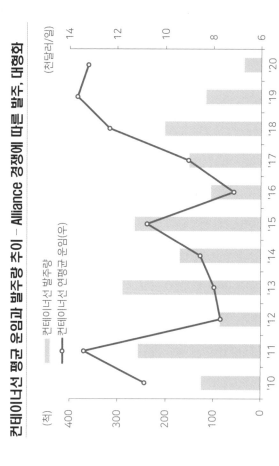

주 : 2020년 10월 말 기준, 9,000TEU급 컨테이너선 기준
자료 : Clarksons, 메리츠증권 리서치센터

Re-bound 운임이 투자로 이어져야..

**투자매력 높아진 선가 레벨,
운임료. 발주로 이어지지
않는다면 Re-vival은 불가**

- 선종별 수급 밸런스는 화물 수요와 선복량의 균형 문제. 선박수명(25년)을 감안 시 단기 수급이 발주시황에
  미칠 영향은 낮음. 금리와 선가, 운임(Cash-flow)을 고려한 고차 방정식 풀이가 발주의 핵심

- 발주자가 투자를 결정하는 공통 명제는 결국 투자 회수기간 최소화. 선박금융(차입, 이자비용, IRR) 조건을
  배제하고, 발주시점 선가를 당해 연환산 용선료으로 나눈 값을 투자(발주금액 회수기간으로 산출

- VLCC의 발주 회수기간은 2018년 11.1년에서 2020년 5.7년으로 단축, PC는 7.6년에서 6.4년으로 단축
  → IMO2020 규제가 2020년 시행된 후, 탱커시황 변화를 2021년 조선 업황이 Key로 보는 이유 중 하나

VLCC 선가 하락으로 회수기간은 단축, 용선료 하락 < 선가 하락

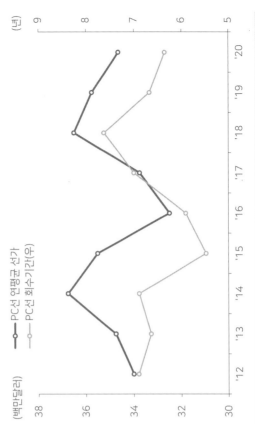

주 : 2020년 10월 말 기준. 회수기간은 연평균 선가/연평균 용선료 기준
자료 : Clarksons, 메리츠증권 리서치센터

PC 선가 하락으로 회수기간은 단축, 용선료 정체 < 선가 하락

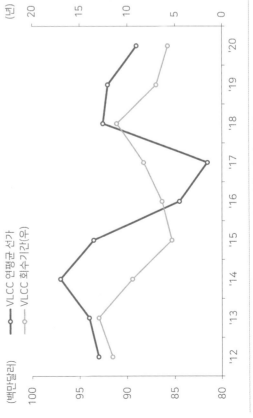

주 : 2020년 10월 말 기준. 회수기간은 연평균 선가/연평균 용선료 기준
자료 : Clarksons, 메리츠증권 리서치센터

Re-bound 운임이 투자로 이어져야..

**투자매력 높아진 선가 레벨,
용선료. 발주로 이어지지
않는다면 Re-vival은 불가**

- LNG선 발주 회수기간: 2016년 17.4년 → 2019년 6.2년 → 2020년 현재 8.7년

- 컨테이너선도 2020년 현재 7.0년 수준으로 2016년 대비 3년 단축
  → 금융 조달금리 5% 가정, 단순 회수기간 대비 1.7배가 실제 회수기간: LNG선 14.8년, 컨테이너선 11.9년

- LNG선의 용선료 강세가 2021년 상반기까지 이어진다면, 프로젝트용 발주 이외에도 Spot 발주도 기대 가능

- 컨테이너선은 COVID-19로 상반기 용선료가 급반등했으나, 하반기 급반등 등. 대형선박이 부족한 Alliance의
  일부 발주 기대

LNG선 발주 시 단순 회수기간은 8.7년(실제 14.8년), 선가 상승여력은 충분

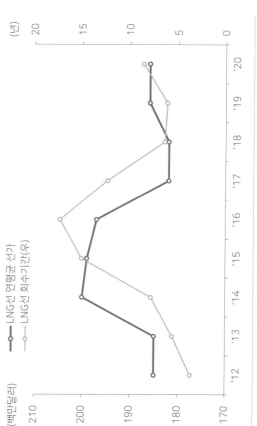

주: 2020년 10월 말 기준, 회수기간은 연평균 선가/연평균 용선료 기준
자료: Clarksons, 메리츠증권 리서치센터

컨테이너선은 COVID-19發 용선료 하락으로 회수기간의 단축은 일시 정체

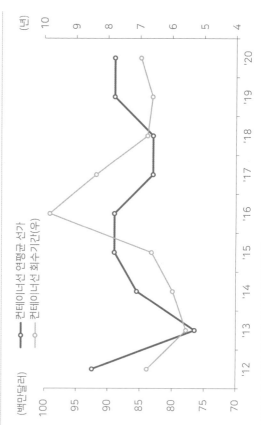

주: 2020년 10월 말 기준, 회수기간은 연평균 선가/연평균 용선료 기준
자료: Clarksons, 메리츠증권 리서치센터

Re-bound → Re-vival의 전제조건은 투자 재개

**전세계 유동성 공급 → 금융
환경 개선 → 투자재개(?)**

- 단순히 재정집행을 통한 내수 회복만이 아니라, 전세계 교역개선까지 수반된 경기반등 여부가 2021년의 핵심
- COVID-19가 정점이던 3월, 주요국의 막대한 유동성 공급으로 크레딧 붕괴 위험으로의 확산을 막음
- 기업 부도율과 연체율 등을 위험성지표도 통제 가능한 범위 수준, 위험선호 추세로 전환되었지만 선박과 해양 플랜트 발주로 이어지지 않은 상황
- 유동성 확대 → 기업 신용리스크 완화 → CAPEX 재개에는 시간이 소요되나, 투자의 재개가 본격화되기 전까지는 Re-bound 수준에 그칠 것

COVID-19 이후 전세계의 막대한 유동성(M2) 공급, 금융환경 완화 기대

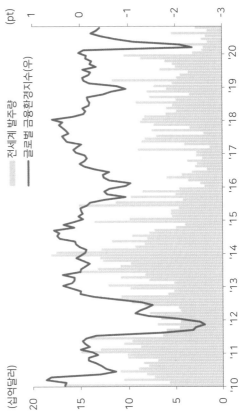

자료 : Bloomberg, 메리츠증권 리서치센터

선박 발주량과 Bloomberg글로벌금융환경지수, 금융은 복원되었지만..

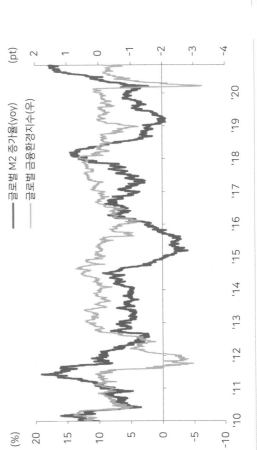

자료 : Bloomberg, Clarksons, 메리츠증권 리서치센터

Re-bound → Re-vival로의 핵심은 선가

원화강세로 선가(해방 압력은 일부 상세, 달러선가의 반등 여부가 21년의 핵심

- 조선업의 제약은 달러기준, 달러약세(원화강세)로 선가의 하방압력은 제한적 → 문제는 상승여부
- 원/달러환율이 100원 하락할 경우 달러 신조선가가 8~9% 반등해야 원화선가는 동일
- 금리 변동이 제한적일 2021년내에 발주를 앞당길 변수는 선가 상승 여부, 상승이 없다면 발주 Surprise도 없어
- VLCC(초대형유조선) 신조선가: 2019년 1월 9,300만달러 → 2020년 10월 8,500만달러, 8.6% 하락
- 수주시점 환율로 환산 시: VLCC 6.8% 하락(1,043억원→973억원), PC 5.0% 하락(410억원→389억원)

LNG선 신조선가 vs. 원화환산 신조선가

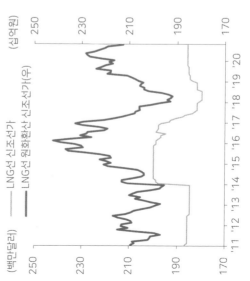

자료: Clarksons, 메리츠증권 리서치센터

VLCC 신조선가 vs. 원화환산 신조선가

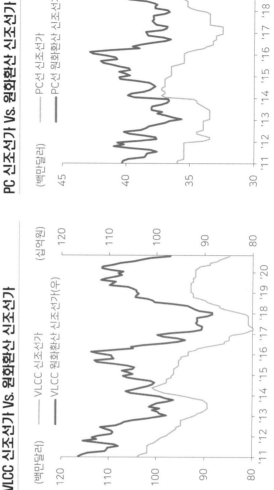

자료: Clarksons, 메리츠증권 리서치센터

PC 신조선가 vs. 원화환산 신조선가

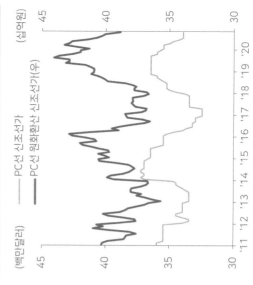

자료: Clarksons, 메리츠증권 리서치센터

2021년 Oil Major의 투자는 정체 전망

Oil Major, 20년 CAPEX 계획 감축 후 21년까지 신규투자는 유보할 전망

- 10월 말 ExxonMobil의 CDS 프리미엄은 40.1bp, Total 56.1bp, Chevron 51.3bp, Shell 67.2bp로 전년동기대비 +17.8%, +101.7%, +54.4%, +99.3% 상승 → E&P 업계에 대한 우려는 현재 진행형

- Oil Major들은 비용절감을 위해 CAPEX 계획을 하향 조정, 2021년 CAPEX는 정체 예상
  - ExxonMobil의 2020년 CAPEX 300~350억달러 → 230억달러(Bloomberg 컨센서스 179억달러)
  - Shell의 2020년 CAPEX 240~290억달러 → 200억달러(Bloomberg 컨센서스 187억달러)
  - Total의 2020년 CAPEX 160~180억달러 → 140억달러(Bloomberg 컨센서스 121억달러)

Oil Major Divestment 계획과 현황 – COVID19 이전에도 비핵심자산 매각

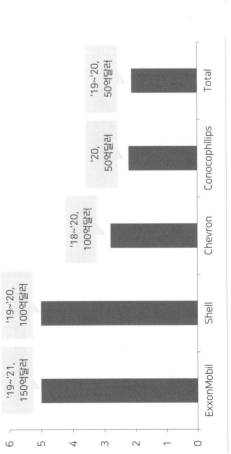

자료: Bloomberg, 메리츠증권 리서치센터

5대 Oil Major의 2020~23년 CAPEX 전망 – 2021년은 정체 또는 감소

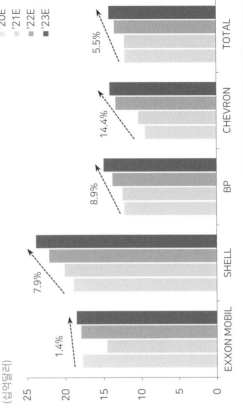

자료: Bloomberg, 메리츠증권 리서치센터

2021년 시추업계의 Downsizing은 지속이 불가피

전세계 시추업체의 주가는 현재 파산 수준으로 반영

- Diamond Offshore 4월 26일, Noble Corp는 7월 31일, Valaris(舊Ensco)는 8월 19일, Pacific Drilling은 10월 30일 파산보호신청(Chapter 11) 제출

- Top 5 시추업체들의 주가는 2018년 하반기 이후 평균 98% 급락
  → 1위기업 TransOcean(-92.8%)를 제외한 종목들의 주가 하락은 -99%

- 2021년 예상 합산 매출액은 67.9억달러로 최근 15년 중 최저 수준 기록할 전망(Bloomberg 컨센서스)

전세계 Top5 시추업체들의 합산 영업실적 – 컨센서스 상 흑자전환은 요원

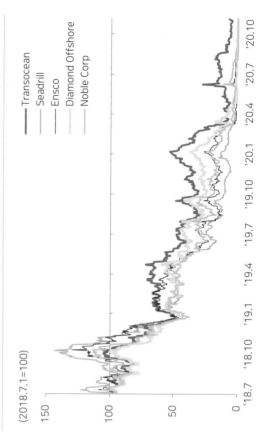

전세계 Top 5 시추업체들의 주가 – 2018년 하반기 이후 98% 급락

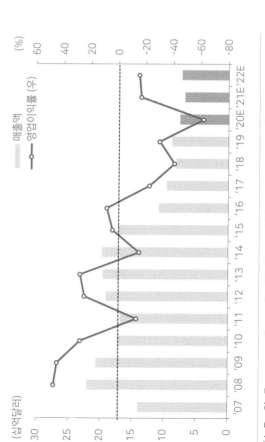

자료 : Bloomberg, 메리츠증권 리서치센터

주1: Top5는 Transocean, Ensco, Seadrill, Diamond Offshore, Noble Corp 합산 기준
주2: Transocean은 Ocean Rig와 합병, Ensco는 Rowan과 합병
자료 : Bloomberg, 메리츠증권 리서치센터

2021년 시추업계의 Downsizing은 지속이 불가피

보유선대의 선령을 낮추는 Downsizing 지속 예상, 신규 구형된 설비에 용선료 반등

- 시추업계 전반의 재무 리스크 부각으로 Re-structuring은 진행 중, 승자 독식의 시장으로 변화될 전망

- 노후 시추선 폐선, Cold Stack 확대로 보유선대의 선령을 낮추는 전략이 지속될 2021년 예상

- 수심 8,000ft 이상에서 시추가 가능한 극심해용 Drillship(6~7세대)의 신규 용선 계약체결 평균 용선료는 2017년 저점(167,044달러/일)을 기록한 이후 소폭의 상승세 유지

- 2020년 평균(10월 말 기준) 일일 227,084달러를 기록, 기체결 계약 용선료는 2019년 저점(330,130달러/일)을 기록하는 등 해양시추설비 용선료는 바닥을 통과 → 신규설비에 제한되는 양상

6~7세대 Drillship 신규 용선계약 용선료 추이 – 연중 High, Low, Average

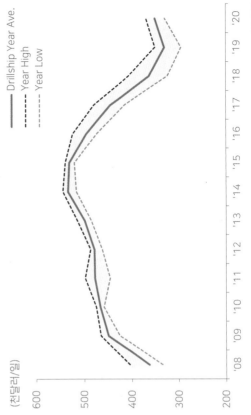

(천달러/일)

주: Drillship Water-Depth +8,000ft 신규 용선계약 체결 용선료 기준
자료: Bloomberg, 메리츠증권 리서치센터

용선계약 진행 중인 6~7세대 Drillship 용선료 추이 – 연 High, Low, Average

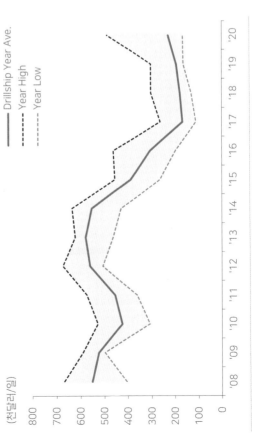

(천달러/일)

주: 용선계약이 진행되어 가동 중인 Water-Depth +8,000ft급 Drillship 용선료 기준
자료: Bloomberg, 메리츠증권 리서치센터

2021년 시추업계의 추가 Consolidation 여부에 주목

상위 8개 업체 중 4개 업체는 현재 Chapter 11

- 2017년 평균 56.3%, 42.1% 수준이던 Drillship, Semi-Rig 가동률은 2019년 말 64.5%, 45.6%로 반등했지만, COVID-19發 유가 하락으로 현재 58.5%, 39.3%로 다시 하락

- Drillship보다 가용성이 낮으며 Harsh 지역에 소요되는 Semi-Rig(멕시코만, 북해)는 가동률 하락폭 심화, 7월 가동률 사상 최저치인 32.1% 기록

- 전세계 Top 8 시추업체는 보유하던 심해 시추장비(Floater) 중 노후선령 설비를 처분, Cold Stack 확대로 약화된 업황을 반영 → 보유선대의 선령을 낮추지 못한 시추업체는 시장에서 사라질 개연성 높음

해양 심해 시추설비(Water Depth 8,000ft 이상) 가동률

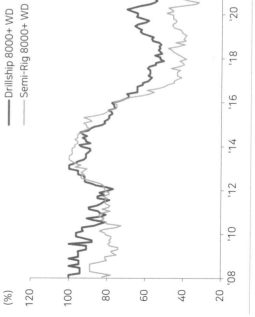

자료 : Bloomberg, 메리츠증권 리서치센터

전세계 Top 8 시추업체별 심해 시추장비(Floater) 보유 현황

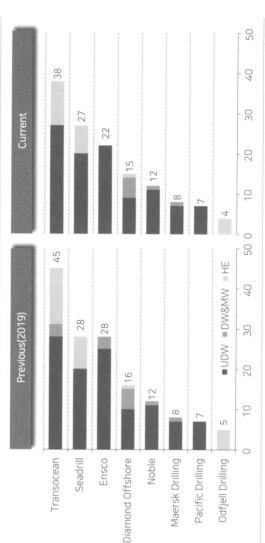

주 : UDW=Ultra Deep Water, DW=Deep Water, MW=Mid Water, HE=Harsh Environment Floater 반영, Transocean-Ocean Rig 합병 반영 기준
자료 : 각 사, 메리츠증권 리서치센터

Re-bound → Re-vival로의 변수는 패션

**Pandemic은 지속, 패션선에
작합한 국가는 인도,
방글라데시, 파키스탄**

- 11월 8일 기준 전세계 COVID-19 확진자 수는 5,032만명 돌파하며 Pandemic은 지속 중

- 미국, 유럽 대비 1~2개월 늦게 확산된 인도는 7~8월 Lock-Down 해제했지만, 본격적인 경제 정상화는 지연

- '낮은 임금 + 풍부한 노동력 + 해안선 보유'라는 패션 조건에 부합하는 국가는 인도, 방글라데시, 파키스탄

- 'IMO2020 규제 시행 → 연료비+유지비 증가 → 용선료 전가 → 노후선령 수익성 악화 → 패션↑ → 공급
과잉 완화 → 교체발주 수요 증가'의 기대했던 선순환 구조는 COVID-19로 인해 현실화되지 않음

COVID-19 확진자 추이 – 선진국 대비 1~2개월 후행한 신흥국 확산

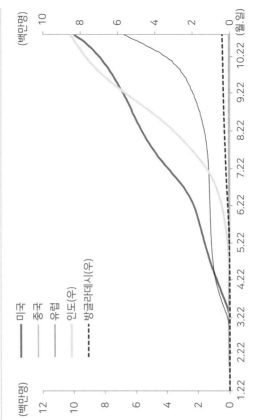

주: 2020년 11월 6일 기준
자료: Bloomberg, 메리츠증권 리서치센터

COVID-19의 확산에 따라 급락한 유가는 확산세 유지에도 일부 회복

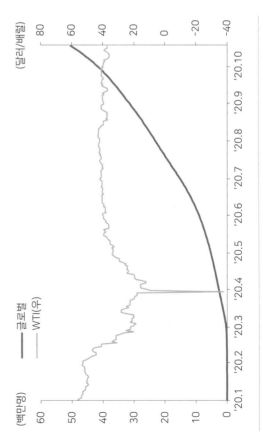

주: 2020년 11월 6일 기준
자료: Bloomberg, 메리츠증권 리서치센터

Re-bound → Re-vival로의 변수는 폐선

Global Fleet 중 13%는 폐선 선령에 임박

- 전세계 폐선량 점유율이 73.9%인 방글라데시와 인도의 뒤늦은 Lockdown, 공급량 축소(폐선)는 지연

- Global 탱커(1만DWT급이상)+벌크선+컨테이너선+LNG선+LPG선 Fleet은 현재 26,969척으로, 선령이 20년을 상회하는 선박 3,470척(Fleet 대비 12.9%) → 3년 간 폐선을 가정 시 전체 선복의 4.3%가 매년 감소

- 신흥국 Lockdown 해소 → 폐선(Scrap)업체 재가동 → 폐선량 ↑ → 공급과잉 완화 → 점진적 교체 발주

폐선량과 Clarksea 운임 추이 – 운임 하락기에 폐선량 증가

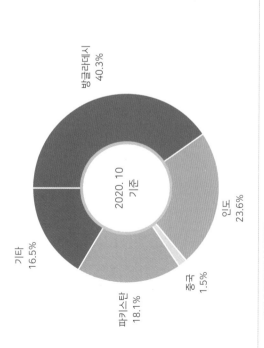

자료: Clarksons, 메리츠증권 리서치센터

국가별 폐선량 점유율 – 방글라데시, 인도가 압도적

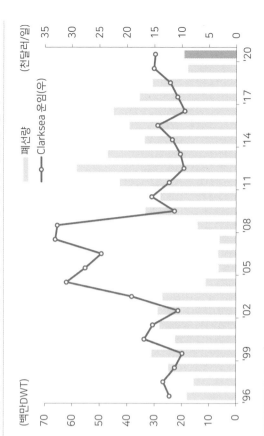

자료: Clarksons, 메리츠증권 리서치센터

신흥국들의 COVID-19 회복 여부가 핵심

폐선활동 재개 → Scrap 가격 반등 → 폐선량 증가와 교체 발주 순환기 도래여부에 주목

- 노후선 선주(매도자)와 매수자(폐선 중개인, 폐선업체)의 Power Game의 결과물은 Scrap 가격

- 인도의 Lockdown 이후 Scrap 가격은 2년 전 대비 절반 수준으로 급락, 폐선(매도)을 하고 싶어도 폐선업체 가동 중단으로 지연된 상황. 이는 매수자 우위의 시장이 형성되었음을 의미

- 인도는 7~8월에 Lockdown 해제되며 일부 폐선활동 재개, 11월 말 인도시장 scrap가격은 VLCC, Capesize 모두 400달러/ldt를 기록하며 저점대비 각각 +50.9%, +48.1% 반등

- 2010~19년 평균 scrap 가격은 각각 407달러/ldt, 405달러/ldt 수준으로 평균치의 수준으로 회복. 2020년YTD 운임 하락률이 각각 87.2%, 27.3%인 VLCC와 Capesize의 폐선 회복 여부에 주목

지역별 폐선량 추이 – 중국, 인도 Lockdown 영향

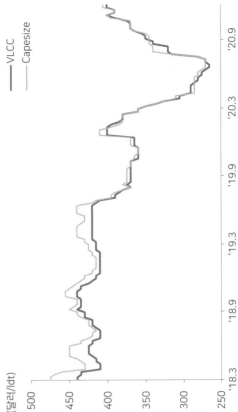

주 : 2020년 11월 말 기준
자료 : Clarksons, 메리츠증권 리서치센터

인도의 선종별, 스크랩 가격 – 7~8월 Lockdown 해제 후 반등

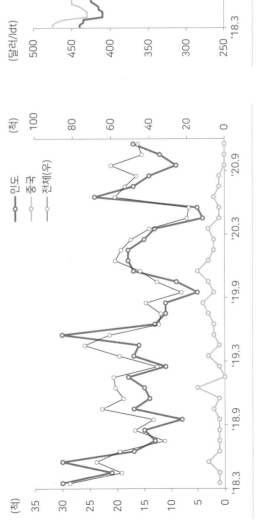

주 : 2021년 1월 1일 기준
자료 : Clarksons, 메리츠증권 리서치센터

COVID-19로 가려진 IMO2020, 시행 효과에 주목할 2021년

ULSFO 판매량 감소, LSFO 판매량 정체, 기존 HSFO 판매량 증가 → IMO2020 규제의 느슨한 시행

- 선박유의 황함유량 상한선을 3.5%에서 0.5%로 강화하는 IMO2020 규제로 20년 1월 싱가포르 항구의 HSFO(High Sulfur Fuel Oil, 기존 고유황유) 판매량은 전년동기대비 -79.9%로 급감
  - LSFO(황함량 0.5% 이하), ULSFO(황함량 0.1% 이하)의 판매량은 전년동기대비 +9,438%, +128% 증가

- 1월 이후 ULSFO의 판매량은 감소하며 7월 판매량은 1월 대비 -53.0% 감소하며 규제 전으로 회귀

- 반면 HSFO는 9월 판매량이 1월 대비 +22% 증가하는 양상을 보임
  → 월 평균 LSFO-HSFO 스프레드는 297달러/배럴('20.1) → 58달러/배럴('20.9)로 축소

싱가포르항의 VLSFO 판매량은 규제 초반 급락

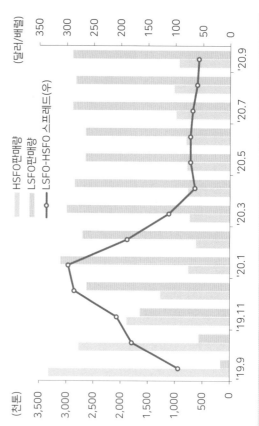

HSFO/LSFO 판매량, 스프레드 추이 (싱가포르 항 기준) - 1/6로 급격히 축소

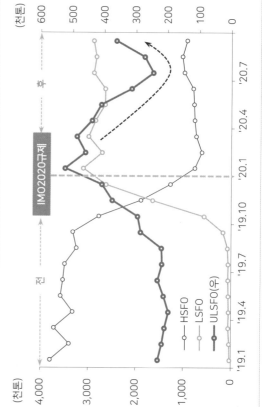

자료 : MPA, Clarksons, 메리츠증권 리서치센터

주1 : HSFO는 MFO 180+380+500cst 합산, LSFO는 LSFO 100+180+380+500 cst 합산
주2 : ULSFO는 LSMGO + ULSFO 합산 수치로 황함유량 최대 0.10%인 초저유황유
자료 : MPA, 메리츠증권 리서치센터

COVID-19로 가려진 IMO2020, 시행 효과에 주목할 2021년

**COVID-19로 인한 선박유
Inspection 감소율 -40%.
스프레드 개선이 없다면
IMO2020 효과 기대는 소멸**

- IMO2020 시행으로 규제를 충족하는 저유황유(LSFO)의 수요는 증가하고 Scrubber 없이 충족이 불가한 고유황유(HSFO)의 수요 급감으로 LSFO-HSFO 스프레드가 확대됨은 자명했던 상황

- 그러나, 2020년 LSFO-HSFO 스프레드는 연초대비 1/7 수준까지 급격히 축소

- 스프레드 축소 원인은 1) 선박유 Sampling 방식, 2) 선박유 국제표준 논란, 3) COVID-19로 인한 검사 미비
  1) 규제에 대한 검사시료는 상업적 Sample의 경우 Sampling 방식이 아니며, 임항한 선박의 Manifold에서 채취
  2) 시판 LSFO에서 항기준치 초과하거나 높은 침전물로 점검물로 인한 문제가 발생, 국제선박유표준의 개정 요구 증가
  3) 2020년 상반기 항만국통제(Port State Control)에 의한 검사는 COVID-19로 인해 40% 감소

정유 제품별 마진 추이 – Bunker 마진, COVID-19 이후 반등

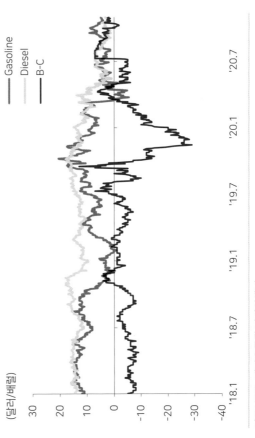

(달러/배럴)

Gasoline
Diesel
B-C

자료: ICIS, 메리츠증권 리서치센터

3개 항구별 선박용 Fuel Oil(380cst) 가격 추이 – 지역간 편차는 없음

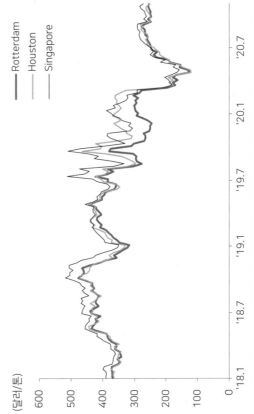

(달러/톤)

Rotterdam
Houston
Singapore

자료: Clarksons, 메리츠증권 리서치센터

Part II

Re-structuring → Re-form(?)

구조조정을 넘어선 변화가 필요한 시기

2021 전망 조선/기계

2020년 역사적 저점 수준의 발주, 2021년 = Again 2010?

Recession을 수반한 Pandemic, 10년은 금융위기 이후의 빠른 발주 회복

- COVID-19 사태의 시사점은 1) 짧지만 Virus가 Recession을 수반하고, 2) Globalization에 대한 교과서적인 믿음이 깨졌으며, 3) 화석연료 기반의 구(舊)경제 Paradigm의 마침표를 앞당겼다는 점

- OECD경기선행지수는 역대 가장 낮은 92.80p를 기록(2009년 당시 95.15p)

- 2021년 조선업 전망의 Point는 유사한 Recession을 겪은 다음해 발주량과 유사한 행보를 보이는 지 여부
  → 2008~09년 금융위기 후 2010년 Global 발주량은 1.57억DWT를 기록(1996년 이후 5번째 많은 발주)

OECD 경기선행지수와 선박 발주량 추이 – 전세계 경제상황과 동일한 흐름

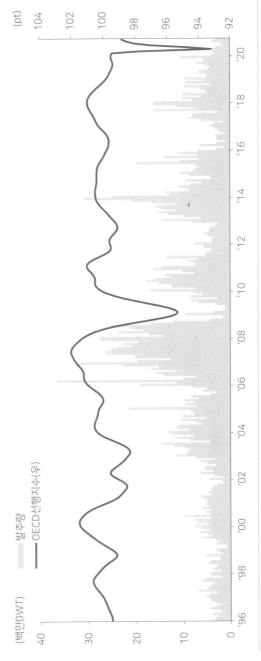

주: 2020년 9월 말 기준
자료: OECD, Clarksons, 메리츠증권 리서치센터

제로수준의 금리, 2021년 선가 상승은 가능할까?

제로금리, 선가에 대한
다향방정식을 구성하는
변수가 통제된 상황으로 인식

- 2004~09년 금리 변동시기의 전세계 발주량과 미국, 유럽 기준금리간 상관계수는 +0.60, +0.71

- 2017~20년 현재까지의 금리 변동기에는 유의미한 상관관계는 도출되고 있지 않음

- 주요 선주(발주처)가 집중된 유럽의 기준금리는 2008년 미국發 금융위기와 2011년 유럽發 금융위기 이후 0에 수렴하며 상관관계는 사실상 무의미
  → 기존에 선가와 발주 시기를 결정 짓는 주요 변수 중 하나인 '금리'가 변인통제 된 상황
  → 잔여 변수-선가와의 상관관계가 커질 개연성: 발주처에겐 금리가 '변수'가 아닌 '상수'가 됨

미국, 유럽 금리와 선박 발주량 추이

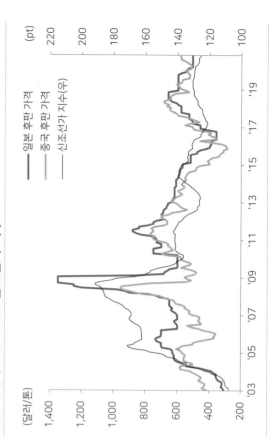

자료: Bloomberg, Clarksons, 메리츠증권 리서치센터

후판 가격과 Clarksons 신조선가 지수

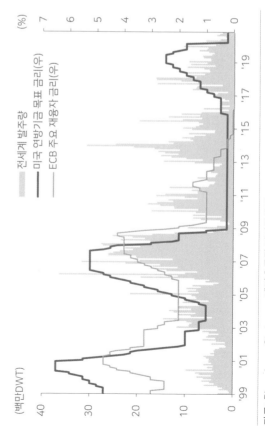

자료: Bloomberg, Clarksons, 메리츠증권 리서치센터

V자 회복을 선반영 중인 운임

**21년 5대 화물의 물동량은
+4.8% 증가. V자 반등을
맞지만, 총물동량은 19년
대비 +1.0% 증가에 불과**

- 이론적으로 운임 상승은 선가 상승으로 이어지며, 각 화물의 물동량 변화로 운임변화를 유추

- 2020년 전세계 교역량의 급감에도 불구, Clarksea Index(해상운임)는 반등 → 교역량 회복의 선반영

- Clarksons에 따르면, 2021년 예상 물동량은 화물별로 +3.9~7.1%(YoY)의 증가세 예상
  - 벌크화물: 53.12억톤(+3.9% YoY) / 원유 및 석유제품: 30.02억톤(+5.7%)
  - 컨테이너: 2.01억TEU(+5.5%) / LNG: 3.91억톤(+7.1%) / LPG: 1.09억톤(+4.9%)

- 문제는 2020년 급격한 위축 이후의 V자 반등에도, 2021년 예상 총 물동량은 2019년 대비 +1.0% 성장에
  불과하다는 점 → 2019년 수준의 물동량 회복 Vs. 운임의 빠른 반등

전세계 GDP 성장률, 예상물동량, 예상운임 추이

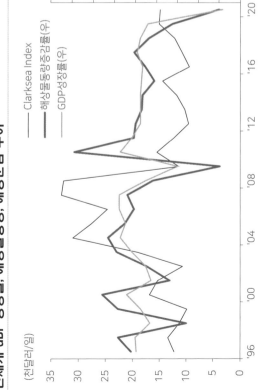

주: GDP, 물동량은 2020년 전망치 기준
자료: IMF, Clarksons, 메리츠증권 리서치센터

전세계 GDP성장률, 예상물동량, 발주량 추이

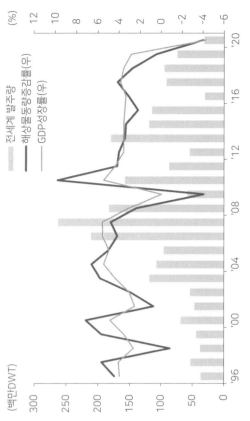

주: GDP, 물동량은 2020년 전망치 기준
자료: IMF, Clarksons, 메리츠증권 리서치센터

운임상승 → 선가상승 + 발주 증가로는 시간이 소요될 것

Pandemic 공포는 예상보다 오래 지속 중, 舊경제에 대한 투자 위축

- Virus는 교역에 대한 국가적인 거부감을 야기했을 뿐 아니라 Energy Transition을 촉발
  → 1) 경기 회복에 따른 교역 재개와 2) 유동성 공급이 실물투자 Risk-On 확산되기에는 시간이 필요

- 1) 경기 회복 → 2) 해상 물동량 증가 → 3) 운임 상승 → 4) 발주 증가 → 5) 선가 상승 → 6) 수익성 개선 → 7) Valuation Re-rating 기대감이 선반영될 수는 있지만, 현재는 1)~3) 단계의 V자 회복 기대가 반영된 상황

- 2021년 상반기에는 3)에서 4)로의 확산 여부, 하반기에는 4)에서 5)로의 확산 여부에 주목할 전망

- 조선엄종 역사적인 Valuation 저점 PBR 0.37배는 2020년에도 지지, Valuation 상단의 하향 조정은 불가피

운임과 신조선가 지수 간 상관관계 +0.83

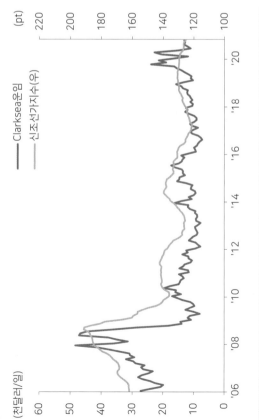

신조선가 지수와 조선엄종 지수 간 상관관계 +0.63

운임 반등 폭이 큰 가스선, 선사들의 주가는 -47%

COVID-19 기저효과와
계절적 성수기 도래로
LNG 운임은 급반등

- COVID-19 확산과 수요를 견인했던 중국의 Lockdown으로 LNG선 운임은 7월 저점(27,500달러/일) 기준으로 2019년 말 대비 -69.8% 급락

- 선사에게 가격(P)에 해당하는 운임 급락은 가스선사(Golar, GasLog)의 2020년 주가 하락률 -46.7% 귀결

- 11월 6일 기준, 16만CBM급 LNG선 운임은 10.5만달러/일로 저점대비 +250% 반등(17.4만CBM급은 12.5만달러/일) →위기 이전 수준으로의 급격한 운임 반등에도 주가 반등의 폭은 상대적으로 저조

- 1) 신규 LNG 프로젝트들의 투자 위축·지연, 2) LNG 시장에서의 중국의 영향력 증가

주요 가스선사 주가 추이 – 20년 –46.7%

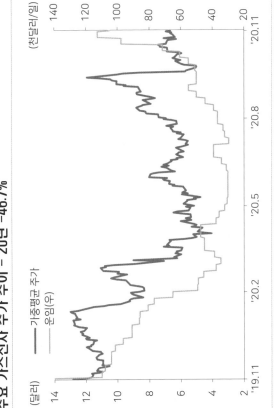

주: 2020년 11월 6일 기준, Golar LNG, GasLog 주가 가중평균
자료: Bloomberg, 메리츠증권 리서치센터

국가별 LNG 해상 수입량 비중 – 중국 영향력 증대

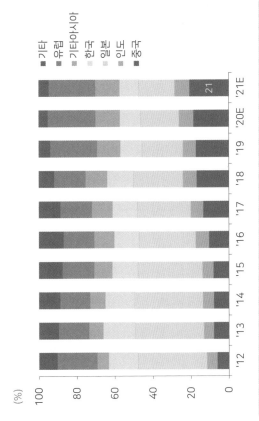

자료: Clarksons, 메리츠증권 리서치센터

에너지 = 미국, 2021년에도 그 이후에도 미국이 주도하는 시장

**15년 이후 미국 Shale 오일
중심의 생산량 증가 가속화,
세계 최대 자원 소비국이 최대
자원 생산국이 된 이슈**

- 2000년대 중반 수평시추법과 수압파쇄법 개발로 Shale혁명 발생
  - '└'자로 시추관을 굴착하고 수평 시추관을 통해 생산, 경제성이 낮았던 Shale층 자원 확보가 가능해짐
  - → 기존 수출국(OPEC)과 신규 생산국이 헤게모니 경쟁 촉발

- 2015~16년 유가 하락 국면에서 일시적으로 생산량이 둔화되었으나, 2016년 OPEC 감산 합의와 유가 반등 이후 오히려 생산량 증가 속도가 가속 → Shale 혁명: 자원의 생산자 = 자원의 소비자(미국)

- Shale 업체들은 과도한 설비투자로 실질 현금흐름이 악화된 상태에서 COVID-19 발생

미국 원유 생산량 추이 – Shale혁명을 통해 최대 자원 소비국이 최대 생산국으로 등극, 가격·생산·재고·투자를 주도

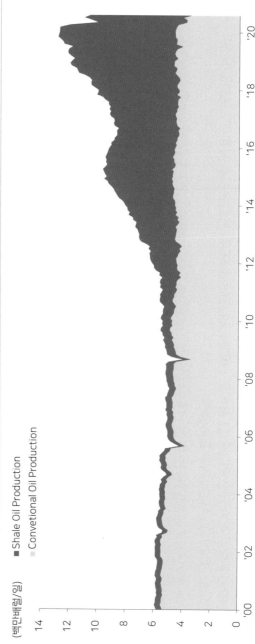

(백만배럴/일)
- ■ Shale Oil Production
- ■ Convetional Oil Production

자료 : IEA, 메리츠증권 리서치센터

에너지기업들의 현금흐름 악화, 버티기 위한 차입 증가

EBITDA/이자비용배율 급락
→ CAPEX Cut, 현금유출
최소화 기조

- IOC(다국적석유기업), NOC(국영석유기업) 22개 기업 조사 결과, 1분기 COVID-19에 따른 에너지원 수요 감소로 EBIT 적자 기록하였거나 EBIT이 이자비용을 충당하지 못한(EBIT/이자비율 < 1) 업체는 16개

- 평균 EBITDA/이자비용 배율은 2Q19 22.1배에서 2Q20 3.3배로 급락, 유가하락으로 현금창출 능력이 급격히 저하됨. 평균부채비율은 40.6%로 YoY +7.2%p 상승

- Shale업계 대비 안정적 재무구조로 Default Risk는 없으나 1) Top Oil Major의 Divestment 진행과, 2) 산유국의 감산합의로 원유 공급의 증가 가능성은 낮음
  → CAPEX와 배당 축소, 현금유보 증가(평균 현금보유비율은 2Q19 37.9%에서 2Q20 47.5%로 상승)

IOC, NOC들의 이자비용 부담 증가

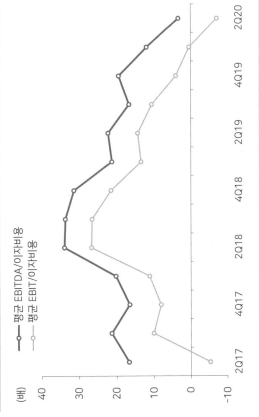

주: ExxonMobil, BP, Chevron, Shell, Total, Equinor, Petrochina 등 22개 업체
자료: Bloomberg, 메리츠증권 리서치센터

IOC, NOC들의 현금비율 추이 – 현금확보를 위한 부채비율 증가

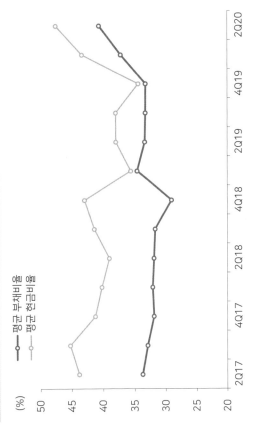

주: ExxonMobil, BP, Chevron, Shell, Total, Equinor, Petrochina 등 22개 업체
자료: Bloomberg, 메리츠증권 리서치센터

IOC와 NOC 모두 CAPEX 축소, RRR 하락 지속

**감산합의와 CAPEX축소
→ 생산량 및 매장량 감소,
RRR 개선 가능성은 희박**

- 보유 매장량 대체비율(RRR, Reserve Replacement Ratio)은 에너지 기업이 1년간 신규 확보 매장량을 동기간 생산량으로 나눈 비율로, 해당 기업의 영업 지속 가능성을 나타내는 지표
  → 2019년 RRR(유기적 매장량 대체비율)은 61.8%로 2015~16년 이후 다시 100% 미만으로 하락

- NOC의 경우, 자국 정부의 재정균형과 국가 간 합의를 통해 생산량을 결정
  → IOC, NOC의 2020~21년 생산량은 산유량 감소 영향으로 4,000만boe/d수준으로 감소
  → 4월 OPEC+ 산유국의 감산 합의로 생산량은 급감했으나 CAPEX도 동반 축소, RRR 개선은 어려울 것

IOC, NOC들의 CAPEX 투자 및 생산 추이

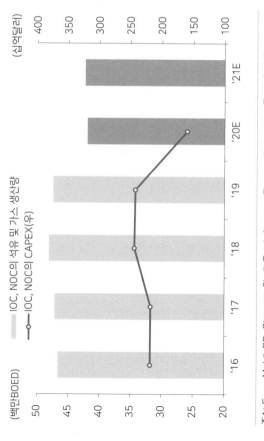

주1: ExxonMobil, BP, Chevron, Shell, Total, Aramco, Equinor, Petrochina 등 22개 업체
주2: BOED=Barrels Oil Equivalent per Day
자료: Bloomberg, 메리츠증권 리서치센터

IOC, NOC들의 매장량대체비율(RRR)추이 – 2019년 61.8%

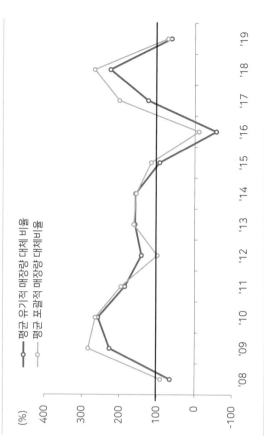

주1: ExxonMobil, BP, Chevron, Shell, Total, Equinor, Petrochina 등 22개 업체
주2: Outlier인 Aramco는 집계에서 제외
자료: Bloomberg, 메리츠증권 리서치센터

Shale기업들의 현금흐름 악화, Default Risk는 여전

2Q20 Shale 주요기업 중 76% 상환능력 부재, 정부지원 중단 시 Default Risk 부각 불가피

- 주요 Shale 기업 37개 중, 1분기 COVID-19에 따른 에너지원 수요 감소로 EBIT 적자 기록하였거나 EBIT이 이자비용을 충당하지 못한(EBIT/이자비용 < 1) 업체는 28개로 76%가 상환능력 부재

- 2019년 말 평균 현금비율(보유현금/유동부채)은 17.2%로 유동성 Risk는 상존해왔으며, COVID-19로 인해 Shale업체들의 Default Risk 증가.

- EBITDA/이자비용 배율은 2Q19 10.3배에서 2Q20 -8.4배로 급락, 미국 정부의 정책지원 중단 시 Default
  → 9월 말 북미 Shale업체 40개는 Bankruptcy(파산 또는 파산보호신청) 공시

북미 Shale업체들의 이자비용 부담 증가

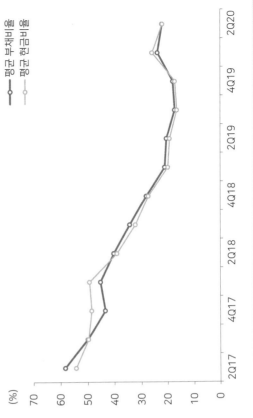

주: Continental, Marathon, PDC 등 42개 북미 Shale 생산업체 합산 기준
자료: Bloomberg, 메리츠증권 리서치센터

북미 Shale업체 지속적인 현금 소진 발생

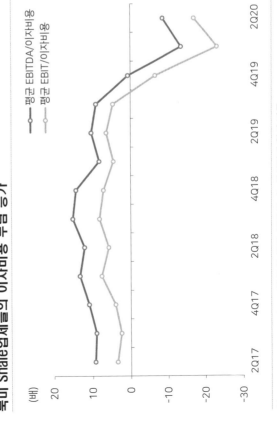

주: Continental, Marathon, PDC 등 42개 북미 Shale 생산업체 합산 기준
자료: Bloomberg, 메리츠증권 리서치센터

북미 Shale 업계의 투자는 사실상 중단, RRR 급락

Shale업계 CAPEX감소로
RRR 개선 기대감은 난망

- 2010~19년 북미 Shale업계의 생산량은 연평균(CAGR) 4.5%의 증가세를 기록

- 2014년 유가 급락을 기점, Shale업계 CAPEX 규모는 2014년 1,274억달러에서 2019년 695억달러로 감소
  → 2020년 CAPEX 규모는 340억달러로 14년대비 -73.3% 감소 예상

- RRR은 2009년 722.4%에서 2019년 71.1%로 하락, 2015년 이후 100% 미만으로 再하락
  → 2021년 예상 생산량은 1,115만boe/d로 감소. 2015~17년 당시 분모(생산량)이 감소 조건은 동일하나, CAPEX 규모도 감소하기에 RRR의 반전 가능성은 제한적

북미 Shale업계의 CAPEX 투자 및 생산 추이

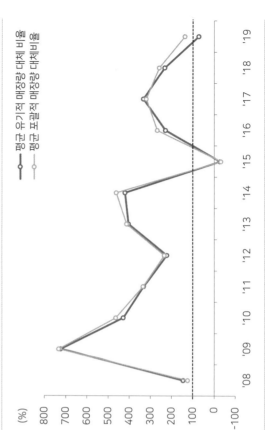

북미 Shale업체의 매장량대체비율(RRR) 추이

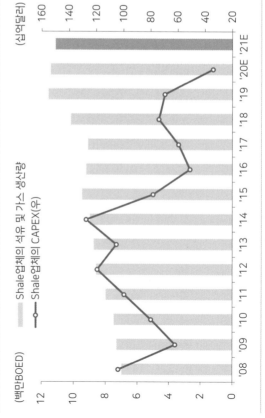

주: Continental, Marathon, PDC 등 42개 북미 Shale 생산업체 합산 기준
자료: Bloomberg, 메리츠증권 리서치센터

주: Continental, Marathon, PDC 등 42개 북미 Shale 생산업체 합산 기준
자료: Bloomberg, 메리츠증권 리서치센터

시추업계의 주가는 Default Risks 반영 중

세계 1위 TransOcean 시가총액 – 14.3억달러(2010년 303억달러)

(십억달러)

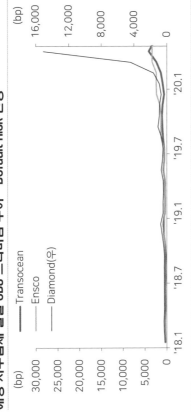

자료: Bloomberg, 메리츠증권 리서치센터

세계 3위 Valaris(Ensco) 시가총액 – 0.1억달러(2013년 152억달러), 상장폐지

(십억달러)

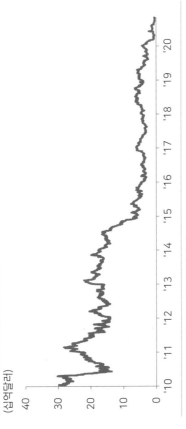

자료: Bloomberg, 메리츠증권 리서치센터

해양 시추업체 월별 CDS 프리미엄 추이 – Default Risk 반영

(bp)

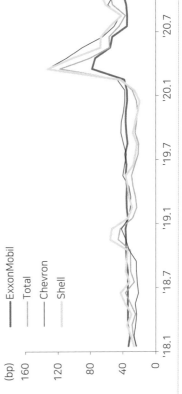

- Transocean
- Ensco
- Diamond(우)

자료: Bloomberg, 메리츠증권 리서치센터

Oil Major 월별 CDS 프리미엄 추이

(bp)

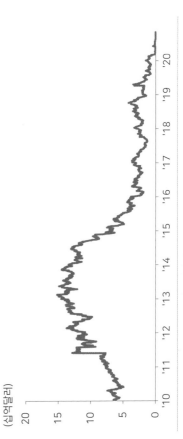

- ExxonMobil
- Total
- Chevron
- Shell

자료: Bloomberg, 메리츠증권 리서치센터

低유가시대 – 운임은 동행

低유가시대, 수급을 반영한 유가와 탱커운임 동조화, 선종간 운임도 동조화

- 2020년 하반기 조선 업황이 3가지 회복신호로써 1) 탱커 운임이 하향 안정화(원유의 공급과잉 완화), 2) LNG선 운임이 반등(교역의 재개), 3) Lockdown 해제 후 패선량 증가(선복량 수급 개선)는 확인되는 중

- 低유가시대를 인정한다면, VLCC 등 탱커 운임은 유가와 동행할 개선성이 높음(수급이 정상 반영되는 시장)

- 탱커운임은 벌크화물 운임 등 타 선종 운임과 동조화를 보여왔음
  → 조선업 전반의 회복을 진단하기 위해서는 탱커 시장의 개선 확인이 필수

低유가시기의 VLCC운임과 유가 상관관계 +0.66

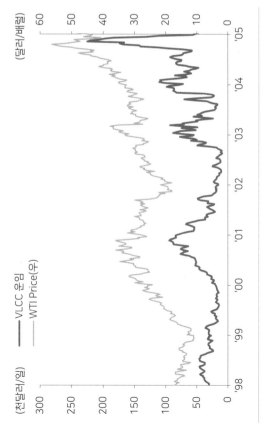

자료: Bloomberg, 메리츠증권 리서치센터

低유가시기의 선박운임은 선종간 동조화되는 추이

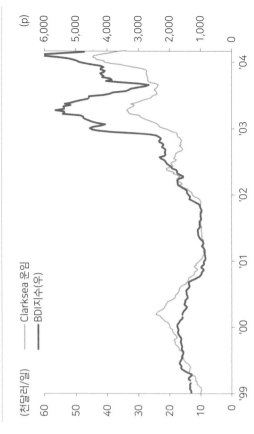

자료: Bloomberg, 메리츠증권 리서치센터

低유가시대 – Gas > Oil

중국 Lockdown = LNG 운임↓, COVID-19 이후 유가연동제 수입가격 변화 가능성

- 2014~19년 연평균 LNG 수입량이 23.2% 급증한 세계 2위 수입국 중국, 1월 이후 Lockdown에 따른 일시적 수입 중단으로 LNG선 운임은 단기간에 -67.0% 급락

- 1위(일본), 2위(중국), 3위(한국) 수입국이 집중된 동아시아, 수출국은 미국, 호주, 러시아, 카타르 등 다원화

- 아태지역 수입국의 기존 LNG 수입은 유가연동제(LNG Price = (0.13~0.15) x Oil Price + α), 이론적으로 LNG 가격은 국제유가의 1/6~1/8 밴드를 형성 → 밴드 이탈시기는 이상기후, PNG 지정학적 이슈에 기인

- 유가연동제의 문제점: 가스의 수급이 가격에 반영되지 못하며, 수입가격 변동성이 확대될 개연성이 큼

WTI와 미국 천연가스 가격 추이 – 유가의 1/6~1/8 Band를 유지했던 천연가스, COVID-19 이후 유가대비 견조한 가격

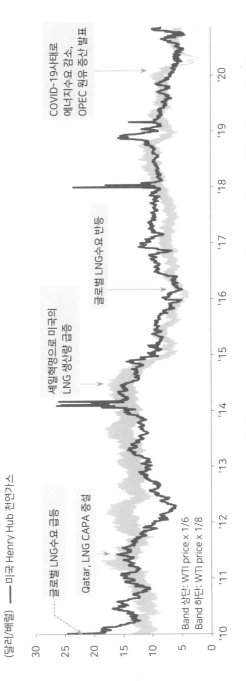

(달러/배럴) ── 미국 Henry Hub 천연가스

글로벌 LNG수요 급등

Qatar, LNG CAPA 증설

Band 상단: WTI price x 1/6
Band 하단: WTI price x 1/8

세일혁명으로 미국의 LNG 생산량 급증

글로벌 LNG수요 반등

COVID-19사태로 에너지수요 감소, OPEC 원유 증산 발표

자료: Bloomberg, 메리츠증권 리서치센터

低유가시대 – Gas>Oil

천연가스 가격 상승: 계절적 성수기, Lockdown 기저효과, H2 정책 확대 기대감

- PNG와 LNG의 병행수입으로 脫석탄을 가속화하는 중국, Green Energy에 대한 정책 확대로 LNG의 수요가 지속될 일본, 한국 → 기존 LNG 수출국과 차별화된 전략을 확대하는 미국(유가연동제 폐지, 도착지제한 폐지)

- COVID-19로 국제유가의 변동성은 극단적으로 확대, 반면 천연가스는 유가대비 견조한 가격 흐름 지속

- 11월 9일 미국 Henry-hub 천연가스 가격은 2.58달러/MMBtu, 배럴로 환산 시 가격은 8.46달러/배럴
  → 국제유가(WTI)의 1/6~1/8밴드 상단인 6.72달러/배럴을 상회
  → 1) 계절적 성수기, 2) Lockdown 기저효과, 3) H2 관련 정책 확대에 따른 반등은 유가 회복 시 가속화 가능

WTI와 미국 천연가스 가격 추이 – 20년 3월부터 급격히 금세를 이탈, Gas > Oil 추이가 가속화

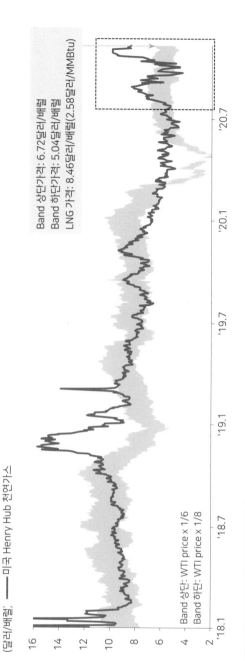

(달러/배럴)

---- Band 상단: WTI price x 1/6
---- Band 하단: WTI price x 1/8

▬▬ 미국 Henry Hub 천연가스

Band 상단가격: 6.72달러/배럴
Band 하단가격: 5.04달러/배럴
LNG 가격: 8.46달러/배럴(2.58달러/MMBtu)

자료: Bloomberg, 메리츠증권 리서치센터

低유가시대 – 미국 원유 재고량 증감이 유가를 좌우

미국 재고 ↑ = 전세계 재고 ↑

- 국제유가(WTI)가 1980년대 이후 60% 이상 하락세 기록한 사례는 이전에 3번. 1985년 11월~1986년 7월(-66.3%)/ 2008년 7월~2008년 12월(-78.4%)/ 2014년 6월~2016년 2월(-75.6%)

- 2010년 이후 미국의 원유 생산비중이 급증하며 미국의 재고량 변화가 국제 재고량에 미치는 영향 확대
  → 2020년 현재의 상황과 가장 유사한 유가 급락기는 2014~16년. 미국 재고 = 전세계 재고

- 2020년 1분기에 Tank-Top 이슈 제기되며 유가는 초유의 마이너스 가격을 경험함(선물가격)
  → 미국 원유 재고량 하향 안정화(수요 회복 or 감산) = 전 세계 원유 공급 과잉 완화

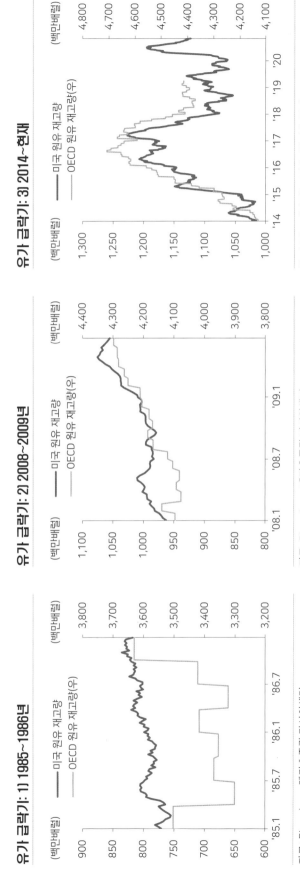

유가 급락기: 1) 1985~1986년

자료: Bloomberg, 메리츠증권 리서치센터

유가 급락기: 2) 2008~2009년

자료: Bloomberg, 메리츠증권 리서치센터

유가 급락기: 3) 2014~현재

주: OECD 데이터는 19년 3월 이후 중단
자료: Bloomberg, 메리츠증권 리서치센터

低유가시대 – 발주 확대는 결국 운임과 유동성이 좌우

COVID-19로 IMO2020 기대효과 반감, 제로금리 장기화로 운임과 유동성 주목

- 1996년 이후 해상운임(Clarksea Index)와 선박 발주량과의 상관관계는 +0.64로 높은 연동성

- 해운사: IMO2020 규제로 친환경 + 경제성 이슈 부각, 운영 효율성 강조
  → 1) 운임(미래 현금흐름의 원천), 2) Cost(선박유, 친환경투자)가 발주 결정의 핵심

- 선주사: 운항을 통한 영업수익 창출이 아닌 용선(Charter) 계약을 통한 임대수익 + 자본수익창출
  → 1) 신조선 선가, 2) 금리의 방향성, 3) 금융시장의 유동성에 상대적으로 더 민감

- IMO2020 기대 효과가 반감되고 제로금리가 장기화됨에 따라, 발주자들은 운임과 유동성에 민감할 것

벙커유 가격과 해상운임 추이 – +0.12의 낮은 상관관계

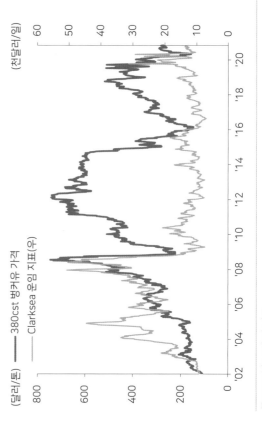

주: 2020년 10월 말 기준
자료: Clarksons, 메리츠증권 리서치센터

해상운임과 선박 발주량 추이 – +0.64의 높은 상관관계

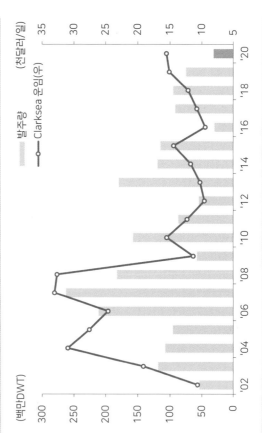

주: 2020년 10월 말 기준
자료: Clarksons, 메리츠증권 리서치센터

한국: 수주잔고의 50%가 LNG선, 컨테이너선 축소

대형 LNG선 경쟁력은 굳건,
컨테이너선 수주 부진과 탱커
비중의 증가 → 21년 변화
여부에 주목

- 2020년 10월 말 기준 한국 조선업계 수주잔고는 1,914만CGT로 전년 동기 대비 9.9% 감소

- 2020년 10월 선종별 구성비는 LNG선(50%) > 탱커(26%) > 컨테이너선(13%) > LPG선+벌크선(8%) 순

- 2020년 10월 말 현재 발주된 주된 LNG선은 31척(17.4만CBM급 이상 LNG선은 27척)
  - 17.4만CBM 대형 LNG선은 국내업계 14척 수주, 러시아(Zvezda) 10척, 중국(Hudong-Zhonghua) 3척
  → 국내 OEM으로 이어질 개연성 있는 러시아이h向 물량 감안, 국내 대형 LNG선 수주점유율은 88%

- 반면, 컨테이너선 수주 부진으로 수주잔고 내 비중은 전년대비 -9.3%p인 13.2%로 축소, 탱커비중 증가

한국의 수주잔고 선종별 비중은 LNG선 비중이 급증, 컨테이너선 축소 – 2018년 LNG선 비중 35.9% → 2019년 43.3% → 2020년 49.7%

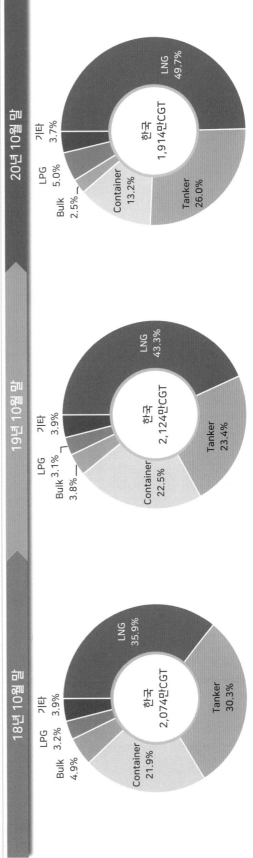

18년 10월 말

한국
2,074만CGT

LNG 35.9%
Tanker 30.3%
Container 21.9%
Bulk 4.9%
LPG 3.2%
기타 3.9%

19년 10월 말

한국
2,124만CGT

LNG 43.3%
Tanker 23.4%
Container 22.5%
Bulk 3.8%
LPG 3.1%
기타 3.9%

20년 10월 말

한국
1,914만CGT

LNG 49.7%
Tanker 26.0%
Container 13.2%
Bulk 2.5%
LPG 5.0%
기타 3.7%

주: 수주잔고는 CGT 기준
자료: Clarksons, 메리츠증권 리서치센터

중국: 수주잔고의 51%가 벌크선과 탱커, 컨테이너선 확대

벌크선 비중이 축소된 반면, 컨테이너선과 탱커의 비중 확대. 국내 업계와의 경쟁 심화

- 2020년 10월 말 기준 중국 조선업계 수주잔고는 2,675만CGT로 전년 동기 대비 6.6% 감소
- 2020년 10월 구성비는 벌크선(32%) > 탱커(19%) > 컨테이너선(19%) > LNG선(4%) 순
- 2018년 8.0만CBM LNG선 2척, 0.8만CBM LNG선 2척 / 19~20년 17.4만CBM LNG선 5척 수주(자국 선주)
- QatarGas와 Hudong-Zhonghua 간에 체결한 LNG선 8+8척 건조슬에워으로 2022년까지 매년 2~3척의 대형 LNG선 물량을 기 확보. 중국의 LNG Bargaining Power를 감안된 제한된 발주로 판단
- 컨테이너선(+3.4%p)과 탱커(+3.1%p)의 잔고 비중 증가, 국내 업계와의 경쟁 심화되는 볼가피

중국의 수주잔고 선종별 비중은 탱커와 컨테이너선 비중이 증가 – 2018년 벌크선 비중 38.3% → 2019년 40.4% → 2020년 32.1%

주: 수주잔고는 CGT 기준
자료: Clarksons, 메리츠증권 리서치센터

일본: 수주잔고의 69%가 벌크선과 탱커, LNG 포기

자국 발주를 제외하고 사실상 경쟁력 상실, LNG 신조 포기

- 2020년 10월 말 기준 일본 조선업계 수주잔고는 855만CGT로 전년 동기 대비 28.8% 감소

- 2020년 10월 구성비는 벌크선(48%) > 컨테이너선(22%) > 탱커(21%) 순. LNG선은 소멸(0.1%)

- 수주 급감 → 일본 조선업 Consolidation → Alliance or Merger 방안 체택 = 공급 축소

- 미쓰이중공업(Mitsui E&S)은 'Fabless' 전략을 체택, 쯔네이시(Tsuneishi), Yangzijiang(중국)에 일감을 위임. 조선사업부서선을 매각하는 등 공급 축소

- 이마바리-JMU 간 합작사(Nihon Shipyard)는 사업계획에서 LNG선을 제외하며 공급부야 축소

일본의 수주잔고 선종별 비중은 벌크선 비중 압도적, 자국 발주 제외시 경쟁력 상실 – 2018년 벌크선 비중 32.2% → 2019년 56.0% → 2020년 48.1%

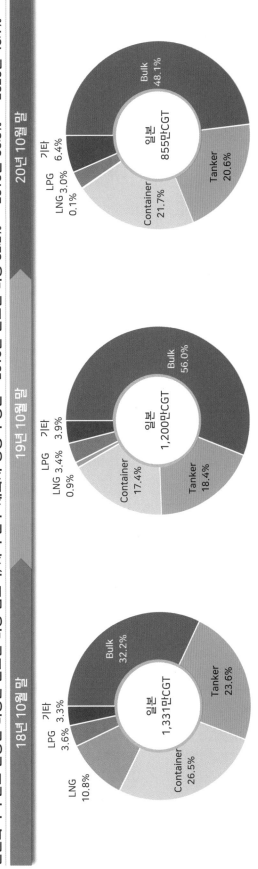

18년 10월 말

일본 1,331만CGT

- Bulk 32.2%
- Tanker 23.6%
- Container 26.5%
- LNG 10.8%
- LPG 3.6%
- 기타 3.3%

19년 10월 말

일본 1,200만CGT

- Bulk 56.0%
- Tanker 18.4%
- Container 17.4%
- LNG 0.9%
- LPG 3.4%
- 기타 3.9%

20년 10월 말

일본 855만CGT

- Bulk 48.1%
- Tanker 20.6%
- Container 21.7%
- LNG 0.1%
- LPG 3.0%
- 기타 6.4%

주: 수주잔고는 CGT 기준
자료: Clarksons, 메리츠증권 리서치센터

주요 조선업체 2020/2021년 영업이익 컨센서스 – 개선은 없음

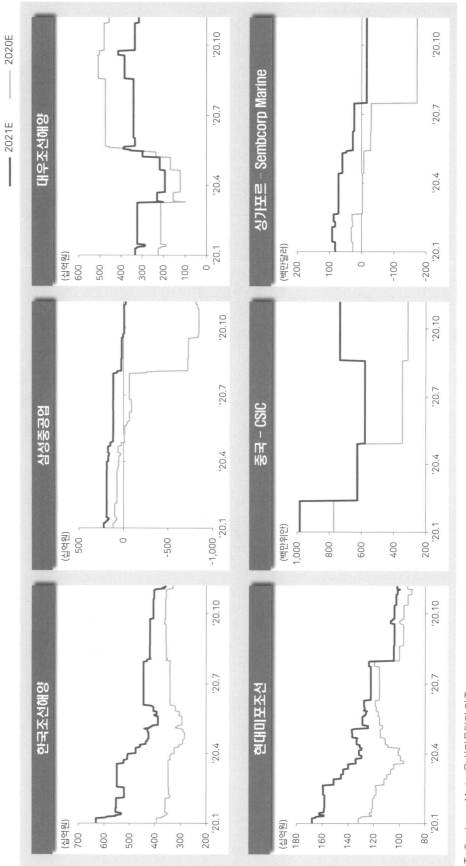

주 : Sembcorp Marine은 싱가폴달러 기준
자료 : Bloomberg, 메리츠증권 리서치센터

결국 기업가치는 이익에 수렴한다

**영업이익과 시가총액의 상관
계수 16~20년 +0.82, 21년
De-rating 반전하기엔 부족**

- 조선 4사 시가총액은 2011년 63.5조원에서 2016년 11.0조원, 2020년 11월 17.5조원 수준. KOSPI 전체 시가총액 대비 조선업종 합산 시가총액 비중은 1.1%로 2002~03년 수준보다 하회(07년 7.4%)

- 조선업종 시가총액과 Earning의 연관성은? → 2008~20년 상관계수 (+)0.74, 2016~20년 (+)0.82

- 착시: 조선업종 주가는 Earning과 무관? → 시가총액은 철저히 Earning을 반영

- 재무구조 개선을 위한 자본확충(인적분할, 유상증자)과 Earning Shock 마무리가 시가총액 상승을 초래

- 2021년 이익개선이 없다면, 2013년 이후 지속된 De-rating을 반전시킬 동력은 부족

조선업종 시가총액, Earning과 높은 상관관계 – 2016~20년 상관계수 +0.82

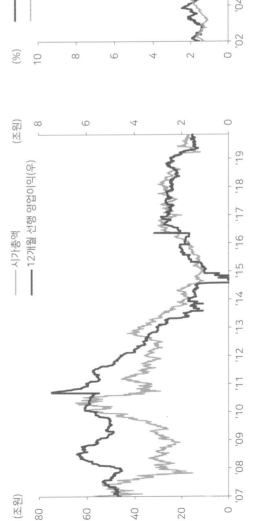

주: 한국조선해양, 삼성중공업, 대우조선해양, 현대미포조선 합산 기준, 한국조선해양은 인적분할
이후 지주+중공업+일렉트릭+건설기계 합산 기준
자료: WiseFn, 메리츠증권 리서치센터

KOSPI 전체 대비 조선업종 합산 시가총액 – 17년 전보다 하회하는 시총 비중

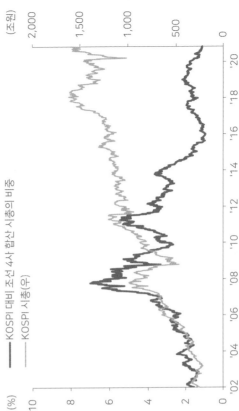

주: 한국조선해양, 삼성중공업, 대우조선해양, 현대미포조선 합산 기준, 한국조선해양은 인적분할
이후 지주+중공업+일렉트릭+건설기계 합산 기준
자료: WiseFn, 메리츠증권 리서치센터

자본의 효율적 활용을 못하는 조선업, Re-structuring은 필연

ROE개선: 순주증가(21년)
→매출성장(22년)+이익률 ↑

자본활용도 저하는 조선업
De-rating의 근본 원인

- KOSPI 자본총계 대비 조선업계 합산 자본 비중은 2.1%, 시가총액 비중 1.1% 비교 시 50% Discount 수준

- 2016~18년 조선업계의 유상증자, 자산매각 등 경영정상화 과정과 현대중공업 인적분할로 추가 확보한 자본증가분이 시장에서 적정 평가를 받지 못하며, 유형자산의 효율성에 한계가 있음을 의미

- 특히, 해양시추업계의 불황 장기화로 Drillship 계약의 해지, 재고자산 부담에 따른 현금흐름 부진은 리스크

- 결국 ROE 개선은 순주증가를 통한 매출성장으로 순이익률 개선하고 자본을 효율적인 활용이 핵심

- 2021년에 대한 기대는 순주이며, 개선의 가속화 여부는 선가와 운임이 결정, ROE 개선은 2022년이나 가능

KOSPI 총자본총계 대비 조선4사 합산 자본총계 비중 - 2020년 2.1%

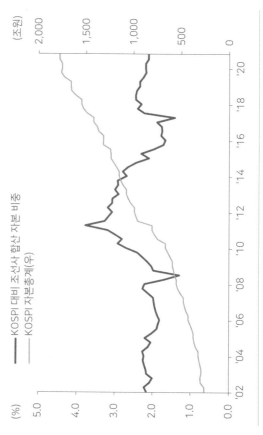

자료 : WiseFn, 메리츠증권 리서치센터

국내 조선업계 및 KOSPI 자본총계 추이

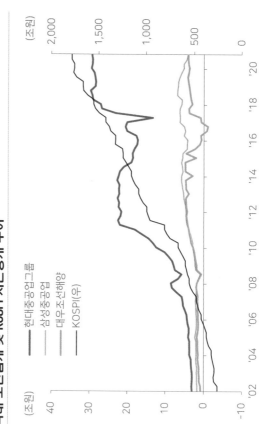

자료 : WiseFn, 메리츠증권 리서치센터

Downsizing은 2017년에 마무리, Re-structuring?

**국내 조선업계 고용인력은
14년 203,441명에서 17년
109,901명으로 46% 감소,
향후 인력은 협력사 중심 확충**

- 2004~08년 수주 초호황기와 2012~13년 수주 재개로 조선업계 고용인력은 2014년 203,441명으로 급증
- 그러나, 2014년 이후 급격한 실적악화, 유가급락, 경기침체에 따른 발주 침체로 인력구조조정 빠르게 진행
- 2017년말 기준 조선업계 고용인력은 109,901명으로 2014년 대비 46% 급감. 2005년 수준으로 회귀
- 고용인력 중 협력사(하청) 비중은 2005년 47.6%, 2014년 64.4%에서 2017년 55.9%로 급감
- 정규직은 2005년 49,831명에서 2014년 72,466명으로 급증한 뒤 2017년 48,436명으로 33.2% 감소
- 고정비 감축을 통한 시황대응 측면에서는 필연적, 숙련도 높은 인력 유지는 해결해야 할 과제

국내 조선업계 고용인력 추이 – 2005년으로 회귀한 생산인력

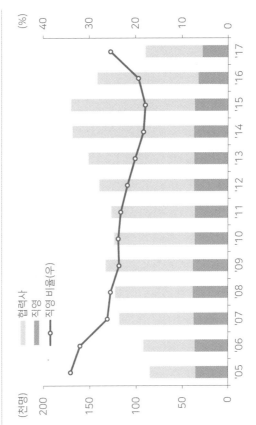

자료 : 한국조선해양플랜트협회, 메리츠증권 리서치센터

국내 조선업계 협력사, 직영 고용인력, 직영인력 비중 추이 – 협력사 급감

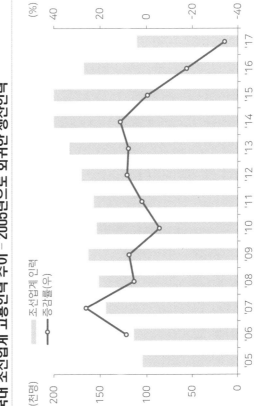

자료 : 한국조선해양플랜트협회, 메리츠증권 리서치센터

Downsizing 후 선박에 집중한 수주, LNG와 컨테이너선 민감도 급등

Downsizing과 구조조정 마무리 후, 선박에 집중하는 수주. LNG선 민감도 높아짐

- Big3의 전세계 수주 점유율 30% 기준, 2021년 발주시장이 926억달러로 증가해야 CAPA의 100% 충족
- 2021년 발주규모가 2019년 수준(762억달러)으로 회복된다면, 수주 점유율이 36.5%로 상승해야 충족
- 결국 PBR 1.0배를 위한 전제 조건 중 M/S 상승이 우선적으로 필요 → LNG선과 친환경선에 주목하는 이유
- 건조능력 No.1 현대중공업의 2020년 수주부진, 잔고 감소. 해양플랜트 EPC 축소 → 선가 협상력 약화 우려
- 2014년 이후의 Downsizing은 마무리, 선박 수주에 집중하면서 LNG선과 컨테이너선 민감도 높아진 Big 3

현대중공업과 현대삼호중공업 합산 수주잔고, 척당 수주선가

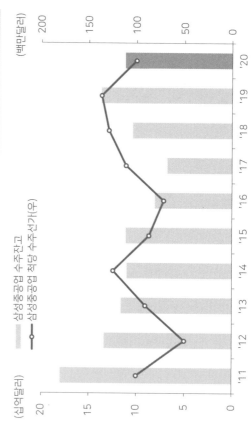

주: 상호중공업 합산 상선 기준, 2020년 10월 말 기준, 척당 수주선가=연간 수주액/연간 수주척수
자료: Clarksons, 메리츠증권 리서치센터

삼성중공업 수주잔고, 척당 수주선가 – LNG선 수주 부진으로 척당 선가 하락

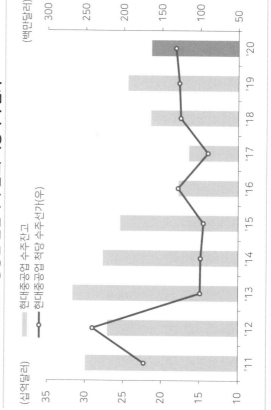

주: 상선 기준, 2020년 10월 말 기준, 척당 수주선가=연간 수주액/연간 수주척수
자료: Clarksons, 메리츠증권 리서치센터

Downsizing 후 선박에 집중한 수주, LNG와 컨테이너선 민감도 급증

Downsizing과 구조조정 마무리 후, 특정 선종의 민감도 높아짐

- 대우조선해양은 2015~17년 회계이슈가 부각, 연평균 수주액 27억달러로 Downsizing과 체질 개선에 주력
- 재무구조 개선 후 LNG선에 집중, 해양 EPC는 지양하는 수주전략. 수주 부진으로 2021년 매출 감소 불가피
- 현대미포조선의 평균 수주선가는 PC·LPG선 수주시기엔 반등, 벌크선 등 기타선종 수주 시 하락을 반복
- 순현금상태에 가장 우량한 재무구조 + 탱커·LPG선 경쟁업계의 Consolidation → Re-structuring의 승자

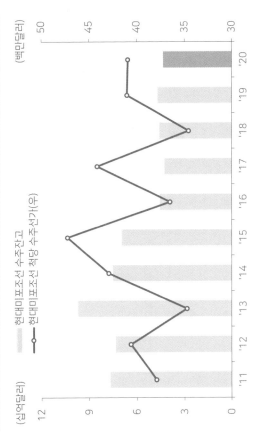

대우조선해양 수주잔고, 척당 수주선가 – LNG선 수주 비중 확대

주: 삼성 기준, 2020년 10월 말 기준, 척당 수주선가=연간 수주액/연간 수주척수
자료: Clarksons, 메리츠증권 리서치센터

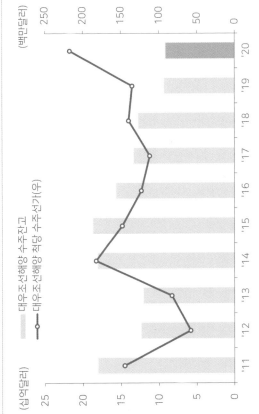

현대미포조선 수주잔고, 척당 수주선가 – 2020년 PC선 중심 수주 지속

주: 삼성 기준, 2020년 10월 말 기준, 척당 수주선가=연간 수주액/연간 수주척수
자료: Clarksons, 메리츠증권 리서치센터

Re-structuring은 진행 중이나..

위기의 과정에서 De-rating
반복, Downsizing 이후
선택과 집중 전략은 진행형

- 조선업계의 평균 12개월 Trailing PBR은 2008~09년 금융위기에 4.5배 수준에서 1.5배 수준으로 급락

- PIIGS發 유럽 금융위기 이후 2011~13년 12개월 Trailing PBR은 2.4배 수준에서 0.8배 수준으로 하락

- 2019년 이후 12개월 Trailing PBR은 0.5~1.0배 사이 박스권 움직임, COVID-19 이후 KOSPI 대비 하회

- 위기를 겪을 때마다 50%이 De-rating이 반복, PBR 1.0배를 상회할 만큼 성장산업이 아니라는 점이 한계

- 현대중공업 그룹(비조선업 선택과 집중), 조선은 선택과 집중), 대우조선해양(해양EPC 지양)의 Re-structuring 과정 대비 삼성중공업의 변화는 상대적으로 더딘 모습

2008~09년 12개월 Trailing PBR

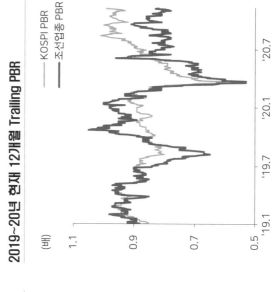

자료: WiseFn, 메리츠종권 리서치센터

2011~13년 12개월 Trailing PBR

2019~20년 현재 12개월 Trailing PBR

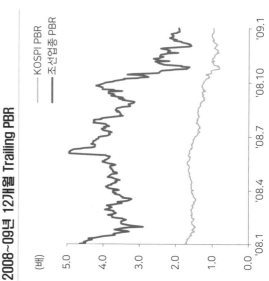

자료: WiseFn, 메리츠종권 리서치센터

자료: WiseFn, 메리츠종권 리서치센터

Re-form에 필요한 이익체력은 너무 약하다..

이익에 대한 기대감 소멸은 결국 Valuation 확장이 제한적임을 의미

- 2008~09년(미국發 금융위기), 2011~12년(유럽發 금융위기), 2014~16년(유가 급락기) 위기를 겪으며 수익성에 대한 기대감은 사실상 소멸. Oil 관련 사업에 집중된 사업모델을 재고해야 하는 계기로 작용

- 조선업의 영업실적은 결국 수주. COVID-19로 인한 2020년 수주 실적은 2021년 실적 부진으로 이어짐

- 조선업체가 단기간에 신사업 중심으로 Re-form을 진행하는 것은 불가능. 본업의 회복을 통한 영업 레버리지 효과와 충분한 체력(재무구조) 확보와 병행되어야 함

- 2014~16년 쇼크 이후 이익체력은 극히 약화, 이익(M)보다 수주(Q)를 통한 선가(P) 인상에 주력할 2021년

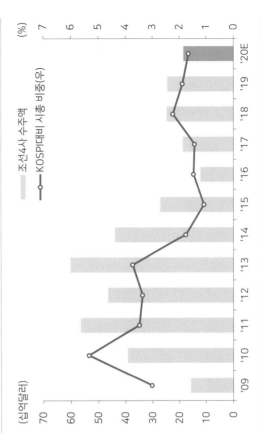

조선4사 영업이익과 KOSPI대비 시가총액 비율

주: 한국조선해양, 현대미포조선, 삼성중공업, 대우조선해양 영업이익 단순 합산
자료: WiseFn, 메리츠증권 리서치센터

조선4사 수주와 KOSPI대비 시가총액 비중

주1: 한국조선해양, 현대미포조선, 삼성중공업, 대우조선해양 영업이익 단순 합산
주2: 조선 4사 수주목표 대비 60% 달성 기준
자료: WiseFn, 메리츠증권 리서치센터

Part III

2021 전망 조선/기계

De-leveraging → De-carbonization

투자공식 변화 불가피, 脫탄소화는 Only Way

De-leveraging, 선박금융은 상위기업에만 집중

1H20 전세계 Deal 별 평균 선박금융 규모 4.7억달러 (+81% YoY), Top Tier에 집중된 결과

- 2020년 상반기 전세계 선박금융 규모는 302억달러로 전년 동기 대비 6.5% 증가(Marine Money)
- 반면, 선박금융용 Deal 건수 기준으로는 64건으로 전년동기대비 40건 이상 감소, 2009년 이후 최저치
- Deal 별 선박금융 규모는 4.7억달러(+81% YoY), 2008년 이후 반기 기준 Deal 평균 금액은 최고치
- 이는 APM-Maersk, CMA-CGM, Stena, Port & Free Zone 등 각 부문 Top Tier에 대규모 딜이 집중된 결과

전세계 선박금융규모(상선+해양) 및 건수 추이

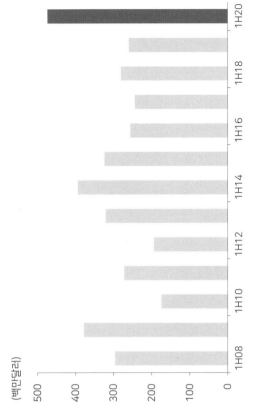

자료: MarineMoney, 메리츠증권 리서치센터

건별 선박금융규모 추이

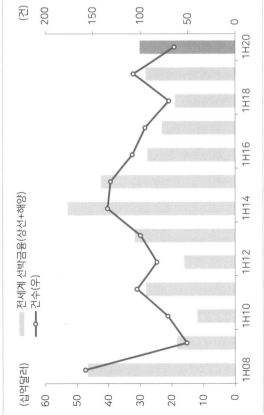

자료: MarineMoney, 메리츠증권 리서치센터

De-leveraging 선박금융은 상위기업에만 집중

**1H20 상선向 Finance,
290억달러(+32% YoY)**

**1H20 해양向 Finance,
10억달러(-83% YoY)**

- 2020년 상반기 전세계 선박(상선)금융 규모는 290억달러 수준, 전년 동기 대비 32% 증가
- 상반기 전세계 선박(해양)금융 규모는 10억달러로 전년 동기 대비 83% 감소, 사실상 신규 Deal은 전무
- 건수 기준으로도 상선 60척, 해양 4기로 각각 전년 동기 대비 -34%, -74% 급감
- 개별 Project Financing이 아닌 상위기업 Corporate Funding이 Club Deal 위주로 집중된 결과(60%)

전세계 선박금융규모(상선) 및 건수 추이 – Maersk, CMA-CGM 등 집중

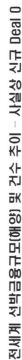

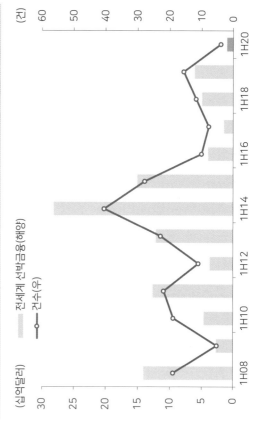

자료: MarineMoney, 메리츠증권 리서치센터

전세계 선박금융규모(해양) 및 건수 추이 – 사실상 신규 Deal 0

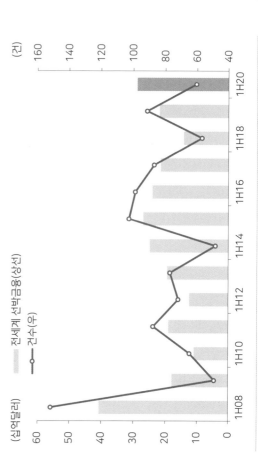

자료: MarineMoney, 메리츠증권 리서치센터

De-leveraging 자원개발 전반의 CAPEX Cut 지속

20년 북미 E&P CAPEX는 19년 대비 -51% 감소

미국 내 Rig수는 과거 평균치의 40% 수준에 불과

- 북미 Top 10(시가총액 기준) Shale 업체들의 2020년 CAPEX 가이던스 합산은 161.7억달러로 전년 동기 대비 -51% 하향 조정

- 미국 내 Oil & Gas Rig 수는 10월 말 296기로 8월 14일 저점(244기) 기록 후 점진적인 증가세
  → 16년 이후 평균 733기 대비 40% 수준에 불과

- Shale 업계의 2021년 생산량 전망치가 -2.7% 감소함을 감안하면, Rig 가동수의 반등은 제한적일 전망

북미 Shale 업체들 2020년 CAPEX 수정 Guidance, -51% 하향 조정

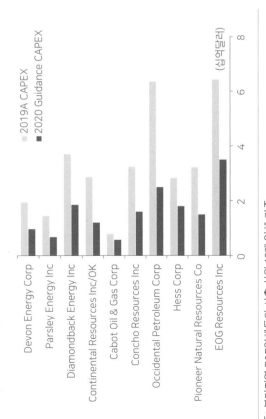

주: 북미지역 E&P업체들의 시총 상위 10개 업체 기준
자료: Bloomberg, 메리츠증권 리서치센터

북미, 미국의 전체 시추설비(Rig) 가동 수 추이 – 평균의 40%에 불과

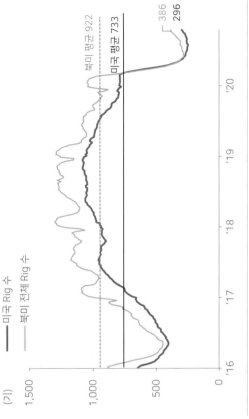

주: 2020년 10월 말 기준
자료: Baker Hughes, 메리츠증권 리서치센터

중국의 영향이 절대적인 해상 물동량

저성장 속 중국의 경제성장이 물동량의 완만한 회복 견인, LNG 수입이 가장 급증

- 해상 운송을 통한 전세계 수입 물동량에서 중국이 차지하는 비중은 절대적이며 2021년에도 확대 전망
  : 철광석: 2014년 68% → 2021년 74% / 원유: 2014년 16% → 25% / LNG: 2014년 8% → 21%

- 중국의 LNG수입량 2012~19년 연평균 +23.1% 급증, 2020년 상반기 Lock-down이 LNG 운임 급락 초래
  → 2021년 1.77억CBM(+19.0% YoY)로 증가 예상

- 결국, 중국의 수입 증가와 수출국의 투자 재개가 동반되지 않으면, 2019년 물동량 이상으로의 회복은 제한적

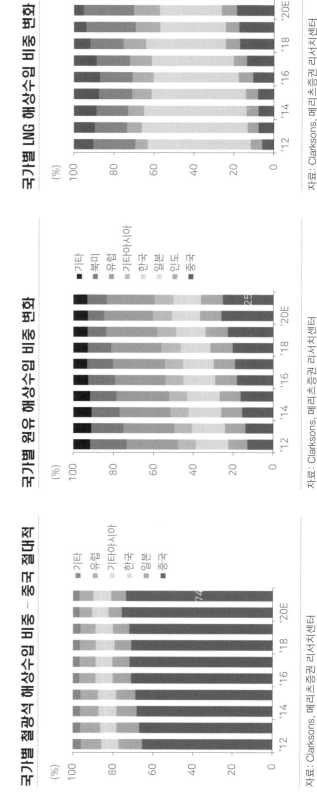

국가별 철광석 해상수입 비중 – 중국 절대적

자료: Clarksons, 메리츠증권 리서치센터

국가별 원유 해상수입 비중 변화

자료: Clarksons, 메리츠증권 리서치센터

국가별 LNG 해상수입 비중 변화 – 중국 ↑

자료: Clarksons, 메리츠증권 리서치센터

IMO2020 효과에 따른 Leverage 투자는 없었다..

**저유황유-고유황유 스프레드 급감은 Scrubber 매력 저하,
低유가로 IMO2020 효과↓**

- 2020년 1월 1일 IMO2020규제로 선박 연료의 황산화물 함유량 0.5% 제한 조치 시행. 규제를 만족하는 대안은 1) 저유황유 사용, 2) Scrubber 설치(Retrofit), 3) LNG-Fuel 도입(LNG/LPG DF Engine) 등 3가지

- 유가 급락으로 저유황유(LSFO)-고유황유(HSFO) 스프레드는 348.8달러(1/3)에서 76.75달러(12/25) 급락

- Scrubber를 장착한 VLCC(초대형유조선) 운임 프리미엄은 22,660달러/일 → 4,496달러로 급락(-80.2%)

- IMO2020 규제를 충족하는 선박의 운임 프리미엄이 반등하지 않는다면, 친환경 선박에 대한 투자 지연은 불가피

LSFO-HSFO 스프레드, Scrubber 투자 회수기간 추이−저유황유가 합리적

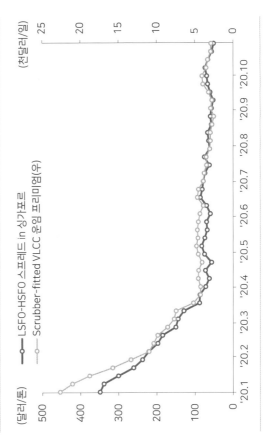

주1: 2020년 12월 25일 기준
주2: 싱가포르항 스프레드 기준 / 카리브해−싱가포르 노선 기준
자료: Clarksons, 메리츠증권 리서치센터

LSFO-HSFO 스프레드, Scrubber를 장착한 선박의 운임 프리미엄 추이

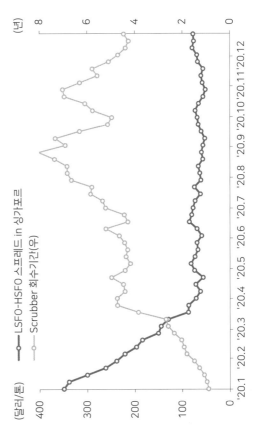

주1: 2020년 12월 25일 기준
주2: 싱가포르항 스프레드 기준 / 카리브해−싱가포르 노선 기준
자료: Clarksons, 메리츠증권 리서치센터

COVID-19로 LNG 일부 투자는 지연되었겠지만, 취소는 없어..

COVID-19로 에너지 관련
투자 위축, Qatar부터 LNG
투자 재개 전망

2020년 최종투자승인(FID)이 예상되었던 LNG 프로젝트 중 7개 지연 결정, 재개의 신호탄은 Qatar

프로젝트	MTPA	FID계획	FID(수정)	가동예정	운영업체
Port Arthur	13.5	2020	Delayed	2024	Sempra
Goldboro LNG	10	2020	Delayed	2023	Pieridae Energy
PNG LNG Expansion	2.7	2020/21	Delayed	2024	ExxonMobil
Papua LNG	5.4	2020/21	Delayed	2024	Total
Annova LNG	6	2Q20	Delayed	2024	Excelon
Qatar 6-Train Expansion	49	2020/21	3~6M delay	2025~27	Qatar Petroleum
Energia Coasta Azul	2.4	1Q20	2Q20	2024	Sempra
Obskiy LNG	5	1H20	2H20	2022~23	Novatek
Driftwood LNG	27.6	2020	2023	2024	Tellurian
Greater Tortue Phase 3	3.8	2020	2023	2026	BP
Greater Tortue Phase 2	3.8	2020	2022	2025	BP
Rovuma LNG	15.2	2020	2021	2025	ExxonMobil
Pluto Expansion	4.9	2020	2021	2024	Woodside
Woodfibre	2.1	2020	2021	2024	Pacific Oil&Gas
Rio Grande LNG	27	2020	2021	2024	NextDecade
Lake Charles	16.45	2020	2021	2025	Energy Transfer
Corpus Christi 3rd Phase	10	2020		2024	Cheniere
Freeport T4	4.5	2020		2024	Freeport LNG
Placquemines LNG	10	2020		2024	Venture Global
Commonwealth LNG	8.4	1Q21		2024	Commonwealth
합계	227.75				

자료: Upstream, 메리츠증권 리서치센터

투자 + 실적 + 주가가 모두 동행한 것은 LNG 뿐

LNG=GTT, 전세계 E&P
관련 기업들 중 가장 양호한
주가

- LNG 최대 수혜기업인 프랑스 GTT(GazTranport & Technigaz)의 주가는 유가 급락에도 빠르게 회복

- GTT는 LNG Membrane Containment System 특허권자로, LNG선 건조선가의 약 5%를 로열티로 수취
  → 매출액의 96.8%가 특허료(Royalties)에서 발생, LNG = GTT 등식 성립(3년 평균 ROE 78.7%)

- 일부 LNG 프로젝트 지연은 불가피하나, 카타르를 시작으로 초대형 LNG 생산프로젝트의 최종투자승인
  (FID)은 확대될 전망. 이는 LNG의 중장기 성장성을 재확인하는 계기가 될 것

- 脫탄소시대 + H2 투자 가속화 + ESG Fund 확대 → 과도기 연료로서의 천연가스 수요 증가

GTT 주가, 유가와 상관관계 탈피

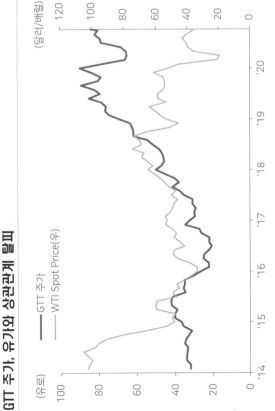

자료: Bloomberg, 메리츠증권 리서치센터

LNG선 Membrane Containment System 특허권자, GTT의 수주 실적

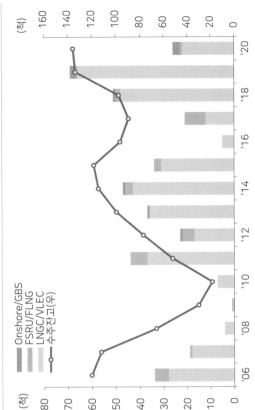

주: 2020년 3분기 기준
자료: GTT, 메리츠증권 리서치센터

2021년 물동량 회복은 확실하나 2019년 수준에 그칠 것

10년 이후 해상운송 저성장은 고착화

- 2020년 COVID-19로 인한 교역량 감소의 기저효과로 2021년 물동량 회복은 확실하나 2019년 수준을 상회할 가능성은 희박

- 해상 물동량은 2000년대 초반부터 빠르게 진행된 세계화(Globalization)와 BRICs 출현으로 급성장한 후 2008년 미국發 금융위기 이후 연평균 3% 이하의 저성장세 지속

- 선종별 선복량 회전율(물동량/선복량)은 과거 연 8~14회전 → 5~9회전으로 40% 둔화. New Normal

컨테이너 물동량, 선복 회전율 추이 및 전망

(백만TEU) / (배)

컨테이너 물동량
선복량대비 물동량(우)

자료: Clarksons, 메리츠증권 리서치센터

탱커 물동량, 선복 회전율 추이 및 전망

(백만톤) / (배)

원유 및 석유제품 물동량
선복량대비 물동량(우)

자료: Clarksons, 메리츠증권 리서치센터

벌크선 물동량, 선복 회전율 추이 및 전망

(백만톤) / (배)

벌크화물 물동량
선복량대비 물동량(우)

자료: Clarksons, 메리츠증권 리서치센터

벌크선 – 폐선량 증가, 공급 축소에 따른 반등 예상

운임 약세기에 폐선량 증가, 중국發 수입과 각국 인프라 투자 확대 시 반등 예상

- 2020년 10월 말 기준 벌크선 선복량은 9.1억DWT, 수주잔량은 5,704만DWT로 선복량 대비 잔고 비중은 1996년 이후 최저치인 6.3%에 불과. 선복량 대비 폐선량은 3년 평균 1.0% 수준이나 증가세 지속

- 10월 말 전세계 벌크선 Fleet은 12,285척으로, 20년 이상 노후선령 선복은 총 1,228척(10.0%)

- Green Energy에 대한 정책 전환으로 석탄수요 감소는 불가피하나, 주요국들의 인프라 투자 확대 시 이에 민감한 철광석, 구리 등의 운반 수요 증가가 상쇄할 가능성 높음

- 중국發 수입량 증가와 2015~16년 수준의 폐선량 증가(Fleet 대비 3% 이상)를 재확인하면서 운임 반등 예상

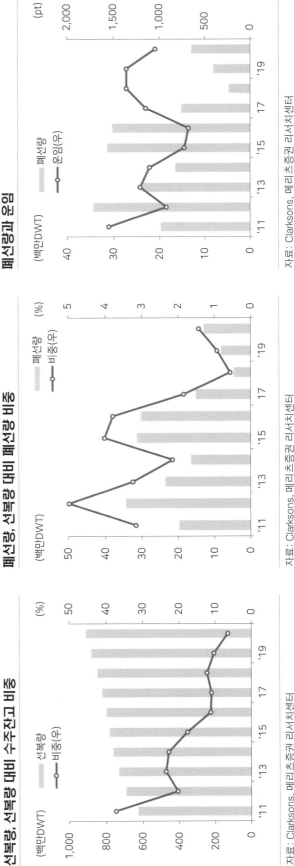

선복량, 선복량 대비 수주잔고 비중

자료: Clarksons, 메리츠증권 리서치센터

폐선량, 선복량 대비 폐선량 비중

자료: Clarksons, 메리츠증권 리서치센터

폐선량과 운임

자료: Clarksons, 메리츠증권 리서치센터

탱커 – 반등 신호는 없어, 2021년 시황 변화의 중심

공급 측면보다 수요 부진이 회복을 지연시키는 상황, 폐선량 증가나 규제효과 확대 시 발주시장의 변수가 될 것

- 2020년 10월 말 탱커 선복량 6.4억DWT, 수주잔량은 4,942만DWT, 선복량 대비 잔고 비중은 7.7%로 공급 부담은 없음. 선복량 대비 폐선량은 3년 평균 1.6% 수준, COVID-19에 따른 단기/저장 수요로 폐선 정체

- 10월 말 전세계 탱커(1만DWT급 이상) Fleet 중 20년 이상 노후령 선박은 10.1% 수준

- 3월 사우디의 증산발표와 해상 저장 수요로 폭등했던 운임은 4월 OPEC+의 감산 합의와 육상 저장능력 포화상태(Tank Top)의 개선으로 하향 안정화, 수요 회복이 지연되면서 현재까지 반등의 신호는 없음

- 2018년과 같은 대규모 폐선(Fleet의 3.7%)이 재개되거나, IMO2020의 엄격한 시행이 확산된다면 2021년 발주시장의 Surprise 변수가 될 것

선복량, 선복량 대비 수주잔고 비중

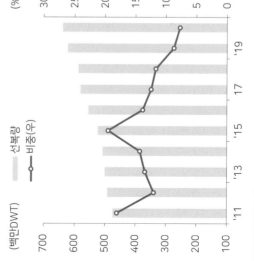

자료 : Clarksons, 메리츠증권 리서치센터

폐선량, 선복량 대비 폐선량 비중

자료 : Clarksons, 메리츠증권 리서치센터

폐선량과 운임

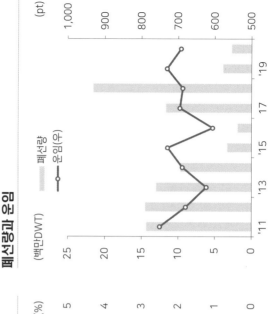

자료 : Clarksons, 메리츠증권 리서치센터

컨테이너선 – 대형선 중심의 발주 개선 기대

중소 노후선 잠재 수요가 큼, 폐선효과는 미미, Alliance간 대형화 경쟁이 변수

- 2020년 10월 말 컨테이너선 선복량 2,348만TEU, 수주잔량 185만TEU로 선복량 대비 잔고비중은 7.9%

- 선복량 대비 폐선량은 3년 평균 0.7% 수준에 불과, 폐선이 수급에 미치는 영향은 가장 적음

- 10월 말 컨테이너선 Fleet은 5,404척으로, 20년 이상 노후선 선박은 953척(17.6%)이며 대부분 Feeder

- 타 선종과 달리 노후선 교체보다는 얼라이언스(Alliance)간 선대 대형화·효율화 경쟁에 의해 발주가 좌우됨

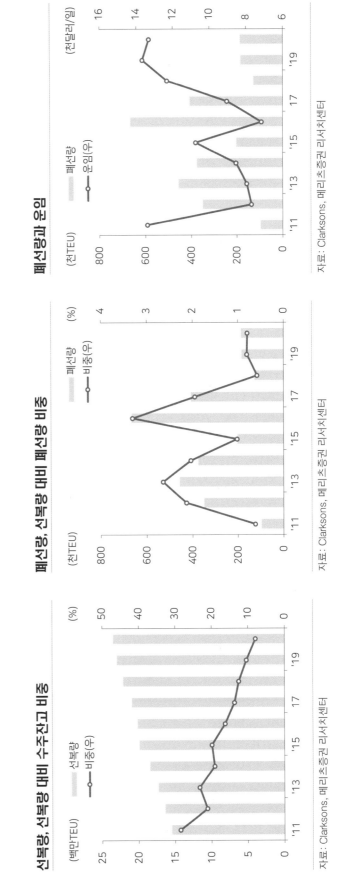

선복량, 선복량 대비 수주잔고 비중

폐선량, 선복량 대비 폐선량 비중

폐선량과 운임

자료: Clarksons, 메리츠증권 리서치센터

자료: Clarksons, 메리츠증권 리서치센터

자료: Clarksons, 메리츠증권 리서치센터

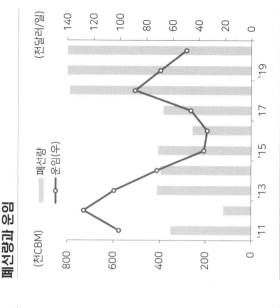

LNG선 – 폐선보다 투자 재개가 중요

LNG선은 건조능력이 있는 조선업체의 Dock Slot 중요, FID가 지연된 LNG 프로젝트 투자재개가 발주의 신호탄

- 2020년 10월 말 기준 LNG선 선복량은 9,281만CBM, 수주잔량은 2,195만CBM. 선복량 대비 잔고 비중이 23.6%으로 전선종에서 공급증가가 가장 큼

- LNG선은 타 선종과 달리 LNG액화플랜트 가동 시 장기운송에 필요한 용선처가 확보된 발주 비중이 절대적

- 선복량 대비 폐선량은 3년 평균 0.9% 수준으로 폐선이 수급에 미치는 영향 미미. 폐선이 발주를 이끄는 구조가 아니라 건조능력이 있는 조선업체의 가용 Dock Slot 변화와 Spot 발주가 시황의 +α로 작용

- 최종투자승인이 2021년으로 지연된 LNG 프로젝트들의 투자 재개가 LNG선 발주 증가의 신호탄

선복량, 선복량 대비 수주잔고 비중

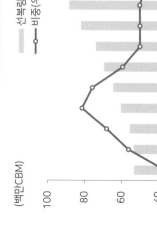

자료 : Clarksons, 메리츠증권 리서치센터

폐선량, 선복량 대비 폐선량 비중

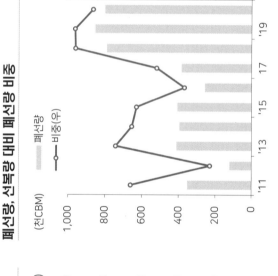

자료 : Clarksons, 메리츠증권 리서치센터

폐선량과 운임

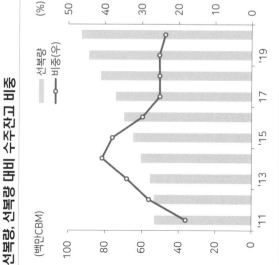

자료 : Clarksons, 메리츠증권 리서치센터

LPG선 – 교체 발주의 잠재 수요가 가장 클 것

선령 20년 이상의 노후선박 비중이 가장 높음(32.4%), COVID-19에도 운임은 견조

- 2020년 10월 말 기준 LPG선 선복량은 3,699만CBM, 수주잔량은 473만CBM으로 선복량 대비 잔고 비중은 12.8% 수준
- 선복량 대비 폐선량은 3년 평균 1.1% 수준으로 2018년 대규모 폐선 이후 운임은 강세를 지속 중
- 10월 말 전세계 LPG선 Fleet은 1,498척, 20년 이상 노후선령 선박은 485척(32.4%)으로 노후선 비중 높음
- 2021년 교체 발주의 잠재 수요가 가장 클 전망이며, 화학시황의 점진적 개선에 따른 반사효과도 기대가 가능

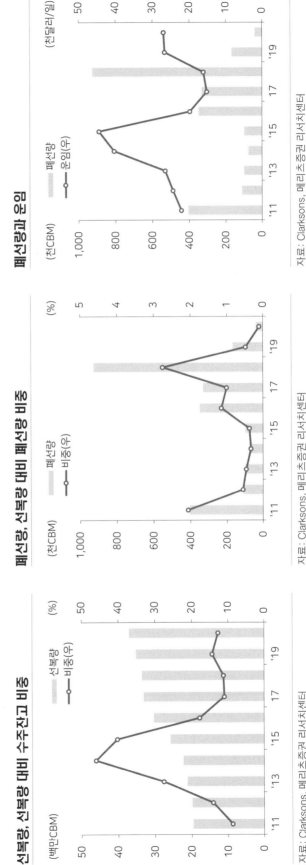

선복량, 선복량 대비 수주잔고 비중

자료: Clarksons, 메리츠증권 리서치센터

폐선량, 선복량 대비 폐선량 비중

자료: Clarksons, 메리츠증권 리서치센터

폐선량과 운임

자료: Clarksons, 메리츠증권 리서치센터

강의자료(전망) 71

공급 축소 → 운임 반등 → 공급 확대 + 수요 회복 → 발주 재개?

Alliance 체제이기에 가능한 공급조절, 수요 회복된 20년 이후 대형화 관련한 투자 가능성↑

■ 컨테이너선사는 영향이 부진하면 보유 선대의 공급을 축소시키면서 대응하는 전략 유지, 계선율을 높이거나 운항속도를 줄이면서 시장 내 공급을 조절

■ 컨테이너선 계선율과 운임과의 상관계수는 -0.61로 역의 관계
 → 운항 가능한 선박 투입 축소로 운임을 상승시키는 메카니즘이 원동력은 Alliance 체제

■ COVID-19 이후 주요 컨테이너선사들의 공급축소(계선율↑)로 운임 반등에 성공, 이후 공급재개(계선율↓) 에도 가전제품 등의 수요가 V자 회복함에 따라 운임 강세 지속 → Next Step: 선대 대형화 관련한 투자 재개?

컨테이너선 계선율, 운임 추이 - 음의 상관관계 [-]0.61

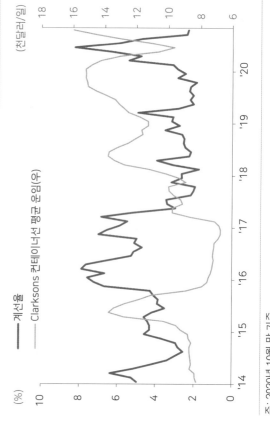

주: 2020년 10월 말 기준
자료: Clarksons, 메리츠증권 리서치센터

컨테이너선 물동량, 운임 추이

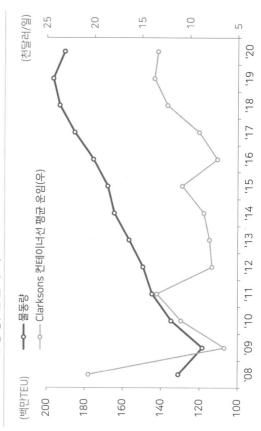

주: 2020년 10월 말 기준 / 2020년 물동량은 전망치 기준
자료: Clarksons, 메리츠증권 리서치센터

컨테이너선의 발주 재개는 국내업계에는 매우 중요

3개국 경쟁심화로 잔고 비중 급감한 컨테이너선, 2021년 대형선 발주재개 여부에 주목

- 2020년 9월 말 기준, 3대 해운동맹 가입업체들이 컨테이너선사 중 운영 선복량 기준 1~9위를 모두 석권
- 세계 1위 Maersk는 5월 1분기 실적 발표를 통해 보유 선대 중 20%(140여척)을 유휴설비로 전환 발표
- 해운동맹을 기반으로 시장 내 공급 조절을 좌우할 수 있는 Power를 획득한 Alliance. 이중 대형선박 비중이 상대적으로 낮은 The Alliance와 일부 선주사들의 대형선 발주 가능성 증대
- 경쟁심화로 컨테이너선의 수주잔고 비중(22.5%→13.2%) 급감한 국내 조선업계에게 2021년 수주 회복의 변수 중 하나는 컨테이너선 발주 재개

운영 선대 기준 컨테이너선사 순위(2M Alliance-파란색, Ocean Alliance-짙은 회색, THE Alliance-하늘색)

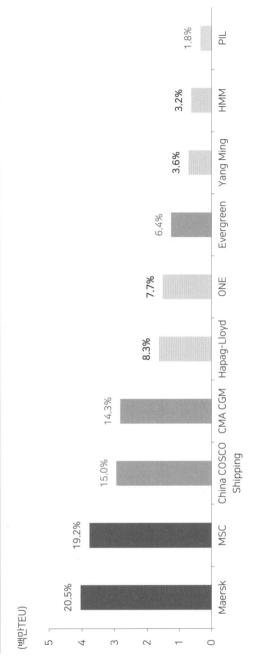

(백만TEU)

| | Maersk | MSC | China COSCO Shipping | CMA CGM | Hapag-Lloyd | ONE | Evergreen | Yang Ming | HMM | PIL |
| 20.5% | 19.2% | 15.0% | 14.3% | 8.3% | 7.7% | 6.4% | 3.6% | 3.2% | 1.8% |

주1: 2020년 3분기 말 집계 기준, ONE은 일본 NYK, MOL, K Line 합작법인
주2: Alliance(Maersk, MSC), Ocean Alliance(CMA-CGM, COSCO, Evergreen), THE Alliance(Hapag-Lloyd, ONE, YangMing, HMM)
자료 : Clarksons, 메리츠증권 리서치센터

과거에도, 2021년에도 핵심은 LNG선

현재 건설중인(U/C, Under Construction) LNG프로젝트용 LNG선 추가 수요 - 최소 82척

국가	프로젝트	MTPA	진행상황	가동예정일	LNG선 Size(CBM)	필요 LNG선(척)
Indonesia	Sengkang LNG Train 1	0.50	U/C	2020	174,000	1
Malaysia	PFLNG Dua	1.50	U/C	2020	145,000	3
Russia	Portovaua LNG(FSU)	1.50	U/C	2020	174,000	1
Russia	Yamal LNG Train 4	1.00	U/C	2020	174,000	1
United States	Cameron LNG Train 3	4.50	U/C	2020	174,000	7
United States	Freeport LNG Train 3	4.64	U/C	2020	174,000	8
United States	Corpus Christi LNG Train 3	4.50	U/C	2021	174,000	5
Indonesia	Tangguh LNG Train 3	3.80	U/C	2022	155,000	4
Mozambique	Coral South FLNG 1	3.40	U/C	2022	174,000	4
United States	Calcasieu Pass LNG	10.00	U/C	2022	174,000	15
Mauritania	Tortue West Ahmeyim 1 (FLNG)	2.50	U/C	2023	174,000	3
Russia	Arctic 2 LNG Train 1	6.60	U/C	2023	174,000	6
United States	Sabine Pass Train 6	4.50	U/C	2023	174,000	8
Russia	Arctic 2 LNG Train 2	6.60	U/C	2023	174,000	6
United States	Golden Pass LNG Train 1	5.20	U/C	2024	174,000	9
United States	Golden Pass LNG Train 2	5.20	U/C	2024	174,000	9
United States	Port Arthur LNG	13.50	U/C	2024	174,000	14
Canada	LNG Canada	14.00	U/C	2025	174,000	14
Mozambique	Mozambique LNG	12.88	U/C	2025	174,000	17
Nigeria	Nigeria LNG Train 7	4.20	U/C	2025	174,000	5
United States	Golden Pass LNG Train 3	5.20	U/C	2025	174,000	9
Russia	Arctic 2 LNG Train 3	6.60	U/C	2026	174,000	5
Total		122.32				154
기발주분(척)						72
추가필요분(척)						82

주1: 보수적 추정을 위해 가동예정일이 2023년 이전인 프로젝트는 LNG선을 기 발주했다고 가정 / 주2: MTPA=Million Tonnes Per Annum

자료: Clarksons, 메리츠증권 리서치센터

2021년 발주: 690억달러(+63.5% YoY) 전망

17년과 유사한 690억달러 발주 예상, 0.79억DWT

발주. 脫탄소화 관련 움직임 개화기

전세계 선박+해양플랜트 발주량 추이 및 전망 – 관건은 Gas선과 평가 등 에너지원 관련 선종

	2011	2012	2013	2014	2015	2016	2017	2018	2019	2020 YTD	2020E (수정)	2021E
신규 발주금액(십억달러)	105.4	91.4	136.6	114.4	89.1	36.8	69.5	77.9	79.2	27.2	42.2	69.0
컨테이너선	19.8	4.1	18.8	10.3	18.4	2.8	5.9	10.8	6.6	1.9	3.4	6.5
벌크선	17.2	9.3	36.5	23.9	10.4	2.6	12.2	13.9	10.6	3.4	5.1	12.2
탱커	7.2	7.8	19.2	16.4	25.0	5.2	14.7	11.7	11.8	7.4	10.0	15.3
Gas선(LNG/LPG)	11.1	10.1	13.3	22.1	11.0	2.4	4.5	15.3	14.1	8.5	15.1	17.0
기타	3.3	6.2	4.3	13.6	14.1	19.3	24.4	19.8	27.6	3.5	5.5	12.0
Offshore	39.5	46.4	34.3	21.0	5.9	2.2	6.4	4.5	7.1	2.1	2.2	4.5
Other Offshore	7.2	7.7	10.1	7.2	4.3	2.2	1.5	2.0	1.3	0.5	0.9	1.5
상선 발주금액	58.6	37.4	92.1	86.2	78.9	32.3	61.6	71.4	70.8	24.7	39.1	63.0
해양 발주금액	46.8	54.0	44.4	28.2	10.1	4.4	7.9	6.5	8.4	2.6	3.1	6.0
신규발주액 증감률(%)	-5.4	-13.2	49.4	-16.3	-22.1	-58.7	89.0	12.0	1.7	-65.6	-46.7	63.5
상선(YoY, %)	-28.4	-36.2	146.5	-6.4	-8.5	-59.0	90.6	15.8	-0.8	-65.1	-44.8	61.2
해양플랜트(YoY, %)	58.5	15.6	-17.8	-36.6	-64.0	-56.2	77.7	-17.6	29.2	-69.7	-62.9	92.1
상선 발주량(백만DWT)	86.6	54.5	179.2	119.0	114.5	29.8	91.3	95.3	69.9	34.0	45.5	78.8
컨테이너선	21.9	5.1	24.6	12.9	23.7	3.7	8.9	13.7	8.0	2.5	5.0	9.0
벌크선	41.7	24.4	104.1	63.4	29.6	10.6	43.2	43.9	30.5	9.1	13.9	33.1
탱커	11.9	14.0	37.4	28.1	51.4	12.3	34.6	26.8	25.9	15.3	18.5	27.9
Gas선(LNGC/LPGC, 백만CBM)	8.8	8.0	11.0	16.8	9.3	1.9	3.9	13.9	12.1	6.0	11.4	13.0
기타	6.5	6.6	6.5	4.8	4.3	2.3	2.6	2.5	3.0	1.0	2.9	6.4
YoY(%)	-44.8	-37.1	228.8	-33.6	-3.8	-73.9	205.9	4.4	-26.6	-51.4	-35.0	73.2
Clarkson 신조선가지수	139.1	126.4	133.3	137.8	131.0	122.6	124.9	130.0	129.8	127.7	127.0	130.0

주: 2020년 10월 말 기준
자료: Clarksons, 메리츠증권 리서치센터

2021년 에너지 시장의 화두는 Zero (CO₂)

**Zero (CO₂), 전력 생산 방법
변화 요구. 운송 장비의
전통적 CAPEX 변화 필요**

- 1960~70년대 Machine의 시대, 1980~2000년대 통신·PC 시대 이후 모바일 중심의 Software 시대로 이동
- 전세계적으로 진행·확장되고 있는 탄소 배출 감소 정책은 '전력' 생산의 방법을 전환한다는 의미
- EIA는 2050년 주요국의 이행과 지속 가능한 에너지원의 변화가 수반되어야 '탄소 제로(Net-Zero)' 시나리오가 가능하다고 주장. CO2 배출 산업 비중이 높은 국가의 역할이 중요
- 통상 40년 전후의 공장 Lifetime을 감안 시 향후 10~20년간 공장의 리모델링 및 투자가 필요, 더 빨리 더 많이 운영하기 위한 운송장비의 CAPEX 중심의 에너지원 변화에 수반하는 투자로 이동이 불가피

탄소 배출의 구조적인 감소는 Heavy Industrial 산업, 국가의 변화가 절실

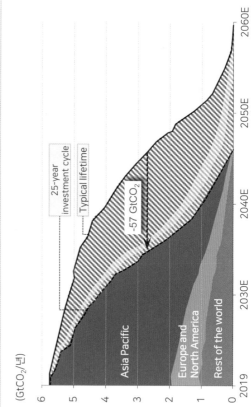
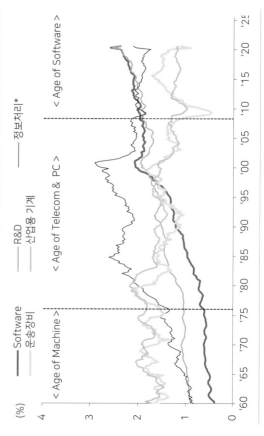

자료: EIA(Energy Technology Perspectives, 2020), 메리츠증권 리서치센터

GDP 대비 항목별 투자비중: Machine의 시대 → 통신(PC) → Data의 시대

자료: US BEA, 메리츠증권 리서치센터

기술혁명의 가속화, 에너지로의 전이는 필연

신기술도입 → 운송수단 변화 → 전력생산의 변화, Green Energy로의 전환 논의 필연

- 네트워크의 확장으로 완성된 기술혁명은 모두 에너지 혁명으로 연결. 연결의 중심점을 지날 때 변화는 가속화. 지금의 핵심 에너지원은 '전력 (Electric Power)'

- 원자력이 100%, 석탄이 91%, 신재생이 56%, 천연가스의 36%, 석유가 1%가 전력생산에 소요(미국 EIA)

- 전력은 1차 에너지원에서 생산되는 2차 에너지원. 1차 에너지원의 소요 섹터별 비중에서 운송은 1%에 불과

- 에너지 혁명은 새로운 기술 도입과 운송수단 변화에서 출발, 전력 생산방식의 변화의 시작점은 'Green'

- 에너지원의 교체에는 오랜 시간이 필요하지만 에너지원의 변화는 하나의 추세가 될 것

- '더 빨리, 더 많이'에서 '더 깨끗하게, 더 안전하게'로 변화하기 위한 기술 개발의 초기, 2021년

미국 에너지원별 소비비중의 변화 – 기술혁명과 에너지혁명, Gas와 전력의 비중 증가 Vs. 석탄의 종말

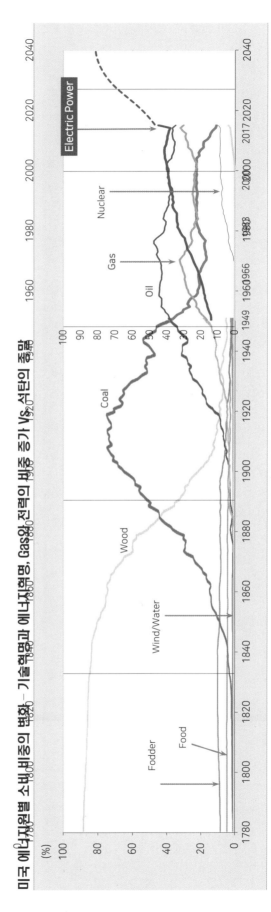

주: 전력(Electric Power) 소비 비중은 각 1차 에너지원(Primary Energy) 내 전력 생산 기여도로 추정
자료: Arnulf Grubler(1997), Peter A. O'Connor and Cutler J. Cleveland(1996), EIA, 메리츠증권 리서치센터

Part IV

De-bordering

기술이 태동과 전환기, 선택과 집중 → 확산을 위한 준비

2020년 3분기(누적) 일반기계 수출동향 - 2년 간의 Down-Cycle

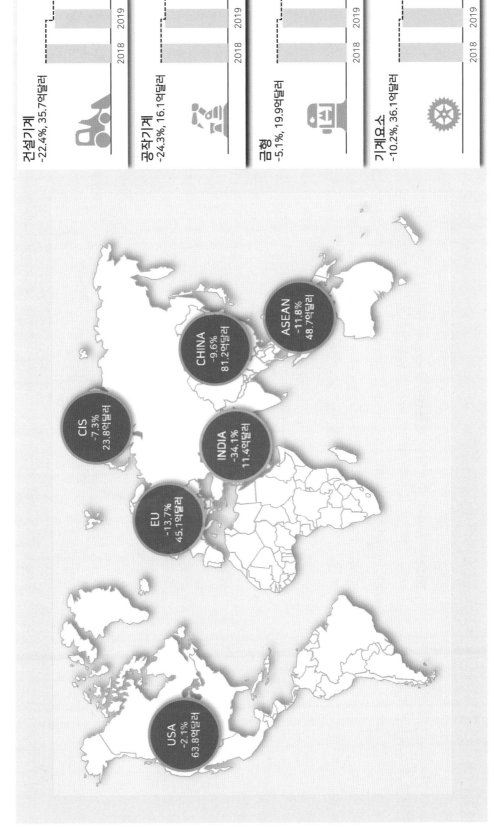

건설기계
-22.4%, 35.7억달러

공작기계
-24.3%, 16.1억달러

금형
-5.1%, 19.9억달러

기계요소
-10.2%, 36.1억달러

CIS
-7.3%
23.8억달러

EU
-13.7%
45.1억달러

USA
-2.1%
63.8억달러

CHINA
-9.6%
81.2억달러

INDIA
-34.1%
11.4억달러

ASEAN
-11.8%
48.7억달러

자료: KOAMI, 메리츠증권 리서치센터

Oil 정제, COVID-19로 투자 위축 가속화

19년 지역분의 발주 제외 시, 중동發 투자 위축은 지속

- 2013년 유가 하락에 따른 재정부족으로 중동 수주 감소, 이후 유가 상승 국면에도 중동 수주는 회복하지 않음
  → 장기 원유수요 둔화 우려에 따른 정유플랜트 발주 감소, 2020년 발주는 비전통국가의 제한적 투자

- 2020년 연초 두바이유 65달러 → 10월 37.3달러, 전체 플랜트 발주는 감소는 불가피

- COVID-19로 인한 유가 급락 사태는 Oil → Gas, Chemical 계획을 촉진시키는 계기
  → 장기적으로 정유플랜트 발주는 감소하고, 예상은 가스와 인프라(전력 등) 발주로 집중될 전망

유가 vs. 중동수주 추이

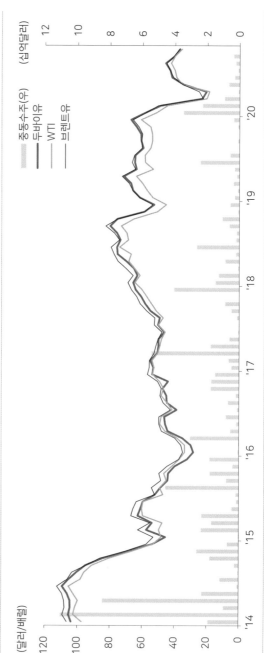

자료: 해외건설협회, 메리츠증권 리서치센터

강의자료 (전망) 80   348

사우디, 재정수입 감소 → 플랜트 발주 여력 감소

**재정 수지 악화를 감안하면
예산 재배분과 장기적인 세수
다변화 예상**

- 저유가와 감산에 따른 재정수입 감소 → 선별적인 재정 집행은 불가피
- 사우디의 2020년 재정수입 목표는 2,221억달러 – 두바이유 30달러 가정 시 재정수입은 1,613억달러 예상
- 사우디의 2020년 예산은 2,719억 달러 – COVID-19 이후 5% 삭감 발표, 추가적인 예산 축소 전망
- 플랜트 예산은 2020년 300억 달러, 2021년 290억 달러, 재정정책이 보건 및 경기 방어에 집중되며 플랜트 발주 확대는 어려울 전망

사우디아라비아 재정수입 목표치 vs 예상치

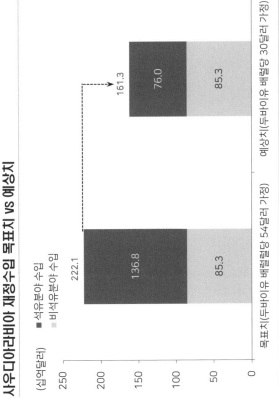

자료 : 메리츠증권 리서치센터 추정

사우디아라비아 예산안 – 저유가시대의 긴축예산은 불가피

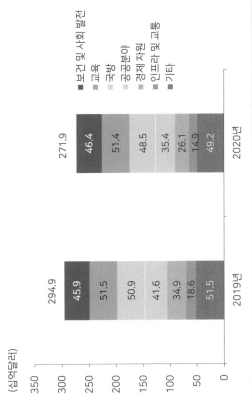

자료 : 메리츠증권 리서치센터 추정

비전통국가의 비현실적 예산이 중동發 플랜트 발주 전망을 왜곡

향후 플랜트 발주의 중심은 전통국가가 아닌 비전통국가

- 중동 플랜트 예산 급증: 2019년 1,263억달러 → 2020년 3,027억달러, 2021년 2,519억달러
- 이란, 이라크, 오만의 2021년 비현실적인 발주 급증(발주 합산 2019년 81억달러 → 2021년 1,620억달러)
- 각국의 재정균형 유가와 석유 의존도를 감안하면, 2020~21년 계획된 발주는 현실적으로 불가능함
- 이란, 이라크, 오만의 발주만 2019년 수준으로 가정해도 중동의 플랜트 발주 예산은 점차 감소
- 추가적인 산유국 발주 예산 축소가 전개된다면, 2020~21년의 발주는 더욱 감소할 전망

중동국가 발주 추이 – 이란·이라크·오만의 비현실적 발주 목표 급증

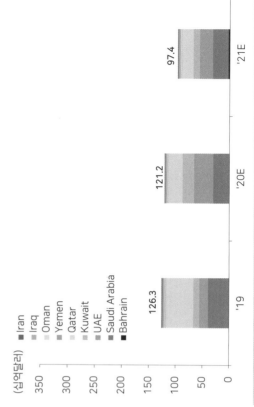

(십억달러)

자료 : 메리츠증권 리서치센터 추정

이란·이라크·오만의 발주만 제외하더라도 발주는 감소세

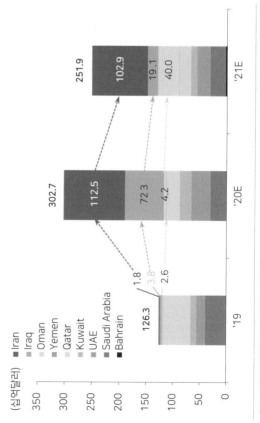

(십억달러)

자료 : 메리츠증권 리서치센터 추정

Oil 경제, 2019년 예정 프로젝트는 2020년 Pass 후 2021년으로..

**19년 해외 수주 저점 기록,
이월될 프로젝트는 저유가로
인해 추가지연**

- 2019년 해외수주는 지난 10년 중 최저 수준까지 급락, 발주될 예정이었던 대형 프로젝트 수주가 2020년으로 이연 되었기 때문. 이로 인해 Oil 경제와 관련한 국내 기자재업계의 신규 수주는 급감

- 국내 대형건설업체의 해외 수주는 2019년 14조원 → 2020년 25조원이 목표(10조원은 이연된 프로젝트), 저유가로 인한 투자수익률(IRR) 감소가 투자 결정 유보로 이어졌다고 판단

- COVID-19와 유가급락으로 2020년 해외 수주의 회복 기대는 2021년으로 또다시 1년 지연

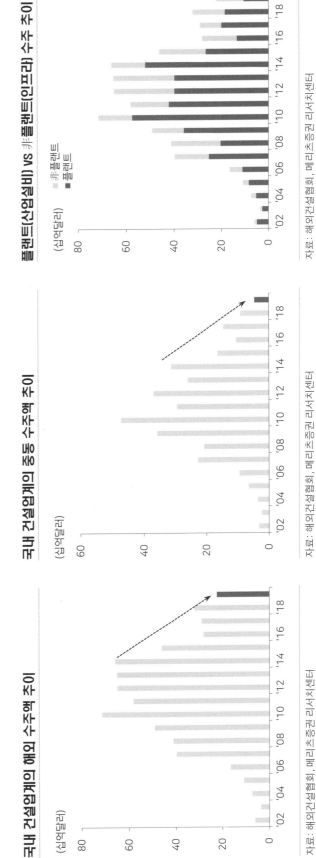

국내 건설업계의 해외 수주액 추이

(십억달러)

자료: 해외건설협회, 메리츠증권 리서치센터

국내 건설업계의 중동 수주액 추이

(십억달러)

자료: 해외건설협회, 메리츠증권 리서치센터

플랜트(산업설비) vs 非플랜트(인프라) 수주 추이

(십억달러)

非플랜트
플랜트

자료: 해외건설협회, 메리츠증권 리서치센터

Oil 경제, 정유 < 가스/석유·화학 투자비중 이동

정유플랜트 부진, 가스플랜트 재개, 석유·화학 증가 전망

- 정유플랜트 발주는 부진 지속 불가피 예상
  - 오만·이라크·이란의 예산을 전년 수준으로 가정하면, 2021년 발주는 340억달러 추정
  - 사우디·쿠웨이트 등 주요 산유국들의 정유플랜트 예산은 감소 추세 지속

- 가스플랜트 발주는 2021년 재개 예상
  - 오만·이라크·이란의 예산을 전년 수준으로 가정하면, 2021년 발주는 236억달러 예정
  - 사우디아람코의 Marjan & Berri 공사는 일부 Package의 일정 지연이 있었지만, 최근 재개

- 석유·화학플랜트 발주는 오만·이라크·이란의 예산을 전년 수준으로 가정하면, 2021년 291억달러 예정

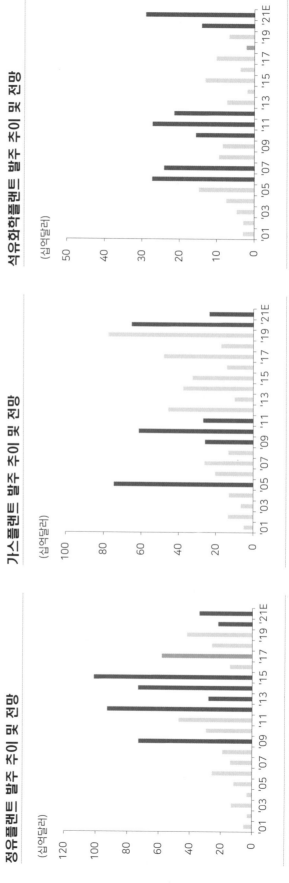

정유플랜트 발주 추이 및 전망

(십억달러)

자료 : 메리츠증권 리서치센터 추정

가스플랜트 발주 추이 및 전망

(십억달러)

자료 : 메리츠증권 리서치센터 추정

석유화학플랜트 발주 추이 및 전망

(십억달러)

자료 : 메리츠증권 리서치센터 추정

강의자료 (전망) 84

352

Oil 쇼크, COVID-19의 직격탄 – 주식시장의 냉정한 반영

막대한 유동성 공급에도 에너지업계의 위축은 심화, COVID-19의 직격탄

- 전세계 COVID-19 신규 확진자수는 여전히 증가세, 아태지역은 안정세이나 EMEA/북미지역은 급증
- Oil 수요의 58%가 교통·운송임을 감안하면, Lock-down은 Oil 경제의 급격한 수요 위축을 초래했음이 자명
- 미국 S&P500 시장 전체에서 에너지 + 소재섹터의 시가총액 비중은 4.6%로 1995년 이후 최저치
- IT + 통신 서비스 + 헬스케어 비중은 52.7%으로 역사상 최고치, 유가 등 민감주가 미치는 영향은 5%
- 수요 위축 → CAPEX 축소 → 공급 감소 → 이익 감소의 역순환을 단기에 반전시킬 모멘텀은 부재

지역별 G20 COVID-19 신규 확진자수 추이

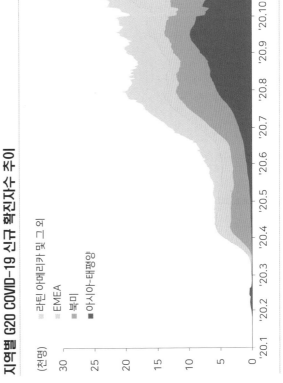

자료: Bloomberg, 메리츠증권 리서치센터

미국 S&P500 내 주요 섹터별 시가총액 비중 추이 – 에너지업계의 추락

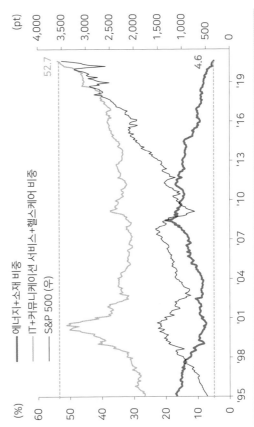

자료: Bloomberg, 메리츠증권 리서치센터

호주, 인도, 브라질의 Pandemic 완화 가능성

Commodity, 인프라 관련 국가들은 회복 기대감 ↑

- 중국, 호주는 비교적 여건이 양호, 신규확진자 기준 1~2위를 다투던 인도, 브라질 상황도 정점은 지나는 모습

- 선진국 중앙은행의 빠른 금리인하와 대차대조표 팽창은 시중금리를 0%에 수렴시켰음, 장기간 완화기조를 유지하며 경기와 교역 회복을 촉진할 뜻요 → 인프라 투자 확대 개연성 충분

- 호주·인도·브라질의 Pandemic이 완화된다면 경기부양책 시행 측면에서 Oil 경제의 비중이 절대적인 중동 대비 우위에 있다고 예상 → Oil 관련 전통 기계분야 대비 인프라, CAPEX 관련 분야에 집중해야 할 2021년

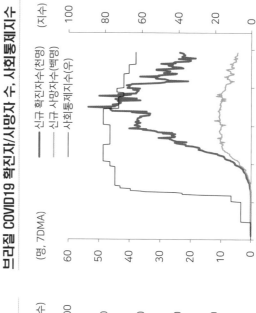

호주 COVID19 확진자/사망자 수, 사회통제지수

자료 : Oxford University, Bloomberg, 메리츠증권 리서치센터

인도 COVID19 확진자/사망자 수, 사회통제지수

자료 : Oxford University, Bloomberg, 메리츠증권 리서치센터

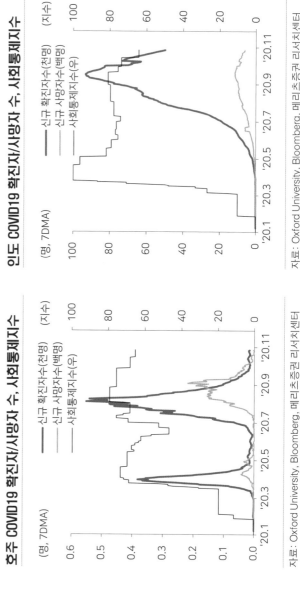

브라질 COVID19 확진자/사망자 수, 사회통제지수

자료 : Oxford University, Bloomberg, 메리츠증권 리서치센터

미국, 정책적 지원 + 제조업은 회복세

미국의 인프라 투자 확대와
제조업 회복은 확실한 흐름

- 미국 제조업은 수요 우위 환경에 진입, 안정적인 주문/생산 활동 증가세 + 공급업체 납품 어려움 지속
- ISM제조업 주문지수 상승에 시차를 두고 핵심 자본재 주문이 증가하고 있음
- 미국 내구재 주문은 IT와 1차 Cyclical 부문이 주도, 선업 생산과의 공통 분모는 IT
  - 연초 이후 컴퓨터/전자제품 주도, 1차 금속 제조업이 빠른 반등 중
- 바이든(민주당)의 인프라 패키지 제안규모가 트럼프(공화당)의 1.5배 수준, Caterpillar, GE, Boeing ↑

미국 품목별 내구재 주문 증감률 추이

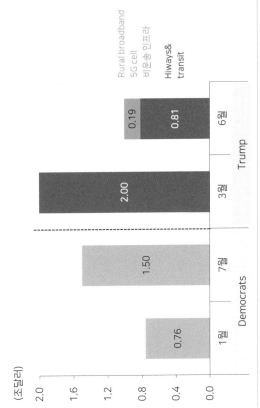

민주당과 트럼프 대통령의 인프라 패키지 제안 (향후 10년 기준)

자료 : US Census Bureau, 메리츠증권 리서치센터

자료: CATO.org, Fortune 등 언론종합, 메리츠증권 리서치센터

중국, 대미국 수입량 확대 예상

미중 무역합의에서 목표 달성
상대적으로 저조한 Gas와
원유 수입, 21년 Catch-up

- 중국은 4분기 중 대규모 재정 지출확대 예상, 3분기 누적 GDP 대비 재정적자는 5.1%, 연간 목표는 6.5%
  - 세입 증감률 목표(-5.3%)는 충족(1~9월 -5.2%). 지출은 목표(3.2%)에 미달(-1.7%)

- 중국은 Lock-down 해제 이후부터 대미 수입을 확대 중(대미 수입/전체 수입: 1Q 6.0%→3Q 6.5%)

- 미·중 무역합의에서 약속한 수준 대비 진도율은 더딤. 1~8월 누계 기준 542억달러로 연간 목표치의 36%

- 중국은 1단계 무역합의 유지를 전망, 미국 대선 이후 진도율이 가장 저조한 천연가스와 원유 수입량 증가
  가능성 높다고 예상 → 청강, 운송, 인프라 관련 수입량 회복 전망

무역합의 품목별 미국의 對중국 수출 목표 달성률 (1~8월)

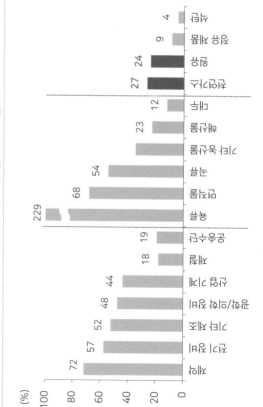

주: 2020년 연간 목표치(약속금액) 대비 8월까지 실적임
자료: 한국무역협회, 메리츠증권 리서치센터

중국의 재정지출 구성: 복지지출 vs 인프라 투자

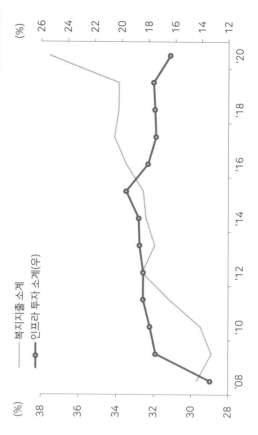

자료: 중국 재정부, 메리츠증권 리서치센터

중국, 인프라 투자 확대로 건설기계 초호황 지속

중국 건설기계 시장은 초호황
1) 양신일중(兩新一重) 정책
2) 14th 5개년 경제계획
3) 홍수 피해 복구 수요

- 중국 굴삭기 내수시장의 9월 누계 판매량은 212,820대로 전년동기대비 +33.2% 증가하며 최고치 경신, 굴삭기업체들은 2020년 연간 판매량 전망치를 20~21만대 → 27만대로 상향

- 5월 21일 개막한 양회의 Key point는 1) 양신일중(兩新一重) 정책, 2) 중소/영세기업 신용지원 확대
  → 양신일중: 8.2조위안의 중국판 뉴딜정책으로 인프라 투자 확대
  → 중소/영세기업 대출로 올해 총문 7조위안 예상(중국 Local의 Consolidation 가능성은 낮아짐)

- 14th 5개년 경제계획으로 시장확대(Q)기조는 지속된다고 판단, 향후 Down-Cycle에서도 Hard-Landing 우려는 없다고 판단

중소기업 대출 잔액 및 증가율

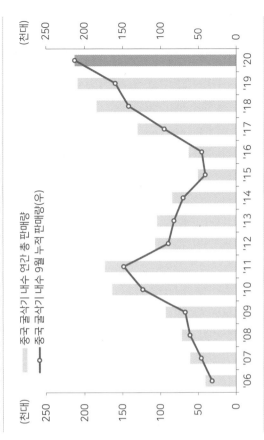

주: 중기대출의 28%를 점하는 대형은행이 취급을 40% 확대 / 나머지 은행이 10% 확대 가정시 연간 7조위안 중기대출 총증가
자료: 중국 은행보험감독관리위원회, 메리츠증권 리서치센터

중국 굴삭기 내수시장 연간/9월 누적 판매량(시장규모) 추이

주: 9월 말 기준
자료: 중국공정기계협회, 메리츠증권 리서치센터

중국 건설기계 시장, Local의 M/S 확대 Vs. 해외기업 수익성 확보

국내업체의 전략
M/S(소형) 〈 수익성(대형)

- 중국 굴삭기 내수 판매시장이 Top 10 List 중 5개업체가 중국업체이며 시장점유율 58.4% 차지
  → 중국 SANY의 판매량 +38.4% YoY(이하 YoY 생략) Vs. Caterpillar +5.5%, 두산 +21.1%, 현대 +1.3%

- 현대건설기계, 두산인프라코어 등 중국에 진출한 국내 업체는 Local업체의 낮은 가격과 출혈경쟁을 지양
  → 1) 중·대형건설기계(고수익성) 중심의 판매전략을 통한 수익성 확보와
  2) 시장확대(Q)에 따른 안정적 매출 성장에 주력할 전망

- 2021년 판매규모가 10~20% 감소하는 Down-Cycle을 가정해도, 2020년 수준의 실적 유지 가능할 것

2019년 중국 굴삭기 내수시장 내 M/S순위

순위	회사명	국가	점유율(%)
1	SANY Heavy Industry	중국	25.2
2	XCMG Construction Machinery	중국	14.7
3	Caterpillar	미국	9.1
4	Shandong Lingong Machinery	중국	7.9
5	Guangxi Liugong Machinery	중국	7.4
6	두산인프라코어	한국	7.3
7	Komatsu	일본	4.1
8	현대건설기계	한국	3.5
9	FOTON LOVOL	중국	3.2
10	Hitachi Construction Machinery	일본	3.2

자료 : 중국공정기계협회, 메리츠증권 리서치센터

중국 시장, SANY, XCMG 등 중국업체들의 M/S 약진

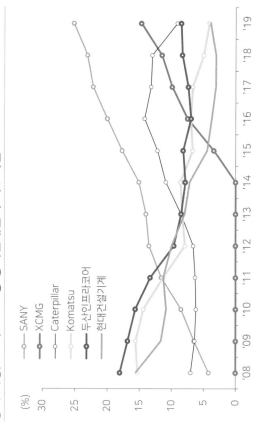

자료 : 중국공정기계협회, 메리츠증권 리서치센터

2020년은 중국, 2021년은 미국과 인도 회복 기대

인도 Turn-around 개선성 ↑

- 인도의 Lock-down 해제 직전인 6월, 한국의 인도向 굴삭기 수출물량은 214톤(-61.4% YoY)으로 Cycle의 저점인 2019년보다도 부진

- 7~8월 봉쇄조치 해제 후 3분기 인도 내수 시장 월간 판매량은 각각 971대, 1,250대, 1,663대로 반전 → 인도시장 침체 전인 2016~18년 평균(1,660대)에 도달하며 회복의 징후 포착

- 향후 인도시장은 1) 인도-중국 간 갈등심화로 확인된 중국 건설기계 업체의 부진 지속, 2) COVID-19의 뒤늦은 확산세에 따라 적극적인 경기 부양책 등장 가능성으로 Turn-around 개선성이 큼

- 인도 및 선진국 시장의 회복은 중국시장 내 경쟁 심화의 부담을 완화 해줄 수 있음

굴삭기 업체의 인도 시장 점유율 추이

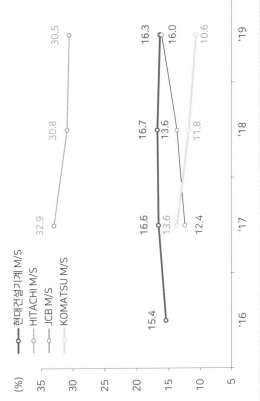

(%)

- 현대건설기계 M/S
- HITACHI M/S
- JCB M/S
- KOMATSU M/S

32.9 → 30.8 → 30.5

16.6 → 16.7 → 16.3

15.4 → 16.0

13.6 → 13.6 → 13.6

12.4 → 11.8 → 10.6

'16 '17 '18 '19

주: 2019년 8월 말 기준
자료: 현대건설기계, 메리츠증권 리서치센터

인도 굴삭기 시장 – 회복의 징후 포착

(톤)

- 한국의 인도향 굴삭기 판매량
- 인도 굴삭기 내수 판매량(우)

(대)

COVID-19, Lockdown

회복징후

'16~'18 평균 1,660대

'16 '17 '18 '19 '20

주: 2020년 9월 말 기준
자료: 한국무역협회, 현대건설기계, 메리츠증권 리서치센터

2020년은 중국, 2021년은 미국과 인도의 회복 기대

미국 건설경기지수 최고치 경신,
인프라 투자 확대 정책 기대,
유럽은 회약을 지나는 중

- COVID-19 사태 발발 이후 미국과 유럽 등 선진시장은 선제적인 경기 부양책을 실시
  → 미국 건설업경기체감지수는 9월 83p, 10월 85p로 사상 최고치를 연속 경신
  → 유럽은 미국보다 반등 혹은 미미하나 최악의 국면은 통과

- 미국은 대선 불확실성을 감안해도, 정부 주도하의 인프라 관련 추가 재정 지출이 예정
  → 2021년 북미 건설기계 시장 성장 기대는 유효

미국 건설업계경기체감지수 및 건축허가 추이

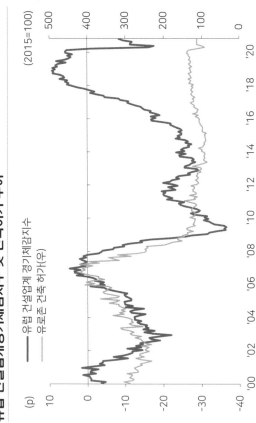

자료 : Bloomberg, 메리츠증권 리서치센터

유럽 건설업계경기체감지수 및 건축허가 추이

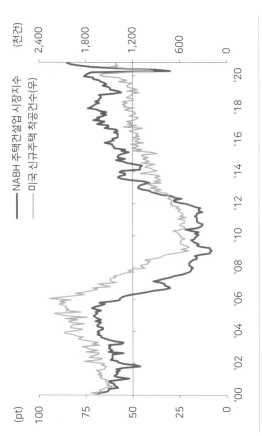

자료 : Bloomberg, 메리츠증권 리서치센터

건설기계 Peer 컨센서스는 상향 중

20년 중국 건설기계 초호황, 21년은 미국, 신흥국의 성장 Cycle 진입 가능

- 중국 Local 업계를 제외한 전세계 건설기계 업체들의 매출·영업이익 컨센서스는 2021년 회복세 전환
- 세계 최대 건설기계 시장인 중국의 인프라 투자 확대에도 Peer Group의 매출액 추정치는 정체
- COVID-19 Pandemic이 확산되던 6월, Caterpillar(미국)와 Komatsu(일본)의 매출액 컨센서스는 1월 대비 -20.2%, -11.0%씩 하락 → 주요국의 선제적 통화정책 이후 컨센서스는 블러스 반전

미국, 일본, 중국 대표 건설기계 업체의 매출액 컨센서스 추이

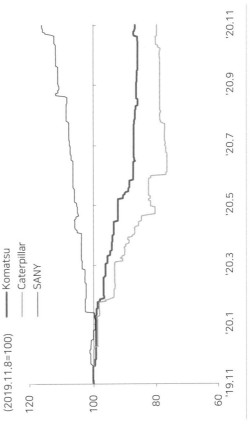

주1: 2021년 컨센서스 기준, 주2: Komatsu의 경우 FY2021 (2021.4~2022.3) 기준
자료: Bloomberg, 메리츠증권 리서치센터

미국, 일본, 중국 건설기계 3사 합산 매출액, 영업이익 컨센서스 추이

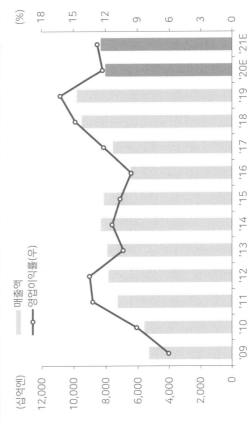

주: Komatsu, Caterpillar, SANY 회계 결산월 기준, 합산 매출액 및 영업이익 기준
자료: Bloomberg, 메리츠증권 리서치센터

24개월만에 (+) 전환한 일본 공작기계 해외 수주

**일본 공작기계 해외 수주액,
24개월 만에 플러스 전환**

- 2020년 9월 일본 공작기계업계의 해외 수주 증감률(YoY)은 24개월 만에 플러스 전환
- 9월 자국 발주 -34.3% YoY, 해외 수주 +1.7% YoY, 총계 -15.0% YoY
- 3분기 지역별 수주 기여도는 중국 +13.3%p, 유럽 -10.4%p, 북미 -9.0%p로 중국發 투자 재개의 징후 포착
- 공작기계(로봇, Factory Automation, 정밀가공 등)는 실물 경기와 동행하는 제조업의 투자와 직접
  → Post COVID-19 이후 실물 경기 회복 → 제조업 Cycle 개선 → 제조업 증설/교체 수요가 이어질 개연성 ↑

일본 공작기계 수주액 추이 – 수주증감률(YoY) 23개월 동안 감소 후 (+) 전환

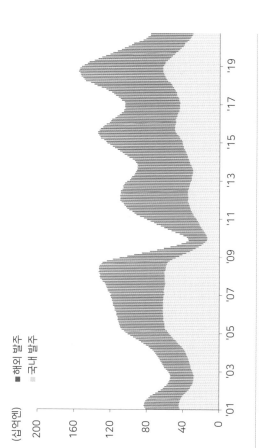

주: 2020년 9월 말 기준, 12개월 평균 수주액 기준
자료: 일본공작기계협회(JMTBA), 메리츠증권 리서치센터

지역별 해외발주 기여도 추이 – 중국發 Turn-around 징후 포착

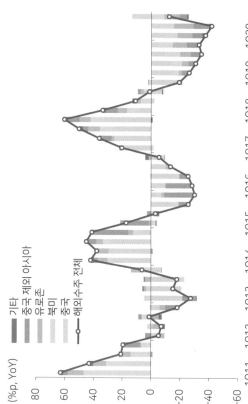

주: 2020년 3분기 기준
자료: 일본공작기계협회(JMTBA), 메리츠증권 리서치센터

전세계 제조업 CAPEX의 선행지표, 2021년 턴어라운드 유력

일본 공작기계 해외 수주,
24개월 만에 Turn-around

- 2020년 9월 누계 기준 수주량은 6,318.9억엔으로 해외 발주 비중은 62.5% (3,952.1억엔)

- 주요 해외 국가의 전년 대비 발주량 증감률은 Pandemic 공포가 가장 심했던 4~5월 이후 반등
  → 중국, 유럽은 증감률이 플러스(+) 전환
  → 해외 발주량의 49.3%를 차지하는 중국, 유럽發 반등은 글로벌 공작기계 Turn-around 징후
  → 발주량의 33%를 차지하는 북미지역은 대선 이후 플러스 전환될 개연성

- 9월 해외 수주액은 전방 산업 전반에 걸쳐 주문 증가세(MoM) 기록

일본 공작기계업체의 지역별 신규 주문 증감률(YoY) 추이

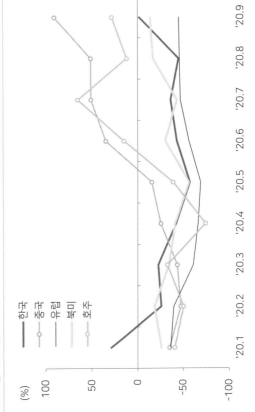

자료: 일본공작기계협회(JMTBA), 메리츠증권 리서치센터

2020년YTD 일본 공작기계업체의 국가별 신규 주문 비중

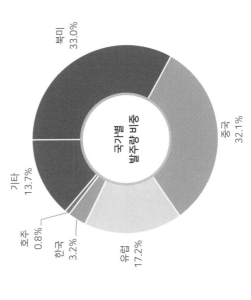

주: 2020년 1~9월 누계 기준, 일본 공작기계 해외 발주에서 차지하는 비중
자료: 일본공작기계협회(JMTBA), 메리츠증권 리서치센터

공작기계 Peer 컨센서스는 반전 초읽

역대 최장기간의 Down Cycle 통과 중인 업황

- 2018년 촉발된 미·중 간 무역전쟁이 G2간 수출입품목 관세보복으로 이어지자 전세계 제조업 Value-Chain 내 생산장비인 공작기계 업황은 Down-Cycle로 진입

- Historical 회복의 시기를 넘긴 Down-Cycle 지속 + COVID-19로 인한 교역량 급감은 회복 시기를 재차 지연

- 1) 미·중 간 1단계 합의, 2) COVID-19發 경기 Risk에 대한 각국의 부양책 마련, 3) 인프라투자 확대
→ 2021년 회복에 대한 기대감 반영되며 투자 확대 가능성(일본 3사 컨센서스는 최근 반등세 전환)

일본 공작기계 업체의 매출액 컨센서스 추이

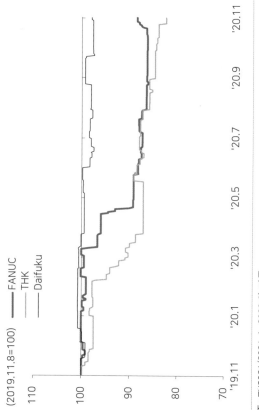

주: FY2021 (2021. 4~2022. 3) 기준
자료: Bloomberg, 메리츠증권 리서치센터

일본 공작기계 업체의 매출액, 영업이익 컨센서스 추이

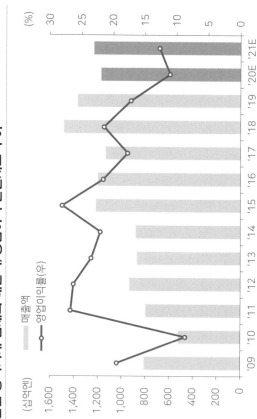

주: FANUC, THK, Daifuku 회계 결산월 기준, 합산 매출액 및 영업이익 기준
자료: Boomberg, 메리츠증권 리서치센터

미국 제조업계 반등과 동행할 방위산업

COVID-19의 위기에 벗어난 방위산업, V자 반등은 없지만 잔고의 매출시현으로 성장

- 국내 방위산업 4사(한국항공우주, 한화에어로스페이스, LIG넥스원, 현대로템)의 합산 수주잔고는 2020년 2분기 기준 63조 1,962억원으로 2019년말 대비 +2.8% 증가, COVID-19 위기와는 무관

- 한화에어로스페이스 31.8조원, 한국항공우주 16.1조원, 현대로템 9.3조원, LIG넥스원 6.1조원 잔고 보유

- 2019년 대비 수주잔고 증가율은 한화에어로스페이스(+6.6%), 현대로템(+3.7%), LIG넥스원(-1.9%), 한국항공우주(-2.8%) → 2019년부터 안정적 수주잔고 유지하며 회계이슈, 방산비리 등 불확실성 이슈 해소

- Boeing, GE, Lockheed Martin 등 미국 제조업계의 반등이 확인되면, 내수 이외의 성장성이 재부각될 전망

방산 4사 수주잔고 합산 추이

(조원)

■ 현대로템
■ LIG넥스원
■ 한화에어로스페이스
■ 한국항공우주

	'17	'18	'19	2Q20
현대로템	7.3	8.0	8.9	9.3
LIG넥스원	3.8	5.7	6.2	6.1
한화에어로스페이스	22.3	23.9	29.8	31.8
한국항공우주	17.8	18.5	16.5	16.1

주: 2020년 2분기 말 기준
자료: 전자공시시스템, 메리츠증권 리서치센터

방산 4사 업체별 수주잔고 추이

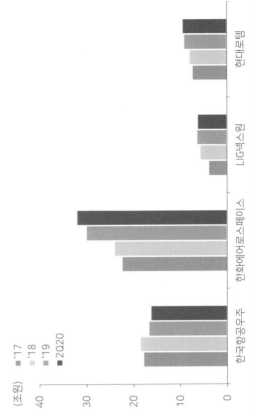

(조원)

■ '17
■ '18
■ '19
■ 2Q20

한국항공우주 / 한화에어로스페이스 / LIG넥스원 / 현대로템

주: 2020년 2분기 말 기준
자료: 전자공시시스템, 메리츠증권 리서치센터

강의자료(전망) 97

365

De-carbonization, 중국의 脫화석연료에 대한 공격적인 정책

신재생에너지에 대한 Global 투자 확대, 중국도 탄소중립 정책 추진

- 중국의 2060년 탄소중립 선언으로 2050년까지 신재생에너지 발전규모 6천GW로 증가 가능, 장기 과제
- 2020년 현재 중국의 태양광은 grid-parity(화석연료와 신재생에너지의 발전단가가 같아지는 시기) 달성
- 중국 주도로 글로벌 태양광 시장 확대, 2019년 연말 글로벌 태양광 누적 설치 규모는 626GW(중국 400GW)
- 2019년 기준 전세계 풍력 투자 규모는 1,427억달러 수준
- GWEC는 2024년까지 풍력 설치량이 연간이 연간(CAGR) +4.0% 증가 전망, '그린딜', '그린뉴딜' 반영 시 대폭 상향
- 육상풍력은 연간 +1.5% 증가, 해상풍력은 +19.7% 증가(COVID-19 효과 제외한 예측)

중국의 에너지 발전 mix 전망

(%)

자료: 메리츠증권 리서치센터

육상·해상풍력 전세계 투자 규모 추이

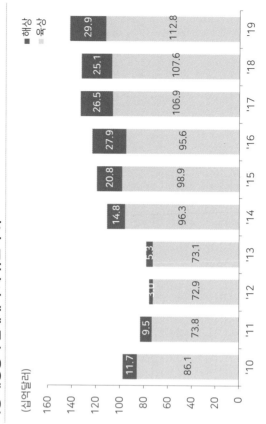

(십억달러)

자료: Bloomberg, NEF, 메리츠증권 리서치센터

De-carbonization, 전세계의 정책 공조화

공격적 해상풍력 설치 계획을 밝히고 있는 각국 정부, 설치 비용과 관련한 지원이 필수

- 脫화석연료를 통한 脫탄소화(De-carbonization)는 전세계 정부들의 공통된 중장기 정책 목표
- 신에너지(화석연료를 수소 등으로 변환하여 이용)와 재생에너지(태양광, 풍력 등 재생 가능한 에너지를 변환)에 대한 재정지출 확대, 민간기업들의 투자 촉진은 2021년부터 대폭 확대될 전망
- 수소 관련 논의와 함께 최근 각국 정부는 해상풍력과 관련한 공격적인 로드맵을 발표
- 해상풍력 최대 설치 국가인 영국도 2030년까지 2019년 대비 설치용량을 두 배 증가시킬 계획
- 유럽의 기존 국가들도 목표를 상향, 아시아에서 해상풍력 설치 계획을 가장 적극적으로 설정한 국가는 한국

국가별 해상풍력 설치 목표

(GW)

영국 40.0 (2019년 / 2030년목표 / 2035년목표)
독일 20.0
네덜란드 11.5
폴란드 9.6
프랑스 11.0
한국 12.0
대만 15.0
일본 10.0

유럽 / 아시아

■ 2019년
■ 2030년목표
■ 2035년목표

주: 프랑스 목표치는 2028년 목표치, 벨기에 목표치는 2026년 목표치
자료: 메리츠증권 리서치센터

신재생에너지 발전원별 설치비용 비교

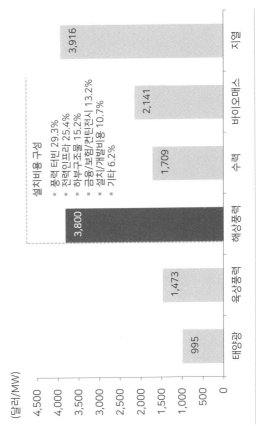

(달러/MW)

태양광 995
육상풍력 1,473
해상풍력 3,800
수력 1,709
바이오매스 2,141
지열 3,916

설치비용구성
- 풍력 터빈 29.3%
- 전력인프라 25.4%
- 하부구조물 15.2%
- 금융/보험/컨틴전시 13.2%
- 설치/개발비용 10.7%
- 기타 6.2%

자료: IRENA, 메리츠증권 리서치센터. 해상풍력 설치비용 구성은 NREL – 2018 Cost of Wind Energy Review 참고

De-carbonization, 풍력: 국내 설치 로드맵은 2022년부터

30년까지 12GW규모의
해상풍력 시설 구축,
1MW당 30~40억원 사업비

- 국내는 2030년까지 12GW 규모의 해상풍력 발전 시설 구축이 목표 (2020년 기준 124.5MW)
  ① 전북 서남권: 2022년 400MW 착공, 2023년 2GW 착공
  ② 신안 해상풍력: 2023년부터 3.5GW 단계적 착공. 2026년부터 4.1GW 추진
  ③ 울산+동남권: 울산 2023년부터 1.4GW 단계적 착공, 동남권 2026년부터 4.6GW 추진
  ④ 제주+인천: 제주 2020~23년 0.6GW 착공, 인천 2023년부터 0.6GW 착공
- MW 당 30~40억원의 사업비 가정할 경우 10년 간 36~48조원의 시설비 필요

산업통상자원부의 해상풍력 추진 로드맵

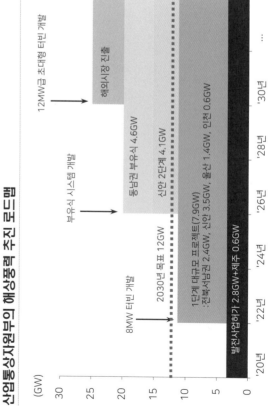

자료: 산업통상자원부, 메리츠증권 리서치센터

글로벌 풍력 터빈 시장 점유율 [2019년]

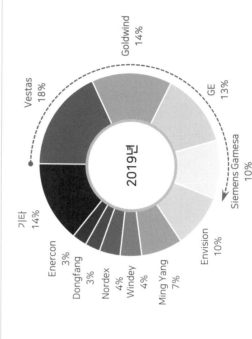

자료: BNEF, 메리츠증권 리서치센터

De-carbonization, 수소: Green / Blue / Grey / Brown

Green수소가 궁극적인 도달점이나 장기 Plan에 기반, 기술 개발의 준비 시작점

- 현재 수소는 생산단계에서 발생하는 탄소배출량에 따라 Green, Blue, Grey, Brown으로 구분
  - Brown: 석탄 가스화를 통한 생산 / Grey: 천연가스 기반 / Blue: Grey, Brown 수소 생산 시 탄소포집기술 사용 / Green: 수전해를 통한 생산 방식으로 탄소배출량 zero
- 수소 1Kg 생산 시 생산방식별 CO2 배출량 : Blue 4.4kg < Grey 12kg < Brown 20kg
- 수소생산산업의 궁극적인 도달점은 Green수소이며 수전해생산방식 특성상 해상풍력산업과의 관련성 높음
- 1위 해상풍력 디벨로퍼 Orsted가 단기에 부유식 해상풍력 시장 진출 계획이 없다고 밝히는 등 시장 개화까지는 시간이 필요, 2021년은 확산을 위한 기술개발의 준비 시작점

생산 방식에 따른 CO$_2$ 배출량

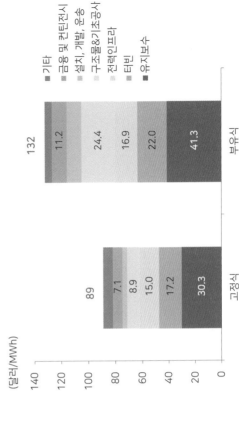

자료: 에너지경제연구원, SGH2, 메리츠증권 리서치센터

LCOE (Levelized Cost of Electricity) 비교: 고정식 vs 부유식

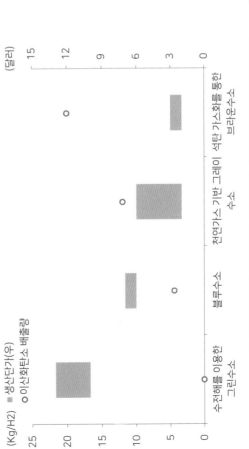

자료: NREL, 메리츠증권 리서치센터

De-carbonization, 수소: 운송 방식 다변화는 초기 개발 단계

**현실적 수소경제 확대는 단계적
수소, 부생/추출수소 확대 →
신재생을 통한 Green 확대**

- 현재의 수소 생산 방식 중 화석연료에서 생산(정유/화학설비의 부생수소, 천연가스 추출수소)하는 Grey수소
비중이 96%로 절대적, 수전해를 통한 Green수소 비중은 4% → LNG 수입을 통한 수소 생산이 단기적 방향
- 수소의 운송 1회당 운송 용량이 증가로 비용 절감이 가능 → 대용량 운송방식의 개발 및 상용화가 필요
- 수소 산업 국면별 수소 운송 방안 → 선박통한 운송에는 기술개발과 적용에 시간 소요 불가피
  - 초기: 배관 및 튜브트레일러로 부생수소 공급 / 성장기: 부생+추출 운송+액체수소를 공급
  - 성숙기: 해외 Green수소 도입을 위해 액화수소 선박을 활용

수소 생산 방식

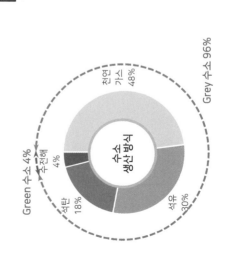

자료: 메리츠증권 리서치센터

운송 용량 및 거리에 따른 최적운송 방식

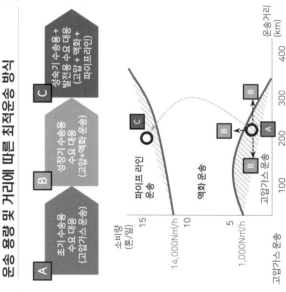

자료: H2KOREA, 메리츠증권 리서치센터

수소 운송 방식(파이프라인, 선박 및 액체수소 전환 비용 비교

주: 파이프라인 운반 수소는 기체 상태, 선박은 액체 상태
운송과 저장 비용 포함, 전환비용과 유통비용은 제외
자료: IEA, 메리츠증권 리서치센터

기초

인터넷/게임

인터넷/게임 업종 바로 알기

인터넷/게임
Analyst 김동희

Part I   인터넷 광고
Part II NAVER리피케이션 vs. KAKAO드
Part III K웹툰의 힘
Part IV 숨겨진 가치들을 찾아서
Part V   게임산업 이해하기

Part 1

인터넷 광고

인터넷광고의 성장성

국내 매체별 총 광고비

- 2021년 국내 전체광고시장 규모는 15.1조원(+4.1% YoY), 디지털 광고 시장은 8.0조원(+9.4% YoY) 추정
- 매체별 시장규모는 모바일, 온라인(인터넷PC), 케이블TV 순
- 전통 4대 매체(TV, 라디오, 신문, 잡지)의 성장성은 축소
- 반면 뉴미디어(온라인/모바일/IPTV)는 여전히 잘 성장하고 있는 모습
- 2021년 광고 시장은 코로나 부진 만회하며 4.1% 성장 전망. 디지털 광고는 전체 광고 시장 대비 초과 성장

2014년~2021년 매체별 총 광고비

구분 (십억원)	광고비								성장률(%)	구성비(%)
	2014	2015	2016	2017	2018	2019	2020E	2021E	2021E	2021E
지상파TV	1,964.7	1,932.4	1,745.3	1,551.7	1,421.9	1,244.7	1,164.5	1,119.8	-3.8	7.4
라디오	254.1	256.8	239.9	253.0	207.3	208.5	186.2	183.4	-1.5	1.2
신문	1,833.4	1,855.6	1,867.0	1,858.5	1,903.1	1,939.7	1,843.1	1,806.3	-2.0	11.9
잡지	490.5	474.1	452.4	451.7	444.8	433.3	411.7	425.9	3.4	2.8
4대매체계	4,542.7	4,518.9	4,304.6	4,115.0	3,977.2	3,826.1	3,605.6	3,535.5	-1.9	23.3
케이블 PP	1,743.2	2,004.9	1,895.1	1,853.7	1,990.2	2,002.1	1,927.2	1,888.6	-2.0	12.5
케이블 SO	127.5	145.2	134.6	139.1	140.8	139.1	122.8	117.2	-4.6	0.8
위성방송	21.2	24.0	28.3	48.0	51.1	50.0	49.7	48.7	-2.0	0.3
IPTV	63.1	90.3	84.6	99.3	116.1	124.3	104.9	109.7	4.5	0.7
DMB	11.5	10.3	7.2	5.3	4.4	2.3	1.6	1.1	-30.7	0.0
온라인(인터넷PC)	2,141.0	2,053.4	2,173.1	1,909.2	2,055.4	1,871.6	1,748.8	1,799.0	2.9	11.9
모바일	909.9	1,374.4	1,981.6	2,865.9	3,661.8	4,650.3	5,524.4	6,157.9	11.5	40.7
뉴미디어계	5,017.4	5,702.6	6,304.6	6,920.5	8,019.8	8,839.8	9,479.5	10,122.2	6.8	66.8
옥외광고	1,172.4	1,061.3	1,088.5	1,305.9	1,329.9	1,256.8	989.9	1,007.7	1.8	6.7
기타광고	435.3	507.9	465.0	412.1	429.0	504.2	474.5	477.1	0.6	3.2
총광고비	11,167.7	11,790.6	12,162.7	12,753.5	13,755.9	14,442.7	14,549.5	15,142.5	4.1	100.0

자료: 한국방송광고진흥공사, 메리츠증권 리서치센터

인터넷광고의 성장성

2021년 전체 광고시장 내 디지털 비중은 52.5%

- 21년 디지털 광고 시장 규모는 8.0조원(+9.4% YoY) 추정. 모바일 광고가 성장세 견인
- 전체 광고 시장 내 비중은 52.5%로 1위 지배력. 인터넷/모바일/케이블TV 등의 뉴미디어 광고 시장은 사용자 확대, 광고주 관심도 높아 성장성 지속되고 있음
- 특히 모바일 광고는 동영상과 퍼포먼스 광고 등에 힘입어 지속적 성장
- 2019년 TV/신문/잡지 등 전통매체를 추월하며 최대 광고 매체로 도약

2021년 디지털 광고 시장 규모는 8.0조원 돌파

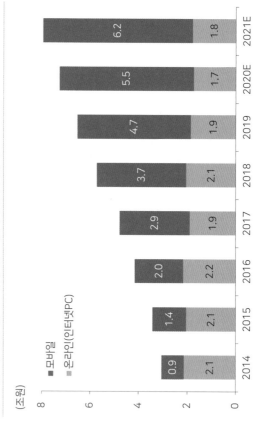

자료: 한국방송광고진흥공사, 메리츠종권 리서치센터

온라인/모바일 플랫폼 – 1위 광고 매체

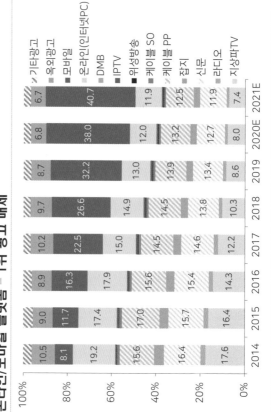

자료: 한국방송광고진흥공사, 메리츠종권 리서치센터

인터넷 광고시장 구조

광고주 - 광고매체 판매 대행
- 매체사로 이어지는 구조

- 인터넷광고 시장에서 인터넷 플랫폼(포털, 메신저, 동영상)이 가장 중요한 매체

- 미디어렙사는 광고영업 및 광고효과 분석, 매체사 대상의 판매대행 서비스를 하고 있는 구조

- 매체사는 지급하는 수수료는 광고대행사는 15~20%, 미디어렙사에 10~15% 수준으로 형성되어 있음

인터넷 광고시장 구조

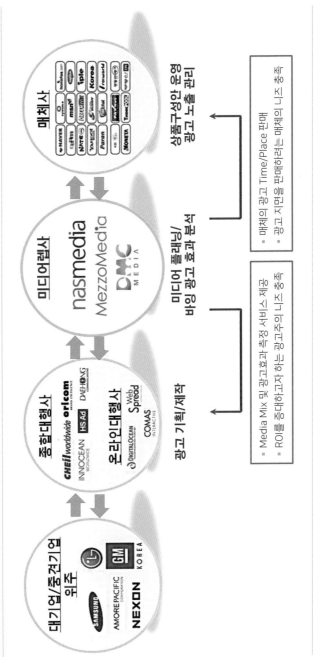

자료: 나스미디어, 메리츠증권 리서치센터

대표적인 인터넷 광고 상품

NAVER 검색광고(search Ad)

NAVER의 대표 검색광고는 텍스트 광고를 노출시킨 후
사용자가 클릭한 수만큼 광고비를 지불하는 클릭조이스 상품

CPC(Cost per click)

- 온라인 광고가격 책정 방법 중 하나.
클릭 한번의 비용(PPC)를 의미.
광고효과 측정의 지표

입찰가중치

- 광고 영역별 입찰가를 조정할 수 있는 장치
- 입찰가 가중치를 10~500%로 설정할 수 있음

CPM (Cost-Per-Millenium)

- 온라인 광고 가격 책정 방법 중 하나,
1,000회 광고 노출을 기준으로 가격을 책정
(Mille는 라틴어로 1천을 의미)

노출(Impression)

- 광고가 사용자에게 보여지는 것 또는
검색사용자에게 광고가 노출된 횟수

자료: NAVER, 메리츠증권 리서치센터

카카오 비즈보드

카카오의 대표 광고 상품은 카카오톡 채팅창 상단에 노출되는 비즈보드 광고 상품(CPC)
사용자가 클릭하여 브랜드탭, 애드뷰, 챗봇 등 다양한 랜딩페이지로 연결

Ad load Rate

- 사용자에게 노출할 수 있는 광고 수 비율
- 카카오톡 2탭의 지면은 페이지뷰, 애드뷰 리레스트로 구분

CTR(Click Trough Rate)

- 광고 노출수 대비 클릭한 비율

Inventory

- 퍼블리셔가 판매할 수 있는 광고 지면
- 광고 노출량 또는 기간 등으로 판매

매출전환율(ROAS: Return on Ad Spend)

- 투자한 광고 비용 회수율 또는 광고 수익을 측정하는 지표

자료: 카카오, 메리츠증권 리서치센터

NAVER 쇼핑 광고

네이버 쇼핑카테고리
해당 상품을 광고로 등록

통합검색/쇼핑검색 결과에 노출

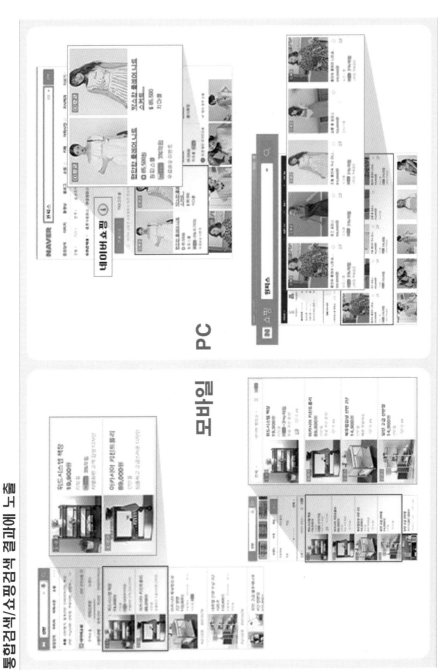

PC

모바일

자료: NAVER, 메리츠증권 리서치센터

디스플레이 광고(Display Ad)

배너, 동영상, 스폰서십 광고 등 노출형 광고를 총칭

- 스페셜 DA : 모바일 첫 화면에 브랜드 및 상품의 오브제트를 명료하게 구현하여 단시간 내 노출수와 브랜딩 임팩트를 얻을 수 있는 프리미엄 상품
- 스마트 채널 : 모바일 뉴스, 연예, 스포츠판 최상단에 노출되는 상품으로 프리미엄한 위치에서 비지니스 메시지를 의미있게 전달
- 스마트채널은 NAVER가 처음 시도하는 성과형 디스플레이 상품. 이용자 타겟팅이 가능한 퍼포먼스 광고

NAVER – 스페셜 DA [보장형]

스페셜 DA [보장형]

네이버 모바일 첫 화면에 브랜드 및 상품의 오브제트를 명료하게 구현하여 단시간 내 높은 노출 수와 브랜딩 임팩트를 얻을 수 있는 프리미엄 상품입니다.

자료 : NAVER, 메리츠증권 리서치센터

스마트 채널 – 성과형과 보장형

스마트채널 [성과형 + 보장형]

모바일 뉴스, 연예, 스포츠판 최상단에 노출되는 상품으로 프리미엄한 위치에서 비지니스 메시지를 의미 있게 전달할 수 있습니다.

· 보장형
  뉴스 (언론사편집 / MY뉴스) / 연예 / 스포츠

· 성과형
  뉴스 (언론사편집 / MY뉴스) / 연예 / 스포츠 / 검색차트 / 우리동네 / 경제M (자동차 + 밴드 + 증시 / 비즈니스 / 재테크) + 쿠폰 (샵)

자료 : NAVER, 메리츠증권 리서치센터

NAVER - 국내 디지털 광고 1위 Player

국내 디지털 광고 시장 점유율 39%

- 2020년 네이버의 국내 광고 매출액은 2.8조원 예상. 국내 인터넷광고 시장 점유율 39%
- 19년 신규 모바일앱 출시로 쇼핑 섹션강화. 쇼핑검색광고 인벤토리 및 매출 성장
- 20년 스마트채널 오픈하며 퍼포먼스 광고 본격 시작
- 검색광고 매출액은 2007년 4,616억원 → 2020 2.2조원으로 5배 증가
- 디스플레이광고 매출액은 2007년 1,537억원 → 2018년 6,151억원으로 4배 증가

NAVER 광고 매출 추이 및 전망

(십억원)	2007	2008	2009	2010	2011	2012	2013	2014	2015	2016	2017	2018	2019	2020E	2021E
매출액															
디스플레이광고	153.7	202.0	245.0	275.0	310.0	345.0	384.0	425.0	475.0	500.0	520.0	545.0	554.0	615.1	671.1
검색광고	461.2	573.2	675.0	780.0	930.0	1,082.3	1,216.7	1,359.2	1,480.0	1,600.0	1,730.0	1,900.0	2,100.6	2,194.4	2,348.9
YoY 성장률 (%)															
디스플레이광고	-	31.4	21.3	12.2	12.7	11.3	11.3	10.7	11.8	5.3	4.0	4.8	1.7	11.0	9.1
검색광고	-	24.3	17.8	15.6	19.2	16.4	12.4	11.7	8.9	8.1	8.1	9.8	10.6	4.5	7.0
비중 (%)															
디스플레이광고	25.0%	26.1%	26.6%	26.1%	25.0%	24.2%	24.0%	23.8%	24.3%	23.8%	23.1%	22.3%	20.9%	21.9%	22.2%
검색광고	75.0%	73.9%	73.4%	73.9%	75.0%	75.8%	76.0%	76.2%	75.7%	76.2%	76.9%	77.7%	79.1%	78.1%	77.8%

주: 쇼핑광고 제외한 수치
자료: NAVER, 메리츠증권 리서치센터 추정

카카오 – 메신저 광고로 차별화

국내 디지털 광고 시장 점유율 13%

- 카카오 광고 비즈니스는 플러스친구(카카오의 기업 계정 서비스)에서 출발. 2017년 뉴 플러스친구 출범하며 성장성 지속. 뉴 플러스친구는 기존 플러스친구의 기능과 일대일 실시간 상담이 가능한 옐로아이디 결합

- 이용자가 콘텐츠 공급자를 친구로 추가하면 카카오의 대화창을 통해 업데이트되는 콘텐츠가 대화의 형식으로 제공되고, 사용자의 카카오톡 채널에 공개

- 알림톡 광고는 기업형 광고 메시지 시장 흡수. 2019년 비즈보드 광고 출시하며 빠르게 성장

- 2021년 카카오톡 광고 매출액은 8,395억원으로 전년대비 48% 성장 전망

카카오 광고 매출 추이 및 전망

(십억원)	2016	2017	2018	2019	2020E	2021E
카카오톡 광고	49.0	132.5	194.1	343.9	568.1	839.5
증가율(% YoY)		170.6%	46.5%	77.2%	65.2%	47.8%
플러스친구	34.4	65.0	107.2	135.2	154.5	170.0
샵탭	10.2	11.9	23.5	46.4	63.4	93.6
알림톡		15.3	23.2	40.8	53.5	63.8
브랜드 이모티콘		40.3	40.1	39.4	42.8	45.3
톡스토어				9.1	10.6	11.5
비즈보드				72.9	243.4	455.3

자료: 카카오, 메리츠증권 리서치센터 추정

KAKAO 광고 – 빠르게 쫓아가는 2등

메신저에서 광고플랫폼으로

- 카카오 광고 매출액은 0.9조원으로 국내 디지털 광고 시장 내 MS는 13% 수준. 성장여력 크다는 증거
- 비즈보드는 카카오톡 채팅목록의 탭을 활용해 마케팅 액션과 차별화된 브랜드 경험 제공 광고
- 광고 내용에 따라 구매, 예약, 동영상 재생, 회원 가입 등이 원클릭으로 진행. 카카오의 비즈니스 솔루션(챗봇, 채널, 선물하기, 스토어 등)과 유기적으로 연결

카카오 비즈보드 – 46백만 메가트래픽과 연결하는 새로운 광고

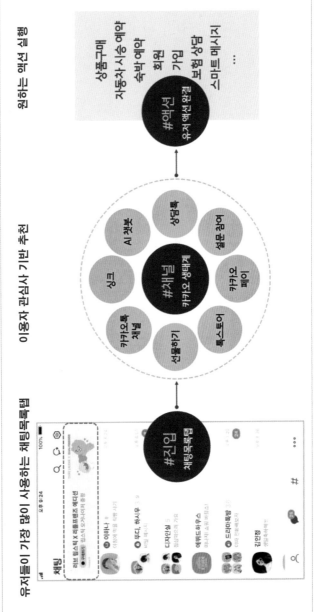

자료: 카카오, 메리츠증권 리서치센터

카카오 비즈보드

카카오의 이익성장 견인

- 카카오 비즈보드의 노출 영역을 채팅탭 뿐 아니라 다음 포털이나 주요 서비스로 확대

- 생활밀착형 서비스로 노출 지면 확장 가능

- 채팅탭이 메가트래픽 지면이었다면 다음 포털, 웹툰, 카카오페이, 샵탭의 추가 지면은 특정 목적 가진 사용자들을 보다 세밀하게 접근, 모바일 광고 점유율을 지속적으로 높여갈 수 있는 기회가 되어줄 것

- 3Q20부터 채팅탭의 인벤토리 모두 사용. 상시 만날 수 있는 지면. 광고주수 증가하며 가격도 상승 예상

비즈보드를 다양한 카카오 서비스로 확장

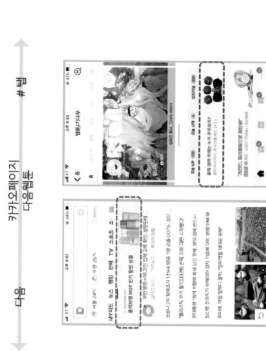

다음 ← 카카오페이지 / 다음웹툰 → #탭

카카오페이지

자료 : 카카오, 메리츠증권 리서치센터

카카오 서비스 내 랜딩확대로 이용자 경험 개선

선물하기 랜딩 / 카카오톡 채널 홈 랜딩

자료 : 카카오, 메리츠증권 리서치센터

카카오 비즈보드

19년 5월 시작된 광고상품

- 19년 비즈보드 광고 매출액은 729억원, 20년 233.8% 증가한 2,434억원으로 추정
- 광고주수 역시 빠른 증가. 19년 5월 출범 당시 광고주수 300개 수준에서 20년말 14,000개 목표
- 21년에도 지속 성장 가능하다고 보는 이유는 다양한 카카오 서비스로 랜딩 확대, 광고주수 구조히 유입
- 안정적인 Q 성장 이후에는 광고단가 상승도 동반될 것

비즈보드 광고주 수

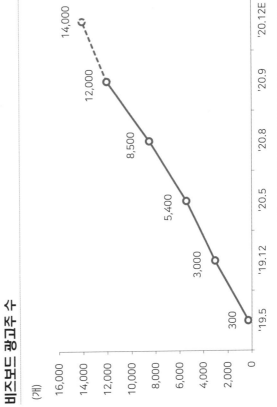

자료: 카카오, 메리츠증권 리서치센터

비즈보드 매출액 추이 – 기파른 성장

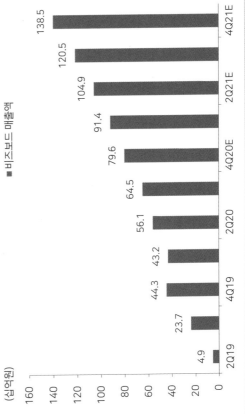

자료: 카카오, 메리츠증권 리서치센터 추정

Part II

NAVER리퍼케이션 vs. KAKAO드

Amazon'd

선점과 네트워크 효과

- 2017년 '아마존드(Amazon'd:아마존화)'라는 신조어 등장

- 글로벌 최대 전자상거래 업체인 아마존이 온라인 유통을 넘어서 오프라인 상점/클라우드/영화/음악/방송 분야에 진출해 시장을 지배한다는 포비아적 용어

- **인터넷 플랫폼 사업자들은 자본, 사용자 네트워크, 물류, 콘텐츠에 기반하여 온라인을 벗어나 오프라인 세상을 지배하기 시작.** 이는 한국의 디지털 지배자인 NAVER와 카카오에도 해당

- **NAVER와 카카오의 경쟁력은 선점과 네트워크 효과**
  - NAVER는 검색을 기반으로 쇼핑/헬스/예약/클라우드 시장에 진출
  - 모바일 메신저인 카카오는 페이/뱅크/헬스/모빌리티 서비스를 정복 중

네이버리피케이션, 그리고 카카오드 – NAVER와 카카오를 벗어날 수 없다

NAVER

검색

e커머스   커뮤니티   모바일메신저

예약   금융   모빌리티

영상   블록체인   게임   증권

부동산   헬프   페이   캐릭터

클라우드

시플랫폼   비즈니스플랫폼   음악스트리밍

kakao

자료: 메리츠증권 리서치센터

아마존드 [Amazon' d: 아마존화 된다는 말]

자료: Visual Capitalist, 메리츠증권 리서치센터

플랫폼 빅뱅

우리의 삶은 모바일을 매개로 빠르게 변화

- 우리의 삶은 모바일 플랫폼을 매개로 빠르게 변화하고 있고, 그 변화의 중심에는 NAVER와 카카오 존재

- NAVER는 2018년 7개의 사내독립기업, 즉 CIC(Company in Company, 아폴로, 쇼핑, 밴드, 플레이스, 서치&클로바, V, 네이버페이) 설립을 시작으로 플랫폼 확장에 나서기 시작

- 18년 네이버헬스, 19년 네이버파이낸셜을 분사. 2020년 이후에는 그 밖의 CIC, 포레스트(쇼핑), 플레이스(예약), V 등의 성장과 재평가

- 카카오는 카카오톡(커뮤니케이션 방식의 변화), 커머스(선물하기 및 상거래), 카카오뱅크와 페이(이용자가 주인이 되는 금융), 모빌리티(블루/대리/바이크 등 이동혁명), 페이지(헬툰/헬소설), 카카오M(영상) 등을 통해 우리 삶의 패러다임을 바꾸고 있음

NAVER

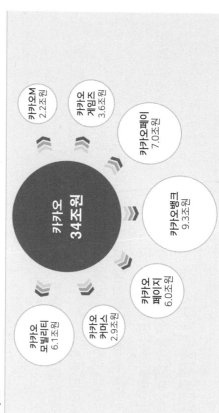

자료 : NAVER, 메리츠증권 리서치센터

카카오

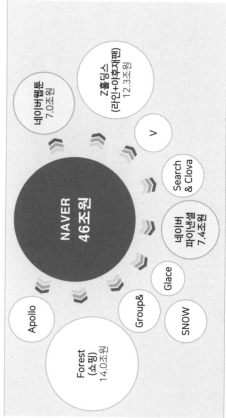

자료 : 카카오, 메리츠증권 리서치센터

오너십(Ownership)

NAVER와 카카오의 차이

- **"배는 항구에 정박할 때 가장 안전하다. 하지만 그것은 배의 존재 이유가 아니다."** – 카카오 김범수 의장

- **Future Way**: 과거의 인터넷 기업이 미래 기업으로 변모하는 시기념. 2015년 구글은 지주사 '알파벳' 설립 발표. 구글의 여러 자회사들이 독립적으로 성장하는 발판. 카카오와 NAVER 역시 핀테크, 웰로, 쇼핑, 모빌리티, 인공지능 등으로 자회사의 성장 독려

- **Ownership**: 형식적인 지분구조보다는 '오너십'으로 해석. 외부의 변화에 적극 대응, 신속한 이사결정을 내릴 수 있다는 의미. NAVER는 총수 없는 대기업과 투명성 지향. 카카오는 강력한 리더십 추구

- **Value-up**: 자회사 성장과 기업공개를 통해 전체 기업군의 가치가 증대되는 이벤트

NAVER와 카카오

NAVER

단선적 형태, 소유와 경영 분리

- 기업규모에 걸맞는 사회적 의무와 투명성 강조. 창업자의 낮은 지분율과 친인척, 순환출자 없는 이상적 지배구조 지향
- 2017년 이해진 GIO는 총수없는 대기업 지정을 요구하며 지분율 낮추고 사내이사직에서 물러남

총수 없는 대기업

(%)

4.64 — 4.31 — 3.72

○ 이해진 GIO 지분율 변화

2017년 ‑ 2017년 8월 ‑ 2018년 이후

kakao

경영권 강화를 통한 성장

- 김범수 창업자는 카카오와 자회사 지배구조 개입을 통한 총수 기업 경영 구도
- 2020년 카카오페이, 카카오뱅크 등 핵심 자회사의 기업공개를 시작으로 전체 가치 재평가
- 이미 주요 자회사들의 가치는 23.9조원, 시가총액 대비 50.0%

출범 10주년

자료: NAVER, 카카오, 메리츠증권 리서치센터

자회사 가치의 현실화

자회사들의 성장은
기업공개가 궁극적 목표

- NAVER와 카카오가 지배구조를 재편하는 이유
  1) 사업부별 신속한 의사결정, 전문성과 경쟁력을 강화하기 위함
  2) 외부투자 유치를 통한 여유자금 확보와 재무 건전성 개선
  3) 자회사의 가치 부각이 궁극적으로 기업집단의 재평가로 이어질 수 있음

- 카카오는 20년 카카오게임즈 성장을 시작으로 21년 뱅크/페이, 22년 모빌리티, 페이지, M 등의 IPO 가능성

- NAVER는 2021년 이후 네이버웹툰, 파이낸셜, Forest, Glace 등의 IPO와 재평가 가능성 높아

NAVER와 카카오 자회사 IPO 타임라인

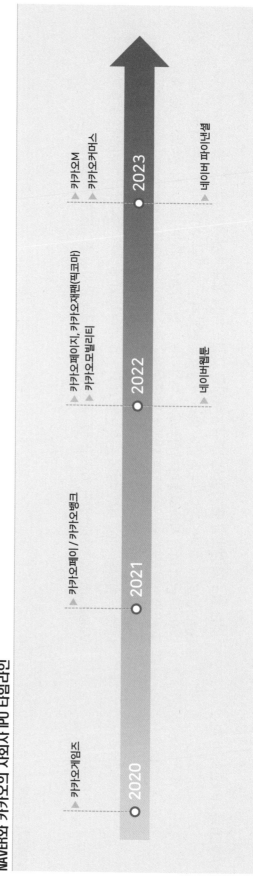

자료: NAVER, 카카오, 메리츠증권 리서치센터 추정

NAVER의 지분구조

공룡의 변화

■ NAVER의 변화는 2017년 네이버웹툰 분사와 2018년 CIC(사내독립기업) 설립을 통해 시작되었음

■ 2019년 11월 네이버파이낸셜(네이버페이)의 물적분할. 2019년 11월에는 라인과 Z홀딩스 합병 결정

■ 19년 12월 네이버파이낸셜은 미래에셋대우로부터 약 8천억원(지분율 30%)의 투자 유치, 변화를 위한 갈망

■ 1) 단힌 플랫폼에서 열린 플랫폼으로, 2) 외부 SI 들과의 협력을 본격화한다는 의미로 판단

NAVER 지배구조

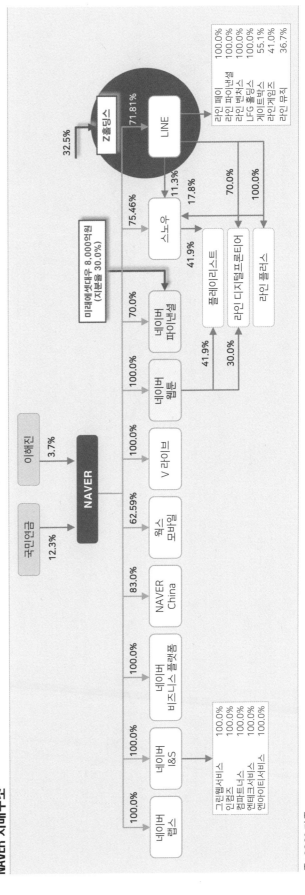

주 : 3Q20 기준
자료 : NAVER, 메리츠증권 리서치센터

NAVER 주가 history _주가 추이 및 주요 이벤트

(천원)

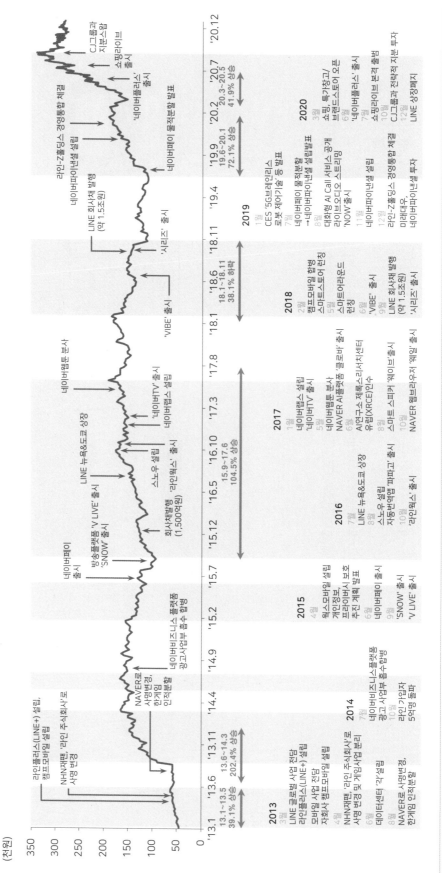

자료 : NAVER, Wisefn, 메리츠증권 리서치센터

카카오 지분구조

광고/멜론 등의 캐쉬카우만 남기고 신규사업은 독자적 가치평가 방안

- 2021년 카카오는 핵심 금융 자회사(페이, 뱅크 등)의 기업공개를 앞두고 있음
- 카카오 기업군의 제왕가는 영업가치의 성장, 지분구조의 변화(투자 유치 혹은 IPO)를 통해 진행 중
- 새롭게 부각되는 자회사들: 2018년 3월 로엔 엔터테인먼트는 카카오M으로 사명 변경. 2018년 9월 카카오M은 비상장(드라마제작, 음원유통) 법인으로 분사. 12월 카카오커머스 분사
- 19년 12월 카카오기즈-0나두 인수합병, 2020년 2월 카카오페이증권 출범
  20년 게임즈 상장으로 시작으로 21년 카카오페이/카카오뱅크 상장 예정

플랫폼 뉴트로

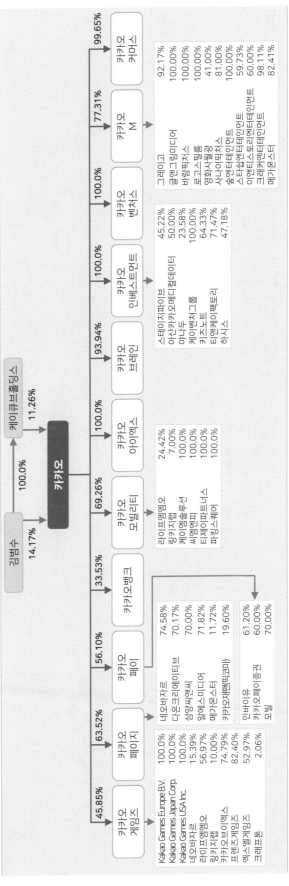

주: 3Q20 기준
자료: 카카오, 메리츠증권 리서치센터

카카오 주가 history _주가 추이 및 주요 이벤트

(천원)

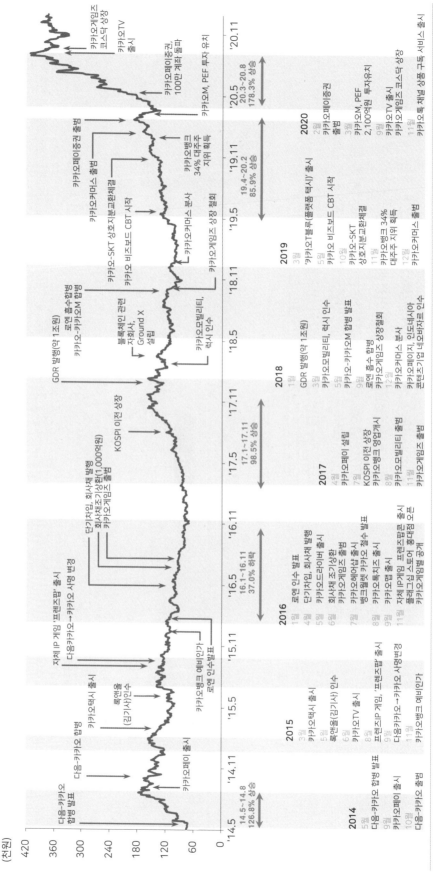

자료 : 카카오, Wisefn, 메리츠증권 리서치센터

쇼핑 – NAVER와 카카오

언택트 소비의 대표주자

- **#1.** 신종 코로나(바이러스 여파로 집에서 보내는 시간이 많아진 은경완씨는 평소 블로그에서
  눈여겨본 운동기구를 해외 직구로 저렴하게 구매했다.
  일일이 쇼핑몰을 찾아 가입할 필요 없이, NAVER 아이디로 한 번에 쇼핑을 마쳤다.

- **#2.** 김고은씨는 저녁이 다 돼서야 오늘이 친구 생일이었다는 걸 알았다.
  미처 선물을 준비하지 못한 김씨는 재빨리 '카카오톡 선물하기'에서 선물을 골라 친구에게 전송했다.
  친구의 생일을 알아챈 순간부터 축하 메시지와 선물을 전달하기까지 10분이 채 걸리지 않았다.

NAVER의 라이브 커머스

자료: NAVER

카카오 선물하기 → 쇼핑하기로 진화

자료: 카카오

NAVER 라이브 커머스

유통 시장의 태동의 눈

- 2020년 COVID-19로 언택트 소비가 확산되며 NAVER와 카카오의 전자상거래 비즈니스의 성장성 가속화

- **비대면 쇼핑의 성장. NAVER의 라이브 커머스는 영상과 쇼핑을 결합. 1) SNS 라이브 방송처럼 모바일 영상을 통해 매장의 상품을 보며 2) 간편결제로 즉시 구매, 3) 실시간 소통으로 궁금증 해결 등이 강점**

- 20년 3월 현대백화점과 진행한 라이브 커머스를 시작으로 다양한 채널과 상품 진행 중
  현대백화점이 판매한 남성 의류 브랜드 지이크는 1시간 동안 약 1천만원 매출(지이크 월평균 매출의 30%)

- 라이브 커머스의 수익모델은 판매수수료(2%). 파트너쉽 강화, 광고, 오프라인 점점 등이 +α 가능

NAVER의 라이브 커머스 – 온라인쇼핑의 '새로운 도전'

자료: NAVER

NAVER 쇼핑 vs. 카카오 선물하기

각각 14.0조원, 2.1조원 평가

- 2020년 네이버쇼핑과 카카오커머스의 기업가치는 쇼핑사업자들의 평균 PSR 0.5배 밸류에이션 적용시 각각 14.0조원, 2.1조원으로 평가

- 2019년 네이버쇼핑은 국내 쇼핑거래 1위 플랫폼으로 등극. 2020년 '특가창고', '브랜드스토어' 등을 통해 풀필먼트 서비스 제공(CJ대한통운과 제휴) + '네이버 플러스(멤버쉽)' 도입될 경우 'NAVER' 플랫폼 락인(Lock-In) 효과 강화될 것. 유통업체 대비 할인율은 축소될 전망

- 카카오 선물하기로 국내 모바일 상품권 시장 장악. 기프티콘 기반의 매력적인 캐쉬카우. 2020년에는 톡딜, 톡스토어를 통해 E-Commerce로 본격 확장한다는 전략

국내 쇼핑사업자별 거래액 순위 – NAVER 1위, 카카오 선물하기도 견조

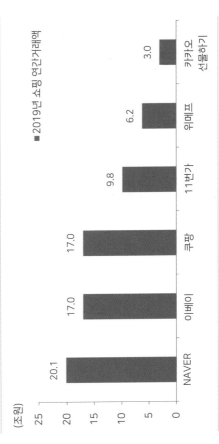

자료: 오픈서베이, 메리츠종금증권 리서치센터

쇼핑 플랫폼의 가치

(조원)	기업가치	2020E 총매출액	2020E PSR (배)
쿠팡	15.0	23.0	0.7
이베이코리아	5.0	19.0	0.3
마켓컬리	0.8	1.0	0.8
11번가	3.0	12.0	0.3
위메프	2.8	6.8	0.4
티켓몬스터	1.7	4.0	0.4
평균	4.7	11.0	0.5
네이버쇼핑	14.0	30.0	0.5
카카오 커머스	2.1	4.5	0.5

자료: 각 사, 메리츠종금증권 리서치센터 추정

네이버쇼핑의 성장 연혁

NAVER의 핵심 성장동력

- 네이버쇼핑은 2015년 6월 네이버페이 출시를 기점으로 결제의 편리함 부각되며 크게 성장
- 2016년 11월 쇼핑검색광고 출시하며 수익모델 구체화. 18년 7월에는 'AiTEMS(맞춤형 쇼핑 추천)' 시작
- 19년 PG 내재화, 퀵 에스크로 출시. 셀렉티브 등의 인플루언서 마케팅 강화
- 2020년 2월 특가창고, 3월 브랜드 스토어 오픈하며 CJ대한통운과의 풀필먼트 서비스 구체화
- 스마트스토어 가맹점수는 굳노나19로 오프라인 소비심리 위축되며 언택트 소비 활성화로 급증
- 20년 6월 '네이버 플러스(멤버쉽)' 출시로 한단계 레벨업

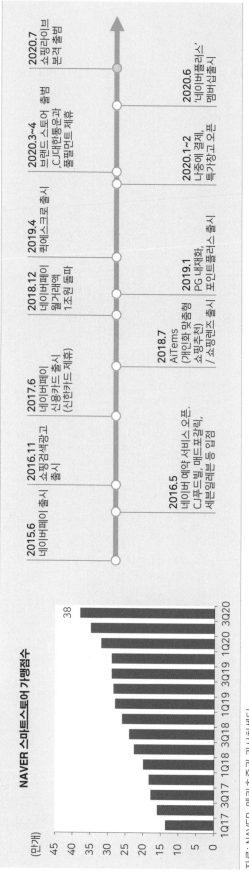

네이버쇼핑 어떻게 성장했을까?

자료: NAVER, 메리츠증권 리서치센터

N쇼핑의 수익모델

광고를 통해 수익 창출

■ 네이버쇼핑의 수익모델은 광고. 전체 NAVER 광고의 25% 이상이 쇼핑을 통해 발생

■ 쇼핑 광고의 경우 디스플레이는 CPM(Cost per Mile), 검색광고는 CPC(Cost per Click)와 CPS(Cost Per Sales) 두 가지 방식 과금 적용

■ 참고로 CPM는 노출 횟수(예를 들어 100만번 노출당 2백만원) 보장하는 정액제 방식. CPC는 클릭당 과금, CPS는 실제 판매가 있을 경우에만 판매액의 일정 부분(2%)에 대해 광고료 책정 방식

■ 쇼핑사업부의 이익 기여도는 광고라는 안정적 캐쉬카우에 기반하여 상당히 클 것으로 추정

네이버 쇼핑 광고는 캐쉬카우

(십억원)

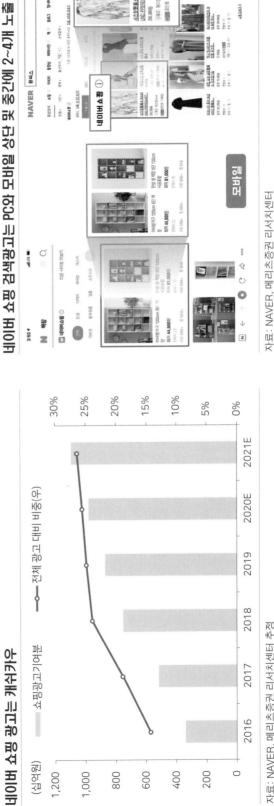

네이버 쇼핑 검색광고는 PC와 모바일 상단 및 중간에 2~4개 노출

자료: NAVER, 메리츠증권 리서치센터

자료: NAVER, 메리츠증권 리서치센터 추정

국내 e커머스 멤버십 본격화

네이버 플러스 오픈

- 20년 6월 NAVER는 유료 회원제 서비스 '네이버 플러스' 멤버십 출시
  - 쇼핑, 예약, 검색, 콘텐츠(음악, 웹툰/웹소설, 영상), 파이낸셜까지 생태계를 하나로 묶는 회원제 서비스

- 국내 e커머스 시장에서 유료회원제 도입이 많아지고 있음. 2018년 10월 출범한 쿠팡의 로켓와우클럽(500만회원)이 가장 성공적

- 참고로 이베이코리아의 스마일클럽(200만명), 티켓몬스터의 슈퍼세이브(24만명), 위메프의 특가클럽(10만명) 등이 존재

'네이버 플러스' 멤버십 출시

자료: NAVER

국내 e커머스 멤버십 현황

기업명	멤버십	월이용료	출시시기	회원수	특징
이베이코리아	스마일클럽	2,500원	2017.4	200만명 (2019.10)	▪ G마켓과 옥션 공통 사용 ▪ 매년 35,000원 스마일캐시 제공 최대 3% 상시 적립, 12% 최고등급 할인, 스마일배송 상품 무료배송
쿠팡	로켓와우	2,900원	2018.10	500만명 (2020.4)	▪ 로켓배송이 금액대 상관없이 가능. 회원전용 특가상품 ▪ 아침주문 저녁도착. 첫 30일 초대 5% 캐시적립. 30일 이내 무료반품
티켓몬스터	슈퍼세이브	10,000원	2018.4	24만명 (2019.7)	▪ 2% 구매적립, 슈퍼세이브 전용 쿠폰, 소파세이브 우선 고객상담 ▪ 100원딜&특가클럽 이용, 전용딜 균일가, 전용딜 무료배송
위메프	특가클럽	825원	2019.1	10만명 (2019.5)	▪ 월 적립한도 무제한 2% 기본적립 ▪ 특가클럽 전용 딜 무료배송
NAVER	네이버 플러스	4,900원	2020.6	250만명 (4Q20)	▪ 네이버웹툰 시리즈, 바이브, 오디오북, 클라우드 중에서 디지털 콘텐츠 4개 선택해 이용 가능 ▪ 네이버쇼핑 이용시 이용금액대비 적립금 1~4%까지 추가 지급 (연간 20만원까지 4%, 20~200만원까지 1%)

자료: 각 사, 언론 종합, 메리츠증권 리서치센터

네이버 플러스란?

디지털 콘텐츠와 쇼핑 결합

- NAVER는 '온라인상거래 + 디지털 콘텐츠'를 결합한 유료 회원제 서비스 출시

- 네이버 멤버십 회원들은 쇼핑/예약/웹툰 서비스 등에서 네이버페이로 결제하면 기본 최대 4% 추가 적립. 단골 상점 등록하면 +2%, 충전 결제시 +1.5% 포인트 합산하면 최대 8.5%의 개수백 가능

- 쇼핑 포인트 적립 혜택 뿐 아니라 월 회비 4,900원으로 100% 이상의 요용 가능한 콘텐츠/서비스 제공

- 네이버 멤버십의 핵심은 '쇼핑 무료 배송' 도입 여부에 있으며, 현재 CJ대한통운과 풀필먼트 서비스 테스트 중으로 21년 배송 혜택도 추가될 가능성 높아

'네이버 플러스' 멤버십 적립금 혜택은 최대 8.5%까지 가능

기본 1% + 추가적립 4% (연 20만원 한도) + 충전하면 1.5% (20~200만원) + 단골상점 등록시 2% = 최대 8.5% 개수백

자료: NAVER, 메리츠증권 리서치센터

'네이버 플러스' 멤버십 디지털 서비스 이용권

구분	서비스	내용	서비스 가치
디지털 서비스 이용권 (3종 월 1개 선택 이용)	네이버 웹툰/시리즈	웹툰 미리보기 24편 또는 웹소설 대여 49화(쿠키 49개)	4,900원
	시리즈온	영화 1편 무료 쿠폰	최대 2만원
	콘텐츠 체험팩 패키지 (모두 제공)	웹툰/시리즈 쿠키 20개	2,000원
		시리즈온 영화/방송 3,300캐시	3,300원
		VIBE 300회 듣기	3,000원
		MYBOX 100GB 이용권	3,000원
		오디오클립 오디오북 대여 할인권	3,000원
콘텐츠 체험팩 사용시 업그레이드 상품	VIBE	VIBE: 무제한 듣기	3,850원/월
	MYBOX	MY BOX: 300GB	2,200원/월
		MY BOX: 2TB	7,700원/월
멤버십 가격		월 4,900원으로 100% 이상의 요용 가능한 콘텐츠 제공	

자료: NAVER, 메리츠증권 리서치센터

네이버쇼핑 – 한국의 아마존이 될 수 있을까?

멤버십 도입시 시장 지배력 매우 확고해질 것

- 아마존은 2004년 '아마존 프라임' 서비스 출시 후 급성장. 연회비 119달러로 무료배송, 무제한 음악, 영화 감상 등 다양한 혜택을 제공하며 더 많은 충성고객을 확보

- 프라임 회원수와 비프라임 회원의 구매금액과 구매횟수는 2배 가량 차이

- 19년말 미국 프라임 가입자수는 1.5억명

- NAVER 역시 멤버십 도입시 쇼핑 무료배송뿐만 아니라 결제, 웹툰, 음악, 동영상, 예약 등 연계 서비스와 콘텐츠가 풍부하다는 측면에서 플랫폼 지배력 강화 가능

아마존 프라임의 가치 – 멤버십 비용의 6배 이상의 요율 제공

아마존프라임 구성		경쟁사 제품 선택시		프라임 가치 추정($)		17년부터 가치변화
	서비스	가격		연간	월간	
Prime Delivery: 2일내, 당일& 1일내 무료배송	ShopRunner	$79/년		125	10.42	↑
	Shipt	$99/년, $14/월				
	Google Express	비회원: 배송시간에 따라 다른 마크업				
	Walmart	비회원: 2별만개의 상품은 2일내 배송				
Prime Now	Postmates Unlimited	$83.99/년, $9.99/월		180	14.99	↑
	Instacart Express	$149/년, $14.99/월				
Prime Video	Netflix	$7.99~$13.99/월		120	9.99	↑
	Hulu	$7.99/월(광고포함), $11.99/월(광고불포함)				
	HBO	$14.99/월				
	Showtime	$10.99/월(프라임비의원)				
Prime Music	Spotify Premium	$9.99/월		60	4.99	↓
	Apple Music	$9.99/월				
	Tidal	$9.99/월 또는 $19.99/월(높은 음성도)				
	Google Play Music	$9.99/월				
	Pandora Premium	$9.99/월				
	Amazon Music Unlimited	$9.99/월(프라임비의원)				
Prime Photos	iCloud	5GB까지 무료 ; 50GB에 $0.99/월, 200GB에 $2.99/월, 2TB에 $9.99/월		24	1.99	↕
	Google Photos	사진압축 무제한 무료(16MP)&동영상(1080p)				
	Google Drive	15GB까지 무료 ; $1.99/년, 100GB에 $19.99/년, $9.99/월 또는 1TB에 $99.99/년, 2TB에 $19.99/월				
	Amazon Drive	5GB까지 무료 ; 100GB에 $11.99/년, 1TB에 $59.99/년				
	Dropbox	2GB까지 무료 ; 1TB 추가 $9.99/월 또는 $99/년				
	Flickr	100GB까지 무료 ; Pro $5.99/월 또는 $49.99/년				
Kindle Owners' Lending Library, Amazon First Rea ds, Prime Reading	Kindle Unlimited	$9.99/월		108	8.99	↕
	Scribd	$8.99/월				
Audible Channels for Prime	Audible Channels	$4.95/월		59	4.95	↕
	Audible Gold	$14.95/월, $149.5/년				
Twitch Prime	Twitch Turbo	$8.99/월		108	8.99	↑
	Twitch Channel Subscription	$4.99/월				
		프라임의 가치 추정		784	65	

자료: JP모건, 메리츠증권 리서치센터

아마존 프라임 회원수 1.5억명 돌파

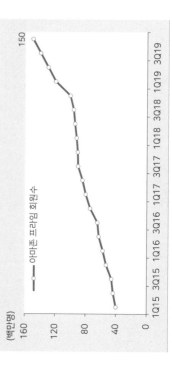

(백만명)

— 아마존 프라임 회원수

1Q15 3Q15 1Q16 3Q16 1Q17 3Q17 1Q18 3Q18 1Q19 3Q19

자료: Statista, 메리츠증권 리서치센터

쿠팡과의 경쟁 본격화

풀필먼트 서비스 개시

■ 전자상거래 시장의 성장으로 1) 유통과 물류를 구분하는 전통적인 시장 기준은 의미가 없어졌으며,
2) 쿠팡의 '풀필먼트(재고 사입, 주문, 배송까지 전 과정 책임)' 비즈니스'와 NAVER의 택배기업과 전략적 제휴
를 맺어 대여한 창고에서 물류를 처리하는 '중개식 비즈니스'가 존재

■ 네이버쇼핑이 쿠팡대비 성장 잠재력 더 크다고 판단
1) 20년 4월부터 CJ대한통운을 통해 풀필먼트 서비스 개시하며 물류, 배송 빨라짐.
2) 결국 쇼핑 트래픽과 데이터를 관리하는 플랫폼 사업자의 능력이 중요,
3) NAVER가 재고/물류 리스크 부담이 적어 수익성 측면에서 우위,
4) 쇼핑광고라는 캐쉬카우와 자본력에 있어 강점

NAVER와 쿠팡의 유통비즈니스 비교

구분	NAVER	쿠팡
법인	Forest (네이버 CIC)	쿠팡
대표	한성숙(이윤숙)	김범석
사업개시	2001년 5월	2013년 2월
거래액	20조원	17조원
물류방식	CJ대한통운 군지암하브터미널 창고 대여하는 '중개형'	재고 사입에 구매부터 배송까지 전 과정 책임 지는 '자체 물류형'
강점	데이터를 통한 플랫폼포 확장성	자체 물류 통한 확장 가능성
약점	■ 상대적으로 느린 배송 ■ 중개식 모델이어서 규모의 경제/가격경쟁력 확보 어려움	■ 막대한 영업손실 지속 ■ 추가 자본조달 리스크

자료: NAVER, 쿠팡, 메리츠증권 리서치센터

20년 4월 CJ대한통운, 네이버쇼핑에 풀필먼트 서비스 개시

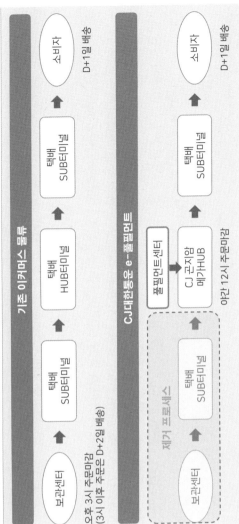

자료: 시사저널, 메리츠증권 리서치센터

카카오 선물하기

이젠 선물도 모바일이 대세

- 2020년 국내 모바일 상품권 시장 규모는 4.5조원으로 전년대비 34.5% 증가하며 여전히 고성장

- 카카오 선물하기 거래액은 4조원으로 시장점유율 약 90%의 시장 주도적 사업자로 판단됨

- 카카오 선물하기의 수익모델은 수수료. 커피, 케이크, 아이스크림 등의 간단한 식음료 기프티콘에서 화장품, 의류 등으로 포트폴리오 다각화

- 2020년 거래액은 4.5조원(+58.3% YoY)로 수수료율은 11%로 추정. 선물하기 뿐만 아니라 톡스토어, 메이커스, 라이브커머스 등의 전자상거래 매출 증가. 모바일 커머스 시장의 bargaining power 강화

국내 모바일 상품권 시장 규모

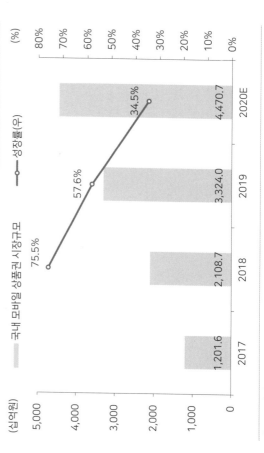

자료: 통계청, 메리츠증권 리서치센터 추정

카카오 커머스 거래액과 순매출 추이

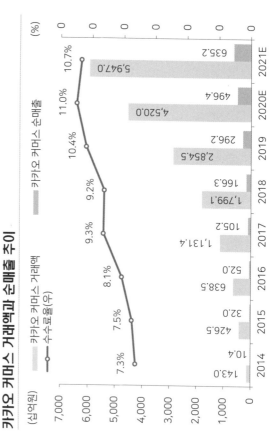

자료: 카카오, 메리츠증권 리서치센터 추정

선물 문화의 변화 주도

이젠 선물도 모바일이 대세

- 모바일 선물하기 시장은 카카오톡 선물하기 출시를 통해 가파르게 성장
- 이제 NAVER, 신세계 SSG, 티몬, CJ올리브영 등이 참여하며 시장 규모 더욱 확장
- 모바일 상품권의 97.3%가 제품교환권. 그 중에서 카페 등의 커피 음료가 80%
- 친구나 지인 등에게 선물로 받은 모바일 상품권이 73.7% 차지. 그 다음으로 이벤트 당첨이 66.9%
- 간편하게 선물할 수 있다는 점(91.3%)으로 인해 모바일 상품권 선호

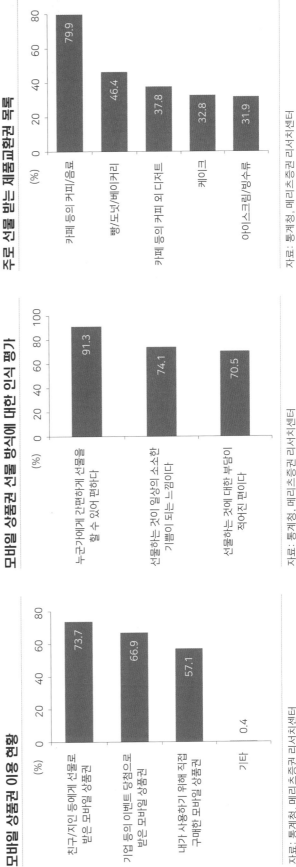

모바일 상품권 이용 현황

(%)

친구/지인 등에게 선물로 받은 모바일 상품권	73.7
기업 등의 이벤트 당첨으로 받은 모바일 상품권	66.9
내가 사용하기 위해 직접 구매한 모바일 상품권	57.1
기타	0.4

자료: 통계청, 메리츠증권 리서치센터

모바일 상품권 선물 방식에 대한 인식 평가

(%)

누구에게 간편하게 선물을 할 수 있어 편하다	91.3
선물하는 것이 일상의 소소한 기쁨이 되는 느낌이다	74.1
선물하는 것에 대한 부담이 적어진 편이다	70.5

자료: 통계청, 메리츠증권 리서치센터

주로 선물 받는 제품교환권 목록

(%)

카페 등의 커피/음료	79.9
빵도넛/베이커리	46.4
카페 등의 커피 외 디저트	37.8
케이크	32.8
아이스크림/빙수류	31.9

자료: 통계청, 메리츠증권 리서치센터

카카오커머스

전자상거래 강화

- 2019년 카카오커머스의 영업수익은 2,962억원, 영업이익은 757억원 기록. 25.6%의 높은 영업마진 확인
- 카카오커머스는 선물하기를 기초로 안정적인 캐쉬카우 창출. 전자상거래 비즈니스 강화를 통한 성장 모색
- 19년 11월 카카오메이커스와 합병하며 기획/제조/판매/재고 등 전자상거래 전 단계에 걸친 사업 확대
- 20년 5월에는 GS25와 제휴를 통해 '카카오톡 주문하기' 서비스 시작하며 편의점 배달 시장 진출
- 8월에는 카카오IX의 리테일 사업부문 인수. 외형 성장과 오프라인 고객 접점 강화
- 참고로 카카오는 18년 12월 카카오톡 선물하기, 카카오톡 스토어, 카카오스타일, 카카오장보기, 카카오파머, 다음쇼핑 등 전자상거래 사업을 카카오커머스로 분리한바 있음

전자상거래 강화

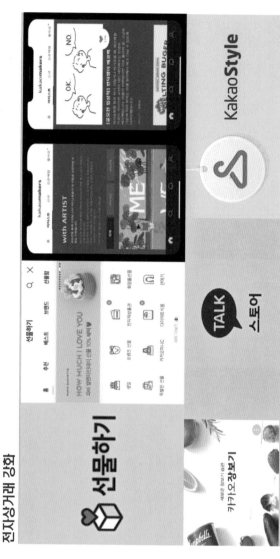

KakaoStyle

자료: 카카오, 메리츠증권 리서치센터

카카오커머스 손익계산서

(십억원)	2018	2019
영업수익	22.7	296.2
(% YoY)	-	-
영업비용	18.5	220.5
인건비	2.3	23.7
지급수수료	9.1	120.3
상품판매원가	4.6	61.7
광고대행수수료	1.4	7.5
기타	6.2	74.4
영업이익	4.2	75.7
(% YoY)	-	25.6
OPM(%)	18.4	25.6
기타손익	0.6	-2.1
금융손익	0.1	2.6
지분법손익	-	-
세전이익	4.8	76.2
법인세비용	0.2	18.7
당기순이익	4.6	57.5
(% YoY)	-	-
NPM(%)	20.3	19.4

주: 2018년 순익은 1개월치만 반영된 자료로 19년 순익과 비교 어려움
자료: 카카오커머스, 메리츠증권 리서치센터

카카오커머스

국내 대표 e커머스로 도약 기대

- 선물하기에서 톡스토어 등의 e커머스로 빠르게 확장하며 성장

- 카카오 쇼핑 회원수는 4,000만명. 구매 경험 이용자수 도 2,000만명 상회

- 선물하기 인당 구매단가는 공개 어려우나 높아지고 있음. 특히 배송상품, 찾고 있는 상품을 구매전환되도록 하여 ARPU 상승하고 있으며 현재 높지는 않지만 성장잠재력 큼

- 카카오 쇼핑의 경쟁력은 상품에 관한 정보를 가장 빠르게 전달할 수 있는 플랫폼이라는 점

- 고객에게 어떤 밸류를 줄 수 있느냐가 목표. 물건을 사면 선물받는 느낌을 주는 것. 매스티지/럭셔리 시장 기회 있다고 생각. 5~10년후 국내 e커머스 시장을 특정한 사업자가 점유하기 보단 4,5분열 파이 분포 생각

카카오쇼핑의 회원수 성장

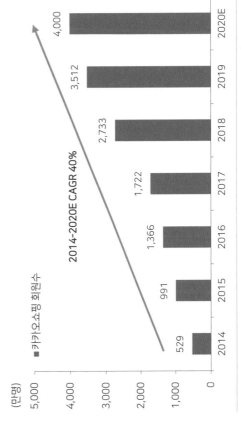

(만명)
- 카카오쇼핑 회원수

2014-2020E CAGR 40%

2014	2015	2016	2017	2018	2019	2020E
529	991	1,366	1,722	2,733	3,512	4,000

자료: 카카오커머스, 메리츠증권 리서치센터

카카오커머스가 지향하는 시장

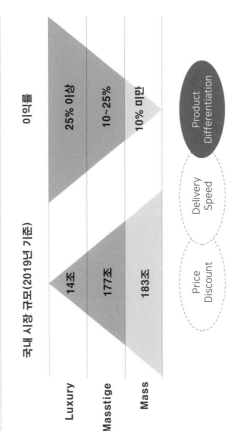

국내 시장 규모(2019년 기준)   이익률

Luxury	14조	25% 이상
Masstige	177조	10~25%
Mass	183조	10% 미만

Price Discount — Delivery Speed — Product Differentiation

자료: 카카오커머스, 메리츠증권 리서치센터

카카오커머스

국내 대표 e커머스로 도약 기대

- 20년 코로나19로 인해 언택트 쇼핑 증가. 배송 상품과 명품 거래액이 전년대비 각각 75%, 100% 성장하고 있으며 40~50대 이용자 성장이 가파름

- 카카오커머스의 경쟁력은 톡체널을 사용하여 마케팅툴로 활용할 수 있다는 점이며 동영상은 비대면 커머스의 필수적인 도구라 생각

- 톡스토어 거래액이 380% YoY 증가. 21년에는 조단위 쉽게 넘어갈 것임. 부문별 거래액 비중은 아직 미공개

Customer Reach : Real time & Broad

자료: 카카오커머스, 메리츠증권 리서치센터

연간 Unique 구매자수 / 판매중인 브랜드수

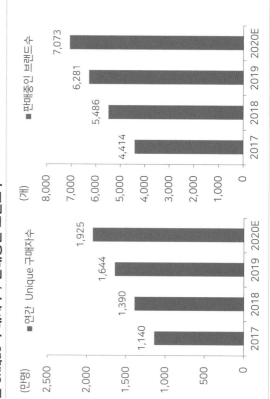

자료: 카카오커머스, 메리츠증권 리서치센터

Part IIII

K웹툰의 힘

한국 웹툰이 주도

글로벌 디지털 만화 산업

- 세계 디지털 만화 시장 규모는 2022년까지 연평균 8.1% 성장해 135억 달러에 달할 것으로 추정
- 국가별 시장규모는 일본 5.8조원, 중국 3.0조원, 미국 1.5조원으로 1~3위 기록
- 한국 웹툰의 성공 요인은 1) 빠른 디지털화, 2) 최적화된 플랫폼과 수익모델(기다리면 무료) 구축에 있음
- 네이버웹툰과 카카오페이지는 해외 공략을 가속화하며 일본 디지털 만화 시장에서 1,2위를 다투고 있는 중
- 웹툰 지식재산권(IP)을 활용한 영화, 드라마 등이 활성화되며 영상 시장으로의 성장성도 부각

글로벌 웹툰 시장 규모 – 20년 7.3% 성장 기대

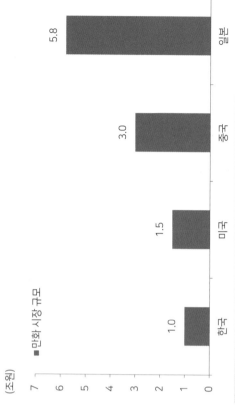

(십억달러)

자료: 정보통신산업진흥원, 메리츠증권 리서치센터

국가별 웹툰 시장 규모

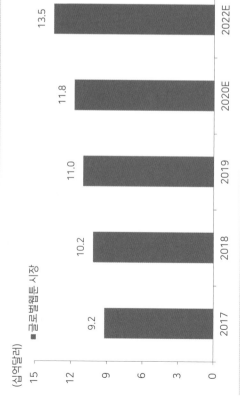

(조원)

자료: 카카오재팬, 메리츠증권 리서치센터

해외 거래액 비중 30%까지 확대 전망

NAVER 웹툰

- 2020년 네이버웹툰의 거래액은 8,000억원(+166.7% YoY), 해외 비중은 30%까지 확대 예상
- 2020년 북미/유럽 진출을 위한 마케팅 및 인프라 투자, 일본 경쟁심화로 마케팅비 증가
- 2020년 영업손실폭은 감소 예상. 그러나 웹툰 비즈니스 특성상 언제든 턴어라운드할 수 있는 수익구조
- 2020년 네이버웹툰의 영업이익은 270억원으로 흑자전환 기대. 한국은 이미 18년 하반기 BEP 달성

네이버웹툰 글로벌 거래액, 고성장 중

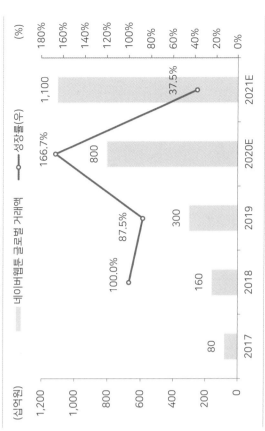

자료: 네이버웹툰, 메리츠증권 리서치센터 추정

네이버웹툰 손익계산서

(십억원)	2017	2018	2019	2020E	2021E
거래액	80.0	160.0	300.0	800.0	1,100.0
(% YoY)	-	100.0%	87.5%	166.7%	37.5%
영업수익	34.1	72.2	161.0	424.0	583.0
(% YoY)	-	111.7%	123.0%	163.4%	37.5%
콘텐츠매출	23.9	50.5	123.0	320.0	440.0
광고수익	10.2	21.7	38.0	104.0	143.0
영업비용	72.2	126.3	181.8	397.0	522.0
인건비	8.5	23.5	36.6	102.0	120.0
지급수수료	30.3	54.9	82.2	150.0	206.3
광고선전비	29.0	43.5	55.4	130.0	178.8
기타	4.4	4.4	7.6	15.0	17.0
영업이익	-38.1	-54.1	-20.7	27.0	61.0
기타손익	0.0	-9.9	-14.0	-10.8	-7.8
금융손익	-	0.5	-1.8	-1.8	-2.5
세전이익	-38	-63.5	-36.5	14.4	50.7
법인세비용	1.5	0.8	3.0	-3.0	-2.0
당기순이익	-36.5	-62.7	-33.5	11.4	48.7
(% YoY)	적자	적자	적자	흑전	327.2%

주: 2020년부터 라인 디지털 프론티어 연결된다고 가정
자료: 네이버웹툰, 메리츠증권 리서치센터 추정

글로벌을 품겠다는 야심

NAVER 웹툰

- NAVER의 글로벌 웹툰 사업의 지배구조 재편. 현재는 한국(네이버웹툰), 미국(웹툰 엔터테인먼트), 일본(라인 디지털프론티어) 등 3개 법인에서 웹툰 비즈니스 영위되었으나

- 글로벌 웹툰을 총괄하는 법인 산하 국가별 웹툰 비즈니스 총괄하는 형태로 지배구조 변화

- 20년 5월 라인의 '라인 디지털프론티어' 지분 70%를 웹툰 엔터테인먼트가 현물출자 형태로 인수 (2,300억원)

  - 1) NAVER 기업가치에 글로벌 웹툰 사업의 가치 본격 반영, 2) 글로벌 웹툰 성장 위한 효율적 경영 구조

글로벌 네이버웹툰 랭킹 (국가별 매출 순위)

국가	Google Play	iOS
인도네시아	1위	3위
대만	1위	2위
홍콩	1위	4위
태국	1위	4위
싱가포르	1위	10위
캐나다	1위	11위
뉴질랜드	1위	11위
호주	1위	12위
미국	1위	9위
폴란드	1위	14위
독일	2위	20위
네덜란드	1위	22위
영국	1위	17위
프랑스	1위	14위
스위스	1위	23위
스페인	1위	60위
이탈리아	2위	19위
스웨덴	1위	38위

주: 2021.1.6 Google Play 코믹스, iOS 엔터테인먼트 매출순위
자료: 엡애니, 메리츠증권 리서치센터

NAVER 웹툰 비즈니스 – 지배구조 재편

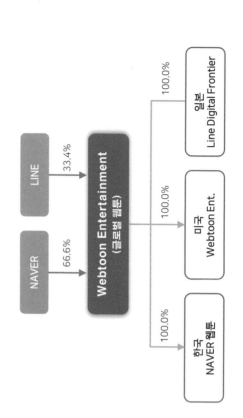

자료: 네이버웹툰, 메리츠증권 리서치센터

웹툰 비즈니스구조

콘텐츠 사용료 수익배분

- 디지털 만화 콘텐츠 시장의 수익은 콘텐츠 사용료, 광고, 파생상품(영화/드라마, 게임, 애니메이션 등) 저작권
- 수익구조는 다원적. 수용자는 적지만 핵심 사용자고 충성도가 높음
- 만화는 대부분 원천 저작권이므로 파생상품으로 개발할 가치가 매우 커서 파생상품 저작권 판매는
- 향후 디지털 만화 수익에서 비중을 높여나갈 것

만화 산업의 수익모델

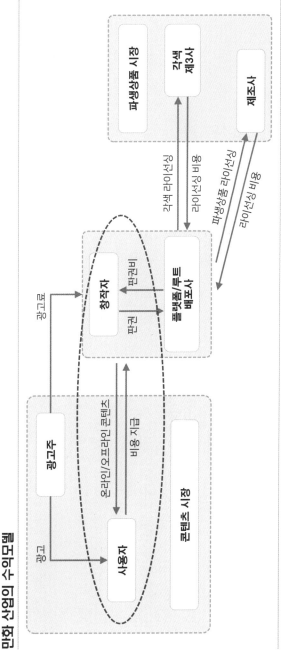

오리지널 콘텐츠의 경쟁력

K-웹툰의 영상화

- 20년 '여신강림', '연애혁명', '스위트홈' 등 다수의 히트 타이틀 영화, 드라마로 제작, 방송됨
- '지옥', '스위트홈', '지금 우리학교는'의 경우 넷플릭스 오리지널 콘텐츠라는 점에서 주목
- 네이버웹툰은 자본력에 근거하여 웹드라마 제작사, 플레이리스트에 출자. 또한 웹툰/웹애니메이션 제작사 '리코'를 설립, 웹툰 IP 중심의 영화제작사 '스튜디오N'을 설립한 바 있음
- 18~19년 플레이리스트는 웹드라마 '연애플레이리스트', '에이틴', '여고생' 등의 웹드라마를 제작 인기

영상화 진행 중인 인기 IP들

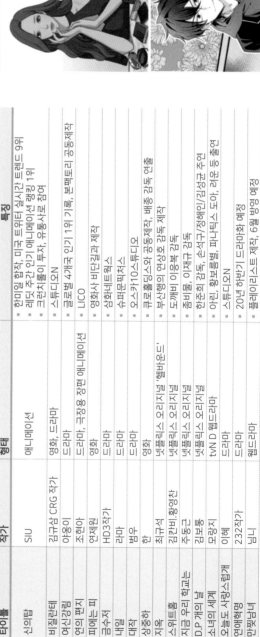

자료: 네이버웹툰

네이버웹툰의 영상화 작업

타이틀	작가	형태	특징
신의탑	SIU	애니메이션	한미일 합작, 미국 트위터 실시간 트렌드 9위 / 레딧 주간 인기 애니메이션 랭킹 1위
비질란테	김규삼 CRG 작가	영화, 드라마	크런치롤이 투자, 유통사로 참여
여신강림	야옹이	드라마	스튜디오N
연의 편지	조현아	드라마, 극장용 장편 애니메이션	글로벌 4개국 인기 1위 기록, 보배팩토리 공동제작
피에는 피	연제원	영화	LICO
금수저	HD3작가	드라마	영화사 비단길라고 제작
내일	라마	드라마	삼화네트웍스
대작	범우	드라마	슈퍼문픽처스
상중하	한	영화	오스카10스튜디오
지옥	최규석	넷플릭스 오리지널 '헬바운드'	큐로홀딩스와 공동제작, 배종옵 감독 연출
스위트홈	김칸비,황영찬	넷플릭스 오리지널	부산행의 연상호 감독 제작
지금 우리 학교는	주동근	넷플릭스 오리지널	도깨비 이응복 감독
D.P 개의 날	김보통	넷플릭스 오리지널	좀비물, 이재규 감독
소녀의 세계	모랑지	tvN D 웹드라마	한준희 감독, 손석구/정해인/김성균 주연
오늘도 사랑스럽개	이혜	드라마	아린, 황보름별, 파나틱스 도아, 라운 등 출연
연애혁명	232작가	드라마	스튜디오N / 20년 하반기 드라마화 예정
인챈남녀	남니	웹드라마	플레이리스트 제작, 6월 방영 예정

자료: 네이버웹툰, 메리츠종금증권 리서치센터

IPO를 통한 가치 현실화

카카오페이지

- **2020년 영업수익은 4,200억원(+63.4% YoY), 영업이익은 338억원(+10.5% YoY) 예상**
- 2010년 7월 설립. 국내 대표 웹툰 웹툰 플랫폼 '카카오페이지' 운영하며 카카오가 지분을 66% 보유
- 거래액은 2015년 500억원 → 16년 930억원 → 17년 1,469억원 → 19년 2,900억원으로 폭발적인 성장
- 서비스 초기에는 작가와 수익배분비율 70% : 30% 수준이는데 반해 향후 서비스할 콘텐츠 확보, 마케팅, 무료 쿠폰 등 프로모션으로 낮은 수익성 시현했으나, 2019년 영업이익률 11.9%로 크게 개선
- **카카오페이지+픽코마의 기업가치는 3.9조원 평가(페이지 2.6조원, 픽코마 1.3조원으로 추정)**
- 픽코마(카카오재팬), 네오바자르, 보유한 CP사들의 지분가치 평가가 기업가치 산정의 관건

카카오페이지 지분구조

지분구조

- 카카오 63.5%
- 자기주식 0.1%
- 기타주 5.3%
- TCH CH Limited 3.8%
- Podo Asia Ltd. 5.2%
- Skyblue Creative Investment Pte.Ltd. 6.8%
- Podo Asia B.V 15.3%

주: 2019년말 기준
자료: 카카오페이지, 메리츠증권 리서치센터

카카오페이지 손익계산서

(십억원)	2015	2016	2017	2018	2019	2020E
거래액	50.0	93.0	146.9	230.0	290.0	500.0
(% YoY)	-	86.0	58.0	56.6	26.1	72.4
영업수익	30.1	64.0	118.4	187.6	257.1	420.0
(% YoY)	-	112.7	84.9	58.4	37.0	63.4
영업비용	30.7	63.5	115.1	174.9	226.5	386.2
인건비	3.3	5.6	8.4	14.1	25.9	48.2
콘텐츠사용료	13.7	31.3	60.1	91.2	112.6	190.0
위탁판매수수료	8.1	17.1	19.4	25.6	18.5	45.0
판매촉진비	3.9	7.0	10.8	17.7	26.5	43.0
기타	1.7	2.5	16.4	26.3	43.0	60.0
영업이익	-0.6	0.5	3.3	12.6	30.6	33.8
(% YoY)	-	흑전	560.5	281.0	141.9	10.5
OPM(%)	-1.8	0.8	2.8	6.7	11.9	6.8
기타손익	-0.1	108.2	0.0	-8.8	-14.0	-0.1
금융손익	-1.9	-2.2	1.7	0.9	0.6	-1.9
지분법손익	-	-	-3.1	-7.5	-2.9	-2.0
세전이익	-2.5	-3.4	1.9	-2.7	14.3	29.8
법인세비용	0.0	0.0	-1.4	1.5	8.2	10.0
당기순이익	-2.5	-3.4	3.4	-4.2	6.1	19.8
(% YoY)	-	적지	흑전	적전	흑전	224.6
NPM(%)	-8.5	-5.3	2.9	-2.2	2.4	4.7

자료: 카카오페이지, 메리츠증권 리서치센터 추정

Story IP 컴퍼니

카카오페이지

- 20년 카카오페이지는 '이태원 클라쓰'를 시작으로 '메모리스트', '계약우정', '쌍갑포차' 등 웹툰 IP 기반한 드라마와 영화를 연이어 선보였음

- '꽁짜' 개념이 컸던 웹툰/웹소설 분야에서 기다리면 무료라는 비즈니스 모델 선보여 생태계 구축

- 20년 4월 기준 누적 매출액 1억원을 넘어선 작품은 1,400여개. '닥터 최태수', '템빨', '빨' 등의 작품은 100억원을 기록하기도

- 장부가 기존 카카오페이지의 종속/관계기업의 가치만 0.5조원 수준. 카카오재팬(픽코마 2,784억원), 디엔씨미디어 604억원, 삼양씨앤씨 277억원 등으로 보유한 스토리 IP 밸류체인의 가치 중요

카카오페이지 – 2020년 영상 IP 전환

타이틀	작가	형태	특징
이태원클라쓰	광진	드라마	다음 웹툰 원작, JTBC 20년 1~3월 방영, 최고시청률 16.5%
메모리스트	재후	드라마	다음 웹툰 원작, tvN 20년 3~4월 방영
계약우정	컬러드	드라마	다음 웹툰 원작, KBS 20년 4월 방영
저녁갈이드실래요	박시인	드라마	다음 웹툰 원작, MBC 드라마, 송승헌, 서지혜 주연
쌍갑포차	배혜수	드라마	다음 웹툰 원작, JTBC 5월 방영
좋아하면 울리는 시즌2	천계영	넷플릭스 오리지널	다음 웹툰 원작, 김소현/장가은/송이건이 주연

자료: 카카오페이지, 메리츠증권 리서치센터

Story IP 밸류체인 확보 – 종속/관계기업의 가치만 0.5조원

구분	기업명	지분율(%)	회사 개요	기업가치 (억원)
자회사	네오바자른	70.1	동남아시아 웹툰 업체, 138억원에 인수	197.0
	삼양씨앤씨	70.0	웹툰, 웹소설 제작 출판사	277.0
	다온크리에이티브	70.2	웹툰, 웹소설 제작 출판사	130.0
	사운디스트	60.0	보이스테이너 활용 콘텐츠 제작	21.0
	디엔씨미디어	18.2	웹툰, 웹소설 콘텐츠 공급기업	604.2
	카카오재팬(픽코마)	19.9	일본 웹툰 No.2 서비스	2,784.6
관계사	학산문화사	19.8	만화, 교과서, 학습서적 출판	113.0
	대원씨아이	19.8	만화단행본, 만화잡지, 아동도서 출판	92.0
	서울미디어코믹스	22.2	만화, 웹소설 출판, 구 서울문화사	85.0
	케이더블유북스	20.0	서적/전자책 출판, 멀티미디어 소프트 개발	80.0
	기타	-	-	87.0
총 합계				4,470.8

자료: 카카오페이지, 메리츠증권 리서치센터

카카오페이지

글로벌 Story IP의
실크로드를 만든다

- 2020년 카카오페이지 거래액은 5,000억원 예상. 국내 거래액도 30% YoY 증가. 해외 IP 거래액 성장으로 전체 비중 30% 수준에 육박

- 한국 디앤씨미디어, 인도 크로스코믹스, 미국 타파스, 래디시 등에 지분투자 하며 글로벌 스토리 IP 네트워크 구축 노력. 21년초 카톡 소설 서비스 론칭. IP를 새롭게 소비하는 패턴 제시될 것

- 픽코마/카카오페이지/글로벌 웹툰 비즈니스를 성장시키는 전략은 각각 다르게 진행 중. 일본은 카카오재팬의 공격적인 마케팅이 중요했음

- 한국은 글로벌 사업 BM을 만드는 후발기지로서 한국의 시장을 카카오가 가지고 있고 오리지널 밸류체인을 갖고 있어 조급하지 않음. 현재는 웹툰의 수익성에 치중하지 않음

카카오페이지 통합IP 거래액

(억원)

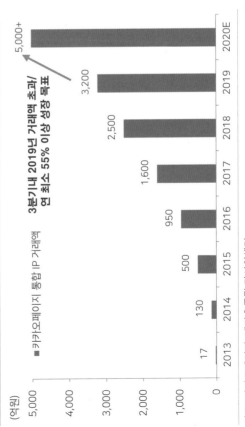

자료: 카카오페이지, 메리츠증권 리서치센터

글로벌 스토리 플랫폼의 해외 확장

자료: 카카오페이지, 메리츠증권 리서치센터

픽코마

일본 웹툰 시장에 성장 돌풍

- 일본 만화 시장은 2014년 라인망가, 대형IT 기업들이 만화앱을 출시하면서 전자만화 시장 확장

- 4~5년 사이에 급속하게 성장하면서 잡지만화 시장은 축소. 단행본 만화 시장은 꾸준

- 2020년 픽코마 거래액은 4,159억원으로 전년대비 176% 성장 예상

- 픽코마의 일본 시장 성공 비결은 기본적으로 작품의 인기. 연재 형태의 구독 방식과 '기다리면 0엔' 이라는 BM, 공격적 마케팅 등이 유효

- 4만 3천개의 작품이 픽코마에 존재. 한국에서 소싱한 웹툰이 인기. 참고로 20년 기준 라인망가에 12~14만개 작품 있으며 픽코마는 2017년 2천개의 작품에서 지속적으로 증가하면서 성장 한 것

픽코마 월간 열람지수

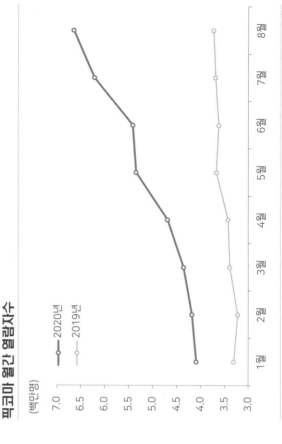

자료 : 카카오재팬, 메리츠증권 리서치센터

일본 만화시장 추이

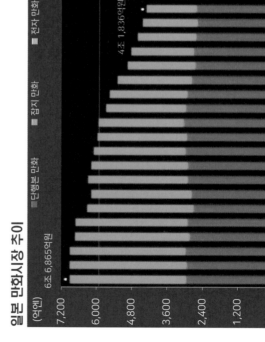

자료 : 카카오재팬, 메리츠증권 리서치센터

픽코마

일본 웹툰 시장 성장 톱픽

- 일본 디지털 만화앱 시장 규모 7,889억원 대비 픽코마 시장 점유율은 53% 수준으로 1위
- 일본 만화 시장은 5.7조원 시장이며 출판 만화가 아직도 48% 비중. 디지털만화 App 비중 14%에 불과
- 일본 디지털 만화 시장의 주도권 가져가기 위해 많은 투자. 일본 출판사 지분 투자 및 마케팅
- 참고로 20년 7월 픽코마의 마케팅비는 8억엔(90억원) 이상. 중장기 규모의 경제 구축시 흑자 가능할 것
- 픽코마 IPO는 노무라증권이 주관사로 선정. 좋은 시기에 좋은 방식으로 기업공개할 것

픽코마 월간 거래금액

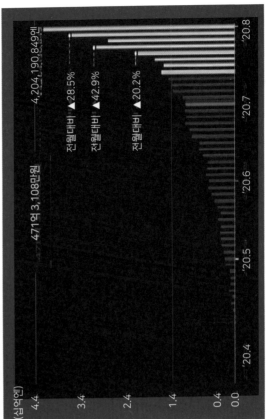

자료 : 카카오재팬, 메리츠증권 리서치센터

일본 만화시장 5.7조원 대비 픽코마 7.4% 비중

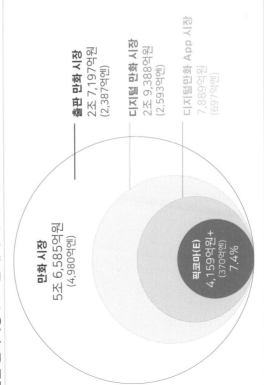

자료 : 카카오재팬, 메리츠증권 리서치센터

Part IV

숨겨진 가치들을 찾아서

NAVER의 CIC 현황

풍부한 성장 포텐셜

- 2018년 NAVER는 7개의 사내독립기업(아폴로, 쇼핑, 밴드, 플레이스, 서치&클로바, V, 네이버페이) 설립
- 2018년 네이버웹툰 분사에 이어 2019년 7월 네이버파이낸셜의 분사와 투자유치를 발표
- 2020년초 쇼핑(Forest)의 분사 가능성 거론되기도 하는 등 주요 CIC 들의 독립과 재평가 지속될 것
- V라이브는 COVID-19로 인한 언택트 공연 시장 팽창. 네이버 예약 역시 '네이버페이 매장결제시 결제수수료 전액 무료' 등의 이벤트 진행하며 언택트 결제 주도
- 스노우는 제페토(아바타 플랫폼), 스티컬리(스티커 플랫폼), 크림(중고 스니커즈 거래) 등의 신규비즈니스 육성 주도

주요 CIC

자료: NAVER, 메리츠증권 리서치센터

NAVER의 주요 CIC (2018년)

CIC 명	리더	주요 경력
Apollo CIC	김승언	NAVER 디자인설계 총괄
Forest CIC	이윤숙	네이버쇼핑 리더
Group& CIC	김주관	Group & CIC 대표 / 전 캠프모바일 대표
Glace CIC	이건수	네이버 플레이스 & 예약 리더
Search & Clova CIC	신중호	네이버서치&클로바 리더/라인 공동대표/라인플러스 대표
V CIC	박선영	네이버 엔터&라이프 스타일 리더
	장준기	NAVER 동영상 개발 리더
네이버페이	최인혁	NAVER COO/네이버 파이낸셜 대표
	최진우	네이버파이낸셜 부대표

자료: NAVER, 메리츠증권 리서치센터

NAVER의 언택트 경쟁력

공연, 토크쇼 등 라이브 방송

- NAVER V라이브가 기술력에 기반한 글로벌 '언택트(Untact)' 공연 플랫폼으로 부상

- 20년 신화, 하성운, SuperM, WayV, NCT 등의 공연 진행. 최대 1,500 코인(3만 3천원) 비용 지불하면 온라인 공연 실황과 공연 후 VOD 시청 가능

- 20년 5월 'NCT 127-비욘드 디 오리진'의 경우 129개국에서 10.4만명 시청. 멀티캠(몰샷부터 멤버별 앵글 선택), 멀티뷰(한 화면에서 다양한 화면 볼 수 있음), 응원봉 싱크플레이((응원봉의 색상 효과)) 인기

- NOW(모바일 라이브 스트리밍 서비스)는 톰킹, 크러쉬, 박나래 등이 호스트로 진행하는 토크쇼 오픈 기존 오디오 스트리밍 뿐 아니라 라이브 동영상으로도 감상할 수 있는 '보쇼(보이는 오디오쇼)'

NCT의 V라이브 공연

자료 : NAVER

V라이브 주간 평균 이용시간

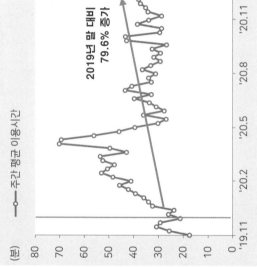

자료 : 와이즈앱, 메리츠종권 리서치센터

NAVER NOW – 토크쇼 오픈

자료 : NAVER

네이버 Glace

"여기요" 소리가 사라진다

- 오프라인 식당의 비대면(무인) 주문·결제 서비스 시장 성장 가속화

- 식당에서 더 이상 "여기요" 소리가 점점 사라지고 있음

- 식당에 설치해야 하는 키오스크(무인결제 기기) 방식이 아니라 고객의 스마트폰 앱을 활용해 주문에서부터 결제까지 모두 해결할 수 있는 서비스인 만큼 확장성이 더 높다는 평가

- NAVER, 카카오, NHN페이코, 우아한 형제들 등 플랫폼 기업들이 시장선점 위한 경쟁 시작

언택트 서비스 경험률과 만족도

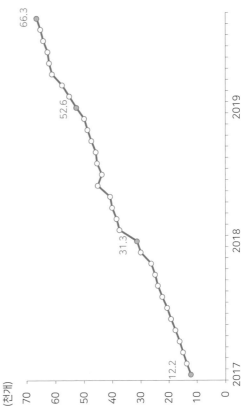

(자료: 현대카드, 메리츠증권 리서치센터)

네이버에익 가맹점수 꾸준히 증가

자료: 메리츠증권 리서치센터 추정

네이버 Glace

로컬 콘텐츠 기반의 예약

- 네이버 글레이스는 플레이스/예약/호텔, 항공권/테이블주문/MY플레이스 등의 서비스 운영
- 네이버 데이터랩(검색 패턴 파악 서비스, 광고와 마케팅에 유용)과 네이버페이 예약 (네이버페이 제공, 노쇼 방지와 매장 회원율 증가, 블로그 리뷰보다 예약자 리뷰가 신뢰도 높아) 경쟁력 부각
- '스마트주문'도 19년 9월 출시한 네이버의 음식점/가게 전용 주문결제 서비스. '테이블주문'으로 시작하여 서비스명 변경. 20년 이용건수 및 주문금액 4배 가까이 증가
- 이용자/가맹점 기반 성장이 목표. 추후 충분한 거래액과 이용자 확보하면 수수료 기반의 수익모델 성장 기대
- NAVER에서 연결 가능한 지역상점이 300만개라는 점 감안하면 빠른 성장 기대

NAVER '스마트주문'

자료 : NAVER

비대면 주문서비스 비교

서비스	가맹점수	출시	특징
스마트주문 (NAVER)	1만개 ('20.1)	'19.9	중소 상공인 매장용 원스톱 주문 · 결제 솔루션 포장주문, 미리주문, 테이블주문으로 구성 스마트폰으로 매장 주문 진행 상황 확인, 추가 주문 가능 네이버지도, 플레이스 매장정보 매장정보/주문기능 광고노출
페이코오더 (NHN)	6만개 ('20.9)	'19.7	매장 내 테이블에 비치된 QR코드를 스캔 방식 픽업 주문, 배달 주문 지원 카페, 식당 외 롯데월드 등 다양한 업종으로 서비스 확장 중
챗봇 주문 (카카오)	453개 ('20.10)	'19.2 (OBT)	20년 9월 베타테스트에 참여한 매장수는 453개 수준 카카오톡 채널장 내 AI기반 대화형서비스 상품 소개, 지점 찾기, 배송 조회, 예약, 주문 등 24시간 응대 가능 결제시 카톡 알림, 매장 거래 누적 포인트 활용 가능 카카오채널로 이벤트 · 프로모션 알림, 카톡 스탬프 제공

자료 : 각사, 언론 종합, 메리츠증권 리서치센터

스노우

신사업 인큐베이팅 플랫폼

- 스노우는 2015년 9월 출시된 사진/동영상 어플리케이션으로 한국, 대만, 태국, 중국 등에서 인기

- 그러나 수익모델 부재로 계속되는 영업적자 발생. NAVER 연결 실적에 부정적 부담을 지속적으로 발생시키고 있음. 2020년까지 NAVER/라인으로부터 누적 약 3,000억원의 출자분으로바 있음

- 2019년에도 스노우 매출액은 111억원으로 미미, 영업적자도 867억원 발생하며 손실폭 컸음

- 그러나 최근 제페토(아바타 꾸미기), 크림(중고 스니커즈 거래) 등이 신규 비지니스 성공. 5월에는 '스티컬리'가 글로벌 누적 사용자 6,400만명 돌파하며 인기. 신사업 인큐베이팅 플랫폼으로 탈바꿈

크림 – 중고 스니커즈 거래 플랫폼

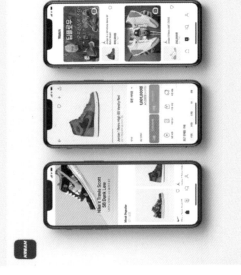

자료: NAVER

제페토 – 아바타 플랫폼

자료: NAVER

스노우 손익계산서

(십억원)	2016	2017	2018	2019
매출액	0.1	2.2	8.3	11.1
(% YoY)		272.0	33.7
영업비용	16.0	74.5	69.3	97.8
인건비	4.7	20.5	30.8	45.7
감가상각비	0.0	0.3	0.6	1.2
사용권자산상각비				2.6
지급수수료	2.1	10.8	19.7	23.1
광고선전비	8.4	40.8	15.1	22.3
기타	0.7	2.2	3.2	2.9
영업이익	-15.9	-72.3	-61.0	-86.7
(% YoY)	적자	적자	적자	적자
기타손익	0.0	0.0	5.0	-6.2
금융손익	0.1	0.3	-0.3	-0.5
세전이익	-15.8	-71.9	-57.5	-93.4
당기순이익	-15.8	-72.7	-57.5	-93.4
(% YoY)	적자	적자	적자	적자

자료: 스노우, 메리츠증권 리서치센터

카카오M

2018년 음원유통/디지털 콘텐츠 제작 목적으로 설립

- 2018년 9월 카카오M으로 사명 변경. 자본금 39억원으로 카카오가 지분율 78% 보유
- 2019년 1월 김성수 대표(CJ E&M 대표이사 역임) 선임. 영상 콘텐츠 제작 역량 강화 위해 BH엔터테인먼트(이병헌, 한효주, 한지민 등), 제이와이드 컴퍼니(김태리, 이상윤, 최다니엘 등), 숲엔터(공유, 공효진, 전도연 등) 등 인수, 9월에는 영화사 월광과 사나이픽처스 지분(41%) 인수
- 영상(TV 드라마, 영화, 디지털 숏폼) 콘텐츠 제작 역량 확보
- 2020년 앵커에쿼티파트너스 등으로부터 2,098억원의 투자유치. 기업가치 1.7조원 평가

카카오M의 김성수 대표

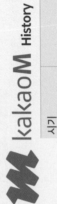

kakaoM History

시기	내용
2018년 8월	음반기획, 제작 및 판매, 디지털 콘텐츠 제작 목적으로 설립
2018년 9월	카카오엠으로 사명 변경
2019년 1월	김성수 대표 취임 엔터 4개사(BH, 제이와이드, 레디, 숲) 인수 완료(약 500억원)
2019년 9월	월광, 사나이픽처스 지분(각각 41%) 인수
2019년 12월	쇼노트(지분 100%, 라이브 콘텐츠 제작사) 인수
2020년 3월	앵커에쿼티 파트너스로부터 약 2,100억원 투자유치

자료: 카카오M, 메리츠증권 리서치센터

카카오M

19년 M&A를 통한 성장의 토대 마련

- 카카오M의 2019년 연결 영업수익은 3,530억원, 영업이익은 212억원, 영업이익률 6% 기록

- 음원 유통 매출액은 연간 1,000억원 수준으로 추정. 스타쉽엔터 530억원, BH엔터 169억원, 숲엔터 180억원, 레디엔터 177억원 등 연결 자회사 합산 매출액은 1,620억원, 전체 매출 대비 45.9% 비중

- 19년에만 1,300억원 규모의 인수합병 진행. 어썸이엔티(100억원), 영화사월광(237억원), 사나이픽처스(186억원), 브이에이이에스티(110억원), 쇼노트(268억원) 인수하며 콘텐츠 제작역량 강화

- 20년에는 연결 자회사들의 실적 온기반영과 독티TV 론칭/영상 콘텐츠 제작수익 반영되며 본격 성장

카카오M 연결손익계산서 – 음원유통 연예매니지먼트로 BEP 넘기는 수익성

(십억원)	2018	2019
영업수익	54.0	353.0
(% YoY)	-	553.9
영업비용	51.2	331.9
인건비	5.1	49.2
홍보비	17.7	125.9
인세	12.6	97.5
지급수수료	7.5	22.1
무형자산상각비	1.6	16.3
기타	6.8	20.8
영업이익	2.8	21.2
(% YoY)	-	649.6
OPM(%)	5.2	6.0
기타손익	-0.9	-6.5
금융손익	-0.5	1.1
지분법손익	-0.5	0.3
세전이익	1.0	16.0
법인세용	0.9	7.1
당기순이익	0.1	8.9
(% YoY)	-	14,979.2
NPM(%)	0.1	2.5

주: 2018년 실적은 11월 회사 설립 이후 2개월치만 반영
자료: 카카오M, 메리츠증권 리서치센터

카카오M의 연결 자회사 손익

(십억원)	자산	부채	자본	매출	당기순이익
스타쉽	71.8	41.5	30.2	53.0	4.0
플레이엠	16.0	6.7	9.3	11.8	0.2
크래커	4.3	6.7	-2.4	6.9	-0.5
그래이고	11.8	1.6	10.1	1.6	-0.7
메가몬스터	8.8	0.2	8.6	10.2	-1.2
BH엔터	19.2	14.5	4.7	16.9	-2.6
숲엔터	13.9	16.3	-2.4	18.0	-0.3
제이와이드	6.6	3.7	2.9	11.4	0.3
레디	14.9	3.2	11.7	17.7	0.7
이엔티스토리	1.2	0.6	0.6	1.7	0.1
어썸이엔티	9.2	6.9	2.2	3.8	0.2
영화사월광	10.4	6.6	3.7	1.6	0.1
사나이픽처스	2.3	0.3	1.9	0.6	0.1
플렉스엠	4.8	3.9	0.9	2.1	0.4
브이에이이에스티	2.2	0.2	1.9	0.1	0.0
PT Path Mobile Indonesia	3.1	0.1	3.0	0.6	-0.4
메이브				0.1	-0.4
문화인				4.1	-0.4
합산	200.2	113.1	86.8	162.0	-0.3

자료: 카카오M, 메리츠증권 리서치센터

카카오M

콘텐츠 제작 역량 총론

- 카카오M은 18~19년 지분 투자와 인수합병 등을 통해 다수의 연예 매니지먼트사/드라마와 영화 제작사 등을 확보. 콘텐츠 제작을 위한 배우, 작가, PD 등의 역량은 충분히 상향
- 2019년 6월 이병헌, 송승헌, 한효주, 한지민, 공효진, 이동욱 씨 등이 278억원, 9월에는 현빈, 이민호 씨 등이 참여하는 688억원 규모의 3차 배정 유상증자 실시한 바 있음
- 20년 하반기 로고스필름, 글앤그림미디어, 바람픽처스(얼음브라운전 제작) 등 인수하며 제작 역량 강화
- 소속 배우들, 자회사 경영진들이 직접 주주로 참여. 충성도 높은 배우/제작/콘텐츠 유통 플랫폼 마련

카카오M의 경쟁력 – 배우/작가/PD 등의 콘텐츠 제작의 초석 확보

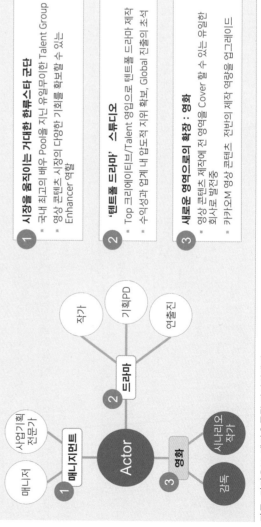

1. **시장을 움직이는 거대한 한류스타 군단**
   - 국내 최고의 배우 Pool을 지닌 유일무이한 Talent Group
   - 영상 콘텐츠 시장의 다양한 기회를 확보할 수 있는 Enhancer 역할

2. **'텐트폴 드라마' 스튜디오**
   - Top 크리에이티브/Talent 영입으로 텐트폴 드라마 제작
   - 수익성과 엄체 내 압도적 지위 확보, Global 진출이 초석

3. **새로운 영역으로의 확장 : 영화**
   - 영상 콘텐츠 제작에 전 영역을 Cover 할 수 있는 유일한 회사로 발전중
   - 카카오M 영상 콘텐츠 전반의 제작 역량을 업그레이드

자료: 카카오M, 메리츠증권 리서치센터

카카오M의 콘텐츠 역량

구분	회사명
영화	월광(군도, 인랑의 시대, 공작), 사나이픽처스(신세계, 무로한, 아수라)
드라마	메가몬스터, 로고스필름, 글앤그림미디어, 바람픽처스
모바일 영상	그레이고(크리스피스튜디오)
공연	쇼노트(뮤지컬 헤드윅, 미녀는 괴로워 등의 제작사)
배우	제이와이드컴퍼니(김태리, 이상윤), BH엔터(이병헌, 김고은, 한효주), 숲엔터(공유, 공효진, 전도연), 킹콩바이스타십(유연석, 이광수) 등
가수	스타쉽엔터(케이윌, 소유), 플레이엠(에이핑크), 문화인(박정현) 등
PD	오윤환(비긴어게인), 김민종(진짜사나이), 박진경(무한도전), 문상돈(아서와 한국인의 처음이지) 등

자료: 카카오M, 메리츠증권 리서치센터

카카오IX - IP 비즈니스의 힘

카카오커머스가 리테일 사업 인수

- 2019년 카카오IX 매출액과 영업이익은 각각 1,450억원(+37.9% YoY), 132억원(+44.7%) 기록
- 카카오IX는 2015년 5월 설립. 캐릭터 상품 유통, 캐릭터 라이선싱 서비스 및 식음료 판매업 위해 설립
- 2018년 7월 제이오에이치를 흡수합병. 회사명을 카카오아이엑스 주식회사로 변경
- 오프라인 점포도 대형거점 스토어 위주로 확장. 상품 다양화/로열티 비즈니스 확대로 성장
- 2020년 다양한 콜라보레이션 통해 제품 다각화. 할라 골프, 캐리어 에어컨, 비타민음료, 미니골드바 등
- 20년 8월 카카오커머스가 카카오IX의 리테일 사업 인수. 라이선스 사업은 카카오본사로, 카카오IX는 부동산 사업에만 집중할 계획

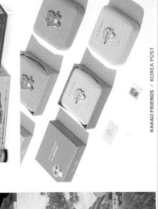

KAKAO FRIENDS × KOREA POST

20년 다양한 콜라보레이션 활동

자료: 카카오IX, 언론 종합, 메리츠증권 리서치센터

카카오IX 손익계산서

(십억원)		2015	2016	2017	2018	2019
매출액		10.3	70.5	97.6	105.2	145.0
	(% YoY)	-	581.8	38.4	7.8	37.9
매출원가		3.0	20.7	28.8	32.9	48.5
매출총이익		7.3	49.8	68.8	72.3	96.5
판매비와 관리비		5.5	26.0	43.5	63.1	83.4
인건비		1.3	5.3	7.4	14.7	18.3
감가상각비		0.4	1.5	3.3	4.8	14.7
유통수수료		0.9	3.5	4.2	7.6	13.7
지급수수료		0.7	4.1	6.6	8.0	10.9
기타		2.2	11.6	22.1	28.0	25.7
영업이익		1.8	23.7	25.3	9.1	13.2
	(% YoY)	-	1241.2	6.7	-64.1	44.7
	OPM(%)	17.1	33.7	25.9	8.7	9.1
기타손익		0.0	-0.1	-0.4	-0.9	-7.2
금융손익		0.1	0.2	0.2	0.4	-0.3
세전이익		1.8	23.8	25.2	8.7	5.7
법인세비용		0.4	5.2	5.2	1.4	3.1
당기순이익		1.4	18.7	20.0	7.2	2.6
	(% YoY)	-	1193.3	6.9	-63.9	-63.7
	NPM(%)	14.0%	26.5	20.5	6.8	1.8

자료: 카카오IX, 메리츠증권 리서치센터

카카오키즈

에듀테크 기업으로 발돋움

■ 카카오키즈는 2008년 7월 e-book 및 앱/소프트웨어 개발 및 공급 사업 목적으로 설립

■ 2019년 카카오키즈 매출액은 255억원 기록. 19년 12월 10일 카카오키즈와 아나두 합병 승인. 합병비율은 1:0.6으로 인수금액은 미공개이나 20년 1월 합병법인 매출액 200억원 기록

■ 아나두의 콘텐츠와 카카오키즈의 개발, 자본력, 플랫폼 경쟁력 시너지 기대. 참고로 2019년 양사합산 매출액은 700억원 규모. 2020년 매출액은 1,000억원 예상

■ 참고로 카카오키즈는 2009년 설립된 '블루핀'이 전신. 2016년 카카오인베스트먼트가 지분 인수. 2018년 5월 사명을 카카오키즈로 변경. 카카오인베스트먼트 44.3% 지분 보유(19년말 기준, 우선주 합산)

카카오키즈 매출액 – 20년 아나두 연결로 크게 성장

(억원)

자료: 카카오키즈, 메리츠증권 리서치센터

카카오키즈 – 19년 12월 아나두와 합병

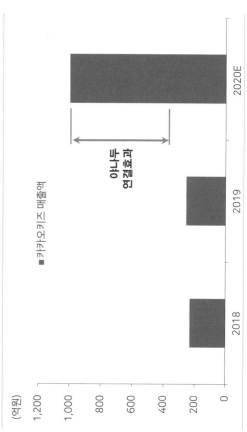

자료: 카카오키즈

기초
인터넷/게임

Part IV

게임산업 이해하기

게임의 역사

1인 플레이에서 글로벌 연합 플레이로 (1967~2017)
- 네트워킹의 중요성

무어의 법칙은
마이크로칩의 성능이 매 2년마다
두배로 증가한다는 것,
과거 게임산업은 기술발전의 역사

주커버그의 법칙은
소셜네트워크의 기하급수적 증가,
현재 게임시장은 네트워크
(누구와 언제, 어떻게 게임을
즐길 것인가?)가 중요

무어의 법칙 → 주커버그의 법칙으로

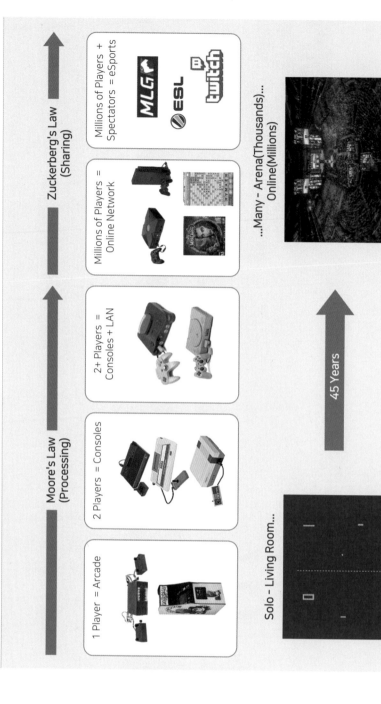

Moore's Law (Processing)

Zuckerberg's Law (Sharing)

1 Player = Arcade

2 Players = Consoles

2+ Players = Consoles + LAN

Millions of Players = Online Network

Millions of Players + Spectators = eSports

Solo - Living Room...

...Many - Arena(Thousands)... Online(Millions)

45 Years

자료 : Kleiner Perkins, 메리츠증권 리서치센터

국내 게임 시장 현황

한국 게임은 총 17조원 규모
모바일 비중은 55.2%

- 국내 게임시장은 크게 PC 게임과 모바일게임으로 구분
- 국내 게임시장 규모는 17조 93억원 규모, PC게임 시장은 전체 시장 대비 28.7% 차지하는 4.9조원 규모
- 코로나19 확산으로 집에 있는 시간 길어지고 비대면 여가 문화인 게임 소비 증가. 모바일과 콘솔에 수혜
- 반면 PC방과 아케이드 게임장 등 유통 업소들은 사회적 거리두기 강화에 따른 부정적 영향 받았음
- 유명 PC MMO IP 기반의 모바일게임들이 국내 모바일게임 시장에 지속 출시되며 인기
- 20년 모바일게임 시장은 9.4조원으로 21.4% YoY 성장하며 성장률 확대 예상

국내 게임시장 규모

(십억원, %)	2017 매출액	2017 성장률	2018 매출액	2018 성장률	2019 매출액	2019 성장률	2020E 매출액	2020E 성장률	2021E 매출액	2021E 성장률	2022E 매출액	2022E 성장률
PC 게임	4,540.9	-2.9	5,023.6	10.6	4,805.8	-4.3	4,877.9	1.5	4,882.7	0.1	4,930.6	1.0
모바일 게임	6,210.2	43.4	6,655.8	7.2	7,739.9	16.3	9,392.6	21.4	10,018.1	6.7	11,002.4	9.8
콘솔 게임	373.4	42.2	528.5	41.5	694.6	31.4	867.6	24.9	1,203.7	38.7	1,354.1	12.5
아케이드 게임	179.8	121.0	185.4	3.1	223.6	20.6	76.6	-65.7	150.3	96.2	238.2	58.5
PC방	1,760.0	20.0	1,828.3	3.9	2,040.9	11.6	1,764.1	-13.6	1,960.5	11.1	2,314.6	18.1
아케이드 게임장	78.0	4.0	68.6	-12.1	70.3	2.5	30.3	-56.9	53.2	75.6	72.6	36.5
합계	13,142.3	20.6	14,290.2	8.7	15,575.0	9.0	17,009.3	9.0	18,268.3	9.2	19,912.5	7.4	9.0

자료: 대한민국 게임백서, 메리츠증권 리서치센터

모바일게임 시장, 성장률 전조

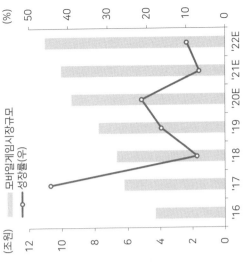

(범례: 모바일게임시장규모, 성장률(우))

자료: 대한민국 게임백서, 메리츠증권 리서치센터

경쟁 심화, RPG 편중, 외산게임 인기

국내 게임 산업은 성숙화 단계

- 모바일게임의 신규 이용자 유입 및 ARPU(Average Revenue per Unique User) 등 성장여력 점진적 축소

- 20년 엔씨소프트, 넥슨, 넷마블 등 국내 대형 게임사들의 성장 두드러짐

- 특히 넥슨은 19년 매각 무산 이후 구조조정 가치며 20년 모바일게임에 있어 좋은 성과 거둠

- 이펀, 슈퍼셀 등 중국/핀란드 등의 글로벌 게임사들의 한국 시장 본격 진출하며 경쟁 심화

- 현재 출시게임의 2분의 1 이상이 RPG에 치우치면서 가볍게 즐길 수 있는 콘텐츠 부족현상 심화

카테고리별 매출 점유율(18~19년)

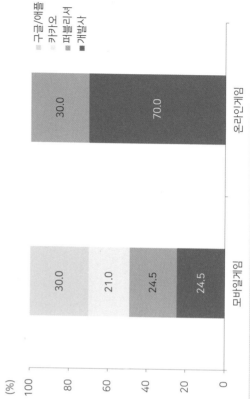

롤플레잉 52.4%

기타 23.6%

어드벤처 0.9%
카드 1.1%
시뮬레이션 1.4%
캐주얼 게임 1.6%
카지노 2.0%
퍼즐 2.0%
스포츠 2.7%

액션 5.0%

전략 7.4%

카테고리별
매출 점유율
(18~19년)

자료: 모바일 인덱스, 메리츠증권 리서치센터

국내 온라인 vs 모바일게임 수익구조 – 모바일게임의 수익구조 취약

구글/애플
카카오
퍼블리셔
개발사

(%)

	모바일게임	온라인게임
	30.0	30.0
	21.0	
	24.5	70.0
	24.5	

100

80

60

40

20

0

자료: 대한민국 게임백서, 메리츠증권 리서치센터

모바일게임 트렌드 변화

RPG 장르가 지속적으로 전체 모바일 게임시장 주도

- 13년 초반 팡류, 퍼즐류 등 캐주얼 게임이 인기. 16년 12월 출시된 '리니지2 레볼루션'의 흥행
- 국산 MMORPG가 모바일시장의 주도권 차지, 17년 '리니지M', 19년 '리니지2M' 출시되며 전작들의 인기를 지속적으로 갱신하며 하드코어 모바일게임 시장의 저변 확장
- 향후 PC IP 활용한 신규 모바일 MMORPG 출시 이어지며 모바일게임 시장은 지속적으로 성장 가능할 것

국내 모바일게임 트렌드 변화(2013~2020)

자료: 대한민국 게임백서, 앱애니, 메리츠증권 리서치센터

게임 마케팅 경쟁 심화

소수 유저에게 게임매출 편중

- 게임사들의 수익 모델은 인앱 구매(IAP)를 통해 발생. 상위 1% 유저에게 편중된 모바일게임 매출
- 모바일게임 이용자 2,000만명 중 약 1%인 20만명이 전체매출의 90% 이상 차지
  - Whale 유지 비중은 1% 미만인데 매출 비중은 40% 상회, Dolphin 유지도 30% 상회
- 게임별로 Paying Ratio는 다소 상이. 캐주얼게임은 1~2% 수준. 하드코어 MMO의 경우 10% 상회하기도
  - **고래(Whale) 게이머** : 100만원 이상 결제 유지 / **돌고래(Dolphin) 게이머** : 10만원 이상 결제 유지
  - **피라미(Minnow) 게이머** : 한번 이상 결제를 경험한 유지

글로벌 모바일 게이머 평균 결제액

(달러)

■ 월 평균 결제액

고래 게이머	9.39
전체 게이머 평균	7.00
일반 게이머	0.32

자료 : 엑스플라이어, 메리츠증권 리서치센터

게임 TV 광고 전성시대

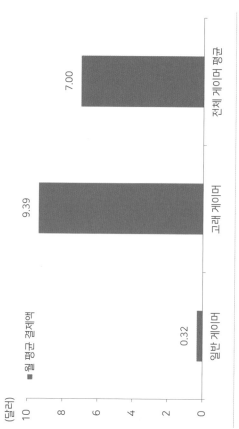

자료 : 각 사, 메리츠증권 리서치센터

게임 인기 Tracker

앱애니(App Annie) 활용

- 앱애니는 글로벌 모바일앱의 인기 및 매출 트렌드를 파악할 수 있는 서비스 (www.appannie.com)

- 애플 앱스토어(iOS) 순위는 real-time으로 발생 매출에 따른 순위 업데이트 반영

- 구글플레이는 순위 산출 알고리즘 비공개. 다만 지난 1주일간의 매출을 일평균하여 순위를 게시하는 것으로 추정

- 따라서 신규 출시 게임 이후 매출 규모 가늠하기 위해선 최소 3~4일 시간 필요하기도

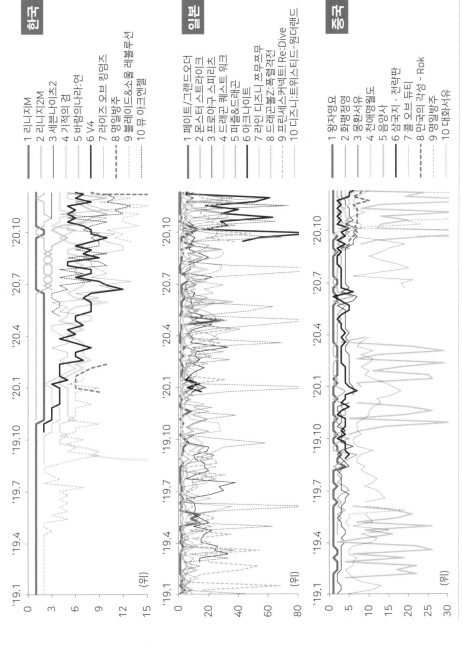

한국

1 리니지M
2 리니지2M
3 세븐나이츠2
4 가디언 검
5 바람의나라:연
6 V4
7 라이즈 오브 킹덤즈
8 명일방주
9 블레이드&소울 레볼루션
10 뮤 아크엔젤

일본

1 페이트/그랜드오더
2 몬스터 스트라이크
3 프로야구 스피리츠
4 드래곤 퀘스트 워크
5 퍼즐&드래곤
6 아크나이츠
7 라인 디즈니 쯔무쯔무
8 드래곤볼Z:폭렬격전
9 프린세스커넥트! Re:Dive
10 디즈니:트위스티드-원더랜드

중국

1 왕자영요
2 화평정영
3 몽환서유
4 천애명월도
5 음양사
6 삼국지 · 전략판
7 룰 오브 듀티
8 만국의 각성 - Rok
9 명일방주
10 대화서유

주: 2021.1.6 구글플레이 매출 순위 기준, 중국은 iOS 매출 순위 기준
자료: 앱애니, 메리츠증권 리서치센터

게임 회사 매출 추정하기

게임 매출은 P와 Q의 함수

- 대부분의 게임 회사들이 게임별 매출액 정도만 공개
- 서버수, 유료 이용자수, 동시접속자수, ARPPU(Average Revenue Per Paying Users) 오픈하지 않음
- 애널리스트별 추정을 통해 대략 가늠해보는 수준
- 국내에서 가장 성공한 모바일게임인 '리니지M'의 매출 추정 내역 살펴보기

'리니지M' 매출 추정 내역

	2017	2018	2019	2020E	2021E
리니지M (백만원)	945,600	868,500	834,674	824,067	845,480
서버수(대)	130	130	130	130	130
이용자수(만명)	700	500	300	200	180
Paying Users(만명)	150	100	100	100	100
ARPPU(월, 원)	105,067	72,375	69,556	68,672	70,457
일매출 규모(백만원)	4,751.8	2,379.5	2,286.8	2,257.7	2,316.4
영업일수(일)	199.0	365	365	365	365

자료: 엔씨소프트, 메리츠증권 리서치센터 추정

이제 글로벌이 열광한다

한국에서 시작된 e스포츠

- e스포츠는 2018년 자카르타-팔렘방 아시안게임에서 시범종목으로 채택, 2022년 항저우 아시안게임에서 정식 종목으로 채택. 게임을 하는 게임에서 보는 게임으로써 스포츠로 인정받고 있음

- **20년 전세계 e스포츠 시청자수는 5억명을 넘었으며 이는 유럽인구를 추월.** 열성팬의 비중이 높아 게임 콘텐츠 재생산, 브랜드 마케팅에 매우 유리한 산업 특징

  - 가장 인기있는 콘텐츠는 리그오브레전드. LOL 챔피언쉽 결승전은 5천만명의 동시시청자수 기록

  - 글로벌 LOL 선수 중에서 가장 많은 인기 누리는 SKT T1의 페이커 이상혁 선수

  - 19년 5월 7일 이상혁 선수 생일에는 중국 팬클럽이 누욕 타임스퀘어 전광판에 생일축하 광고 담기도

중국 팬들이 뉴욕 타임스퀘어에 건 LOL 프로게이머 페이커의 생일광고

자료: 언론보도, 메리츠증권 리서치센터

전세계 e스포츠 시청자수 ≒ 전체 유럽인구

자료: Newzoo, 메리츠증권 리서치센터

스포츠 이벤트에서도 e스포츠 play

e스포츠에 주목할 시점

- 2018년 8월 인도네시아 자카르타/팔렘방에서 제 18회 아시안게임 개최

- e스포츠가 처음으로 시범종목으로 채택되며 스타크래프트에서 스타크래프트, 리그오브레전드에서 은메달 취득

- 2022년 중국 항저우 아시안게임에서는 정식종목 채택

- 와리스포츠, 텐센트 등 중국 게임사들의 주도로 e스포츠의 스포츠이벤트화 진행중이며

- 올림픽 시범종목으로 넣고자 하는 노력도 지속중. 2028년 로스엔젤레스 올림픽에는 시범종목 채택 가능성

e스포츠의 아시안게임 play의 의미

- 게임이 여가시간용 콘텐츠가 아닌 스포츠로 인정받는다는 것, 선택된 게임의 라이프사이클 장기화
- 게임산업의 밸류체인인 IP Holder에서 리그 운영, 스트리밍 플랫폼 등으로 다변화된다는 점 긍정적

2018년 자카르타/팔렘방 아시안게임

자료: OCA

한국, 각종 국제대회에서 금메달 휩쓰는 강국

자료: WESG, 메리츠증권 리서치센터

연평균 15% CAGR의 고속성장

글로벌 e스포츠 성장속도

- 2020년 e스포츠 시장은 1.1조원 규모로 8.3% YoY 증가하며 코로나에도 불구하고 성장 지속
- 수익의 구조는 스폰서쉽 61%, 중계권 17%, 게임 퍼블리싱 수수료 12%, MD&티켓 6%, 스트리밍 2% 비중
- 전통 스포츠와 유사한 성장 궤적 그릴 전망. 초기는 스폰서쉽/광고 위주이나 중계권 시장의 성장기대
- 참고로 e스포츠는 온라인에서 이뤄지는 게임대회 혹은 리그에서 출발, 이제는 대회를 온라인으로 중계, 관전, 그리고 이와 관계되는 커뮤니티 활동 등을 포괄하는 개념

글로벌 e스포츠 시장 breakdown

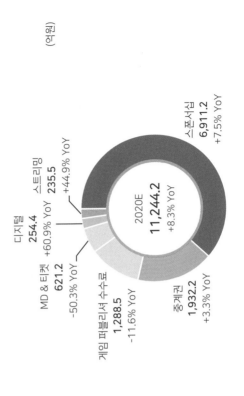

디지털 254.4 +60.9% YoY
스트리밍 235.5 +44.9% YoY
MD & 티켓 621.2 -50.3% YoY
게임 퍼블리셔 수수료 1,288.5 -11.6% YoY
중계권 1,932.2 +3.3% YoY
스폰서십 6,911.2 +7.5% YoY
2020E 11,244.2 +8.3% YoY
(억원)

자료: Newzoo, 메리츠증권 리서치센터

한국 e스포츠, 글로벌 대비 느린 성장속도

(억원)

■ 글로벌 시장 ■ 한국 시장

연도	글로벌 시장	글로벌 성장률	한국 시장	한국 성장률
2015	3,802		723	
2016	5,385	+41.6%	933	+29.1%
2017	7,154	+32.9%	973	+4.2%
2018	9,449	+32.1%	1,139	+17.0%
2019	10,380	+9.9%	1,398	+22.8%
2020E	11,244	+8.3%	1,466	+4.9%
2021E	14,173	+26.1%	1,822	+24.2%
2022E	15,354	+8.3%	2,015	+10.6%

자료: Newzoo, 메리츠증권 리서치센터

전통 스포츠와 유사할 것

e스포츠의 성장궤도

- **e스포츠 시장 내 중계권 비중 확대될 것. 2017년 13.7% 에서 2019년 23%로 확대**

- 중계권 시장 : 2017년 952억원 → 2018년 1,607억원으로 지난 3년간 210% 성장

- 축구와 야구와 같은 스포츠도 초기 수익모델은 스폰서와 광고였으나 산업화되면서 개임 형성

- *e스포츠도 게임마다 다르겠지만 결국 산업화되면서 중계권 비중은 45~60%까지 될 전망*

글로벌 e스포츠 시장 내 중계권 비중 확대

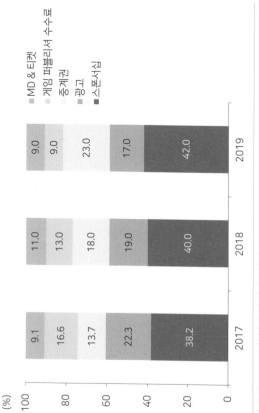

자료: Newzoo, 메리츠증권 리서치센터

전통 스포츠와 유사한 성장 궤도

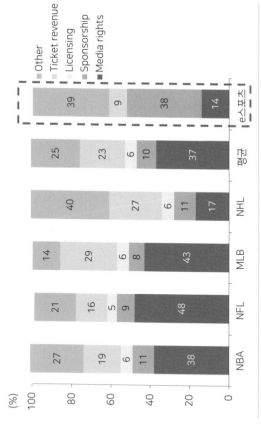

자료: Newzoo, 메리츠증권 리서치센터

보는 것으로도 즐긴다

게임 하는 것 뿐만 아니라

- e스포츠는 비게이머들에게도 재미있는 콘텐츠로 진화
- 게임을 플레이하지 않고도 시청만 하는 이용자도 23%에 달해
- 젊은 소비세대(35세 이하)의 비중이 80% 차지. 성장잠재력 매우 크다는 증거
- 상금은 e스포츠 시청의 필수 요소. Newzoo에 따르면 2018년 상금이 가장 높은 게임은 '도타2'. 도타2의 디 인터네이셔널2018 상금 총액은 2,550만달러. LOL 챔피언쉽의 상금 총액은 645만달러

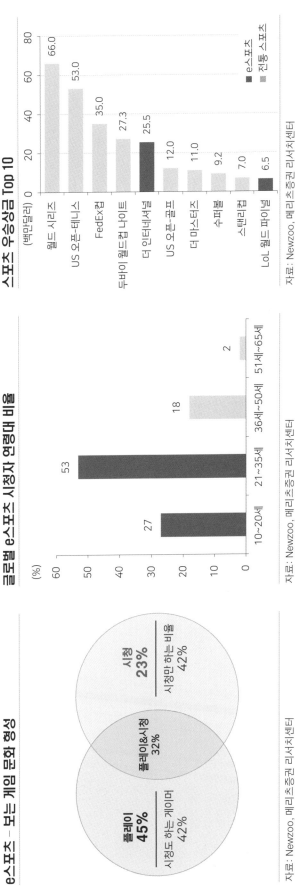

스포츠 우승상금 Top 10

(백만달러)

- ■ e스포츠
- ■ 전통 스포츠

월드 시리즈 66.0
US 오픈-테니스 53.0
FedEx컵 35.0
두바이 월드컵 나이트 27.3
더 인터내셔널 25.5
US 오픈-골프 12.0
더 마스터즈 11.0
수퍼볼 9.2
스탠리컵 7.0
LoL 월드 파이널 6.5

자료: Newzoo, 메리츠종금 리서치센터

글로벌 e스포츠 시청자 연령대 비율

(%)

10~20세 27
21~35세 53
36세~50세 18
51세~65세 2

자료: Newzoo, 메리츠종금 리서치센터

e스포츠 – 보는 게임 문화 형성

플레이 45%
시정도 하는 게이머 42%

플레이&시청 32%

시청 23%
시청만 하는 비율 42%

자료: Newzoo, 메리츠종금 리서치센터

무궁무진한 포텐셜

e스포츠의 성장성

- 롤드컵 결승전 시청자수 9,960만명 달성
  - MLB 월드시리즈 및 NBA 파이널을 뛰어넘는 시청자 확보
- 시장 규모의 경우 e스포츠 시장은 유럽 5대 축구리그 시장규모의 6% 수준에 불과
  - e스포츠 시장은 현재 초기단계, 발전가능성 매우 큰 상황

최근 스포츠 빅이벤트와 e스포츠간 시청자수 비교

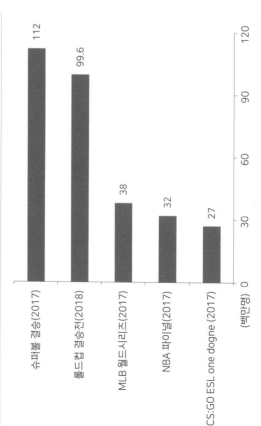

(백만명)

- 슈퍼볼 결승(2017): 112
- 롤드컵 결승전(2018): 99.6
- MLB 월드시리즈(2017): 38
- NBA 파이널(2017): 32
- CS:GO ESL one dogne (2017): 27

자료: Newzoo, 메리츠증권 리서치센터

유럽 5대 축구 시장과 e스포츠 시장 규모 비교

(십억원)

- 프리미어리그: 6,401
- 분데스리가: 3,567
- 프리메라 리그: 3,074
- 세리에A: 2,521
- 리그앙: 1,953
- E스포츠시장: 1,124

자료: Newzoo, 메리츠증권 리서치센터

소규모에서 '프랜차이즈형 리그'로

e스포츠 트렌드 변화

- 소규모형 리그는 게임 프로모션 혹은 광고의 성격 다수
  - 성장형 글로벌 리그는 PUBG, CS:GO, 레인보우식스 등으로 아직 중계권료가 발생하지 않는 종목
  - 완성형 글로벌 리그의 경우 라이엇 게임즈가 LOL 중계권을 복수의 방송 사업자에게 판매하기 시작
- 프랜차이즈형 리그는 오버워치가 글로벌 최초로 시작. 오버워치 리그에 참여하는 20개팀은 2~3천만달러의 시드권을 구매해야 가능. 현재 라이엇게임즈도 LOL를 프랜차이즈화하기 위한 노력

e스포츠 리그의 4단계 진화

소규모화를 위한 스튜디오개최

1단계: 소규모형 리그

- 게임 런칭 이후 게임에 대한 흥행 및 수익 다각화를 위한 게임사의 소규모형 리그 개최
- 총상금이 적으며 소규모 스튜디오에서 진행

특징

- 게임마케팅을 위하여 e스포츠리그를 기획
- 관련 전담 인력이 없고 전문 프로덕션에 외주
- ex) 제5인격, 얼티밋스쿨 등

e스포츠리그의 글로벌확대를 위한 대형리그개최

2단계: 성장형 글로벌 리그

- 게임흥행과 함께 고정적인 팬 확보 및 e스포츠 리그를 게임 가치 상승을 위한 용도로 활용
- 지역별 및 글로벌 리그 구축으로 인지도 향상

특징

- e스포츠 전문 조직 운영 시작
- 스트리밍 플랫폼 및 리그 제작사와 공동 주관
- ex) PUBG, CS:GO, 레인보우식스시즈 등

장기적이고 안정화된 글로벌 e스포츠리그구축

3단계: 완성형 글로벌 리그

- 리그의 지속적인 흥행과 안정화된 시스템 구축
- 대중들에게 세계적인 리그로 인정받는 시기
- 리그에 대한 운영 이념이 확고히 자리잡는 시기

특징

- 게임사가 리그 제작부터 송출까지 일괄 운영
- 지역별 e스포츠 스타디움 건설
- ex) LoL Champions Korea(LCK), Dota2

프랜차이즈 시스템 도입으로 장기성 강화

4단계: 프랜차이즈형 리그

- 게임사가 참가 구단에 대해 적정성을 판단하고 리그참여를 위한 Deposit을 지급받는 형태
- 승강제 폐지로 안정화된 리그 및 구단 운영

특징

- 리그가치 상승으로 높은 금액의 중계권 판매 가능 구단에 대해 e스포츠 리그 수익 쉐어
- ex) LoL ProLeague(LPL), OverWatch League(OWL)

자료: 스틸에잇, 메리츠증권 리서치센터

구단의 가치로 가늠해보기

e스포츠의 가치

- 북미 인기 구단 CLOUD9의 가치는 3.1억달러. 2018년 포브스가 선정한 전세계에서 가장 가치있는 e스포츠 게임단으로 선정. 클라우드나인의 운영 종목은 13개이며 총상금 수익은 844만 달러 수준

- 유럽은 전통 스포츠 구단들의 투자가 활발한 지역. PSG, 맨시티, AS로마 등 e스포츠 팀 운영중

- 20년 중국 e스포츠 시장 규모는 15억 달러 전망. 중국 정부의 전폭적인 지원. 국제대회에 좋은 성과

- **중국 e스포츠 인구도 4.8억명으로 집계. 여성 리사오밍 선수가 2019년 '하스스톤' 세계 우승**

- **중국의 대표 구단 INVICTUS GAMING과 RNG의 가치평가가 경험 없으나 엄청난 밸류있을 것.** 인빅터스 게이밍은 완다그룹의 후계자 왕쓰총이 2011년 CCM을 6백만달러에 인수/창단한 게임단

글로벌 e스포츠 구단의 가치

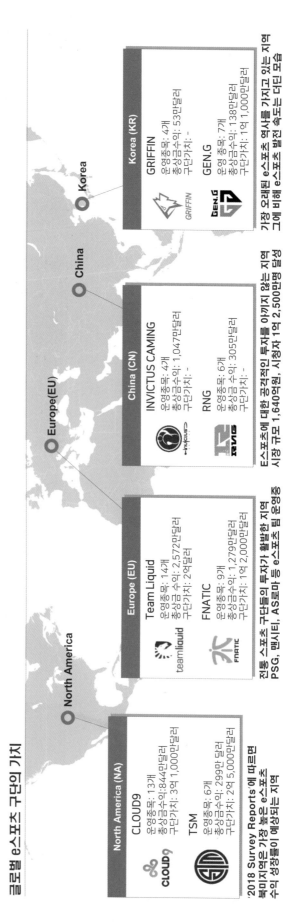

North America (NA)

CLOUD9
운영종목: 13개
총상금수익: 844만달러
구단가치: 3억 1,000만달러

TSM
운영종목: 6개
총상금수익: 299만 달러
구단가치: 2억 5,000만달러

'2018 Survey Reports'에 따르면 북미지역은 가장 많은 e스포츠 수익 성장률이 예상되는 지역

Europe (EU)

Team Liquid
운영종목: 14개
총상금수익: 2,572만달러
구단가치: 2억달러

FNATIC
운영종목: 9개
총상금수익: 1,279만달러
구단가치: 1억 2,000만달러

전통 스포츠 구단들의 투자가 활발한 지역 PSG, 맨시티, AS로마 등 e스포츠 팀 운영중

China (CN)

INVICTUS CAMING
운영종목: 4개
총상금수익: 1,047만달러
구단가치: -

RNG
운영종목: 6개
총상금수익: 305만달러
구단가치: -

e스포츠에 대한 공격적인 투자를 아끼지 않는 지역 시장 규모 1,640억원, 시청자 1억 2,500만명 달성

Korea (KR)

GRIFFIN
운영종목: 4개
총상금수익: 53만달러
구단가치: -

GEN.G
운영종목: 7개
총상금수익: 138만달러
구단가치: 1억 1,000만달러

가장 오래된 e스포츠 역사를 가지고 있는 지역 그에 비해 발전 속도는 다닌 모습

자료: 스틸에잇, 메리츠증권 리서치센터

스포츠산업 증가

글로벌 유명 브랜드

- 2020년 롤드컵은 개최 10주년으로 상하이에서 개최
- 레드불, 마스터카드, 루이비통, 보스, 시스코, 메르세데스-벤츠, 스포티파이 등이 후원
- LOL 챔피언십 우승 트로피는 루이비통에서 제작. 젊은 소비자들을 공략하기 위한 마케팅 일환
- 글로벌 브랜드인 질레트, 레드불, 유니레버 등 다수의 기업이 중국 e스포츠에 대한 후원, 마케팅 진행

2019년 롤드컵 우승 트로피는 루이비통이 제작

자료: 루이비통

중국 질레트 프로모션 – 중국 대표구단 RNG 선수들이 광고

자료: 언론보도, 메리츠증권 리서치센터

차이나, 결국 놓칠 수 없는 시장 – 세계 1위 시장, 확고한 지배력

중국의 글로벌 지배력 강화

- 2020년 중국 게임 시장 규모는 447억 달러로 22.5% YoY 성장
- 2019년 중국 게임 시장은 청소년 보호, 판호 발급 중단 등으로 일시적 성장 둔화
- 2020년 글로벌 시장 진출하며 좋은 성과. 원신, 명일방주, AFK아레나 등이 좋은 성과
- 글로벌 게임 시장 내 중국 비중은 28%로 세계 게임 시장에서 중국의 지배력은 더욱 강화
- 중국 정부는 2017년 한한령으로 인해 한국 게임에 대한 판호 발급 중단

글로벌 시장 내 중국 비중 28%에 달해

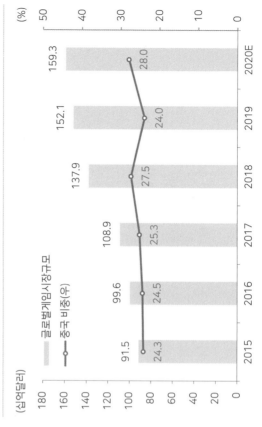

자료: Newzoo, 메리츠증권 리서치센터

중국 게임시장 규모는 447억 달러

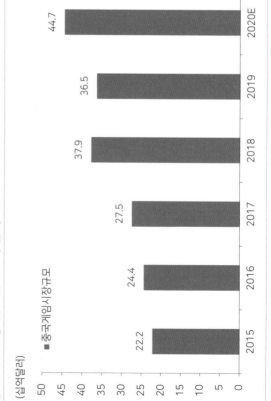

자료: Newzoo, 메리츠증권 리서치센터

차이나 열린다

중국 정부, 4년만에 한국판호 발급 재개

- 20년 12월 중국 광전총국은 4년만에 컴투스 모바일게임 '서머너즈워: 천공의 아레나'에 판호를 발급

  - 1) 공식적인 한국게임의 외자 판호 발급은 2017년 이후 처음
  - 2) '서머너즈워: 천공의 아레나(2014년 4월)'는 글로벌 흥행에 성공한 한국 대표 IP
    국내 게임사들이 본격적으로 중국 시장 진출을 준비할 수 있는 매우 긍정적 시각

- 컴투스에 직접적 수혜, 펄어비스/넷마블 등에 긍정적 시각

중국 출시를 준비하는 한국 게임사들

게임	플랫폼	개발사	현지 퍼블리셔	비고
검은사막	PC/모바일	펄어비스	스네일게임즈/미공개	■ '검은사막은 2018년 중국에서 '가장 기대되는 10대 온라인 게임' 1위 선정 ■ 2020년초 모바일게임은 판호 심사를 위한 준비작업 완료, 신청 대기상태
이브에코스	모바일	펄어비스 (CCP게임즈)	넷이즈	■ 넷이즈, '이브온라인' PC IP에 기반한 모바일게임 개발 ■ 20년 8월 글로벌 출시되었으며 우주 배경의 Sci-Fi 장르 희소성 있어 중국 출시 성과 기대
리니지2레볼루션	모바일	넷마블	텐센트	■ 판호 발급시 과금 모델이 포함된 최종 테스트 진행 후 정식 출시 가능 ■ 17년 판호 신청 후 대기중
블레이드&소울 레볼루션	모바일	넷마블	텐센트	■ 중국 서비스를 위한 게임개발은 완료, 판호 신청을 위한 준비 중
리니지2M / B&S2	모바일	엔씨소프트	미정	■ 퍼블리셔 선정이나 중국 현지화 작업 필요

자료: 각 사, 메리츠증권 리서치센터

국내 주요 게임사들 비교 table

회사	주식코드명	시가총액 (십억원)	매출액 2020E	매출액 2021E	영업이익 2020E	영업이익 2021E	순이익 2020E	순이익 2021E	PER (X) 2021E	PBR (X) 2021E	ROE (%) 2021E	EV/EBITDA (X) 2021E
엔씨소프트	036570.KS	21,624.7	2,400.6	3,157.8	845.3	1,306.8	644.5	974.9	22.2	5.2	28.0	14.0
넷마블	251270.KS	11,374.5	2,554.9	3,026.5	276.7	421.3	276.5	365.0	31.2	2.0	7.5	19.6
펄어비스	263750.KQ	3,313.1	506.7	537.4	179.2	180.0	132.9	146.0	22.7	3.6	18.6	14.0
카카오게임즈	293490.KQ	3,450.8	492.6	625.3	67.4	99.2	78.4	94.9	49.9	2.6	6.4	26.0
컴투스	078340.KQ	2,079.2	515.3	672.7	122.5	184.3	110.2	156.9	13.3	1.7	14.2	6.3
NHN	181710.KS	1,447.8	1,677.1	1,911.5	114.5	147.9	75.9	99.1	14.6	0.8	5.7	3.9
웹젠	069080.KQ	1,313.6	306.4	340.5	113.4	140.1	89.0	112.3	11.7	2.0	22.7	6.6
더블유게임즈	192080.KS	1,126.4	679.3	727.9	202.6	236.5	128.7	163.0	6.9	1.1	17.7	3.2
위메이드	112040.KQ	629.2	120.0	197.2	-12.2	39.5	-4.6	34.4	18.3	2.5	14.3	13.3
네오위즈	095660.KQ	502.4	294.6	338.1	62.4	80.1	54.1	64.8	7.8	1.1	16.0	2.6
게임빌	063080.KQ	252.6	147.3	177.7	31.4	51.5	22.7	35.4	7.1	0.8	12.3	5.8
선데이토즈	123420.KQ	207.2	109.0	136.0	13.0	20.0	17.0	19.0	10.9	1.1	11.7	-
조이시티	067000.KQ	173.0	166.2	251.2	21.2	44.2	20.7	40.2	12.4	-	47.4	8.4
평균		3,653.4	766.9	930.8	156.7	227.0	126.6	177.4	17.6	2.0	17.1	10.3

주: 2021.1.6 기준
자료: Wisefn, 메리츠증권 리서치센터

주요 게임 관련 용어 (1)

구분	용어	해설
플랫폼	플랫폼(Platform)	■ 최근에는 컴퓨터, 각종 게임기, OS 등에 이르기까지 기본 시스템을 가리키는 말로 폭넓게 사용되고 있음 ■ 안드로이드나 iOS와 같은 모바일 운영체제도 플랫폼으로 부르고 있음 ■ 카카오톡과 같은 모바일 메신저 같은 경우에도 게임 서비스 미들웨어 역할을 하게 되면서 '게임 플랫폼'으로 사용되고 있음
	Mobile Game (모바일게임)	■ 휴대폰, PDA 등의 휴대용 단말기를 통해 제공되는 게임의 형태 ■ 휴대폰, PDA에 기본적으로 내장되어 있는 게임은 물론이고 인터넷에 접속해서 다운을 받아 이용하는 게임을 포함 ■ 최근에는 스마트폰의 등장으로 기존 게임 개발사 및 개인개발자들의 콘텐츠를 거래할 수 있는 오픈마켓이 등장함
	Video Game or Console Game (비디오게임 또는 콘솔게임)	■ 전 세계 게임시장에서 가장 큰 비중을 차지하는 프랫폼 중 하나로 가정 내 TV나 모니터에 게임 전용기(콘솔)를 연결하여 이용하는 게임 ■ 콘솔은 게임기 본체와 고유의 조작기기(컨트롤러)로 구성됨 ■ 전통적으로 게임패드라고 불리는 형태의 컨트롤러를 이용하였으나, 최근에는 사용자의 움직임을 통해 조작할 수 있는 모션 컨트롤러 사용이 확산되고 있음 ■ 소니의 Play Station, 마이크로소프트의 Xbox, 닌텐도의 Wii, Switch 등이 있음
	PC Game (PC용 패키지게임)	■ PC에서 구동되는 형태의 게임. PC를 기반으로 한다는 점에서 온라인게임의 형태와 유사하지만, 혼자서도 플레이가 가능하다는 점이 온라인게임과 차이를 보임 ■ 전통적으로 CD나 DVD의 저장장치를 통해 유통되는 점에서 서버에서 게임을 다운 받는 온라인게임과 차이를 보이기도 하지만 ■ 최근에는 PC게임 역시 온라인 유통이 증가하고 있음. 스타크래프트 시리즈, 디아블로 시리즈 등이 있음
장르	캐주얼 게임	■ 간단한 조작으로 짧은 시간에 즐길 수 있는 게임의 총칭임 ■ '캐주얼 게임'의 명확한 정의는 없지만, 신속한 플레이가 가능하고, 규칙과 조작 방법도 설명을 읽지 않아도 알 수 있을 정도로 간단하고 쉽게 즐길 수 있는 게임 ■ 장르로는 퍼즐 게임, 카드 게임, 액션 게임, 스포츠 게임등이 있음
	미드코어 게임	■ 단조로운 캐주얼 게임과 복잡하고 오랜 시간이 필요한 하드코어 게임의 중간 단계에 있는 게임 ■ 캐주얼 게임만큼 단순하지 않지만 하드코어 게임 수준의 방대한 데이터를 가지고 있지 않으면서, 비디오적인 기반을 가지고 있는 게임이 장르를 일컬음
	하드코어 게임	■ 막대한 제작비가 들어가고 게임이 볼륨이 방대한 작품 ■ MMORPG 등의 RPG류의 경우 대부분 하드코어 게임에 속하며 게임을 이해하고 위해 높은 이해도와 많은 시간이 필요 ■ 복잡한 시스템을 가지고 있을 경우 대부분 하드코어 게임으로 일컬음
	RPG, Role Playing Game (역할수행게임)	■ 게임이용자가 게임상에서 특정한 역할을 맡아 주어진 목표를 달성하는 형태의 게임. ■ 이용자가 조작하는 캐릭터는 게임 세계 내의 다양한 문제들을 해결하면서 '성장'을 한다는 점이 주된 특징 ■ 대표작으로는 '세븐나이츠 for Kakao', '별이 되어라! for Kakao', '몬스터 길들이기 for Kakao' 등이 있음
	MMORPG (Massively Multiplayer Online Role Playing Game, 다중역할수행게임)	■ 네트워크를 통해 게임이 가상세계에서 다른 여러 사람이 캐릭터와 협동하거나 경쟁을 벌이는 RPG게임 ■ 국내 온라인게임의 주력 장르인 '리니지', '아이온'등이 있으며 모바일 플랫폼으로는 '리니지M', '리니지2레볼루션'등이 있음
	아케이드 게임	■ 기존이 오락실과 같은 게임장에서 제공되는 게임의 형태로 특정 게임을 위한 전용기기가 제작 ■ 동전을 넣고 조이스틱을 사용하거나 체감형 장치를(총, 자동차 핸들 등)를 통해 진행되기도 함

주요 게임 관련 용어 (2)

구분	용어	해설
지표	DAU	▪ Daily Active User, 일일 플레이 유저
	ARPPU	▪ Average Revenue Per Paying User, 구매 유저당 평균 매출
	스튜디오	▪ 자체 게임 개발을 위해 운영하는 작업실
유통/개발	퍼블리싱(Publishing)	▪ 자체 개발 또는 게임 판매권을 확보하여 게임을 배급하는 행위. 행위의 당사자를 퍼블리셔 또는 배급사라고 함 ▪ 예) 넷마블, 넥슨, 라인게임즈 등이 대표적인 퍼블리셔
	채널링(Channeling)	▪ 이미 서비스 중인 온라인 게임을 다른 제휴사의 유저들이 접속할 수 있도록 하는 서비스 예) 기존 서든어택을 네이버게임에서 채오픈
수익 모델	무료게임	▪ 게임 클라이언트를 다운로드 받거나 플레이 할 때 요금을 전혀 내지 않고 이용할 수 있는 게임
	유료게임	▪ 게임 클라이언트를 다운로드 받거나 플레이 할 때 요금을 내야만 이용할 수 있는 게임 ▪ 완전유료게임과 부분유료게임으로 구분할 수 있으나, 일반적으로 유료게임이라 함은 '완전 유료게임'을 칭함 ▪ 요금제로는 정액요금제, 정량요금제, 종량요금제 등이 있음. 유료게임 요금제도는 정액요금제(예: 30일/60일/90일 이용료 ~원), 정량요금제(예: 3시간/10시간/30시간 이용료 ~원), 종량요금제(1분당/1시간당 이용료 ~원) 등이 있음
	부분 유료게임	▪ 게임 클라이언트를 다운로드 받거나 기본적인 플레이를 할 때는 요금을 내지 않아도 이용할 수 있으나, 특정한 게임 아이템이나 특정한 기능, 지역 등등을 이용하기 위해서는 요금을 내야 하는 게임 ▪ 최근 대부분의 온라인 게임과 스마트폰 게임에서 적용하고 있음. 스마트폰 게임에서는 부분유료화 모델을 In-app Purchase 모델이라고 함
	IP(Intellectual Property)	▪ 게임산업에 있어 IP란 특정 게임 창작물을 통해 발생하는 모든 권리(브랜드, 캐릭터, 디자인 등)를 게임 IP라고 부름 ▪ 자체 IP 게임 개발시, 외부에서 IP 사용으로 인한 로열티 수익 발생
	배틀패스	▪ 게임 내 '시즌'이라 부르는 특정 기간 동안 게임플레이를 통한 레벨업이나 일일/주간 과제 등등을 통해 전작도를 올리며 각종 치장 및 게임 화폐 보상 등을 제공 ▪ 시즌패스로 제공하는 게임의 다운로드 비용은 대부분 무료이고, 보통 1만원 이하의 일정 금액을 지불할 경우 게임 전작도에 따른 보상이 제공
	확률형 아이템	▪ 게이머가 어떤 보상을 받을지 모르는 상태에서 캐릭터, 장비 등 게임 내 보상을 무작위로 획득하는 방식 ▪ 한국에서는 장비, 변신, 펫 아이템을 낮은 확률로 뽑고, 합성하고, 강화하는 모바일 MMORPG형 과금모델을 채택한 게임이 매출 차트 최상위권을 차지
제작 단계 테스트	FGT(Focus Group Test)	▪ 통상 게임들은 전체 제작 과정의 50% 가량이 진행됐을 때 FGT(Focus Group Test)를 진행 ▪ 개발 중인 게임에 대한 이용자들의 반응을 통해 향후 개발 방진에 참고 ▪ 제작중인 게임에 흥미를 느끼는 소수의 이용자들을 선발해 한자리에 모아두고 오프라인에서 게임을 해보도록 하는 것
	CBT(Closed Beta Test)	▪ FGT 의견을 수렴해 개발을 추가 진행, 전체 공정의 80%에 해당하는 단계가 오면 수차례 CBT(Closed Beta Test:비공개시범테스트) 진행 ▪ CBT는 통상 3차례 진행하며, 500~2,000명 정도의 테스터를 사전에 선발해 게임 서버를 오픈 ▪ 통상 3~4개월 정도의 시차를 두고 후속 비공개 시범 테스트를 진행하며 완성도를 높임
	PRE-OBT	▪ 사전공개서비스라고 불리는 PRE-OBT는 게임 서버를 완전 개방, 이용자들을 제한없이 수용 ▪ 공개되는 게임 콘텐츠와 시스템도 정식 OBT와 사실상 차이가 없지만 2주 정도의 제한된 시간동안 진행 ▪ 제작공정이 95% 가량이 진행됐고, 완성품에 가깝게 개발이 진척됐을 때 진행하는 외부 테스트
	OBT(Open Beta Test)	▪ OBT는 해당 게임 이용을 위한 회원가입 절차만이 남으면 되는 정식서비스 '공개서비스' ▪ 통상 OBT를 1~2개월 동안 이용자들을 진행하며 월정액요금을 받거나 아이템을 판매하는 정식서비스에 돌입 ▪ 아이템을 판매하는 부분유료화가 대체로 자리잡은 현 시점에서 OBT 시작 시점이 게임 정식서비스와 동일시된다고 봐도 무방

자료: 한국콘텐츠진흥원, 언론 종합, 메리츠증권 리서치센터

게임 관련 규제 별률 정리

구분	내용	규제처/발의 국회의원	특징
청소년보호법 (셧다운제)	▪ 만 16세미만 청소년에 대해 자정부터 다음날 새벽 6시까지 금지 ▪ 2년마다 제도 적용 범위를 검토하며 모바일게임의 경우 적용 유예상태	여성가족부	2011년 11월부터 시행 대표적인 게임 규제 한법상 기본권 침해 셧다운의 폐지 법적 지속적으로 발의됐으나 아직 미통과 상태
게임법 시행령 (웹보드게임)	▪ 1개월 게임머니 게임머니 충전액 50만원으로 제한 ▪ 1회 이용한도 5만원으로 제한 ▪ 1일 손실한도 규제 폐지(10만원 손실 시 24시간 접속 제한) ▪ 소액방의 경우 게임 상대 선택 가능/연 1회 의무적 본인인증 ▪ <u>스포츠베팅 베팅 게임보드 웹보드 규제 테두리 안에서 서비스 가능</u>	문화체육관광부	`14.02부터 시행 2년마다 재검토하며 20년 4월 신규 수정안 적용
게임산업 진흥에 관한 별률 (게임과물입 예방)	▪ 게임 과몰입 예방 위한 전문기관 설립하고 지원 ▪ 청소년 본인 또는 부모(법정대리인)의 요청 시 게임 이용 시간을 설정하고 관리	문화체육관광부	`12.07부터 시행 2019년 WHO가 게임 중독을 질병으로 분류 게임 중독 여부나 정의가 명확하지지 않음
게임산업 진흥에 관한 별률 (확률형 아이템 규제)	▪ 게임 아이템의 종류, 구성 비율, 획득 확률 자율적 공개. 미준수시 과태료 부과 ▪ 획득확률 10%이하인 확률성 아이템 포함 시 "성인등급" 게임으로 분류	문화체육관광부	`16,07 발의 `16,07 발의 `16,10 발의
게임산업법 전부 개정안	▪ 등급분류 절차 간소화, 확률형 아이템 표시 의무화 ▪ 비영리레임 등급분류 면제, 중소게임사 자금 지원, 경미한 내용수정신고 면제 ▪ 위법 내용의 게임광고 금지, 해외 게임사의 '국내 대리인 지정 제도'	이상헌 의원	`20.12 발의 게임산업진흥법은 2006년 제정된 이후 수많은 개정, 급변하는 게임환경 재대로 반영 못해 게임산업 진흥을 위한 지원제도 모호 지적
포괄임금제 금지법	▪ 주 52시간 제도 시행 및 근무시간 탄력적 활용 ▪ 근로 시간 관리 및 초과 근무 시 사전·사후 신청 및 승인을 받도록 조치 ▪ `17.4부터 펄어비스, 넥슨, 스마일게이트, 넷마블 등 순차적 시행	류호정 의원	`20.12 발의 포괄임금제는 연장/야간/휴일 노동 등 시간에 노동에 대한 수당을 월급에 포함해 일괄지급하는 제도. 대행게임 사의 인건비가 2017년~2018년 상당히 증가한 바 있음

자료 : 국가범령정보센터, 언론 종합, 메리츠증권 리서치센터

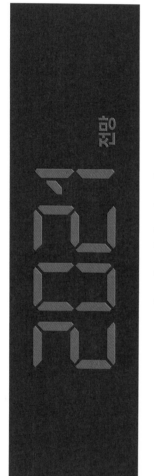

2024 전망

인터넷/게임

온택트

'컨택트 시대의 언택트'

Summary

온택트: 컨택트 시대의 언택트

온택트(Ontact)

I
- 플랫폼 기업에 대한 투자 쏠림. 2020년 COVID19로 글로벌 소프트웨어 업종이 재평가 가속화. 2021년에도 비중확대 유효
- 미국 정부의 '빅테크' 기업들에 대한 규제는 1) 법인세 강화, 2) 반독점 규제(M&A, 구조적 분할 등) 등임. 글로벌 디지털 가버넌스 경쟁 심화로 자국 기업에 대한 규제 일변도의 정책 고수하기 어렵다 판단

오픈 파이낸스

II
- 국내 핀테크사들의 거래액 CAGR 25% 가정시 2025년 거래액은 610조원, 카드사 대비 49% 비중까지 확대
- 디지털 금융 주도권 경쟁의 핵심은 '이용자'와 '데이터'. 디지털 금융 선점하려는 기존 금융기관과 빅테크 간의 경쟁
- 카카오페이는 20년 증권계좌 출시하며 투자 플랫폼으로 발돋움. 6월 대출, 21년 보험 라이선스 취득, IPO에 대한 기대
- 네이버파이낸셜은 '쇼핑'이라는 강력한 킬러서비스에 기반한 성장. SME중금리 대출 서비스 성공 여부에 주목

이동 혁명

III
- 국내 승차 공유 시장은 생산적인 방향으로 혁신을 포용하며 진화하고 있음
- 21년 4월 여객법 개정안 시행 앞두고 있으며 플랫폼 택시 사업자의 성장 가속화될 것
- 국내 모빌리티 시장은 카카오T블루가 주도. 10월 택시 1.3만대 운행하며 21년 2만대 이상 예상. 국내 택시 시장의 10% 이상 점유 추정
- 최근 T맵모빌리티 투자유치를 통한 기업가치 반영시 카카오모빌리티도 6조원 이상의 가치 평가 가능

Summary

온택트: 컨택트 시대의 언택트

IV 게임체인저

- 게임은 그 어느 때보다 큰 시장. 2021년 게임산업은
  1) COVID19로 확대된 이용자 저변,
  2) 대형 IP에 기반한 신작 출시,
  3) 클라우드 등의 공급자 주도 성장도 주도 성장 기대. 현재 국내 게임사들이 개발 중인 신규 콘텐츠의 상당수는 크로스플레이용 게임
- 2020년 11월 넷마블의 '세븐나이츠2(모바일)', 12월 그래프톤의 '엘리온', 21년 1분기 엔씨소프트 '블레이드앤소울2', 2121년 하반기 엔씨소프트의 '프로젝트TL', 펄어비스의 '붉은사막'까지 흥행성 담보된 타이틀 지속 공개
- 글로벌 콘솔 게임 시장은 690억 달러로 전체 시장내 35% 비중. 크로스플레이 보편화로 국내 게임사의 '블루오션' 오픈

V 집콕 문화생활은 '동영상'

- 2020년 국내 동영상 시장은 COVID19로 인해서 양적인 성장 있었음. 제작사/이용자/콘텐츠 다변화 진행
- SBS, JTBC 등이 전통 미디어사들도 유튜브 맞춤형 콘텐츠 생산하며 경쟁 본격화.
  예) '워크맨', '와썹맨', '시즌비시즌' 등
- 전문 스튜디오들의 등장. 글로벌 미디어사 에이앤이 네트웍스의 달라 스튜디오 설립.
  예) '네고왕', '발명왕'
- 2020년 국내 유튜브 광고 시장 규모는 1.24조원 (+30% YoY) 추정. 유튜브도 굿즈 판매 기능(머천다이즈) 도입

시나리오별 2021년 전망

	항목	변수	Worst	Base	Best
주가 결정 요인	**1. 인터넷 광고 경기**	▪ 전자상거래의 성장 ▪ 소비경기 ▪ 광고 상품의 고도화	▪ 둔화 ▪ 둔화 ▪ 성장 지연	▪ 온라인 소비 증가세 지속 ▪ 회복 ▪ 퍼포먼스 광고의 성장 지속	▪ 성장 가속화 ▪ 성장 ▪ 기대 이상의 성장
	2. 게임의 흥행	▪ 출시 일정 ▪ 중국 판호 재개 ▪ 콘솔/클라우드 게임 시장	▪ 지연 ▪ 한한령 개선 안됨 ▪ 대중화 지연	▪ 일정 부합 ▪ 점진적 개선 ▪ 예상 수준	▪ 예상보다 빠른 출시 ▪ 전면 개방 ▪ 예상보다 빠른 성장
	3. 테크핀	▪ 규제 샌드박스 ▪ 금융 서비스로 성공 여부 ▪ IPO	▪ 규제 강화 ▪ 실패 ▪ 일정 지연 혹은 주가 부진	▪ 전년과 유사 ▪ 점진적 성장 ▪ 공모가와 유사	▪ 규제 완화 기조 강화 ▪ 금융업에 유의미한 변화 ▪ 상장 이후 가파른 기업가치 상승
	4. 동영상	▪ 유튜브의 성장 전략	▪ 둔화	▪ 전년과 유사	▪ 성장 가속화
	산업 투자 전략		▪ 매크로 변화에 따른 영향 적은 회사 ▪ 기존 수익원으로 안정적 수익창출 가능	▪ 온라인 쇼핑, 콘텐츠 소비 증가세 지속 ▪ 신규 게임 흥행과 새로운 플랫폼에 적극 도전하는 회사 ▪ 그동안의 투자가 이익으로 회수	▪ 디지털 변화 더욱 가속화 ▪ 카카오페이, 카카오뱅크의 성공적인 기업 공개.IPO 이후 리레이팅 확대
	Top-Picks		▪ 엔씨소프트	▪ 카카오, NAVER, 엔씨소프트	▪ 카카오, NAVER, 엔씨소프트 ▪ 넷마블, 아프리카TV

Part I

2021 전망 인터넷/게임

온택트 (Ontact)
'언택트 시대의 언택트'

Our New World

디지털 변혁 가속화

- 2020년 1월 중국 이외 국가에서 코로나 감염 확인. 3개월 만에 글로벌 193개 국가로 전파
- **사회적 거리두기 정책을 통해 완만해진 확산 커브. 약 1년간 진행되며 '온택트(언택트+온라인) 문화' 고착화**
- 코로나 바이러스로 인해 디지털 변화 가속화
  1) 고연령층의 디지털 전환 빨라짐
  2) 비대면 서비스(음식 주문, 온라인 쇼핑, 영상 시청, 은행/증권 계좌 개설) 이용 증가
  3) 데이터 경제 활성화

COVID19 글로벌 확산 커브는 완만해져

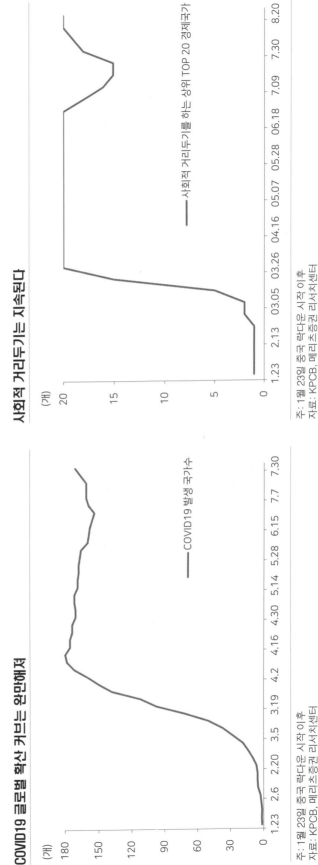

(개)

사회적 거리두기는 지속된다

(개)

Our New World

비대면 서비스의 재발견

- 코로나19 이후 가장 많이 증가한 비대면 서비스는
  1) 실시간 원격 영상 시청, 2) 배달 앱을 통한 음식 주문, 3) 온라인쇼핑 이었음

- 코로나 이후 긍정적으로 변화되었다고 느낀 비대면 서비스는

- 온라인 보험금 청구, 드라이브 스루 쇼핑, 재택 근무, 온라인 도서관, 원격 강의 수강 등에 있음

코로나19 발생 이후 다음과 같은 활동의 이용 변화가 있었습니까?

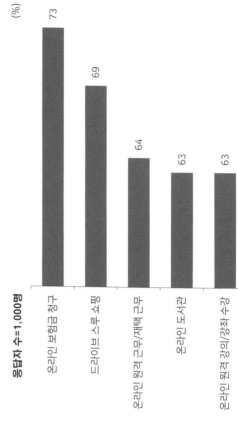

주: 조사 시기 2020.5.8~5.11.
코로나19 발생 이전에도 각 항목을 이용한 경험이 있는 응답자만 포함한 값
자료: 한국 리서치, 메리츠증권 리서치센터

긍정적인 비대면 변화

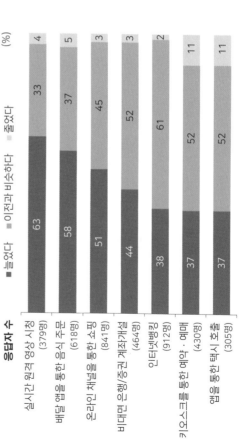

주: 조사 시기 2020.5.8~5.11
자료: 한국 리서치, 메리츠증권 리서치센터

모바일 쇼핑의 성장세

50~60 '엄지족' 늘었다

- 2020년 온라인 쇼핑 거래도 증가했지만 모바일 쇼핑이 성장 가팔랐음
- 전체 온라인쇼핑 거래에서 모바일 비중은 19년말 66% 수준에서 2020년 5월 68%까지 확대
- 특히 라이브 커머스의 등장으로 홈쇼핑을 비롯한 전통 쇼핑 대체. 쌍방향 쇼핑이라는 새로운 커머스 제시
- 참고로 2020년 9월 누적 온라인쇼핑 거래액은 19% YoY 증가. 상품군별로 음식 서비스가 크게 증가
- 사회적 거리두기 문화로 인해 배달앱의 편리함 학습. 20년 이용자수와 결제금액은 각각 30.2%, 70.7% 증가

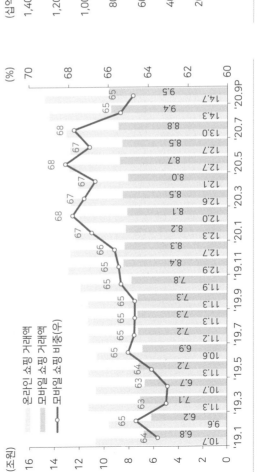

모바일쇼핑 거래 증가

주: 2020년 8월, 9월은 잠정치
자료: 통계청, 메리츠증권 리서치센터

주요 배달앱 결제지수 및 결제금액 증가 – 배달앱의 편리함 학습

자료: 와이즈랩, 메리츠증권 리서치센터

'게임'을 다시 플레이하다

코로나19로 인한 수혜

- 게임은 사회적 거리두기 또는 강제 격리 기간 동안 스트레스 해소 도구가 되어주었음
- '동물의 숲'은 2020년 코로나를 상징하는 하나의 아이콘
- 게임 이용률이 크게 증가. 전체 국민의 70.5%가 게임 이용했으며 2년 연속 하락세에서 성장 전환
- 2013년 이후 일평균 게임 이용시간은 대체로 유사했으나 20년에는 실내 체류시간 확대로 증가
- 게임 주 이용매체는 스마트폰. 게임 이용매체 중에서 스마트폰 비중은 13년 41.3% → 19년 60.8% 확대

게임 주 이용매체 (2013 vs. 2019)

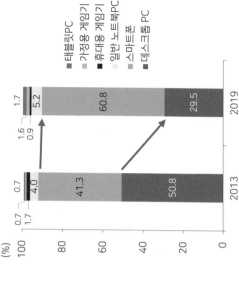

자료: 한국콘텐츠진흥원, 메리츠증권 리서치센터

게임 이용 시간

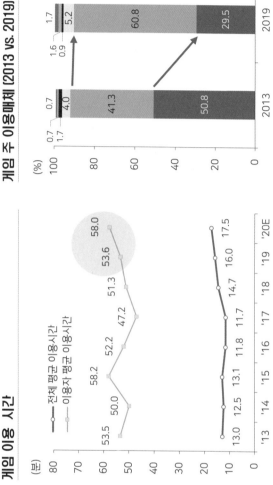

자료: 한국콘텐츠진흥원, 메리츠증권 리서치센터

게임 이용률

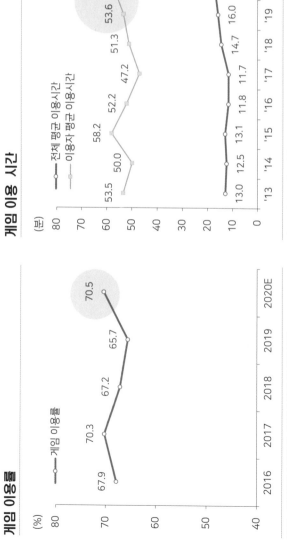

자료: 한국콘텐츠진흥원, 메리츠증권 리서치센터

플랫폼 기업으로의 '투자' 쏠림

2021년에도 지속 전망

- 20년 COVID-19로 글로벌 소프트웨어 업종의 재평가는 가속화되었음

- 연초대비 아마존 65.0%, 텐센트 53.5%, 블리자드 32.9%, Facebook 33.0%, 넥슨 73.2% 상승

- 국내에서도 카카오 137.4%, NAVER 50.7%, 엔씨소프트 45.8% 상승하며 주식 시장을 주도

- 최근 기간 조정을 거치고 있으나 **21년 성장 전망은 유효.** 빠르게 외형 확대하며 이익레버리지 확대 국면

- **2021년에도 인터넷 플랫폼 기업에 대한 '투자'는 여전히 유효할 것**

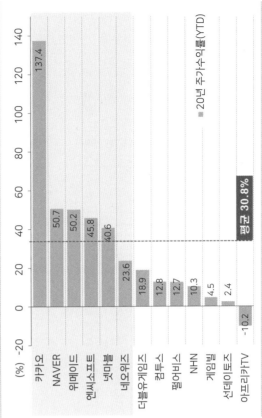

국내 소프트웨어 업종 수익률

주: 2020.11.17 기준
자료: Wisefn, 메리츠증권 리서치센터

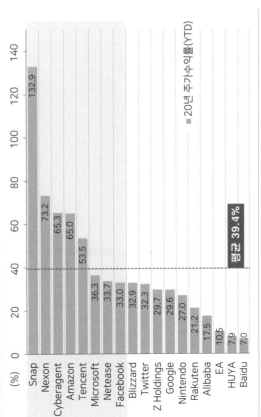

글로벌 소프트웨어 업종 수익률

주: 2020.11.17 기준
자료: Bloomberg, 메리츠증권 리서치센터

빅테크 기업들에 대한 규제 현실화될까?

21년 1월 미국 민주당 정부 출범 그 이후

- 미국 바이든 대통령의 '빅테크 기업'들과 관련된 정책은
  1) 법인세 강화, 2) 반독점 규제(M&A 제한, 구조적 분할 촉구) 등에 있음

- 미국 하원 법사위원회 소속 반독점 위원회는 구글/애플/페이스북/아마존의 영향력 남용과 거대 플랫폼의 구조적 분리, 반독점 강화 등을 담은 보고서를 제출한 바 있음

- 인터넷 기업들의 책임 강화. 통신품위법(CDA) 230조(이용자가 올린 게시물에 대한 법적 책임 면제) 폐지 가능성. 가짜 뉴스와 명예훼손성 게시글에 대한 소셜 기업들이 책임 부담 발생할 수 있음

- 그러나 중국과 글로벌 디지털 거버넌스 경쟁 속에 규제 일변도의 정책을 고수하기도 쉽지 않음

바이든 대통령 당선(11월 6일) 이후 빅테크 기업 주가수익률

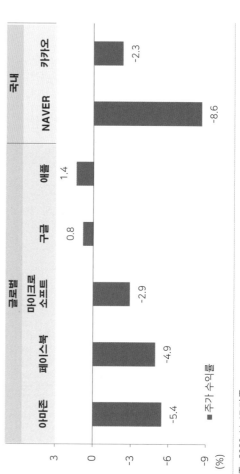

미국 IT 대기업에 대한 하원 아래 반독점 권고 사항

구조적 분할 촉구
- IT 기업의 분사 권장
- 모회사와 다른 사업 구조 가질 것
- 유튜브가 구글에서 분사하거나 인스타그램과 왓츠앱이 페이스북서 나갈 수 있어
- 상업은행과 투자은행 분리시켰던 1930년대 글래스-스티걸 법안과 비슷한 의도

M&A에 대한 단속 강화
- 반독점 기관은 지배적인 플랫폼들의 M&A가 반경쟁적이라는 가정으로 움직여야
- "경쟁 저해하지 않는다" 입증 부담, 규제 당국 아닌 기업들이 져야

지배적 플랫폼들에 대한 규제 강화
- 플랫폼이 자사 서비스 우대하는 대신 타사 제품과 서비스도 동등하게 취급해야
- 지배적인 기업이 서비스 경쟁사와 호환되도록 해야
- 사용자들의 데이터 전송 허용

반독점법 개정과 규제 기관 권한 강화
- 독점 금지 판례에서 '문제'가 되는 선례 무시
- 연방거래위원회(FTC), 독점에 대한 정보 정기적으로 수집해야
- FTC와 법무부 독점 금지국 예산 증액
- 강제 중재 조항과 집단소송 제한 제거

자료: CNBC, 메리츠증권 리서치센터

주: 2020.11.17 기준
자료: Bloomberg, 메리츠증권 리서치센터

테크핀 뉴페이스들

2021년 기대되는 IPO시장

- 2021년 국내외 주요 핀테크 기업들이 IPO 기대. 카카오페이, 앤트파이낸셜 등 유니콘 기업들이 상장 가능성
- **카카오의 핵심 금융 자회사들의 기업공개. 카카오페이와 카카오뱅크 기업가치 현실화로 주가 모멘텀될 것**
- 카카오페이는 국내 1위 지급결제 플랫폼으로 이제는 보험/펀드/대출 등 다양한 금융 서비스 제공
- 20년 카카오페이증권 출범, 카카오보험 라이선스 신청 등으로 자금 조달의 필요성
- 카카오뱅크도 2021년 기업공개 마무리하겠다는 계획. 카카오와 한국금융지주가 각각 32.6% 지분 보유
- 앤트파이낸셜의 IPO는 '기술 기업'이 아닌 은행'으로 규제 강화. 상장 서류 재작성으로 21년으로 연기
- 참고로 10월 24일 앤트파이낸셜의 마윈 전 회장은 "중국엔 제대로 된 금융제도 없다"도 비판하며 상장 중단

2021년 기대되는 핀테크 IPO

시기	기업명	어떤 회사인가?	CEO	설립일	최근 실적	추정 기업가치
2021년	앤트파이낸셜	알리바바 산하 핀테크 자회사	펑레이	2014년 10월 16일	2020년 상반기 매출액 725억위안, 순이익 212억위안	340조원
	카카오페이	카카오가 제공하는 송금, 결제, 금융 서비스	류영준	2017년 3월 17일	2020년 매출액 2,245억원, 영업이익 BEP 예상	10조원
	카카오뱅크	카카오가 운영하는 인터넷 은행	윤호영	2016년 1월 22일	2020년 상반기 영업수익 3,887억원, 영업이익 446억원	9.3조원
2022년	네이버파이낸셜	NAVER 산하 핀테크 기업	최인혁	2019년 11월 1일	2020년 매출액 7,368억원, 영업이익 217억원 예상	7.4조원
	비바리퍼블리카	국내 대표 핀테크 '토스' 운영 회사	이승건	2013년 4월 23일	2019년 매출액 1,187억원, 영업순실 1,154억원	3조원

자료: 각 사, 메리츠증권 리서치센터

Part II

오픈 파이낸스

S&P 기업의 평균 수명

디지털 변화와 함께 단축

- S&P 500 기업들의 평균 수명이 25년 수준으로 감소. 2027년에는 12년까지 단축될 것으로 추정
- 기업들은 디지털이라는 도전 앞에 빠르게 성장하거나 도태되고 있음
- 참고로 평균 수명은 S&P 500에 최초 진입부터 이탈까지의 소요 시간

S&P Index 기업의 평균 수명

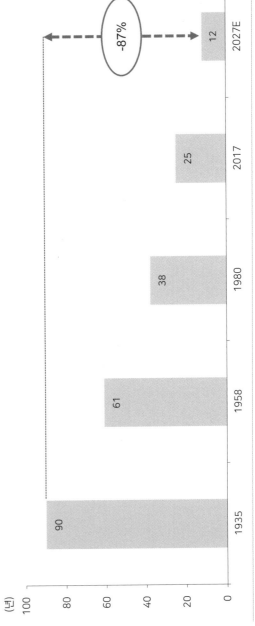

자료: Corporate Longevity, Innosight 2018, 메리츠증권 리서치센터

금융업의 특성

디지털을 통한 가치창출이 큰 산업군

■ 금융업은 무형자산을 기반으로 하기 때문에 디지털 혁신에 따른 영향도가 높음

■ 은행/카드와 보험 산업은 디지털을 통한 가치창출로 인한 변화의 폭이 큰 산업군

글로벌 디지털 변화 타겟 산업군

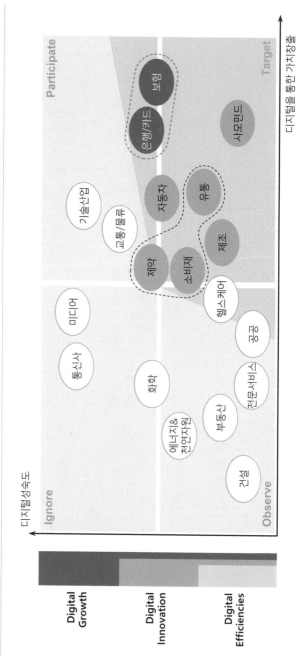

자료 : Corporate Longevity, Innosight 2018, 메리츠증권 리서치센터

핀테크 투자 트렌드

결제/송금이 주도

- 2013년 이후 핀테크 산업 투자액의 평균성장률은 39%에 달해

- 결제 및 송금 부문이 핀테크 투자를 주도하고 있음

- 2019년 핀테크 투자액은 1,379억달러로 결제 및 송금 부문 투자가 879억 달러로 63.7% 비중이었음

- 2018년의 높은 투자 실적은 중국의 앤트파이낸셜(140억 달러), 영국 월드페이(129억 달러) 투자 유치 때문

- ICT 기업이 후기 단계 및 유니콘 기업들로 성장하여 대규모 투자자금을 조달하고 있음

핀테크 산업별 투자 – 결제/송금 부문에서 금융업으로 확대 예정

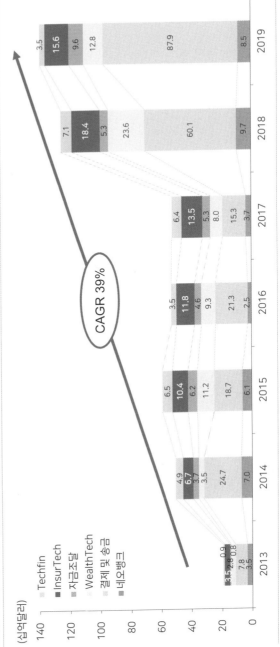

자료: Corporate Longevity, Innosight 2018, 메리츠증권 리서치센터

ICT 기업들의 금융업 진출

투자, 대출, 보험, 그리고 헬스케어에까지

- 알리바바, 아마존, 고젝, 카카오, 토스 등이 간편결제를 통해 시장 진출
- 은행, 투자, 대출, 그리고 보험과 헬스케어에까지 진출하고자 함
- ICT 기업들은 기술 역량을 활용해 고객 정점을 확보, 타 산업군과 연계/제휴를 통해
- 금융, 건강까지 아우르는 사업 확장 및 시장 선점

글로벌 핀테크 성장 트렌드

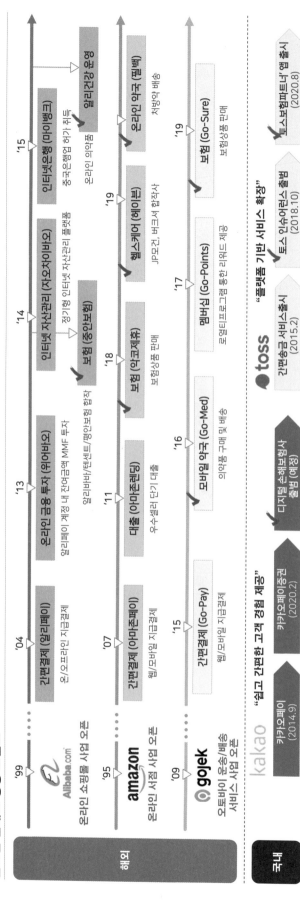

자료: KPMG 2020, 메리츠증권 리서치센터

테크핀의 공습

5년뒤에는 카드사 거래액의 절반까지 비중 확대

- 2021년 간편결제 사업자의 거래총액은 250조원으로 연간 카드결제액 대비 25.4% 비중 차지

- **국내 핀테크 기업들의 거래액 CAGR 25% 가정시 2025년도에는 카드사 거래액 대비 49% 비중까지 확대**

① 온라인에서 오프라인으로: 카카오페이/네이버페이 등 오프라인 결제 서비스 본격 개화되고 있음

② 카드에서 가상계좌/머니 통한 결제 방식으로: QR코드 기반의 결제방식 보편화

③ 간편결제/송금에서 금융플랫폼으로: 금융상품 비교, 판매, 채널링 플랫폼. 마이데이터 사업자 지향

국내 페이 시장 거래액과 시장 점유율

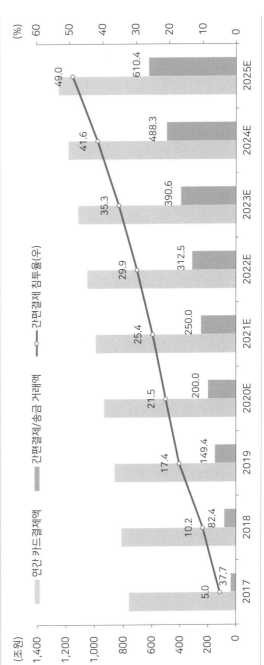

자료: 한국은행, 메리츠증권 리서치센터 추정

테크핀 경쟁 심화

주요 사업자들 현황 점검

- **네이버파이낸셜**: 쇼핑 고객들을 위한 결제 서비스. 소비자의 결제/구매 데이터는 양질의 빅데이터 2019년 11월 네이버파이낸셜로 분사. 미래에셋대우 금융그룹으로 투자유치. 20년 6월 '네이버 통장' 출시

- **카카오페이**: '결제-송금-멤버십-QR결제' 등 다양한 기능 제공하며 가장 빠른 성장. 2020년 연간 거래액 70조원 예상. 2월 카카오페이증권 출범. 6월 대출 론칭하며 P2P - 펀드 - 대출 등의 금융 포트폴리오 구축

- 2020년 하반기 카카오페이 월간 거래액은 6조원 규모로 상반기 4조원 대비 크게 증가. 대출 중개 성장에 기인

- **토스**: 간편송금 시장 개척. 인터넷은행 예비인가 신청. 20년 8월 기업가치 3조원 돌파. 연내 토스증권 출범

- **페이코**: 2018년 8월 삼성페이와 제휴. 2019년 한화생명으로부터 피투자. 20년 기업가치 1조원 상회

사업자별 비교

구분	출시시점	월거래액	수수료율	가입자	특징
카카오페이	2014년 9월	6.0조원	1~4% (카드 1.5-2%, PG/VAN 1% 포함)	3,500만명 (3Q20)	■ 2017년 알리페이와 제휴 ■ 2019년 '보험', '배송', '신용조회' ■ 2020년 투자(펀드), 대출 서비스 오픈
네이버페이	2015년 6월	2.0조원	1%~3.7% (카드 1-1.5%, PG 내재화)	3,000만명 (3Q20)	■ 19년 11월 네이버파이낸셜로 분사 네이버통장, 보험비교 등 금융 개시
토스	2015년 2월	4.0조원	1~4% (카드 1.5-2%, PG/VAN 1% 포함)	1,700만명 (3Q20)	■ 토스증권 및 인터넷은행 설립
쿠팡페이	2015년 12월	1.0조원	1~4% (카드 1.5-2%, PG/VAN 1% 포함)	1,000만명 (3Q20)	■ 20년 3월 쿠팡페이 분사 발표, 8월 분사
페이코	2015년 8월	0.8조원	0.01% (한국사이버에서 수수료 대부분 매출인식)	1,100만명 (2020)	■ 오프라인 침투율 10% 상회 ■ 18년 삼성페이와 제휴. 19년 한화생명 투자유치
삼성페이	2015년 8월	1.5조원	4% (카드 1.5-2%, PG/VAN 1% 포함)	1,400만명 (2019)	■ 카드 단말기 접촉 결제 ■ 페이코와 제휴
SSG페이	2015년 7월	2,000억원	3~4% (카드 1.5-2%, PG/VAN 1% 포함)	750만명 (2019)	■ SSG닷컴 비중 87% ■ 2019년 거래액 2조원 추정
L페이	2015년 9월	2,000억원	3~4% (카드 1.5-2%, PG/VAN 1% 포함)	900만명 (2019)	■ 2019년 거래액 2조원 추정

자료: 각 사, 메리츠증권 리서치센터

간편결제/송금 거래 규모

테크핀의 최전선

- **핀테크 기업들은 결제 데이터 수집을 통한 데이터-네트워크-소비로 이어지는 선순환 구조 완성 노력**
  - 국내 간편결제 거래 시장은 2016년 26조원에서 2020년 200조원 규모로 5배 성장
  - 2019년 국내 은행/카드/전자금융 사업자 가운데 총 39개사가 48종의 간편 결제 서비스 운영
- **결제금액 기준 점유율은 네이버페이가 절반. 간편 송금 서비스 이용률은 카카오페이와 토스가 양도**
  - 결제/송금 거래액 합산 점유율은 카카오페이 35%, 토스 25%, 네이버페이 13%, 삼성페이 10% 순

국내 간편결제/송금 거래액

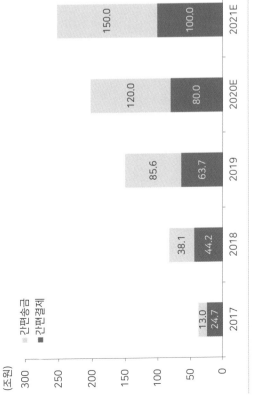

자료: 한국은행, 메리츠증권 리서치센터 추정

국내 간편결제/송금 시장점유율

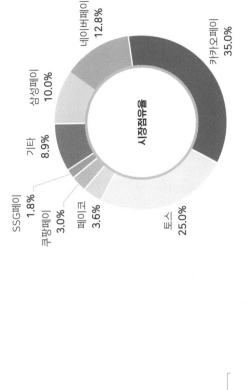

주: 2019년 기준
자료: 메리츠증권 리서치센터

디지털 금융 주도권 경쟁

핵심은 '이용자'와 '데이터'

■ 디지털 금융 선점하려는 기존 금융기관과 빅테크 간의 치열한 경쟁. 디지털 금융의 시작은 고객과 데이터

■ 2020년 KB국민은행과 카카오뱅크의 고객수는 각각 3,200만명, 1,294만명이며

■ KB국민은행 대비 카카오뱅크 고객수 비중은 2017년 16% 수준에 불과, 2020년에는 40% 수준까지 상승

■ 기존 은행의 디지털 전환 비용은 수익성에 부담이 될 전망. 점포나 대규모 인력 유지 비용도 발생하기 때문

KB국민은행 vs. 카카오뱅크 고객수

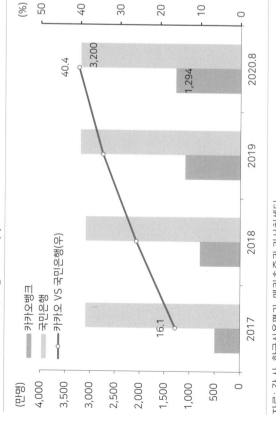

자료: 각 사, 한국신용평가, 메리츠증권 리서치센터

KB금융그룹 vs. 카카오 vs. NAVER 이용자수

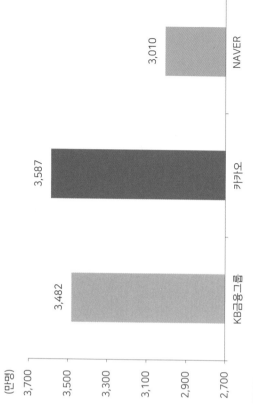

자료: 각 사, 와이즈앱, 메리츠증권 리서치센터

오프라인 테크핀 개화

비대면 결제 증가

- 20년 제로페이의 월 결제액은 1,000억원 수준 상회. 10월 가맹점수 65만개로 전년대비 112.2% 증가

- 제로페이 사용률과 브랜드 인지도 증가는 오프라인 간편결제 대중화의 촉매제

- **제로페이 이용률 증가는 7~20%에 달하는 캐쉬백 제공 때문. 1) 비대면 결제 수요 증가, 2) 높은 할인율, 3) 소득공제 등이 장점 부각되며 오프라인 간편결제 선호 현상 강화**

- 궁극적으로 비대면 결제 시장 성장의 수혜는 카카오페이, 네이버페이 등에 있을 것

- 2020년 11월 네이버페이는 오프라인 1만여개 가맹점에서 결제 서비스 개시했으며

- 온/오프라인 포인트 호환, '포인트 뽑기' 이벤트 통해 랜덤으로 2~4배까지 포인트 지급 프로모션

제로페이 결제액/가맹점수 추이

자료: 중소벤처기업부, 메리츠증권 리서치센터

네이버페이, 오프라인 결제 서비스 개시

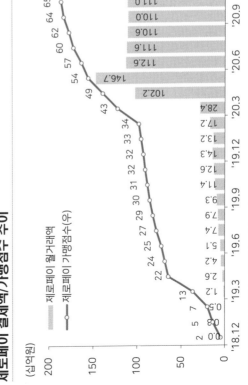

자료: NAVER, 메리츠증권 리서치센터

카카오페이

거침없는 성장 궤도

- 카카오페이는 2014년 카카오톡 기반의 간편 결제 서비스인 카카오페이 출시
- 2015년 멤버십, 2016년 청구서, 송금 서비스 시작
- 2017년 카카오페이 독립법인 설립. 17년 12월 앤트파이낸셜로부터 투자유치
- 2018년 카카오페이카드 출시. 매장/QR결제 출시. 바로투자증권 인수. 투자서비스 출시
- 2020년 카카오페이 가입자수는 3,500만명으로 연간 거래액은 70조원 예상
- 2021년 카카오보험 라이선스 신청. 카카오페이의 IPO 계획

카카오페이 History

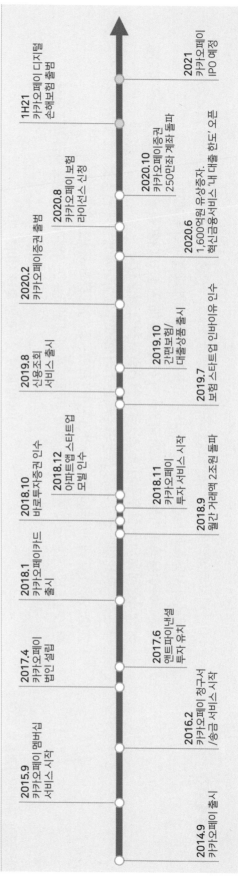

자료: 카카오페이, 메리츠증권 리서치센터

카카오페이

국민 핀테크 서비스

- 카카오페이 가입자수는 3,500만명으로 대한민국 국민 4명 중 3명이 사용
- **카카오페이 거래액은 17년 3조원 – 18년 20조원 – 19년 47조원 – 20년 70조원으로 증가**
- 거래액은 송금, 결제, 금융거래(투자, 보험, 펀드, 대출) 등으로 구성
- 금융거래가 전년대비 3배 이상 증가하고 있으나 송금 거래 비중이 아직도 80% 상회할 것으로 추정

카카오페이 가입자수 3,500만명

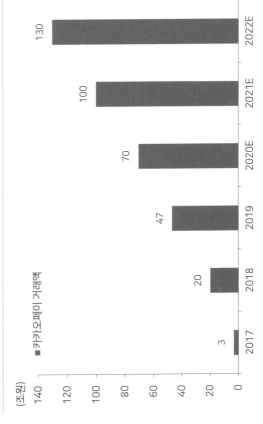

자료: 카카오페이, 메리츠증권 리서치센터

카카오페이 거래액 – 2021년 100조원 예상

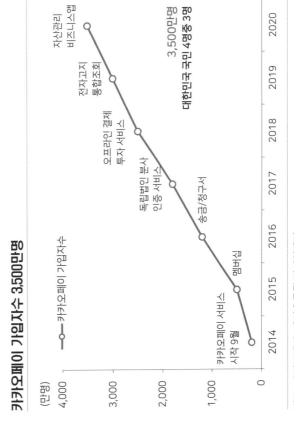

자료: 카카오페이, 메리츠증권 리서치센터

카카오페이가 남다른 이유

개발자 출신의 CEO

- 카카오페이 류영준 대표는 건국대학교 컴퓨터공학과 졸업, 삼성SDS에서 근무하다 카카오로 이직
- 카카오 보이스톡 개발을 주도하며 이후 카카오의 금융사업을 총괄하게 되었음
- 개발자 출신답게 핀테크 사업에서도 기술을 강조. '핀테크 아닌 테크핀으로 보야'
- 아이디어가 곧 서비스로. 2020년 카카오페이의 금융사업 속도는 매우 빨라짐
- 2월 카카오페이증권 출범 이후 6월 29일 혁신금융 서비스 '내 대출 한도' 선정
- 현재 디지털 손해보험사 예비인가 신청 준비 중. 상품 개발력과 노하우 등이 검증 필요한 상황

카카오페이 CEO는 누구인가?

개발자 출신의 류영준 대표

자료: 카카오페이, 메리츠증권 리서치센터

카카오페이 대출 프로모션 강화

자료: 카카오페이

카카오페이의 금융 플랫폼 성장 일지

시점	서비스	내용
2018.10	바로투자증권 인수	바로투자증권 지분 60%를 400억원 안팎에 인수
2018.11	P2P 금융상품	중수익, 중위험 상품을 부동산/개인신용/온라인 선정신 상품
2019.5	카카오페이 '엠'	카카오톡에서 독립된 자산관리 서비스 오픈
	투자상품 확대	태양광 PF 상품 출시
2019.6	카카오페이 배송	롯데글로벌로지스와 협력, 국내 배송 예약부터 결제까지 가능
	영수증	영수증 컬렉터, 모든 카드 영수증 보관과 확인 가능
2019.7	인바이유 인수	법인보험대리점 라이선스 보유 보험스타트업 인수
2019.8	신용조회	신용정보 확인 및 조회
2019.10	간편보험 출시	자동차보험료, 반려동물보험 등 간편보험 출시
2019.12	대출상품 출시	씨티은행과 자금리/고한도 특별 대출상품 출시
2020.2	카카오페이증권 출범	금융위원회, 대주주 변경 최종 승인/증권계좌 오픈
2020.6	알리페이 투자유치	1,600억원 규모로 자본 확충 및 신규사업 투자
2021	디지털손보사 예비인가신청	상품 개발력과 노하우 등의 검증 시간 필요

자료: 카카오페이, 메리츠증권 리서치센터

카카오페이증권

플랫폼 기반의
새로운 증권 서비스

- 카카오페이증권의 금융계좌 오픈 숫자는 출시 8개월 만에 250만 계좌 돌파
- 소액 투자건수는 7월 300만건에서 9월 520만건으로 73% 증가. 매달 가파른 성장세
- 20년 11월 기준 주식형 펀드 3종(키움, 미래에셋, 삼성)과 채권형 펀드 2종(한화, 미래에셋) 판매 중
- 플랫폼 기반의 새로운 증권 서비스에 사용자들이 호응하며 계좌개설 증가세
- 3년 내에 카카오페이는 지급결제와 금융거래 비중을 5:5로 가져간다는 목표하에 견조한 성장

카카오페이증권 계좌 수

(만개)

■ 카카오페이증권 계좌 수

'20.10.31	250
'20.8.30	200
'20.7.31	170
'20.6.30	140
'20.6.9	125
'20.5.31	120
'20.5.12	100
'20.4.30	80
'20.3.31	60
'20.3.25	50
'20.3.3	20
'20.2.27	10

자료: 카카오페이, 메리츠증권 리서치센터

카카오페이증권 계좌 업그레이드

자료: 카카오페이

카카오페이 소액투자건수

(만건)

■ 카카오페이 소액 투자 건수

'20.7	300
'20.8	430
'20.9	520

자료: 카카오페이, 메리츠증권 리서치센터

카카오페이 손익계산서

오픈뱅킹 효과 현실화

- 2020년 카카오페이 영업수익은 2,245억원(+67.1% YoY), 영업이익은 BEP에 근접한 수익성 개선 기대

- 2021년 매출액은 63.5% YoY 증가. 영업이익률은 11.5%로 적정 이익 창출 원년 예상

- 19년 12월 오픈뱅킹 실시로 펌뱅킹수수료(지급수수료) 감소. 반면 카카오페이증권 인수하며 인건비, 주식계좌 업그레이드/버킷리스트 등의 마케팅비 증가

- 지분구조는 카카오 56.1%, 알리페이 43.9%로 구성. 17년과 20년 2번에 걸쳐 약 3천억원 투자 유치

- 20년 6월 카카오(448억원)와 알리페이(1,152억원)는 1,600억원 규모의 3차 배정 유상증자 참여

카카오페이 지분구조

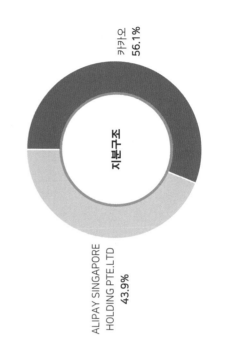

카카오
56.1%

ALIPAY SINGAPORE
HOLDING PTE.LTD
43.9%

지분구조

자료: 카카오페이, 메리츠증권 리서치센터

2020년 수익성 크게 개선 전망

(십억원)	2017	2018	2019	2020E	2021E
영업수익	10.6	69.5	141.1	224.5	367.1
(% YoY)	-	555.9	103.0	67.1	63.5
영업비용	37.9	166.0	206.4	217.5	324.9
인건비	9.6	22.0	41.3	70.0	102.2
지급수수료	16.7	89.2	134.1	80.0	110.2
광고선전비	10.0	49.1	23.8	52.5	82.5
기타	1.6	5.7	7.3	15.0	30.0
영업이익	-27.3	-96.5	-65.3	7.0	42.2
(% YoY)	-	적자	적자	흑자	504.6
OPM(%)	-257.5	-138.8	-46.3	3.1	11.5
기타손익	0.5	-0.1	0.0	0.0	0.0
금융손익	1.4	3.2	3.1	3.1	3.1
지분법손익	-	-	-2.8	-1.8	-1.8
세전이익	-25.4	-93.5	-65.0	8.3	43.5
법인세비용	-	-	-	1.8	9.6
당기순이익	-25.4	-93.5	-65.0	6.5	33.9
(% YoY)	-	적자	적자	흑자	425.4
NPM(%)	-239.6	-134.5	-46.1	2.9	9.2

자료: 카카오페이, 메리츠증권 리서치센터

핵심 경쟁력은 '금융기술'

생체인식, 신용평가, 리스크 관리 시스템을 강조

- "은행이 NIM 비즈니스는 자본을 계속 투입해야 하는 구조, 그러나 카카오페이는 IT 기반이라 매출이 늘면 비용은 고정, 이익이 급격히 늘어난다는 점" 주목해야

- 카카오페이의 핵심 경쟁력은 금융기술에 대한 리더십

- 생체인식 기술(안면인식)로 본인 인증에 있어 용이함. 차세대 신용평점 모델, 기본 금융 정보뿐 아니라 비금융정보도 씬파일러들이 금융상품 누리게 하는 것

- 리스크 관리 시스템. 머신러닝 통해서 오류 상황을 자동으로 인지하는 시스템 가동

금융 기술 리더십 지속

자료: 카카오페이, 메리츠증권 리서치센터

차세대 신용평점 모델

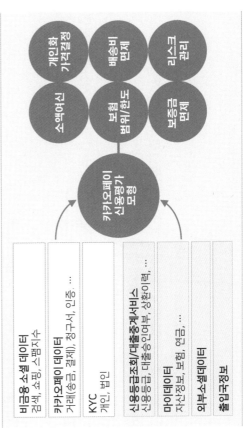

자료: 카카오페이, 메리츠증권 리서치센터

'마이데이터'의 초석

버킷 리스트

- 카카오페이의 궁극적인 목표는 '마이데이터' 사업
- 마이데이터 사업자는 금융소비자의 종합적 자산 조회가 가능
- 자문사와 공급자를 연결해 최적의 금융서비스를 소비자에게 제공하는 자문 플랫폼으로서 역할 가능
  예) 자문사가 권유하는 MP 선택 후, 이에 맞는 금융상품 매매를 위해 공급자를 선택
- 마이데이터 사업자의 경우 자본시장법상 투자자문 및 일임업 겸영 가능
- 9월 22일 개인 맞춤형 자산관리 서비스, '버킷 리스트' 오픈. 5개 목표 만들 수 있고 버킷리스트 계좌 개설하면 한도없이 매주 연 0.6%(세전) 금리 지급. 잔 모으기 부스터 통해 소비 통해 소비자동 적립

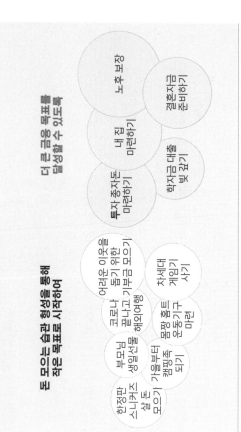

개인화 서비스의 확장은 '마이데이터'

자료 : 카카오페이, 메리츠증권 리서치센터

개인화된 서비스의 시작 – 버킷리스트

자료 : 카카오페이, 메리츠증권 리서치센터

코로나로 Contactless 구현

송금/결제는
금융 빅데이터의 기본

- 20년 코로나로 인해 송금 이용건수 및 금액이 코로나 이전대비 2배 증가

- 카카오페이 송금은 '돈을 보내는 맥락' 포착해서 다양한 봇투 제공. 코로나 후 경조사 송금 봇투 증가

- 카카오페이 결제는 완벽히 'Contactless' 구현. 리워드, 영수증, 자산관리 서비스에 지출 내역 등록

결제 – 멤버십, 리워드, 영수증, 쿠폰, 가계부 연결된 서비스

결제 Effortless system

멤버십 리워드 영수증 쿠폰 가계부

자료: 카카오페이, 메리츠증권 리서치센터

경조사 송금 서비스 이용규모 – 코로나19 이후 2배 증가

송금 경조사 송금 서비스 이용규모 변화

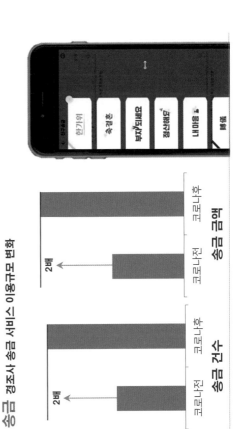

송금 건수 (2배) / 송금 금액 (2배)

코로나전 코로나후 / 코로나전 코로나후

자료: 카카오페이, 메리츠증권 리서치센터

잔돈 투자로 접근성 높여

**단건, 적립식, 알투자,
잔돈투자 다양한 투자행태
포용**

- 2018년 11월 P2P 상품 투자 출시한 이후 2020년 펀드 상품으로 확장
- 단건, 적립식, 알투자, 잔돈투자 등이 개인의 라이프 스타일에 맞는 투자 가능
- 동전모으기(카카오페이로 결제한 뒤 남는 잔돈을 펀드에 투자)
- 알모으기(카카오페이로 결제한 뒤 받는 현금 리워드를 펀드에 투자) 서비스를 진행 중
- **단건 투자를 시작으로 적립식 투자의 Heavy Investor 전환비율 30% 상회**

금융 서비스 본격 성장한 2020년

금융 다양한 투자 옵션

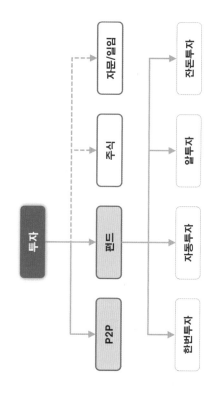

자료: 카카오페이, 메리츠증권 리서치센터

카카오페이 누적 투자금과 투자자 각각 1천억원, 70만명 돌파

금융 내 생활패턴에 맞춤화된 소액투자

누적 투자금	1,000억+
누적 투자자	70만명+
일평균 투자	20만건+
간편 → 직접 투자 전환	30%+

자료: 카카오페이, 메리츠증권 리서치센터

내 보험관리

교보생명과 제휴. 향후 라이선스 취득시 독자 서비스

- '사용자 생활금융'이라는 맥락 하에 리스크 헷지하고 삶의 위험을 관리해주는 맥락 서비스
- 20년 3월 교보라이프플래닛 생명보험과 제휴 통해 '내 보험 관리' 서비스 오픈
- **9월 12일 6개월만에 누적 이용자수 100만명 돌파. 일평균 7천명 이상이 서비스 이용**
- **가입 고객은 20~40대, 평균 연령 35세로 보험 가입 주 고객층이 아닌 20대에서도 호응 얻음**
- '묶음가입' 고객도 다수. 보장 영역은 암보장 40.2%, 사망보장 27.4%, 뇌심장질환 14.9% 순임

내게 맞는 보험보장 분석

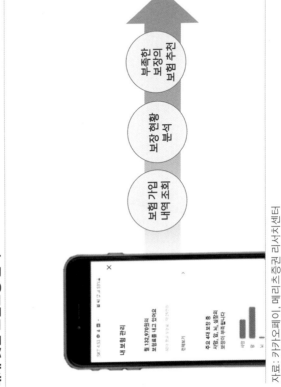

자료: 카카오페이, 메리츠증권 리서치센터

내 보험관리 이용자수

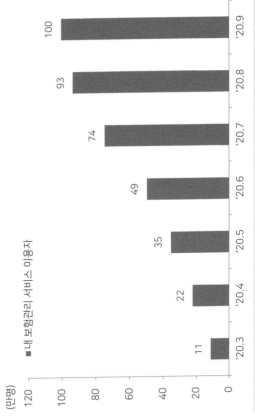

자료: 카카오페이, 메리츠증권 리서치센터

카카오뱅크

국내 성공한 인터넷은행

- 2019년 영업수익은 6,649억원(+77% YoY), 영업이익 133억원 기록하며 흑자전환에 성공
- 3Q20 누적 순이익은 859억원으로 459.5% YoY 증가, BIS비율 14.03%, 연체율 0.22%로 낮은 수준
- 20년 9월 기준 카카오뱅크의 자본금은 1.8조원, 여신 18.3조원, 수신 22.3조원 돌파
- 신용대출, 전월세 보증금대출, 26주 적금, 모임통장, 신용카드 등의 상품 하는
- 2019년 11월 카카오가 카카오뱅크의 최대주주로 등극. 5천억원 규모의 증자 실시
- 2020년 10월 TPG 등으로부터 7,500억원 투자유치. 기업가치 9.3조원(PBR 3.6배)으로 평가

카카오뱅크 손익계산서

(십억원)	2016	2017	2018	2019	1Q20	2Q20
영업수익	1.3	68.9	375.6	664.9	192.6	196.1
(% YoY)		-94.9	445.1	77.0	42.9	19.0
이자수익	1.3	50.3	293.9	494.6	145.0	148.9
수수료수익	-	17.0	67.9	118.4	38.6	42.5
당기손익-공정가치측정금융자산관련이익	-	-	10.1	40.4	7.9	3.9
투자금융자산거래이익	-	1.1	0.7	8.3	-	-
기타영업수익	-	0.5	2.9	3.2	1.1	0.8
영업비용	16.7	173.1	382.0	615.2	166.6	153.3
금융자산신용손실충당금전입액	-	18.3	14.8	36.4	7.6	16.5
영업이익	-15.3	-104.2	-21.2	13.3	18.4	26.2
(% YoY)	-	적자	적자	흑전	186.6	2,510.0
OPM(%)	-1.1	-151.2	-5.6	2.0	1.0	13.4
세전이익	-15.3	-104.2	-21.3	13.2	18.4	26.1
법인세비용	0.0	0.3	-0.3	-0.6	0.1	0.6
순이익	-15.3	-104.5	-21.0	13.7	18.5	26.8
(% YoY)	-	적자	적자	흑전	181.3	786.7
NPM(%)	-1.1	-151.6	-5.6	2.1	9.6	13.6

자료: 카카오뱅크, 메리츠증권 리서치센터

카카오뱅크 연혁

2017.7 카카오뱅크 서비스 오픈

2017.8 자본금 8,000억원 (유상증자 5,000억원 완료)

2017.10 제2고객센터 오픈

2018.1 고객수 500만명 돌파 전월세 보증금 대출 상품 출시

2018.4 고객수 6조원 여신 1조 자본금 1조 3,000억원 (유상증자 5,000억원 완료)

2018.6 8조원 수신금 기록 AI기반 상담챗봇 출시 해외송금 20만건 기록 26주 적금 출시

2018.7 500만장 체크카드 발급, 고객수 630만명 기록

2018.12 모임통장 출시 구글플레이 선정 올해의 혁신앱

2019.1 사잇돌 대출 개시

2019.5 10조원 여신, 14조원 수신 1Q19 영업이익 흑자전환

2019.11 카카오뱅크 5,000억원 유상증자, 카카오 대주주 (지분율 34%) 승격

2020.4 카카오뱅크 신용카드 출시

2020.9 카카오뱅크 IPO 추진 결의

자료: 카카오뱅크, 메리츠증권 리서치센터

카카오뱅크

꾸준한 성장

- 3Q20 카카오뱅크의 자본금은 1.8조원, 8월 여신 18.3조원, 수신 22.3조원 돌파

- 2017년 7월 26일 카카오뱅크 출시. 출범 이후 1,294만명의 고객이 계좌 개설 (2020년 8월말 기준)

- 모바일 앱 분석 업체 와이즈앱에 따르면 카카오뱅크의 월간 이용자수는 678만명

- 농협·국민·신한·우리·하나은행 앱 이용자수 보다 앞서. 전체 금융 앱 중 사용자 수 1위 기록

카카오뱅크/시중은행 모바일 앱 월간 이용자수

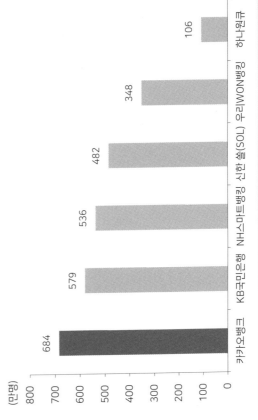

주: 2020.10월 기준
자료: 와이즈앱, 메리츠증권 리서치센터

카카오뱅크 여신/수신액 추이

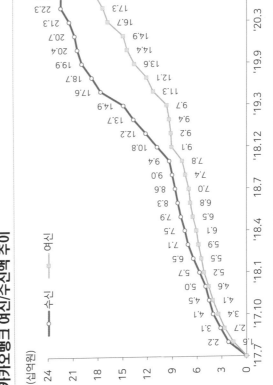

자료: 카카오뱅크, 메리츠증권 리서치센터

카카오뱅크

비즈니스 포트폴리오 다변화를 위한 노력

- 2020년 4월 카카오뱅크의 신용카드 서비스 오픈. 대형 카드사 4곳(신한, 국민, 삼성, 씨티)과 제휴

- 출시 5개월만에 40만건의 신용카드 발급. 플랫폼 발급 비율이 차별

- 고객 필요에 의한 발급이라 불완전 판매 이슈도 없고, 꾸준한 이용으로 브랜드 로열티도 발생

- 카카오뱅크는 19년 4월부터 제2금융권 연계대출 서비스 출시

- 이용자에 대한 신용정보, 연계대출 수수료 수익, 고객에 대한 Lock-In 등의 효과 가능

- 2021년 카카오뱅크의 성장 과제는 부동산 담보대출 시장 진출 여부

카카오뱅크 신용카드 가입자수

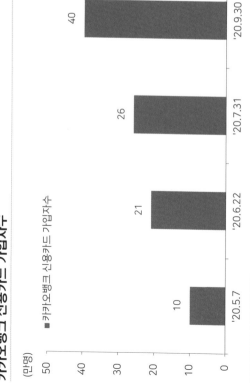

자료 : 카카오뱅크, 메리츠증권 리서치센터

카카오뱅크 연체대출 실행건수와 대출 금액

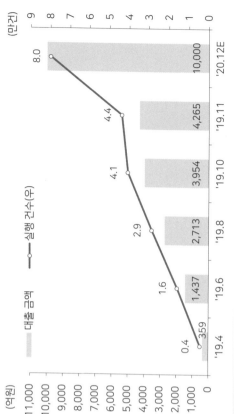

자료 : 카카오뱅크, 메리츠증권 리서치센터

네이버파이낸셜

쇼핑이라는 강력한 킬러
서비스에 근거한 금융 야심

- 네이버파이낸셜은 2015년 네이버페이 간편결제 서비스 출시
- 2016년 제휴 체크카드 출시. 2017년 제휴 신용카드 출시
- 2018년 오프라인 매장, QR 결제 시작. 월거래액 1조원 돌파
- 2019년 네이버파이낸셜 법인 설립. 미래에셋그룹으로부터 8천억원 투자유치
- 2020년 6월 '네이버통장' 출시. 4분기 소상공인 대출 서비스 출시 예정
- 2020년 가입자수는 3천만명으로 연간 거래액은 25.5조원 예상

네이버파이낸셜 History

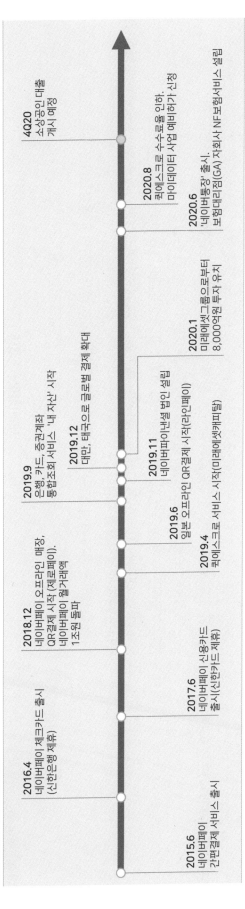

2015.6
네이버페이
간편결제 서비스 출시

2016.4
네이버페이 체크카드 출시
(신한은행 제휴)

2017.6
네이버페이 신용카드
출시(신한카드 제휴)

2018.12
네이버페이 오프라인 매장,
QR결제 시작 (제로페이).
네이버페이 월거래액
1조원 돌파

2019.4
퀵에스크로 서비스 시작(미래에셋캐피탈)

2019.6
일본 오프라인 QR결제 서비스 시작(라인페이)

2019.9
은행, 카드, 증권계좌
통합조회 서비스 '내 자산' 시작

2019.11
네이버파이낸셜 법인 설립

2019.12
대만, 태국으로 글로벌 결제 확대

2020.1
미래에셋그룹으로부터
8,000억원 투자 유치

2020.6
'네이버통장' 출시.
보험대리점(GA) 자회사 NF보험서비스 설립

2020.8
퀵에스크로 수수료율 인하.
마이데이터 사업 예비허가 신청

4Q20
소상공인 대출
개시 예정

자료: 네이버파이낸셜, 메리츠증권 리서치센터

네이버파이낸셜

2021년 거래액 40조원 예상

- 네이버페이 이용자수는 언택트 소비 증가 및 지속적인 결제처 확장으로 19년말 대비 23% 증가

- 포인트 결제액도 전년대비 200% 이상 증가하며 결제 방식의 다변화 진행 중

- 20년 7월에는 투자 상품 조회, 지출 내역 조회 서비스 추가했는데

- NAVER의 '내 자산 서비스'는 결제에 대한 주요 내역들이 NAVER 서비스들과 연계되어서 신생활에 도움될 수 있다는 점에서 경쟁사와 차별화

- 11월 오프라인 결제 서비스 본격화. 네이버플러스 멤버십 이용자는 일반 이용자보다 2~4배 포인트 지급

네이버페이 월간 이용자수

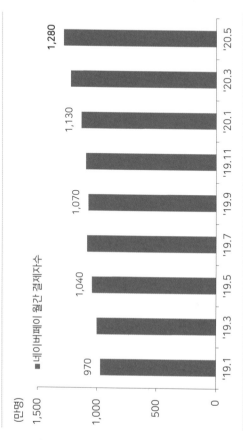

자료: NAVER, 메리츠증권 리서치센터

네이버페이 거래액

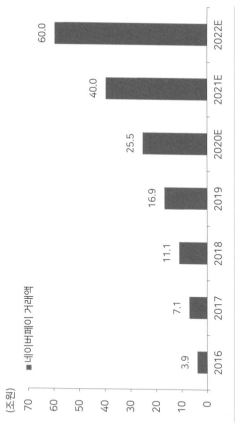

자료: NAVER, 메리츠증권 리서치센터

네이버파이낸셜 손익계산서

오픈뱅킹 효과로 크게 개선

- 2020년 영업수익은 7,368억원, 영업이익은 소폭의 흑자전환하며 OPM 2.9% 기록 전망
- 인력 충원으로 인건비 증가, 스톡옵션 부여로 주식보상비 증가, 오픈뱅킹 효과로 지급수수료 감소
- 6월 네이버 통장 출시하며 마케팅비, 추가 적립비용 등의 영업비용 증가
- 4Q20 소상공인 대출 서비스 시작으로 금융거래 등을 통한 추가 수익모델 가능성 점검

네이버파이낸셜 손익계산서

(십억원)	2019	2020E	2021E
영업수익	86.8	736.8	968.0
영업비용	91.4	715.1	920.4
영업이익	-4.6	21.7	47.6
OPM(%)	-5.3	2.9	4.9
영업외손익	0.1	3.3	3.7
기타손익	0.0	3.0	3.3
이자수익	-0.4	1.2	1.3
금융순익	-0.2	-0.9	-1.0
법인세비용차감전순이익	-4.5	25.0	51.3
법인세수익	0.1	5.5	11.3
당기순이익	-4.6	19.5	40.0
NPM(%)	-5.3	2.6	4.1

주: 19년 수치는 11월 법인 출범 이후 2개월 실적합산
자료: 네이버파이낸셜, 메리츠증권 리서치센터 추정

네이버파이낸셜 지분구조

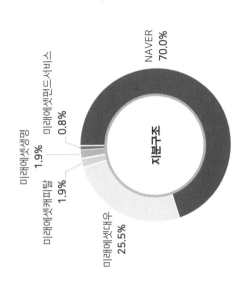

네이버파이낸셜 지분구조

NAVER 70.0%
미래에셋대우 25.5%
미래에셋캐피탈 1.9%
미래에셋생명 1.9%
미래에셋펀드서비스 0.8%

지분구조

자료: 네이버파이낸셜, 메리츠증권 리서치센터

네이버통장으로 이용자 Lock-in

꾸준하게 영향력 강화

- '네이버통장'의 가입자수는 6월 8일 출시 이후 100일간 약 44만명이 가입한 것으로 추정
- 국내 월간 평균 CMA 가입자수가 약 50만명임을 고려시 40% 이상이 네이버를 선택한 것으로 양호
- 이용자 충성도는 우수. 가입 고객의 50% 이상이 골드 등급(전월 네이버 결제 실적 10만원 이상)
- 30~40대 가입자수가 16.6만명으로 골드 등급이 64% 차지. 네이버파이낸셜 비즈니스는 이제 시작 단계
- P2P 금융상품, 펀드, 보험 등의 다양한 금융 포트폴리오 구축하고 있는 카카오페이와 직접 비교 어려움

네이버통장 가입자수 – 100일간 44만명 유입

(만명)

'20.6 '20.7 '20.9 '20.10E '20.11E '20.12E

— 네이버통장 가입자수

44

네이버통장 골드등급 가입자 연령대별 연황

(만명)

20대	30대	40대	50대	60대
3.8	9.4	7.2	2.0	3.6

자료: 네이버파이낸셜, 메리츠증권 리서치센터 추정

네이버통장 등급별 가입자 연황

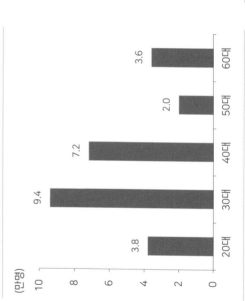

등급별
가입자 현황

골드
51.4%
22.8만명

실버
48.6%
21.6만명

자료: 네이버파이낸셜, 메리츠증권 리서치센터

자료: 네이버파이낸셜, 메리츠증권 리서치센터

쇼핑과 디지털 콘텐츠의 결합

NAVER 플러스

- NAVER는 '온라인 상거래 + 디지털 콘텐츠'를 결합한 유료 회원제 서비스 출시하였음

- 네이버 멤버십 회원들은 쇼핑/예약/웹툰 서비스 등에서 네이버페이로 결제하면 최대 4% 추가 적립. 충전 결제시 +1.5%, 네이버 통장 고객이면 +0.5% 포인트 합산하면 최대 7%의 캐쉬백 가능

- 쇼핑 포인트 적립 혜택 뿐 아니라 월 회비 4,900원으로 2배 이상의 콘텐츠/서비스 효용 제공

- 10월 27일부터 네이버 플러스 혜택을 웹툰이나 영화 감상용 캐시로만 선택 가능

- 2021년 네이버 플러스 프리미엄 출시 가능성. '쇼핑 무료 배송' 도입 여부

- NAVER는 현재 CJ대한통운과 '독가창고' 중심의 풀필먼트 서비스 테스트 중

'네이버 플러스' 멤버십

자료: NAVER, 메리츠증권 리서치센터

'네이버 플러스' 멤버십 디지털 서비스 이용권

구분	서비스	내용	서비스 가치
디지털 서비스 이용권 (3종 중 1개 선택 이용)	네이버 웹툰/시리즈	웹툰 미리보기 24편 또는 웹소설 대여 49회 (구가 49개)	4,900원
	시리즈온	영화 1편 무료 쿠폰	최대 2만원
	콘텐츠 체험팩 패키지 (모두 제공)	웹툰/시리즈 쿠키 20개	2,000원
		시리즈온 영화/방송 3,300캐시	3,300원
		VIBE 300회 듣기	3,000원
		MYBOX 100GB 이용권	3,000원
		오디오클립 오디오북 대여 할인권	3,000원
콘텐츠 체험팩 사용시 업그레이드 상품	VIBE	VIBE: 무제한 듣기	3,850원/월
	MYBOX	MY BOX: 300GB MY BOX: 2TB	2,200원/월/월 7,700원/월/월

자료: NAVER, 메리츠증권 리서치센터

네이버 멤버십, '핵이득'

전체 쇼핑 거래 15% 차지

- 네이버플러스 멤버십 이용자의 거래금액이 전체 쇼핑 내 15% 차지할 정도로 충성도 제고
- 10월 기준 네이버 플러스 멤버십 가입자수는 160만명 돌파. 20년말까지 200만명 목표
- 네이버플러스 멤버십 가입해서 월 10만원 이상 사용시 5,000원 적립. 이용료 이상의 혜택

네이버 플러스 멤버십 가입자수 - 20년 200만명 목표

(만명)

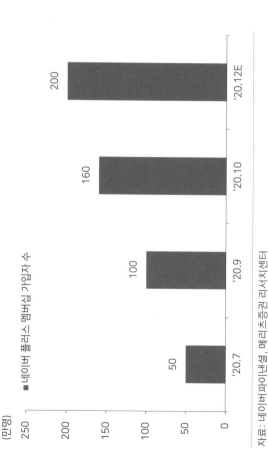

■ 네이버 플러스 멤버십 가입자 수

자료: 네이버파이낸셜, 메리츠증권 리서치센터

네이버플러스 멤버십 - 월 10만원 쇼핑시 이용료 이상의 혜택

월 쇼핑 금액 (예시)	페이 포인트 적립
10만원	5,000원
20만원	10,000원
50만원	16,000원
100만원	26,000원
500만원	106,000원
...	...

(멤버십 적립 한도 상품당 최대 2만원)

월 이용료보다 많음

자료: 네이버파이낸셜, 메리츠증권 리서치센터

네이버파이낸셜

중소 상공인 금융 데이터 취합, 궁극적으로는 PFMS

- '네이버통장' 가입 이용자들이 네이버쇼핑 결제액과 결제횟수는 각각 2배, 77% 많은 것으로 파악되어 충성도 높은 고객들의 금융 유입이 진행 중

- 네이버파이낸셜 역시 개인의 자산을 관리하는 PFMS로의 성장 목표

- 20년 7월 NF보험 서비스 법인 등록. 보험사와 계약 맺고 보험 판매를 전문적으로 하는 법인보험 대리점(GA) 형태 사업 전망. 미래에셋생명 뿐 아니라 다양한 보험사들과 제휴 고려

네이버 통장 가입 이용자들의 쇼핑 결제와 결제횟수 크게 증가

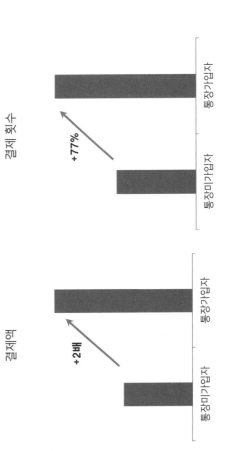

결제액

결제 횟수

자료: NAVER, 메리츠증권 리서치센터

내 자산 서비스는 중장기적으로 개인자산관리서비스(PFMS)로 확장 계획

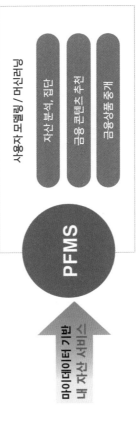

자료: NAVER, 메리츠증권 리서치센터

네이버파이낸셜

전월세 보증금 보장, 소상공인 대출 등의 니치마켓 공략

- 20년 11월말~12월초 소상공인 대상의 대출 서비스를 시작할 계획으로 중금리 고객층(제1금융권 아닌 제2금융권 대상)의 스마트스토어 소상공인)
  - 즉 스마트스토어 사업자들의 사업 확장과 성장에 도움 주는 금융 서비스를 추구
  - 또한 금융 Thin Filer, 소상공인들을 타겟으로 자산관리 서비스, 결제/판매 데이터에 기반한 CSS(크레딧 스코어링 시스템, 신용관리 서비스)를 구축할 계획

부동산, 자동차 등 서비스에서도 편리하고 유익한 금융 이용 경험 제공

자료: NAVER, 메리츠증권 리서치센터

스마트스토어 판매자 위한 SME 대출 준비중

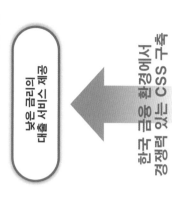

금융 이력 충분치 않아 금리 / 한도 불이익 받아온
스마트스토어 판매자 위한 SME 대출 준비중

**낮은 금리의
대출 서비스 제공**

**한국 금융 환경에서
경쟁력 있는 CSS 구축**

자료: NAVER, 메리츠증권 리서치센터

SME 중금리 대출 오픈

네이버쇼핑의 강점을 살린 금융 비즈니스

- 2020년 NAVER는 스마트스토어 판매자를 위한 SME 대출 서비스를 시작할 것
- 대출 금리는 연 4~10%로 대출 한도는 최대 5천만원. 네이버쇼핑에 입점한 씨파일러가 타킷
- 금융 이력이 없는 사업자도 높은 승인율과 한도 적용. 휴대폰으로 간편하게 신청, 한도, 금리 확인 가능
- 네이버는 이미 D-커머스 프로그램을 통해 마케팅, 수수료, 퀵에스크로 등의 지원 진행
- SME 유동성 높여주는 퀵에스크로 프로그램의 경우 매출이 157배 증가하는 긍정적 상생 효과 발생

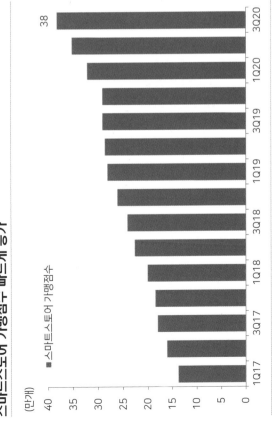

스마트스토어 가맹점수 빠르게 증가

(만개)

자료 : NAVER, 메리츠증권 리서치센터

SME 대출 준비중

상품명	SME 대출
출시 일정	2020년말
상품 종류	신용 대출
중개, 심사 담당	NAVER · 자금 담당 · 미래에셋캐피탈
심사 방식	기존 신용등급 평가 방식 + 대안신용평가 시스템(ACSS)
대출 금리	연 4%~10% (신용등급에 따라 차등)
대출 한도	최대 5,000만원
지원 대상	네이버쇼핑 입점 스마트스토어 중소상공인 씨파일러(SME)
지원 자격	▪ 금융 이력이 없는 사업자도 가능 ▪ 사업 정보를 활용한 대출 심사로 승인율과 한도 높음 ▪ 네이버쇼핑에서 일정 금액 이상의 매출 발생시 신청 가능 ▪ 본인 명의 휴대폰으로 간편하게 한도, 금리 확인

자료 : NAVER, 메리츠증권 리서치센터

페이와 신용카드 수익구조 비교

페이 포인트는 강력한 고객 유인 수단

- 네이버페이 포인트는 신용카드 혜택에 비해 전혀 부족하지 않은 수준
- 네이버페이 포인트를 플랫폼 내에서 현금처럼 사용할 수 있어 사용의 편의성이 높다는 강점
- NAVER는 결제수수료 이상의 혜택을 고객에게 제공. 최대 9%까지 제공하며 이용자 확보 노력
- 반면 전업카드사의 2020년 상반기 마케팅비용은 1.1% 수준

네이버페이 및 신용카드 수익/비용 구조 현황

네이버페이		신용카드	
구분	수익/비용률	구분	수익/비용률
스토어개설/상품등록/판매수수료	0.00%	신용카드 가맹점수수료	1.54%
네이버쇼핑 매출연동 수수료	2.00%	연회비 수익	0.39%
결제수수료	1.00~3.85%	리볼빙 수익	0.18%
신용카드	3.74%	할부수수료 수익	0.34%
계좌이체	1.65%		
무통장입금	1.00%		
휴대폰결제	3.85%		
네이버페이 포인트	3.74%		
수수료 수익	1.00~5.85%	수익률 총계	2.44%
기본적립	1.00%		
충전포인트 결제 적립	1.50%		
통장 추가 적립	0.50%		
MY 단골 적립	2.00%		
네이버플러스 멤버십	4.00%		
결제 혜택	1.00~9.00%	마케팅비용	1.14%
CMA 계좌 연 적립금	0.35~3.00%		

자료: 한국신용평가, 메리츠증권 리서치센터

강의자료 (전망) 45

페이코

국내 대표 핀테크 기업

- 2015년 간편 결제 서비스인 페이코 출시

- 2016년 오프라인 결제, 카드사 결제, 간편송금 서비스 시작. 페이코존 대학 캠퍼스존 진출

- 2017년 NHN으로부터 물적분할후 NHN페이코 설립. 1,250억원 규모의 1차 투자유치(GS홈쇼핑, 한화인베스트먼트)

- 2019년 750억원 규모의 2차 투자 유치(한화생명보험, 너브). 금융 분야에서 유일한 마이데이터 실증 사업자 선정

- 3Q20 누적거래액은 5.2조원, 9월 월간이용자수(MAU) 400만명

페이코 History

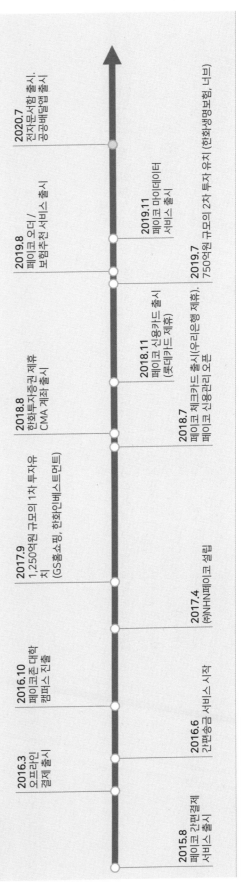

자료: 페이코, 메리츠증권 리서치센터

핵심 밸류는 결국 페이코

페이코, 꾸준한 성장

- 2021년 페이코 거래액은 29.2% YoY 증가한 9.3조원 추정. 20년 코로나로 인해 긍정과 부정의 효과 공존
- 대한항공, 면세점, 영화관 등의 거래 줄었으나 오프라인 결제는 성장하며 전체 비중 14%로 확대
- 페이코 MAU는 400만명으로 꾸준한 트래픽. 쿠폰 등의 수익모델 강화하며 손익 개선 노력 가시화
- 페이코 외부투자자는 계속 논의하고 있으며 사업적 시너지 낼 수 있는 SI와의 협력 필요하다고 생각

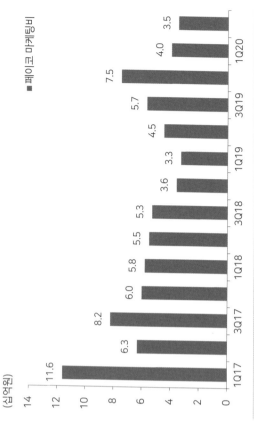

2020년 페이코 거래액은 7.2조원

(조원)

■ 페이코 거래액

2017	2018	2019	2020E	2021E
2.6	4.5	6.0	7.2	9.3

자료: NHN, 메리츠증권 리서치센터 추정

페이코 마케팅비 감소 추세

(십억원)

■ 페이코 마케팅비

1Q17	3Q17	1Q18	3Q18	1Q19	3Q19	1Q20
11.6	8.2	6.0	5.3	3.3	5.7	4.0
6.3		5.8	5.5	3.6	4.5	7.5
						3.5

자료: NHN, 메리츠증권 리서치센터

핵심 밸류는 결국 페이코

페이코, 꾸준한 성장

- 페이코는 주문, 쿠폰 등의 서비스들을 통해 수익성 개선을 위한 노력 지속

- '페이코 오더'는 2019년 6월 론칭. '테이블오더', '픽업오더', '배달오더' 등의 서비스

- 2019년 1만개 계약. 2020년 9월 기준 6만개, 2021년 10만개 가맹점 확보 목표

- 맞춤 쿠폰은 이용자/위치 기반의 맞춤 쿠폰으로 광고 모델. CPC/CPS/CPA 모델

페이코오더 가맹점수 – 2021년내 10만개 목표

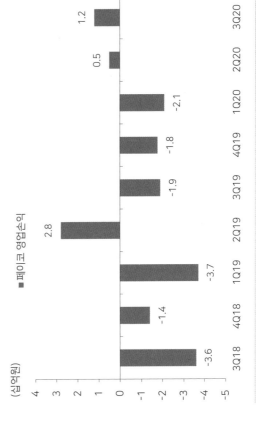

(만개)

자료: NHN, 메리츠증권 리서치센터

페이코 판관 영업손익 – 흑자전환

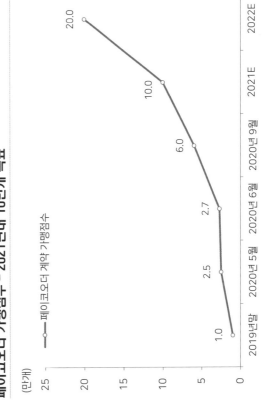

(십억원)

자료: NHN, 메리츠증권 리서치센터

핵심 뱅크는 결국 페이코

페이코, 꾸준한 성장

- 페이코 경쟁력은 오프라인에 있음. 간편결제 사업자 중에서 삼성페이에 다음으로 오프라인에 주력

- 삼성페이와 제휴하며 270만 신용카드 가맹점. 페이코 자체 가맹점도 20만개(5대 편의점, 프랜차이즈)

- 전국 대학 20여곳에 캠퍼스존 구축, 21년 학생식당/카페/매점 등의 거래액 성장 기대

- 9월말 GS홈쇼핑은 NHN페이코 지분 2.3%를 약 275억원에 한화생명에 매각하였는데 구주간 거래였으며

- 금융사업 시너지를 확장한다는 측면과 페이코 기업가치 역시 약 1조 상회하는 수준에서 평가되며 19년 대비 약 45% 상승하였다는 점 긍정적

페이코 오프라인 침투율

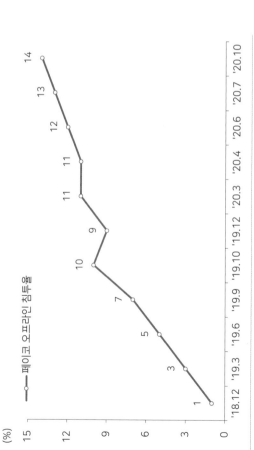

페이코 지분구조

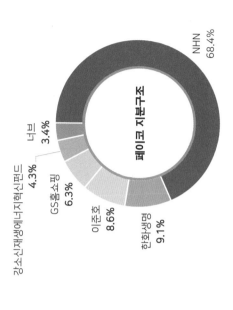

페이코 지분구조

NHN 68.4%
한화생명 9.1%
이준호 8.6%
GS홈쇼핑 6.3%
강소신재생에너지혁신펀드 4.3%
너브 3.4%

페이코

자회사 한국사이버결제와의 시너지 효과

- NHN의 계열회사는 총 85개, 상장 계열사는 NHN벅스, NHN한국사이버결제, 파이오링크 등 3개
- NHN한국사이버결제는 NHN 계열사로 편입된 이후 실적과 주가 고공행진
- 페이코의 강점이나 약점은 플랫폼이 없다는 점. SI 틀에게는 네이버와 카카오는 자사의 이용자 데이터 등이 종속될 우려 등으로 인해 오히려 파트너사로 매력적인 건 NHN
- 페이코 기업가치는 가입자당 9만원 × 1,100만명 감안시 약 1조원 가치 평가 가능

NHN 페이코 금융 서비스 강화

자료: NHN

NHN 지배구조

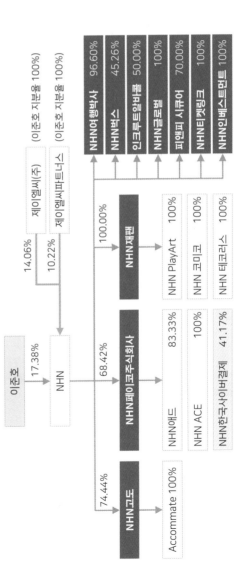

자료: NHN, 메리츠증권 리서치센터

토스 - 국민 송금앱

토스은행, 증권 출범 임박

- 2015년 2월 '토스'라는 간편송금앱 출시, 운영하는 회사. 국내 대표 핀테크 기업
- 공인인증서가 없는 간편송금 서비스 시장 개척. 18년 기업가치 1조원 넘는 '유니콘 기업'에 등극
- 20년 10월 가입자수 1,700만명, 누적 다운로드 4,900만명, 누적 송금액 109조원 기록하며 안정궤도 진입
- CMA 연계 계좌, 펀드와 부동산 소액투자, 보험과 대출 등 종합 금융플랫폼으로 도약 진행 중
- 2021년 토스뱅크 출시. 고신용자들에게 저금리 대출 제공하겠다는 포부
- 2020년 8월 1.7억달러 투자유치를 통해 기업가치 3.1조원으로 평가. 총 누적 투자액은 6,300억원

비바리퍼블리카 연혁

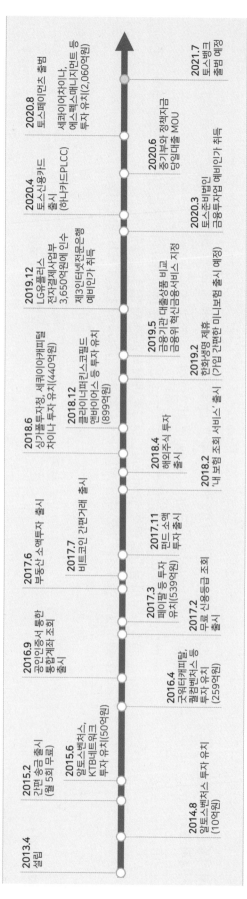

자료: 비바리퍼블리카, 메리츠증권 리서치센터

토스

외형성장은 양호

- 19년 12월 LG유플러스의 PG사업부 인수해 8만여의 오프라인 가맹점 네트워크 확보
- 토스의 월평균 거래액은 4.5조원에 달하나 대부분 송금액. 토스 결제 실적은 미미
- 2019년 송금 건수 기준으로 온라인 거래의 9.2% 차지. 비바리퍼블리카 조직규모는 400명 수준
- 2019년 매출액은 172% 증가한 1,187억원으로 116.6% YoY 증가
- 2020년 3월 증권사 예비인가 취득. 연내 본격 영업 예정. 자본금은 320억원

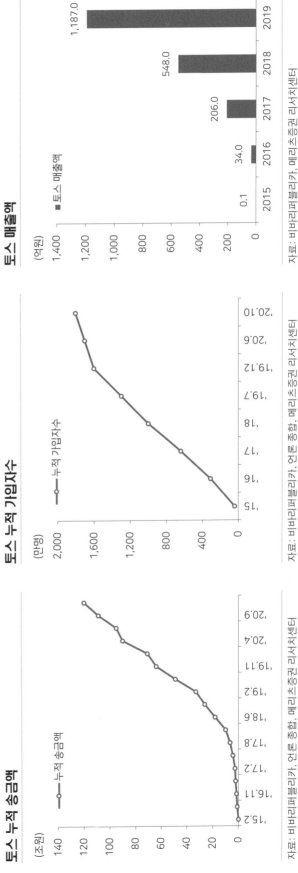

토스 누적 송금액
(조원)

자료: 비바리퍼블리카, 언론 종합, 메리츠증권 리서치센터

토스 누적 가입자수
(만명)

자료: 비바리퍼블리카, 언론 종합, 메리츠증권 리서치센터

토스 매출액
(억원)

0.1 / 34.0 / 206.0 / 548.0 / 1,187.0

2015 2016 2017 2018 2019

자료: 비바리퍼블리카, 메리츠증권 리서치센터

토스 – 국민 금융 서비스로 성장할까?

외형성장은 양호

- 2019년 영업수익은 1,187억원으로 2018년 548억원 대비 116.7% 증가하는 가파른 성장
- 수익의 대부분은 송금, 결제, 상품 중개 등 서비스로부터 금융사들로부터 받는 수수료 수익
- 그러나 영업적자는 1,154억원으로 매출과 유사한 수준. 비용인 지급수수료와 광고선전비가 80% 차지
- **간편송금은 미끼상품, 거래액이 늘어날수록 멤버링 수수료 증가하기 때문**
- 주요 수익모델은 금융상품 판매로 얻는 수수료와 금융상품 노출에 따르는 광고매출
- 토스의 새로운 금융상품들: ① 토스 위탁 심사 소액 단기 신용대출 상품, ② '내게 맞는 대출 찾기' 대출 비교서비스, ③ 결제시 토스 머니를 지급하는 유료 멤버십 서비스 '토스 프라임', ④ 토스 신용카드

토스의 주요 서비스 설명

간편송금	계좌번호 없이 연락처 송금 가능, 사진 송금, 오프라인 QR 송금 문자 등으로 계좌번호, 송금액 자동 인식 붙여넣기 가능 월 10회까지 무료 송금.(500원/건). 최대 1,000만원/일 한도
통합 계좌조회	공인인증서 1회 등록으로 토스 제휴 은행 및 증권사 연계 내 카드, 신용, 대출, 투자, 보험, 자동차, 부동산 등 자산 조회/관리
무료 신용등급조회	신용평가기관 KCB 신용등급 무제한 조회 보유 카드, 대출 현황 등 신용 관련 정보 조회 가능 신용등급 점수 및 신용도 관련 일일 신용 리포트 제공
주계좌 플러스	신한금융투자와 제휴. 송금 무제한 무료 및 기본금리 연 2.1% 자동 채우기 가능시 연 2.2%
투자 서비스	주식/채권/펀드 중개 예정. 토스증권 MTS 연계 준비중 파트너사와 함께 부동산, 비트코인, 펀드, 해외주식 투자 등 제공
대출	제휴 25개 금융회사의 최저 금리 신용/전월세대출 조회 · 주선 마이너스 통장(수협은행 연계) 및 대출 상환 이자 계산기 제공
간편결제	충전/송금/결제 선불지급 수단 '토스머니'로 최대 200만원 한도 다채메이, ATM 출금 가능까지 생활 금융 서비스 이용 가능

자료: 비바리퍼블리카, 메리츠증권 리서치센터

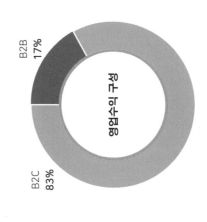

비바리퍼블리카 영업수익 비중

영업수익 구성

B2B 17%

B2C 83%

자료: 비바리퍼블리카, 메리츠증권 리서치센터

비바리퍼블리카 손익계산서

(십억원)	2016	2017	2018	2019
영업수익	3.4	20.6	54.8	118.7
성장률(%)		505.6	166.1	116.6
영업비용	26.2	59.7	99.3	234.2
인건비	2.6	7.3	16.5	34.4
지급임차료	0.1	0.4	1.2	2.5
지급수수료	19.1	44.8	61.6	103.3
광고선전비	3.1	4.5	13.4	80.1
주식보상비용	0.5	1.0	2.2	2.1
경상연구개발비	0.1	0.2	0.3	-
기타	0.7	1.6	4.1	11.8
영업이익	-22.8	-39.1	-44.5	-115.4
영업외수익	0.4	0.5	0.4	1.7
영업외비용	0.2	0.4	0.4	10.6
세전이익	-22.6	-39.1	-44.5	-124.4
법인세비용	-	-	-	-
당기순이익	22.6	39.1	-44.5	-124.4

자료: 비바리퍼블리카, 메리츠증권 리서치센터

토스뱅크의 성공 가능성

중금리 기반의 우량 고객 확보가 관건

- "토스뱅크를 포용과 혁신의 2세대 챌린저 뱅크로 만들겠다." - 토스 비바리퍼블리카 이승건 대표

- 모바일 금융 플랫폼으로 국내 유일의 판테크 유니콘 기업. 장점은 1) 20~30대의 젊은층 위주의 충성도 높은 고객층 보유. 2) 결제/송금에서 은행/증권까지 하나의 플랫폼에서 영위 가능한 유일한 판테크기업

- "토스뱅크는 금융소외 계층을 포용하는 인터넷 은행을 표방. 21년 7월 출범 예상하며 2025년까지 흑자전환하겠다는 목표. 단점은 금융의 자본력의 싸움인데 향후 자본 확충 이슈 지속적으로 부각될 것

- 중금리 고객의 금융업의 안정적인 수익성/리스크관리 확보할 수 있을지. 카카오뱅크의 시장선점으로 추가 파이 남아있을지 여부 등

토스뱅크 주주구성

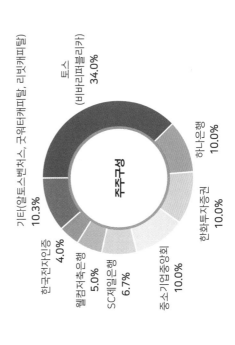

자료: 비바리퍼블리카, 메리츠증권 리서치센터

토스 고객 성별 / 연령별 분포

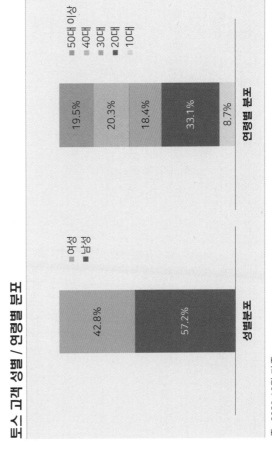

주: 2020.10월 기준
자료: 와이즈앱, 메리츠증권 리서치센터

가장 많은 마케팅을 하는 '토스'

20년말 토스증권 출범

- 2020년 토스의 손익은 오픈뱅킹 효과와 LG유플러스 PG사업부 연결손익 반영으로 영업손실폭 축소 추정
- 그러나 간편결제 사업자 중에서 여전히 가장 많은 마케팅을 집행하는 플랫폼
- 이벤트가 주도한 성장이 지속될 수 있을지 불투명
- 20년말 토스증권 출범하며 주식, 채권, 펀드 중개에 집중 계획. 자산관리는 투자자문사 및 로보어드바이저 일 임사와 제휴하는 방안을 검토. 20~30대 위주로 공략 계획. 모바일 주식거래시스템도 공개 예정
- 21년에도 토스은행 오픈으로 많이 투자 진행되어야 하는 시점. 자본력 확충을 위한 펀딩 지속은 부담

20년 토스증권 출범 결과에 주목

토스준비법인(토스증권)	
납입자본	320억원
주주구성	비바리퍼블리카(토스) 100%
대표이사	박재민 (비바리퍼블리카 증권준비법인 사업총괄)
임직원 수	800여 명
업종	투자 중개업 (주식·채권·펀드·브로커리지)

자료: 금융감독원, 메리츠증권 리서치센터

토스 자회사 지분구조

자회사 / 관계사

비바리퍼블리카
- 100% → 토스인슈어런스 / 법인보험대리(GA)
- 51.2% → 토스페이먼츠 / 전자결제(PG)
- 34.0% → 토스혁신준비법인 / 인터넷전문은행
- 100% → 토스증권 / 투자중개
- 24.8% → 인포테크코퍼레이션 / 금융데이터추출
- 5.5% → 한국전자인증 / 공인인증서

토스의 강력한 마케팅 – 선불지급수단 마케팅 비용

(억원)	2016	2017	2018	2019	'20.1~'20.5
NHN페이코	78.6	107.6	150.8	176.4	91.2
비바리퍼블리카	31.2	44.9	134.2	800.8	86.3
쿠팡	0.0	0.0	0.0	81.6	75.5
카카오페이	0.0	99.6	491.2	237.9	46.5
네이버파이낸셜	8.5	9.6	12.2	13.8	9.8
합계	123.4	171.5	305.9	1,004.8	191.3

자료: 금융감독원, 메리츠증권 리서치센터

플랫폼 개인정보 수집

빅데이터의 중요성

- 우리가 이용하는 플랫폼들은 이전보다 훨씬 더 많은 종류의 정보 수집
- 인터넷 브라우징, 접속 시간, IP주소, 검색어, 이메일 주소, 전화번호, 휴대폰 단말 시리얼 넘버, 광고 클릭수, GPS 정보 등의 개인 정보를 대부분 빠짐없이 기록, 저장. 데이터 센터에 저장, 경영/연구를 위해 유용
- 플랫폼사들은 수집된 이용자 정보를 직접 비즈니스에 활용. 타겟 광고, 위치 기반 서비스, 타 이용자 연결

플랫폼별 개인정보 수집 현황

플랫폼 업체	구글	페이스북	트위터	링크드인	판도라	핀터레스트
대상자	1억 5,000만 실사용자	월별 9억 접속자	1억 4,000만 실사용자	1억 6,000만 실사용자	5,000만 실사용자	1억 실사용자
수집 항목	브라우저 활동 내역 접속 시간 IP 주소 검색어 이메일 주소, 연락처 광고 클릭 내역 GPS 정보	브라우저 활동 내역 접속 시간 IP 주소 검색어 이메일 주소, 연락처 GPS 정보	브라우저 활동 내역 접속 시간 IP 주소 검색어 이메일 주소, 연락처 GPS 정보	브라우저 활동 내역 IP 주소 검색어 이메일 주소, 연락처 GPS 정보	검색어 이메일 주소, 연락처 GPS 정보	브라우저 활동 내역 검색어 이메일 주소, 연락처
수집 방법	쿠키 검색쿼리 프로필 정보 단말기 정보 추적	쿠키 검색쿼리 프로필 정보 단말기 정보 추적	쿠키 검색쿼리 프로필 정보 로그데이터 단말기 정보 추적	쿠키 검색쿼리 프로필 정보 단말기 정보 추적	쿠키 검색쿼리 프로필 정보 단말기 정보 추적	쿠키 검색쿼리 프로필 정보 로그데이터 단말기 정보 추적
데이터 활용처	타깃 광고 위치 기반 서비스 알림 타 이용자와 연결	타깃 광고 위치 기반 서비스 알림	타깃 광고 알림 타 이용자와 연결	타깃 광고 알림 타 이용자와 연결	타깃 광고 알림 타 기업에게 정보 제공 타 이용자와 연결	알림 타 이용자와 연결

자료: 베이노트, 메리츠증권 리서치센터

21년 마이데이터 본격화되나?

개인 신용 정보 전송 요구권과 이해상충 여부가 핵심

- 마이데이터의 핵심은 개인이 정보 주체로서 개인 데이터의 활용과 관리에 대한 통제권을 가지고
- 자신의 정보를 어떤 목적으로 어떻게 활용할 것인지에 대해 적극적으로 참여할 수 있는 자기정보 결정권 보장
- 데이터 권한, 데이터 제공, 데이터 활용의 세가지 원칙이 지켜져야
- 개인 신용 정보 전송 요구권은 정보주체인 개인의 데이터 주권 확립을 위한 권리로 이에 따라 이용자가 본인 데이터의 개방을 요청하면 기업은 보유한 데이터를 이용자 혹은 이용자가 지정한 제3자에게 전달
- 개인 맞춤형 자산관리의 핵심은 이해상충 관계에서 자유로운 독립된 핀테크 사업자의 역할

마이데이터 정책 시행 시 정보 조회 · 전달 방식

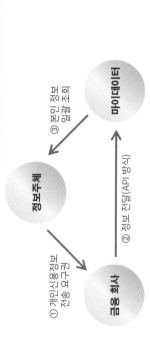

③ 본인 정보 일괄 조회

정보주체

① 개인신용정보 전송 요구권

② 정보 전달(API 방식)

마이데이터

금융 회사

① 개인신용정보 전송 요구권
② 금융회사는 A사의 정보를 마이데이터 사업자로 전달
   - 표준화된 전산처리방식(API)을 통해 정보 전달
   - 정보 주체의 인증 정보는 암호화하여 안전하게 전달
③ A사는 마이데이터 사업자를 통해 본인 정보를 일괄 조회

자료: 마이데이터 산업과 금융의 미래(금융위원회 포럼 발표 자료), 메리츠증권 리서치센터

마이데이터 서비스 원칙

1	데이터 권한	개인이 개인 데이터의 접근, 이동, 활용 등에 대한 통제권과 결정권을 가져야 함
2	데이터 제공	개인 데이터를 보유한 기관(기업)은 개인이 요구할 때, 개인 데이터를 안전한 환경에서 쉽게 접근해 이용할 수 있는 형식으로 제공하여야 함
3	데이터 활용	개인이 요청 및 승인(동의)에 의한 데이터의 자유로운 이동과 제 3자 접근이 가능해야 하며 그 활용 결과를 개인이 투명하게 알 수 있어야 함

자료: 한국데이터신용업진흥원, 메리츠증권 리서치센터

Part III

이동통신

2024 전망 인터넷/게임

글로벌 모빌리티 리더

우버와 리프트 IPO 그 이후

- "New technology comes in and appears threatening to incumbent industries at first.. They ultimately find ways of using it in a productive manner, and embracing innovation"
  – Uber CEO

- 새로운 기술이 등장할 때는 언제나 인접산업을 위협하는 것처럼 보이나 국내 승차공유 시장 도 플랫폼 택시라는 생산적인 방법으로 혁신을 포용하는 형태로 진화하고 있음

- 우버는 2019년 IPO 이후 29.6% 주가 하락하다 1) 누느멀에 적응, 2) 과감한 비용 절감, 3) 공격적인 M&A 등으로 인해 2020년 주가는 69.5% 반등

- 리프트는 IPO 이후 고용 이슈와 시장점유율 과대 계상 등으로 38.4% 하락하며 공모가를 여전히 하회

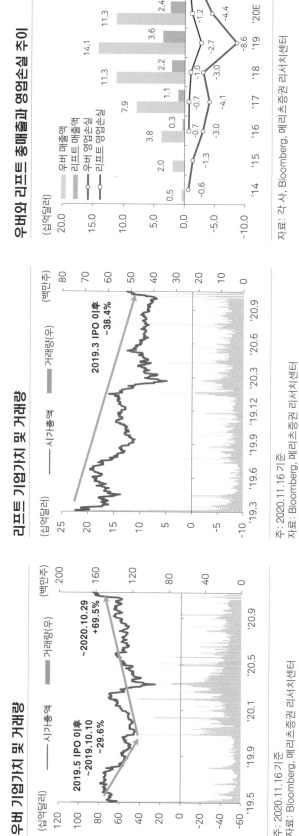

우버 기업가치 및 거래량

2019.5 IPO 이후 ~2019.10.10 −29.6%
~2020.10.29 +69.5%

주: 2020.11.16 기준
자료: Bloomberg, 메리츠증권 리서치센터

리프트 기업가치 및 거래량

2019.3 IPO 이후 −38.4%

주: 2020.11.16 기준
자료: Bloomberg, 메리츠증권 리서치센터

우버와 리프트 총매출액과 영업손실 추이

우버 매출액, 리프트 매출액, 우버 영업손실, 리프트 영업손실

자료: 각 사, Bloomberg, 메리츠증권 리서치센터

국내 모빌리티 산업

법개정을 통한 정책적 지원

- 2020년 3월 6일 여객자동차운수사업법 개정안(모빌리티 혁신법)이 국회 통과
- '타다 베이직' 형태의 렌터카 호출 영업을 금지하며 4월 11일 VCNC는 '타다 베이직'을 운행 중단
- **여객법 개정안이 시행되는 2021년 4월부터 기여금을 내면 플랫폼 운송사업이 가능한데**
- **규제 혁신형 택시는 택시 면허 총량 범위 내에서 플랫폼 택시 허용하고 운행 대수 관리**
  - 플랫폼 사업자는 운송사업 허가를 받는 대가로 운영 대수나 운행 횟수에 따라 수익의 일부 기여금 납부
  - 국토부는 기여금 규모는 택시면허 가격, 허가 대수, 매출, 이용횟수 등을 감안해 선정할 계획. 택시 면허 가격이 지역마다 최소 0.6억원에서 최대 1.9억원까지 차이나기 때문

여객자동차 운수사업 체계 변화

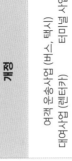

자료 : 국토교통부, 메리츠증권 리서치센터

여객자동차 운수사업법 개정안 일지

날짜	내용
2018.1	쏘카 자회사 VCNC, 승차 공유 서비스 '타다' 서비스 시작
2019.7	국토부, 면허총량제 등 택시제도 개편안 발표
2019.10	박홍근 의원(민주당), 타다 영업방식 금지하는 여객자동차운수사업법 개정안 발의 검찰, 여객법 위반 혐의로 이재웅 쏘카 대표 박재욱 VCNC 대표 불구속 기소
2019.12	여객법 개정안, 국회 국토위 전체회의 통과
2020.2	서울중앙지법, 타다 1심 무죄 판결
2020.3	여객법 개정안 국회 본회의 통과
2020.4	여객법 시행규칙 개정 · 공포(택시가맹사업 면허기준, 개인택시 양수기준 완화)
2020.5	국토부, 모빌리티 혁신법 하위 졸법(기여금 · 총량제 기준 제도화 등 개정안 하위 법력 논의)
2021.4	여객법 개정안 시행

자료 : 카카오모빌리티, 언론 종합, 메리츠증권 리서치센터

모빌리티 시장의 판도

카카오블루가 주도

- 카카오모빌리티는 19년 하반기 공격적 택시면허 확보를 통해 플랫폼 택시사업이 근간 마련
- 카카오모빌리티의 '카카오 블루'는 1만 3,000여대로 가장 빠르게 성장
- KST모빌리티 가맹택시 '마카롱택시'는 1만 600대 택시와 가맹 계약 체결
- 쏘카도 10월 가맹택시 서비스인 '타다 라이트' 출시 의사 밝히며 드라이버 사전 모집
- SK텔레콤-우버 연합도 가맹택시 시장 진출하며 모빌리티 시장의 경쟁 심화

국내 모빌리티 시장 – 카카오 블루가 주도

구분	서비스	기업	출시일	운행대수	특징
kakao T blue	카카오블루	카카오모빌리티	2019.3	13,000대 ('20.10월 기준)	자동배차 호출비 0~3,000원. 연말 2만대 목표. 국내 1위 호출 택시 시장점유율
	T맵택시 + 우버JV	SKT	2015.4	-	모빌리티 사업부 물적분할한 후 우버와 신설 택시 JV 설립예정 국내 2위 호출 택시 시장 점유율에 기반. 1억 달러 이상 투자 계획
macaron TAXI	마카롱택시	KST모빌리티	2019.4	10,600대 ('20.9월 기준)	실시간/예약호출비 1,000~2,000원. 연말 2만대 목표. GPS웜미터기 규제 샌드박스 승인
타다	타다	쏘카(VCNC)	2018.7	1,000대 (모집중)	타다 베이직 중단. 타다 플러스(고급택시), 캐스팅(중고차구매), 타다 대리 운영. 타다 라이트(중형택시) 10월말~11월초 정식 출시
반반	반반택시	코나투스	2019.8	1,000대 (10월말 시범서비스)	호출비 2,000~3,000원. 연말 3,000대 목표. 심야시간대 비슷한 경로의 승객과 동승 가능 (요금 절반씩 부담)
Uber	우버택시	Uber	2020.9	미정	1H21 SKT와 JV (T맵택시+우버택시) 설립 예정
42air	유모스탭	포티투닷	2020.3	미정	현대차, SK, LG, CJ 등으로부터 투자(470억원)
차차	차차	차차크리에이션	2019.1	60여대 ('20.6월 기준)	안내 공항ㆍ공프장 예약 등 서비스별ㆍ시간대별 서비스를 확대. 가맹, 중개형 택시 플랫폼 서울 지역 확장중
파파	파파	큐브카	2019.6	50여대 ('20.6월 기준)	파파베이직, 파파키즈, 파파에스코트 운영. 연말까지 인도 1,000대, 21년 4월까지 3000여대, 밤 시행 이후 800여대 확대 계획

주: 운행대수 수치는 카카오 블루는 실제 운행 택시수, 그 밖의 기업은 목표치 혹은 가맹 계약 기준
자료: 각 사, 언론 종합, 메리츠증권 리서치센터

카카오, 한국 모빌리티 혁명 주도

'블루'로 성장세 기속화

- 'We move everyone's life smarter and faster'

- 2017년 5월 설립. 카카오, 카카오내비, 카카오드라이버, 카카오바이크 등의 운영 회사. 류긍선 대표

- 2018년 2월 럭시 지분 100%(252억원)에 인수, 9월 타고솔루션즈 지분 100% 인수(현재 카카오T 블루)

- 19년 9개의 택시회사 인수로 약 900개 면허 보유

- 20년 3월 국토부로부터 자율주행차 임시운행 허가를 받아 레벨4로 시범서비스 계획 밝혀

- 2019년 연매출 1,000억원 돌파로 김범수 카카오 의장으로부터 '황금라이언' 동상 수여

카카오모빌리티 History

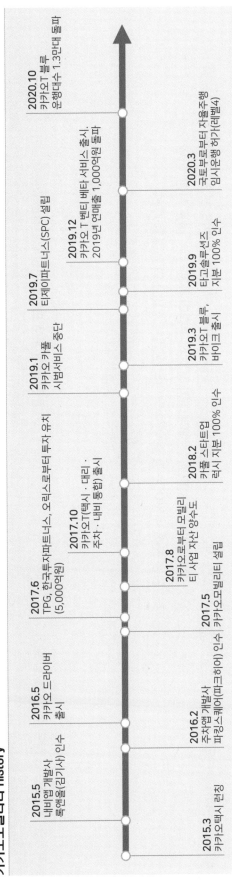

자료: 카카오모빌리티, 메리츠증권 리서치센터

택시 시장은 레몬 시장

데이터로 변화되는 택시시장

- 택시 서비스는 사전에 서비스의 품질을 알기 어려운 속성. 이용자는 서비스 품질이 불확실성에 노출
- 공급자와 이용자 사이에 서비스 품질에 대한 정보 비대칭이 존재하는 '레몬 시장'이었으나
- **이용자 경험을 통해서 쌓이는 평점, 리뷰 데이터는 택시 서비스의 품질을 개선**
- 카카오T 택시 이용자가 호출하고 하차하는 모든 과정에 데이터가 활용
- 카카오T 이용 과정은 호출-배차-픽업-주행-결제-평가로 나뉨

탄력적인 가격으로 더 많은 수요와 공급 생성

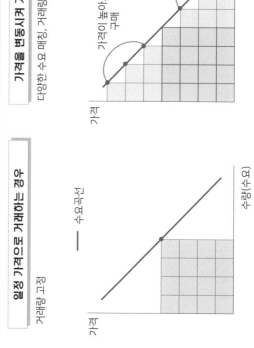

일정 가격으로 거래하는 경우	가격을 변동시켜 거래하는 경우
거래량 고정	다양한 수요 매칭, 거래량 증가

자료: 카카오모빌리티, 메리츠증권 리서치센터

카카오T 택시 운행 과정별 기술적 진전과 활용 데이터

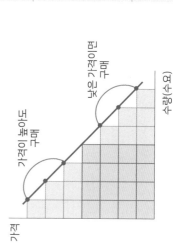

운행 단계	과정	기술 기반 혁신	활용 데이터
운행전 단계	호출	이용자 니즈 분석에 기반한 다양한 서비스	예상 요금, 호출 가능 차량 데이터 등
	배차	인공지능 기반 배차 알고리즘	기사 평가, 기사 배차 수락율, 기사 운행 패턴, 택시 수요공급, 실시간 교통상황, 최근 운행 분포, ETA(예상 소요 시간) 등
운행중 단계	픽업	GPS 기반 이용자 위치 및 목적지 확인, 기사 프로필 확인	이용자 / 기사 위치 데이터, 기사 / 차량 데이터(성향 사진, 차량정보, 위치, 연락처 등), 소요시간, 이동거리, 도로정보 등
	주행	최적 경로 산정, 앱 미터기 기반 요금 산정	교통정보, 실시간 위치 데이터, 요금정보 (기본 요금, 시간 요금, 거리 요금, 시간 거리 병산 요금, 할증요금 등
운행후 단계	결제	자동결제, 다양한 요금제	이용자 인증 데이터, 결제 매체 데이터 등
	평가	택시 품질 평가, 이용자 평가	이동경로, 전월 태그 데이터 등

자료: 카카오모빌리티, 메리츠증권 리서치센터

AI 기반의 택시 운행

얇은 시장을 두꺼운 시장으로 만들어주는 인공지능 배차

- 배차 알고리즘을 통해 배회 영업 중심의 얇은 시장이 플랫폼 기반의 두꺼운 시장으로 탈바꿈

- 배차 알고리즘은 택시 이용자에게 도착하는데 걸리는 예상 도착시간(ETA)가 고려

- 기사에 대한 정량적 데이터도 포함. 이용자가 남긴 평가, 배차 수락률, 기사 운행 패턴과 분포 등 분석

- 단거리 승차 거부의 감소. 2020년 상반기 서울시 운행 완료 건수 중 단거리 운행 차지하는 비율이 일반 택시는 27%에 불과. 카카오T 블루는 31%로 4%p 더 높게 나타남

- 최근 3년간 단거리 운행완료율도 큰 폭으로 증가. 인공지능 배차 및 자동배차 적용한 T블루아 기여

인공 지능 배차

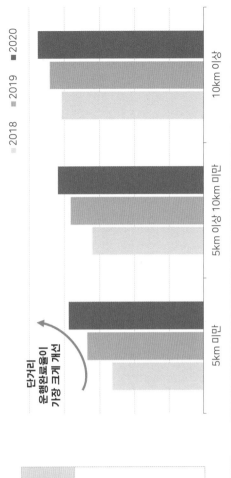

단거리 운행완료율도 크게 개선

자료: 카카오모빌리티, 메리츠증권 리서치센터

주: 단거리 운행완료율은 거리별 호출 건수 대비 운행완료 건수 비율
자료: 카카오모빌리티, 메리츠증권 리서치센터

카카오모빌리티 포트폴리오

이동의 모든 영역 포용

- 카카오T 택시는 2015년 3월 출시. 11월 카카오 블랙, 2018년 2월 카카오T for 비즈니스, 2018년 스마트호출, 2019년 3월 웨이고 블루 등 새로운 서비스들 출시

- 카카오T 대리는 2016년 5월 출시된 앱 기반 대리운전 서비스. 19년 누적 이용 승객 284만명, 15만명 기사

- 카카오 내비는 2016년 2월 출시. 현재 누적 가입자수 1,600만명 사용자로부터 수집되는 교통정보

- 카카오T 주차는 2017년 10월 서비스 시작. 19년 전국 1,600여개 민간 주차장과 공영주차장 제휴

- 바이크는 2019년 3월 성남과 연수구에서 시범 서비스, 성남/위례/인천/전주/안산 등으로 확대

카카오모빌리티 서비스 이동의 모든 영역 포용

자료: 카카오모빌리티, 메리츠증권 리서치센터

카카오모빌리티 세부 서비스 내용

서비스	구분	서비스 요금	특징
택시	일반	기본요금 3,800원	가사 호출 수락시 배차 가능
	스마트호출	호출비 1,000~2,000원	AI로 배차 성공 확률 높은 택시 우선 호출
블랙	블루	호출비 0~3,000원	자동 배차. 세스크 맵버스 관리 차량
	모범	호출비 1,000~2,000원	자동 배차
	고급택시	기본요금 6,000원, 탄력요금제(0.7~4.0배)	택시 표시 없는 고급차량 택시 서비스
벤티	대형택시(11인승 이상)	기본요금 4,000원, 탄력요금제(0.8~2.0배)	현재 서울·경기, 인천 지역 2000대 운행중
바이크	전기자전거	기본요금 1,500원(15분 미만, 이후 100원/분)	성남·위례, 인천, 전주·안산 등 총 3,000대만 운영
대리	이크노미(저렴한 요금, 긴 대기시간)	스탠다드 대비 저렴한 요금	부산·울산, 광주·대구, 청원 등 일부 지역만 현재 운영
	스탠다드(합리적 요금, 빠른 배정)	기본요금 15,000원(수도권 기준). 20% 운행 수수료 포함	미터기 요금(거리/시간) 기준 (동시발신), 고객직접입력 요금
	프리미엄(경정 기사님, 안심 서비스)	스탠다드 대비 20% 할증	
주차	-	조건별 차등요금, 주/야간, 시간당)	4Q20 밸리 대리운전 시장 진출 예정 종일권, 주간권, 야간권, 시간별(n시간) 구입 및 주차 예약 가능
카풀	-	기본요금 3,000원	2019.1.18 베타 서비스 종료
내비	-	무료	실시간 AR길안내, 실시간위치 전달 Kakao I 음성인식 이용 가능
셔틀	일반(4인승), 우등 버스(28, 31인승)	버스 종류 노선, 이용 시간대에 따라 책정	지역 축제, 하계 대절 출퇴근 버스 오픈 서틀 대절
해외여행	카카오T 호출택시	출발지 및 운수사에 따라 책정 포암수수료(요금상이)	베트남(그램), 일본(재팬택시) 연동, 원화 예상요금 확인
시외버스	시외버스·기차 예매(출시 예정)	버스 종류, 노선, 이용 시간대에 따라 책정	예매, 결제, 발권까지 원스톱 이용 가능
비즈니스	플러스, 비즈미터, 비즈 블랙, 업무내비(Beta)	월별 이용 건수 기반 구간별 요금제	기업용 임직원 서비스

자료: 카카오모빌리티, 메리츠증권 리서치센터

카카오모빌리티 손익계산서

21년 이익 턴어라운드 가능

- 2020년 매출액과 영업이익은 각각 2,499억원(+138.2% YoY), -92억원(적자축소) 추정
- 2019년 6월 플랫폼 택시 합병화로 성장의 날개 달게 됨. 2019년 하반기 공격적인 택시면허 확보와 택시 브랜드 '카카오T 블루' 통해 직영/가맹 택시 사업 본격화
- 가맹 택시 운행 대수 빠르게 증가하며 외형 성장. 초기 교육, 마케팅 등의 비용으로 적자 지속되나
- 2021년 영업이익은 286억원, OPM 7%로 이익 턴어라운드에 대한 기대감

카카오모빌리티 연결손익계산서 – 폭발적인 외형 성장

(십억원)	2017	2018	2019	2020E	2021E
영업수익	16.7	53.6	104.9	249.9	409.4
(% YoY)	-	221.2	95.5	138.2	63.9
영업비용	27.3	74.7	127.0	259.1	380.8
인건비	8.7	21.1	38.3	60.0	80.0
보험료	3.3	9.7	14.3	34.1	55.8
지급수수료	6.4	25.0	54.8	130.0	180.0
광고선전비	6.5	11.2	6.3	15.0	25.0
기타	2.5	7.8	13.3	20.0	40.0
영업이익	-10.6	-21.1	-22.1	-9.2	28.6
(% YoY)		적자	적자	적자	흑전
OPM(%)	-63.5	-39.3	-21.1	-3.7	7.0
기타손익	0.0	-0.3	-4.1	-4.1	-4.1
금융손익	0.5	2.9	1.3	1.3	1.3
지분법손익	-	0.0	-0.6	-0.6	-0.6
세전이익	-10.1	-18.5	-25.5	-12.6	25.2
법인세비용			0.0	0.0	5.0
당기순이익	-10.1	-18.5	-25.5	-12.6	20.1
(% YoY)		적자	적자	적자	흑전
NPM(%)	-60.5	-34.6	-24.4	-5.0	4.9

자료: 카카오모빌리티, 메리츠증권 리서치센터 추정

수익추정 및 재무현황

'대리'와 '블루'가 성장 견인

- 19년말 기준 모빌리티의 유동성은 현금 및 현금성자산 266억원 + 장기금융상품 400억원을 포함하여 666억원 규모. 18년말 대비 현금감소가 컸는데 택시회사 인수 자금 소요 때문

- 향후 자본투자 비즈니스 제한적, 낮은 조달금리 등을 감안하여 유동성 이슈는 없으나, 높아진 시장 밸류에이션 등을 감안할 때 추가 펀딩에 대한 고민 가능한 시점

- 2020년 카카오모빌리티 총 매출액은 2,499억원으로 추정. 대리 1,048억원으로 42.0% 비중. 카카오T 블루가 올해 크게 성장하며 1,386억원 매출로 전체 매출액 대비 55.5% 비중 차지

- 참고로 대리는 20% 수수료율, 블루의 경우 직영은 총매출, 가맹은 순매출(추가 이용료의 50%) 가정

카카오모빌리티 연결재무제표(2019)

(십억원)

유동자산	47.2	유동부채	45.0
현금 및 현금성자산	26.6	미지급금	25.5
단기금융상품	0.0	유동리스부채	3.3
매출채권	2.1	기타 유동부채	16.1
기타 유동자산	18.5	비유동부채	14.4
비유동자산	227.8	비유동리스부채	9.9
당기손익 - 공정가치 금융자산	41.9	순확정급여부채	2.5
무형자산	140.9	기타 비유동부채	1.9
유형자산	10.3	자본금	2.4
사용권자산	13.0	자본잉여금	263.5
기타 비유동자산	21.7	결손금	-54.2
자산총계	274.9	부채와 자본총계	274.9

자료: 카카오모빌리티, 메리츠증권 리서치센터

카카오모빌리티 수익 추정 내역

(십억원)	2017	2018	2019	2020E	2021E	2022E
총매출	16.7	53.6	104.9	249.9	409.4	528.4
카카오대리	16.7	52.3	81.6	104.8	109.1	132.0
(% YoY)		212.6%	56.0%	28.5%	4.1%	21.0%
일콜수 (천회)	13.3	35.1	47.7	56.4	56.4	62.0
콜단가 (천원)	17.0	20.0	23.0	25.0	26.0	28.6
월수익	7.0	21.8	34.0	43.7	45.4	55.0
카카오T 블루			14.4	138.6	287.5	369.5
(% YoY)				864.2%	107.5%	28.5%
가맹			1.2	112.3	258.9	336.6
직영			13.2	26.2	28.6	32.9
스마트호출			1.8	2.6	2.8	3.0
기타(주차, 바이크, 블랙 등)			7.2	3.9	10.0	23.9

자료: 카카오모빌리티, 메리츠증권 리서치센터 추정

카카오모빌리티의 적정가치

리레이팅이 필요한 시점

- 카카오모빌리티는 2017년 5월 설립되어 6월 글로벌 미국계 사모펀드 TPG로부터 5천억원 투자 유치(지분율 30.7%, 735만주), 카카오 구주매출과 모빌리티 신주발행 비중은 6:4였음

- 그 해 8월 카카오로부터 스마트 모빌리티 사업 관련 자산, 부채를 현물출자 받으며 공식 출범

- **2021년 예상 매출액 대비 PSR 15배 적용시 6.1조원의 가치 평가 가능**

- PSR 15배의 근거는 T맵모빌리티의 피투자 가치평가 기준 대비 50% 할인

카카오모빌리티의 가치는?

(조원)

■카카오모빌리티 기업가치

	2017	2021E
	1.6	6.1

자료: 카카오모빌리티, 메리츠증권 리서치센터 추정

카카오모빌리티 지분구조

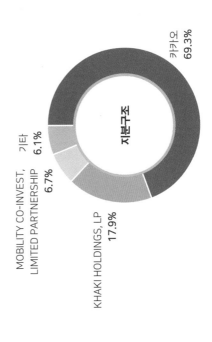

지분구조

- 카카오 69.3%
- KHAKI HOLDINGS, LP 17.9%
- MOBILITY CO-INVEST, LIMITED PARTNERSHIP 6.7%
- 기타 6.1%

주: 2019년말 기준
자료: 카카오모빌리티, 메리츠증권 리서치센터

Part IV

게임 체인저

게임 르네상스가 열린다

공급자 주도의 성장

- 2021년 게임 산업은 1) COVID19로 확대된 이용자 저변, 2) 클라우드 게임 등 공급자 주도의 성장, 3) 대형 IP 신작에 기반하여 성장성 지속될 전망

- 2020년 11월 넷마블의 '세븐나이츠2(모바일)', 네오위즈 '미르4', 12월 크래프톤의 '엘리온(PC)'를 시작으로

- 2021년 1분기 엔씨소프트의 '블레이드앤소울2', 컴투스의 '백년전쟁'과 '크로니클' 출시 예정

- 2021년 4분기에는 펄어비스의 '붉은사막'까지 연중 흥행성 담보된 타이틀 지속 공개

2020~2021년 게임 라인업

2020년 11월
넷마블의
세븐나이츠2
위메이드의
미르4

2020년 12월
넷마블의
마블 렐름 오브 챔피언스
크래프톤의
엘리온

**2021년
1분기**
엔씨소프트의
블레이드앤소울2
컴투스의
서머너즈 워: 백년전쟁

**2021년
2분기**
컴투스의
서머너즈 워: 크로니클

**2021년
상반기**
넷마블의
제2의 나라

**2021년
하반기**
엔씨소프트의
프로젝트TL

**2021년
4분기**
펄어비스의
붉은 사막

자료: 각 사, 메리츠증권 리서치센터

코로나19로 게임 시장 성장

확대된 게임유저 저변

- NPD 보고서에 따르면 20년 2분기 미국 게임 하드웨어, 소프트웨어, 액세서리 판매는 2008년 이후 최고치 기록. 특히 4월에는 73% YoY 증가하며 역대 최고 수준 매출 기록

- 인기 게임은 '콜 오브 듀티: 모던 워페어', 'GTAV', '동물의 숲', 'NBA 2K20' 순임

- 2020년 게임 이용자의 33%가 더 자주 게임하고 있다고 응답

- 81%는 게임이 중독적이라고 믿고 있으며 게임 이용기기는 스마트폰/태블릿 – PS4/Xbox – 스위치 순

미국 비디오게임 시장 – 2008년 이후 최고치 기록

(십억달러)

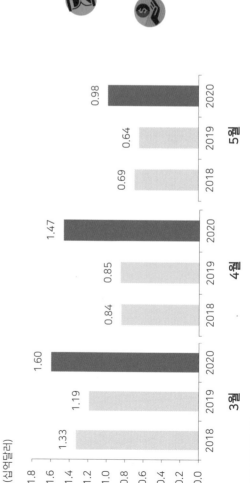

주: 하드웨어, 소프트웨어, 게임 카드와 악세서리 포함
자료: NPD Group, 메리츠증권 리서치센터

미국인들이 게임에 대해서 어떻게 생각하나?

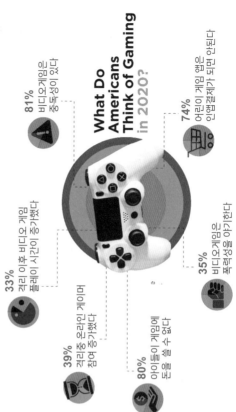

What Do Americans Think of Gaming in 2020?

81% 비디오게임은 중독성이 있다

74% 어린이 게임 앱은 인앱결제가 되면 안된다

33% 격리 이후 비디오 게임 플레이 시간이 증가했다

35% 비디오게임은 폭력성을 야기한다

39% 격리 중 온라인 게이머 참여 증가했다

80% 아이들이 게임에 돈을 쓸 수 없다

자료: 새틀라이트 인터넷, 메리츠증권 리서치센터

게임은 그 어느 때보다 훨씬 더 큰 시장

PC, 모바일, 콘솔까지 고른 성장

- "게임은 그 어느 때보다 훨씬 더 큰 시장" - 마이크로소프트 사티아 나델라 CEO
- 2021년 글로벌 게임 시장 규모는 1,983억달러(+10.8% YoY)로 글로벌 게임인구도 27억명
- 게임시장의 성장성은 2020년 코로나바이러스로 오히려 확대. PC/모바일/콘솔 등의 고른 성장
- 2021년 모바일게임 시장은 748억달러로 10.0% YoY 성장. 전체 시장 대비 37.7%로 가장 큰 규모
- 콘솔 게임 시장은 690억달러로 전체 시장 대비 34.8%로 2번째로 큰 시장. PC게임 규모는 350억달러

2021년 글로벌 게임시장 비중

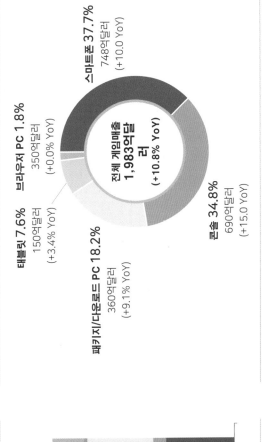

패키지/다운로드 PC 18.2%
360억달러
(+9.1% YoY)

태블릿 7.6%
150억달러
(+3.4% YoY)

브라우저 PC 1.8%
350억달러
(+0.0% YoY)

전체 게임매출
1,983억달러
(+10.8% YoY)

스마트폰 37.7%
748억달러
(+10.0 YoY)

콘솔 34.8%
690억달러
(+15.0 YoY)

자료: Newzoo, 메리츠증권 리서치센터

글로벌 게임 시장 규모

(십억달러)

범례				
패키지/다운로드 PC				
브라우저 PC				
콘솔				
태블릿				
스마트폰				

CAGR 12.1%

구분	2018	2019	2020E	2021E	2022E
패키지/다운로드 PC	30.5	31.9	33.0	36.0	37.5
브라우저 PC	4.2	3.0	3.5	3.5	3.8
콘솔	43.0	48.7	60.0	69.0	79.4
태블릿	12.5	13.7	14.5	15.0	16.0
스마트폰	48.5	54.8	68.0	74.8	82.3

자료: Newzoo, 메리츠증권 리서치센터

클라우드, 비대면 시대의 게임 play

클라우드 게임 시장의 성장

- 글로벌 게임 유저는 27억 명으로 5.3% YoY 증가 추정

- 클라우드 게임 시장은 비대면 콘텐츠 소비 트렌드와 상위 사업자들의 공격적인 투자로 성장 본격화

- 아마존 루나+: 아마존이 게임사에서 만든 100개 게임 출시. 월 5.99달러. 블루투스 게임 컨트롤러 $50

- 구글 스테디아: 19년 11월 미국, 유럽에서 정식 서비스 시작했으나 기대 이하 성과. 문제는 '독점작' 없는 게임 라인업. 월 이용료 내도 1개 게임만 무료

- 마이크로소프트 x클라우드: 다양한 게임풀, Xbox 콘솔이 있으면 무료 클라우드 게이밍 가능

클라우드 게임 비중

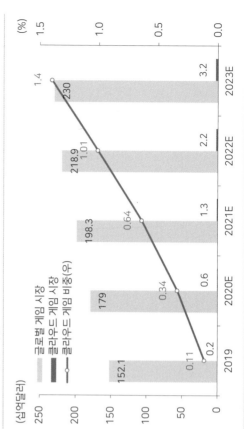

자료: Newzoo, 메리츠증권 리서치센터

2020년 글로벌 게임 유저 비중 (지역별)

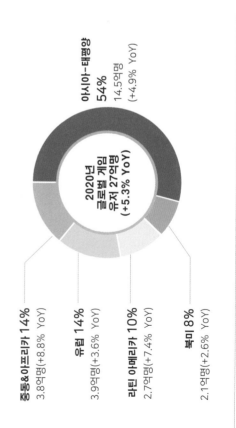

자료: Newzoo, 메리츠증권 리서치센터

콘텐츠 확보 경쟁

MS의 제니맥스 인수 의미

- 클라우드 게임 시장은 IT 업체들이 주도. 기술적인 측면에서 서비스 차이는 대동소이. 결국 콘텐츠 경쟁
- 2020년 9월 마이크로소프트는 제니맥스를 8.7조원에 인수
- 1st Party title 확대, 11월 Xbox 신형 콘솔, 게임 구독 서비스 경쟁력 확대에 긍정적
- 베데스다는 '스카이림'으로 유명한 '엘더스크롤', '둠', '울펜슈타인' 등 다수의 히트작 개발한 게임사
- 구글 스태디아는 1년전 가장 먼저 클라우드게임 서비스 시작했음에도 독점적 콘텐츠 부족으로 기대이하 성과

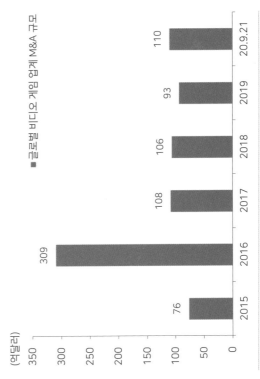

글로벌 비디오게임 업계 M&A 규모

(억달러)

■ 글로벌 비디오 게임 업계 M&A 규모

	2015	2016	2017	2018	2019	20.9.21
	76	309	108	106	93	110

자료: Pitchbook, 메리츠증권 리서치센터

마이크로소프트, 베데스다 인수

자료: 마이크로소프트

클라우드 게임 시장 경쟁 본격화

이것이 게이밍의 미래

- 아마존은 AWS 경쟁력에 근거하여 '루나'를 출시. 4개 게임 개발사, 100개 이상의 콘텐츠 보유
- 구글은 '스테디아'로 올해 초 콘텐츠 개수, 가격 경쟁력 단점 해결 후 서비스 개선중
- 마이크로소프트는 최근 글로벌 1위 비디오게임 개발사 '베데스다' 인수로 23개 게임스튜디오 보유
- 2020년 11월 소니의 PS5가 출시되어 게이머들의 기대감 상향. 콘솔/클라우드게임 서비스 경쟁 본격화

클라우드 게임 사업자들의 경쟁 본격화

기업명	소니	엔비디아	구글	마이크로소프트	애플	아마존
서비스명	PS Now	지포스나우	스테디아	xCloud	애플 아케이드	루나
출시시기	'14.5.19	'20.2.4	'19.11.19	'20.9.15	'19.9.19	'20.9.24
구동환경	Azure	NVIDIA	구글클라우드	Azure	서버	AWS
지원기기	PS5, PS4, PS3, PS Vita, PC(Window)	Shield TV, Shield Portable PC, PC(MAC OS, 윈도우7 이상, 크롬 OS), 모바일(안드로이드), Steam, Epic Games Store, Battle.net, Uplay	TV, 태블릿, 모바일(안드로이드), PC(크롬 크롬 OS, 크롬캐스트 울트라)	Xbox one, PC(크롬, Fire, 윈도우), 모바일(안드로이드), 태블릿, 안드로이드tv	iPad, 모바일(iOS), PC(MAC), TV(MAC OS)	Fire TV, MAC, iPad, 모바일(iOS 출시, 안드로이드(출시예정), 트위치
가입자수 ('20.4기준)	220만명	200만명	100만명	1,000만명 (Xbox Game Pass 가입자수)	-	-
가격	$8.99/월	$4.99/월	$9.99/월	$14.99/월 (Xbox Game Pass 이용자)	$4.99/월	$5.99/월 (얼리액세스)
국가	12개국 (북미, 유럽, 영국, 일본 등)	30개국 (북미, 유럽, 한국 등)	14개국 (북미, 유럽, 영국 등)	22개국 (북미, 유럽, 한국, 일본 등)	150개국	미국
게임수	750개+	800개+	100개+	170개+	130개+	100개+
처리속도	최소 5Mbps	최소 15Mbps	최소 10Mbps	최소 10Mbps	최소 5Mbps	최소 10Mbps
해상도	720p/30fps, 1080p/60fps	720p, 1080p/60fps	720p, 1080p, 4K/60fps	720p, 1080p, 4K/60fps	720p, 1080p, 4K/60fps	1080p, 4K/60fps

자료: 각 사, 언론종합, 메리츠증권 리서치센터

가장 중요한 무기는 '콘텐츠'

양질의 콘텐츠 확보가 관건

- 하드웨어 매출액은 콘솔 기기의 인기에 따라 매해 변동성 존재하나, 소프트웨어 매출액은 지속 성장
- 2020년 소니 게임/네트워크 매출액은 1.9조엔(-13.7% YoY), 영업이익은 2,384억엔(-23.4% YoY)
- 2020년 소프트웨어 매출액은 1조 3,476억엔 기록. 영업이익률은 12.4%로 양호
- **2017년뷰 기점으로 소프트웨어 매출액이 하드웨어를 넘가. 영업마진이 두자릿수대로 수익성 향상에 기여**
- 네트워크 구축으로 아이템 판매 상시 가능해지며 하드코어, 특히 MMO 장르에 대한 관심 고조
- 2020년 MS의 게임 매출액은 116억달러(+1.7% YoY) 기록. 순익은 따로 공개되지 않음

소니와 MS의 게임부문 실적추정

소니 (3월 결산) (십억엔)	2012	2013	2014	2015	2016	2017	2018	2019	2020
매출(게임/네트워크)	744.3	527.1	946.5	1,292.1	1,479.8	1,581.6	1,848.3	2,224.6	1,919.8
(% YoY)	-6.8%	-29.2%	79.6%	36.5%	14.5%	6.9%	16.9%	20.4%	-13.7%
하드웨어	-	-	-	733.8	721.8	598.4	815.1	795.9	572.2
소프트웨어	-	-	-	558.3	758.0	983.2	1,033.2	1,428.8	1,347.6
영업이익(게임/네트워크)	29.3	1.7	-18.8	48.1	88.7	135.6	177.5	311.1	238.4
(% YoY)	-	-	-	-	84.4%	52.9%	30.9%	75.3%	-23.4%
영업이익률(%)	3.9%	0.3%	-2.0%	3.7%	6.0%	8.6%	9.6%	14.0%	12.4%

마이크로소프트 (6월 결산) (백만달러)	2012	2013	2014	2015	2016	2017	2018	2019	2020
X Box 플랫폼 수익	8,045	7,100	8,643	9,121	9,395	9,256	10,353	11,386	11,575
(% YoY)	-0.7%	-11.7%	21.7%	5.5%	3.0%	-1.5%	11.9%	10.0%	1.7%
X Box Live active users(백만명)	-	-	-	37	49	53	57	65	90

주: 마이크로소프트는 2018년부터 Gaming Revenue로 발표
자료: 각 사, 메리츠종권 리서치센터

크래프톤 블루오션

크로스 플레이 콘텐츠 본격 출시

- 국내 게임 개발사들의 개발력은 글로벌 최고 수준. 다만 유일하게 진출하지 못한 시장은 '콘솔'
- **콘솔 플랫폼이 국내 게임사들에게 블루오션이 될 것. 1) 플랫폼사들의 양질의 콘텐츠 확보 경쟁, 2) 네트워크 연결로 아이템 판매가 용이(한 수익 환경, 3) 국내 게임사들의 플랫폼 다각화 노력 등에 기인**
- 2020년 11월 5일 넷마블 '세븐나이츠 타임원더러' 닌텐도 스위치에 출시. 사전예약 1위 기록
- 11월 10일에는 엔씨소프트 '푸저(FUSER)' 출시되며 21년에는 '프로젝트TL' 출시가 가시화 기대
- 넥슨도 21년 '카트라이더 드리프트' 출시 계획. 한국/미국/유럽 등의 지역에서 PC/Xbox 게임 플레이 가능

세븐나이츠 타임원더러, 닌텐도 스위치 Best 게임에 랭크

자료: 닌텐도 스위치 e샵, 메리츠증권 리서치센터

국내 게임사의 콘솔게임 도전기

회사명	게임	내용
크래프톤	테라	2018년 4월 북미/유럽에 PS4와 Xbox용으로 출시 2020년 11월 그로스 플랫폼 플레이 지원
	배틀그라운드	2017년 12월 Xbox 용으로 출시 2019년 10월 그로스 플랫폼 플레이 지원
	엘리온	2021년 하반기 콘솔 플랫폼 출시 예정
펄어비스	검은사막	2018년~2019년 Xbox와 플레이스테이션 출시 2020년 3월 그로스 플레이 지원
	붉은사막	2022년 콘솔 플랫폼 출시 계획
넷마블	세븐나이츠 타임원더러	2020년 11월 닌텐도 스위치 버전 출시. 인기 게임 랭크
넥슨	카트라이더 드리프트	2021년 첫 멀티 플랫폼 게임. PC/PS/Xbox 출시
네오위즈	블레스 언리쉬드	2018년 Xbox, 2020년 10월 PS4 버전 출시
엔씨소프트	푸저	2020년 11월 10일 PC/콘솔 출시. 음악게임
	프로젝트 TL	2021년 PC 출시 이후 콘솔 플랫폼 론칭 가시화

자료: 각 사, 메리츠증권 리서치센터

TV 리모콘 없는 시대의 게임

시장 비중과 이용자 확대

- 한국 콘솔게임 시장도 매년 성장. 국내 콘솔 게임 매출액은 2014년 1,598억원 수준에 불과했으나 2018년 5,285억원으로 급격히 성장. 이용자도 2019년 20.3%에서 2020년 20.8%로 0.5%p 증가

- 국내도 닌텐도 스위치로 젊은 연령대의 콘솔 이용자가 늘어나며 성장 잠재력 높음

- 콘솔 게임의 경우 개별력 뿐 아니라 전반적인 스토리와 세계관 등이 더 탄탄할 필요. 또한 성글 게임 (기승전결 있는 콘텐츠) 콘텐츠에 대한 관심도 필요

- 국내 게임사들의 콘솔 진출 성과는 '배틀그라운드' 2,094억원, '검은사막' 916억원 (누적 매출) 추정

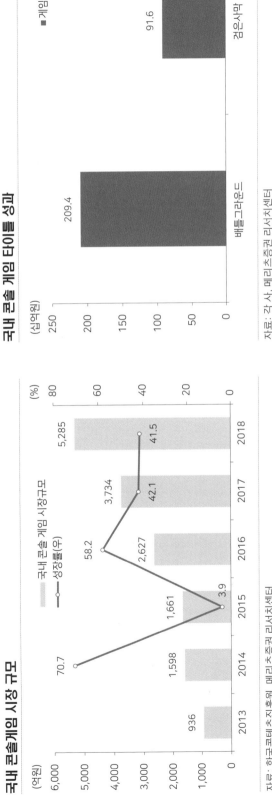

국내 콘솔게임 시장 규모

(억원)

자료: 한국콘텐츠진흥원, 메리츠증권 리서치센터

국내 콘솔 게임 타이틀 성과

(십억원)

- 게임별 누적 콘솔매출

배틀그라운드 209.4
검은사막 91.6

자료: 각 사, 메리츠증권 리서치센터

지스타 2020 미리보기

PC/콘솔 기반의 콘텐츠 다수

- 2020년 지스타는 사상 처음으로 언택트로 개최. 주요 특징은 PC/콘솔 콘텐츠가 많아졌으며 대부분의 국내 게임사들이 크로스플레이 염두에 둔 콘텐츠 개발에 집중하고 있다는 점을 시사

- 게임 회사별로도 위메이드는 '미르4', 카카오게임즈도 '엘리온'과 '오딘:발할라 라이징'

- 넥슨은 '카트라이더:드리프트'와 '마비노기' 모바일' 공개 가능성이 높아

- 스마일게이트 메가가포트도 '마솔양품점', '티타이니 온라인' 공개 예정

- 네오위즈도 다양한 PC 게임 라인업 공개하며 플랫폼 확장 보격화. 컴투스는 '백년전쟁' 플레이 영상 공개

지스타 2020 참가 기업과 게임 라인업

기업	게임명	플랫폼	장르	시기	개발사	내용
위메이드	MIR4	모바일	MMORPG	'20.11	위메이드	'미르의 전설2' 후속작으로 풀3D 모바일 MMORPG. 사전예약자 250만명 돌파하며 11월 내 출시 예정
카카오게임즈	엘리온	PC	MMORPG	'20.12.10	크래프톤	이상 세계로 가는 관문을 차지하기 위한 두 진영의 경쟁을 그린 액션성 강조 수전가치 스킬 커스터마이징
	오딘: 발할라 라이징	모바일	MMORPG	2Q21	라이온하트	플레이드 개발자 김계영 대표의 신생 개발사 첫 게임. 검방 아트 디테일 참여. 지스타에서 BM 등 공개 예정
컴투스	백년전쟁, 크로니클	모바일	RTS, MMO	1H21	컴투스	서머너즈워 활용한 신규게임으로 21년 상반기 출시 목표. 지스타2020에서 게임 플레이 영상 공개
넥슨	카트라이더: 드리프트	PC/콘솔	레이싱	4Q20	넥슨	'20.6 2차 CBT 완료. 카트라이더 시리즈 최선작으로 PC/X-Box 크로스플레이 가능
	마비노기M	모바일	MMORPG	2021	데브캣스튜디오	PC '마비노기' IP를 활용한 감성적 카툰풍 그래픽의 오니버스 판타지 스토리의 MMORPG
	사양여각	PC	RPG	'20.12	루티리스	한국 '바리공주 이야기를 기반으로 한 메트로베니아 2D 액션 플랫포머 게임
	메탈유닛	PC	액션	'20.12	젤리스노우 스튜디오	로그라이크 게임의 특징을 가진 스토리 중심의 2D 횡스크롤 액션 게임
네오위즈	스컬	PC	액션	'21.1	사우스파게임즈	2D 플랫포머 액션 게임. '20.2.19 스팀 얼리억세스 출시
	블레이드 어쌔션	PC	SF 액션	1Q21	팀써니트	2D 플랫포머 로그라이트 특징의 횡스크롤 게임. 화려한 픽셀 아트와 전투 조작감이 특징
	댄디 에이스	PC	액션	1Q21	매드 미믹	카뱀을 사용해 적과 전투를 별이는 2D 쿼터뷰 액션 게임
	블레이스 언리쉬드	PC	MMORPG	1H21	네오위즈	'20년 3월 X-BOX, 10월 PS4 버전 글로벌 출시. 화려한 액션에 기반한 다채디 전투 콘텐츠 F2P 방식
스마일게이트 메가가포트	마솔양품점	모바일	캐주얼	4Q20	스마일게이트 메가가포트	'놀라와 마이홈', '에브리타운 개발진이 선보이는 자체 개발 2D 판타지 세계관 배경의 여성향 소셜 게임
	티타이니 온라인	모바일	MMORPG	미정		몬스터들을 물리치고, 무기에 따라 플레이를 만들어나가는 캐릭터 성장형 오픈월드 MMORPG

자료: 각 사, 언론 종합, 메리츠종권 리서치센터

Part V

2021 진단 인터넷/게임

전국 문화생활을 느 '똥 영상'

숏클립부터 라이브 방송까지

동영상 트렌드를 잡아라

- 동영상 시장의 트렌드는 크게 숏폼, 미드폼, 롱폼의 3가지 형태로 나뉨
- 1) 5~10분 정도의 정보형 콘텐츠(유튜브), 2) 15초 내외의 숏클립(틱톡), 3) 1시간 정도 소요되는 쌍방향 라이브 방송(아프리카TV, 트위치 등)
- 유튜브 광고가 빠르게 TV광고를 대체하고 있으며, 라이브 방송 대중화, 유튜브 VR 콘텐츠 증가
- 유료 동영상 강의 혹은 모바일 퍼스트 영상 많아짐. 미디어 업계의 주도권이 모바일 영상 플랫폼으로 이동

동영상 트렌드 3가지

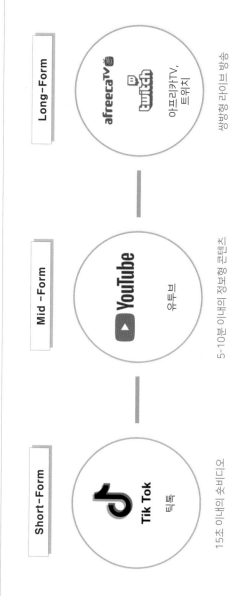

자료: 메리츠증권 리서치센터

경쟁하며 성장하는 시장

동영상 트렌드를 잡아라

- 2020년 국내 동영상 시장은 COVID19로 인해 양적인 성장. 제작사, 이용자, 콘텐츠의 증가 진행
- SBS, JTBC 등의 미디어사들의 유튜브 맞춤형 콘텐츠들이 많아졌으며 신규 스튜디오 등장
- 에이엔이 스튜디오는 1984년 미국 디즈니와 허스트사의 합작으로 설립된 미디어사, 한국 유튜브 진출
- 스튜디오 룰루랄라(JTBC의 크로스미디어 스튜디오, 와썹맨, 워크맨 등 제작), 달라 스튜디오(JTBC PD 출신의 고동완 대표. 네고왕, 밥엄왕, 불엄왕), 최근 카카오M(페이스 아이디, 진경규 등)도 진출하며 경쟁 심화

국내 유튜브 시장의 경쟁 심화

MCN			미디어사들		전문 스튜디오	
DIA TV	**Sandbox**	**트레져헌터**	**JTBC-스튜디오 룰루랄라**	**SBS**	**달라 스튜디오**	**에이앤이 스튜디오**

DIA TV
- CJ ENM에서 설립한 아시아 최초 크리에이터 채널
- 1,400개 팀 파트너십 중 100만명 이상의 구독자 크리에이터 채널 76개 보유. 총 구독자 수 3억명

Sandbox
- 유병 크리에이터 '도티'와 이필성 대표가 공동창업한 국내 최초 MCN 회사
- 크리에이터 410개팀 보유, 국내 유튜브채널 총 조회수의 10~15%를 점유

트레져헌터
- 2015 년 1월 설립한 종합 MCN 그룹으로 한국, 중국, 동남아 거점의 마케팅과 커머스 사업 확장중
- 브랜디드 콘텐츠, PPL, 오프라인 마케팅 솔루션 판매

JTBC-스튜디오 룰루랄라
- 17년 출범한 JTBC 디지털 신하의 디지털 스튜디오.
- 국내 디지털 스튜디오 최초로 넷플릭스와 협업
- 2020년 7월부터 유명 연예인들과 프리미엄 MCN 비즈니스 채널 운영 시작

SBS
- '인기가요', 과거 방영 드라마 등 과거 향수를 부르는 콘텐츠 숏폼 영상 업로드를 시작으로 뉴스, 예능, 드라마 세부 카테고리 개별 채널 운영중
- PPL과 브랜디드 콘텐츠 활용이 가능한 MCN 상품 판매

달라 스튜디오
- 에이앤이 네트웍스의 디지털 스튜디오. 20년 8월 론칭
- 동ان PD('와썹맨', '워크맨' 제작)가 달라 스튜디오로 에이앤이 코리아의 유튜브채널 운영

에이앤이 스튜디오
- 미국 ABC방송을 보유한 디즈니와 허스트 미디어그룹 합작 사 에이앤이 네트웍스가 2014년 설립
- 히스토리, 라이프타임 두 채널을 통해 오리지널 콘텐츠 제작중

대도서관 (174만명)
땅끄부부 (258만명)
갬스트 (193만명)
산적TV 밥굽남 (128만명)
미선임파서블 (27만명)

떵개떵 (412만명)
장삐쭈 (267만명)
도티TV (248만명)
햄연지 (36만명)

박마틀 (801만명)
꿀꿀선아 (172만명)
양땅 (172만명)
가전주부 (30만명)

위크맨 (379만명)
와썹맨 (232만명)
시즌비시즌 (87만명)
스튜디오 룰루랄라 (방문판매단)

문명특급 (93만명)
그것이 알고싶다 (70만명)
런닝맨 (204만명)
애니멀봐 (357만명)

네고왕 (112만명)
밥엄왕 (112만명)
배달그라운드 (112만명)

뇌피셜 (27만명)
라이프타임 (싱스테이)
라이프타임 (트레블 버디즈)
라이프타임 (연남동 키스신)

자료: 각 사, Youtube, 메리츠증권 리서치센터

동영상 광고 시장 규모

유튜브 비중 80% 이상

- 2020년 국내 동영상 광고 시장 규모는 1.5조원 규모 전망. 유튜브가 80% 이상의 비중 차지

- 올해 COVID19로 동영상 시청자수는 증가했지만 광고주들의 소극적 광고집행으로 P(광고 단가) 증가 주춤

- 동영상 광고 시장은 미디어렙사와 더불어 MCN/제작사/크리에이터들의 역량도 결정하고 있음

- 예를 들어 광고주가 크리에이터 10명의 유튜브 채널을 동시에 활용해서 마케팅 전략 수립, 성과 모니터링

유튜브 이용자 수

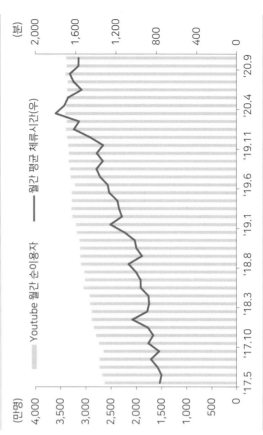

자료: 와이즈앱, 메리츠증권 리서치센터

한국 유튜브 광고 매출 규모 1조원 돌파 전망

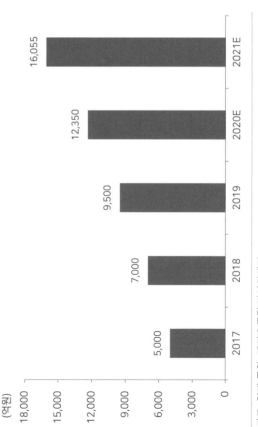

자료: 업계 종합, 메리츠증권 리서치센터

동영상 소비는 메가트렌드

시장 비중과 이용자 확대

- 국내 대표 MCN 기업인 샌드박스의 외형 성장. 19년 매출액은 608억원, 20년은 900억원 예상
- 아직 영업손실이 발생한 이유는 좋은 크리에이터, 콘텐츠, 신규 비즈니스 모델 확보 위한 투자 때문
- 신규 비즈니스 모델은 오리지널 콘텐츠 제작, IPTV/해외 등이 신규 채널 확보, 커머스 등에 있음
- 소속 유튜버는 함연지(라이프), 장삐쭈(더빙), 총몇명(예능), 흔한남매(예능), 유병재(예능), 슈카월드(경제) 등
- 월간 조회수는 28억회로 꾸준히 증가. MCN 내 트래픽 점유율로는 가장 높은 수준

샌드박스 소속 크리에이터 월 합산 조회수

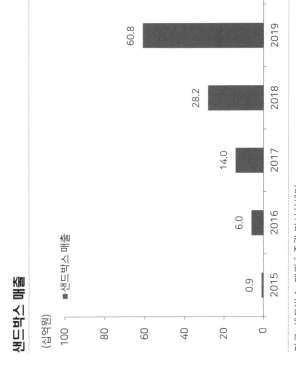

자료: 샌드박스, 메리츠증권 리서치센터

샌드박스 매출

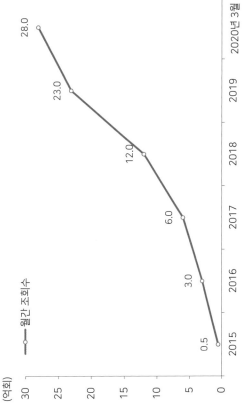

자료: 샌드박스, 메리츠증권 리서치센터

다양한 장르의 콘텐츠

샌드박스에 소속된 유튜버

- 샌드박스 소속 크리에이터는 게임, 뷰티, 패션, 라이프, 리얼 예능, 취미/관심사, 전문가, 스튜디오 영화
- 전문가 채널인 슈카월드, 김미경TV부터 셀럽/브랜드 채널로 햄연지, 유병재, 카피츄, 그라쿠라 등이 인기
- 오리지널 콘텐츠 제작을 통해 샌드박스의 역량 확대하는 것이 목표
- 20년 11월 IHQ와 디지털 콘텐츠 전문채널 '샌드박스 플러스' 개국. 컬러파티, 유병재의 창조의 밤, 겜브링TV 등 다양한 오리지널/라이브러리 콘텐츠 서비스 예정

샌드박스의 다양한 크리에이터/콘텐츠들

김블루 | 게임

▶ 177만명

오예커플 | 취미/일상
▶ 60만명

파뿌리 | 예능

▶ 108만명

핫도그TV | 예능
▶ 105만명

땅끄앙 | 취미/일상

▶ 411만명

슈카월드 | 전문가

▶ 89만명

츄팝 | 취미/일상
CHUPOP
▶ 109만명

김햄욱TV | 강사

▶ 23만명

김미경TV | 강사

▶ 118만명

도티 | 게임

▶ 250만명

유병재 | 예능

▶ 95만명

햄연지 | 취미/일상
햄어지
▶ 30만명

자료 : 샌드박스, 메리츠증권 리서치센터

샌드박스의 성장

국내 동영상 시장을 이해하는 Indicator

- 샌드박스 기업가치는 2019년 1,000억원 수준에서 2020년 3,000억원 수준까지 상승
- 20년 10월말 넥슨은 샌드박스 네트워크에 투자했다고 밝혀
- 다양하고 재미있는 콘텐츠 제작 및 인플루언서 육성 등의 다양한 시너지 창출 기대
- 샌드박스의 소속 크리에이터 숫자는 410팀으로 전년 300팀 대비 36.7% 증가
- 도티, 김블루, 램보링 등 유명 게임 크리에이터 다수 포진. 꾸준히 크리에이터를 영입하며 콘텐츠 영향력 확대

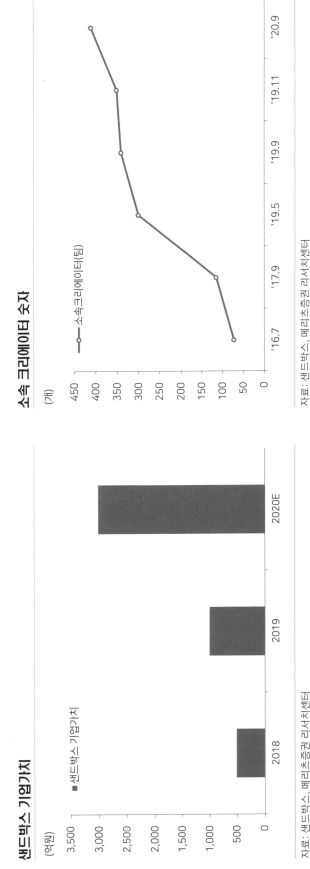

샌드박스 기업가치

(억원)

자료: 샌드박스, 메리츠증권 리서치센터

소속 크리에이터 숫자

(개)

자료: 샌드박스, 메리츠증권 리서치센터

동영상 수익모델 다변화

커머스, 오리지널 콘텐츠 제작, 그리고 해외 진출까지

- 2018년 유튜브는 굿즈판매 기능인 상품(머천다이즈)을 도입. PoD 업체 티스프링과 제휴 시작
- 유튜브 크리에이터는 자신의 로고나 얼굴, 캐릭터가 그려진 폰케이스, 티셔츠 등을 협력해 채널에서 판매
- 샌드박스 네트워크도 2020년 6월 '마치마치'를 오픈. 상품 기획, 컨설팅, 디자인과 제작 과정 제공
- PoD(주문형 인쇄, Print on Demand) 시장의 빠른 성장. IT 기술을 받으로 소량으로 주문해도 제작 가능

유튜브 커머스 예시 – 피식대학

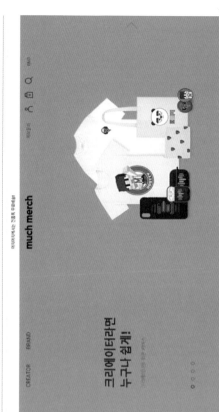

자료: 유튜브, 메리츠증권 리서치센터

샌드박스도 유튜브 커머스 사업에 동참 – '마치마치' 오픈

자료: 샌드박스

국내 플랫폼 기업, 동영상 전략

2021년 성장 가속화 전망

- 네이버TV를 통해 지상파, 인플루언서 콘텐츠 제공, 플레이리스트를 통해 콘텐츠 제작 능력 검증. 웹툰IP 제공 통한 적극적 영상 제작사업에 참여. NAVER V live는 기술력에 기반한 글로벌 영상 플랫폼으로 부상
- NOW(모바일 라이브 스트리밍 서비스)는 네이버앱에서 듣는 라디오쇼. 유명 가수의 공연 및 토크쇼
- 20년 10월 카카오는 카카오TV 론칭하며 오리지널 콘텐츠에 기반한 OTT 사업 진출. 연간 1,000억원의 콘텐츠 제작으로 유의미한 수익모델 마련이 관건
- 아프리카TV는 개인 생방송 플랫폼으로 자리매김. 신규 혹은 충성도 높은 BJ 증가. 글로나로 후면 이용자들의 겸박, 플랫폼 진입장벽은 낮아지고 기부경제 문화는 대중화되고 있음

국내 주요 기업들의 동영상 플랫폼 전략

기업	주요 채널	특징	주요 콘텐츠
NAVER	NAVER TV	▪ UGC 확대하려는 노력	▪ 지상파, 인플루언서 콘텐츠
	V Live	▪ SM, JYP등과의 파트너십 구축	▪ 스타 실시간 개인 방송, 라이브 공연, 팬미팅
	플레이리스트	▪ 웹드라마 제작을 통해 영상물 제작 능력 검증 최근에는 카카오M 등의 외부제작사와도 적극 협력. 연애형영 콘텐츠 제작한바 있음	▪ 웹드라마(연플리, 에이틴 등)
	NAVER NOW	▪ 라디오 오디오쇼	▪ 점심어택, 케이팝원픽, 같이 들을까, 이적 등
카카오	카카오TV	▪ 20년 10월 출시. 톡에서 보는 오리지널 콘텐츠 ▪ 카카오M을 통해 연간 1,000억원 규모의 콘텐츠 제작, 송출 광고, 커머스 등의 수익 발생	▪ 연애혁명, 찐경규, 페이스아이디 머느라기, 아만자, 개미는 오늘도 뚠뚠 등 다수
아프리카TV	아프리카TV	▪ BJ들의 개인 생방송 플랫폼	▪ 별풍선, 애드벌룬, 광고 등의 수익 창출

자료: 각 사, 메리츠증권 리서치센터

2025년까지 30% 성장

동영상 광고의 성장

- 2020년 글로벌 동영상 광고 시장 규모는 263억달러로 5yrs CAGR 5.3%를 시현하며 무준한 성장
- 2025년 글로벌 동영상 광고는 342억달러 규모로 20년대비 29.7% 성장할 것으로 추정
- 국가별로는 미국 100억달러 규모로 가장 크며 그 다음에 중국 56억달러, 일본 20억달러 순(20년 기준)
- 동영상 광고의 높은 집중도와 효과. 기억에 남는 광고를 끝까지 본다는 응답 69.8%로 상승
- 동영상 광고를 시청하는 이유는 스토리, 모델, 내용이 마음에 들 경우라는 응답 많아
- 광고의 내용과 등장하는 인플루언서에 따라 보고싶은 광고, 효율성 높은 광고전달 될 수 있어

글로벌 동영상 광고 시장 규모

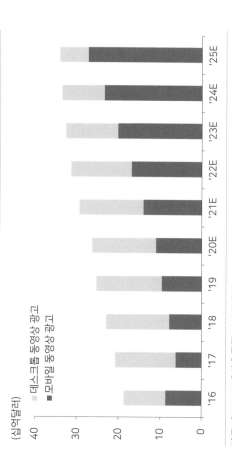

(십억달러)
■ 데스크톱 동영상 광고
■ 모바일 동영상 광고

자료: Statista, 메리츠증권 리서치센터

동영상 광고의 다양한 사례 - 유튜브 참조

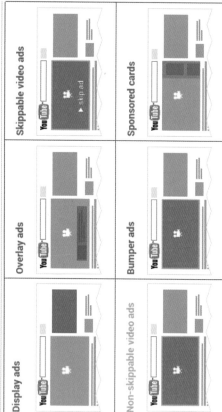

Display ads / Overlay ads / Skippable video ads / Non-skippable video ads / Bumper ads / Sponsored cards

자료: 유튜브

유튜브의 수익 구조

플랫폼의 역할 강조된 RS

- 유튜브 광고 수익은 플랫폼 45%: 크리에이터 55% 구조. 평균 조회당 단가는 3~4원
- 팬덤 강한 크리에이터 혹은 구매력 있는 30~40대가 주 타겟층일 경우 10~15원까지도 수익 배분 받음
- 대부분의 크리에이터가 MCN(Multi-Channel Network)에 소속. 크리에이터들을 육성, 지원, 관리하고 콘텐츠 기획과 편집, 그들이 콘텐츠가 지닌 영향력을 바탕으로 PPL 등의 수익 창출/공유
- 이제는 연예인 매니지먼트가 아닌 크리에이터 매니지먼트 시대

플랫폼 매출 수익구조

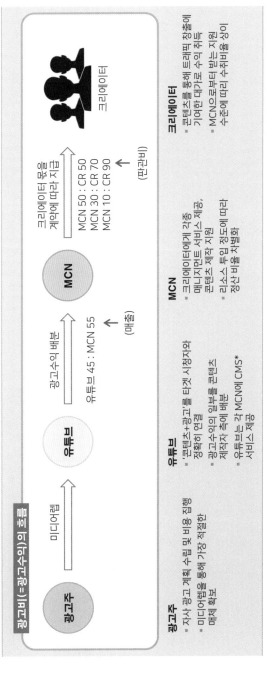

광고비(=광고수익)의 흐름

광고주 → 미디어렙 → **유튜브** → 광고수익 배분 → **MCN** → 크리에이터 몫을 계약에 따라 지급 → **크리에이터**

유튜브 45 : MCN 55
(매출)

MCN 50 : CR 50
MCN 30 : CR 70
MCN 10 : CR 90
(판관비)

광고주
- 자사 광고 계획 수립 및 비용 집행
- 미디어렙을 통해 가장 적절한 매체 확보

유튜브
- '콘텐츠+광고'를 타겟 시청자와 정확히 연결
- 광고수익의 일부를 콘텐츠 제작자 측에 배분
- 유튜브는 각 MCN에 CMS* 서비스 제공

MCN
- 크리에이터에게 각종 매니지먼트 서비스 제공, 콘텐츠 제작 지원
- 리소스 투입 정도에 따라 정산 비율을 차별화

크리에이터
- 콘텐츠를 통해 트래픽 창출에 기여한 대가로 수익 취득
- MCN으로부터 받는 지원 수준에 따라 수익 수취비율 상이

자료: 샌드박스, 메리츠증권 리서치센터

Compliance Notice

본 조사분석자료는 제3자에게 사전에 제공된 사실이 없습니다. 당사는 자료작성일 현재 본 조사분석자료에 언급된 종목의 지분을 1% 이상 보유하고 있지 않습니다.

본 자료를 작성한 애널리스트는 자료작성일 현재 해당 종목과 재산적 이해관계가 없습니다.

본 자료에 게재된 내용은 본인의 의견을 정확하게 반영하고 있으며, 외부의 부당한 압력이나 간섭 없이 신의 성실하게 작성되었음을 확인합니다.

본 자료는 투자자들의 투자판단에 참고가 되는 정보제공을 목적으로 배포되는 자료입니다. 본 자료에 수록된 내용은 당사 리서치센터의 추정치로서 오차가 발생할 수 있으며 정확성이나 완벽성은 보장하지 않습니다. 본 자료를 이용하시는 분은 본 자료와 관련한 투자의 최종 결정은 자신의 판단으로 하시기 바랍니다.

본 자료는 투자 결과와 관련한 법적 책임소재의 증빙자료로 사용될 수 없습니다. 따라서 어떠한 경우에도 본 자료는 투자 결과와 관련한 법적 책임소재의 증빙자료로 사용될 수 없습니다.